丛书主编 张景中院士
执行主编 王继新

教育技术学导论（第二版）

Introduction to Educational Technology

李 芒 金 林 郭俊杰 编著

图书在版编目(CIP)数据

教育技术学导论/李芒,金林,郭俊杰编著.—2版.—北京:北京大学出版社,2013.5
(21世纪教育技术学精品教材)
ISBN 978-7-301-22506-6

Ⅰ.教… Ⅱ.①李…②金…③郭… Ⅲ.教育技术学－高等学校－教材 Ⅳ.G40-057

中国版本图书馆 CIP 数据核字(2013)第 094703 号

书　　　名：教育技术学导论(第二版)
著作责任者：李　芒　金　林　郭俊杰　编著
丛 书 主 持：周志刚
责 任 编 辑：李淑方
标 准 书 号：ISBN 978-7-301-22506-6/G·3621
地　　　址：北京市海淀区成府路 205 号　100871
网　　　站：http://www.pup.cn　新浪官方微博：@北京大学出版社
电 子 信 箱：zyl@pup.pku.edu.cn
电　　　话：邮购部 62752015　发行部 62750672　编辑部 62767346　出版部 62754962
印　刷　者：北京圣夫亚美印刷有限公司
经　销　者：新华书店
　　　　　　787 毫米×1092 毫米　16 开本　16.5 印张　380 千字
　　　　　　2009 年 9 月第 1 版
　　　　　　2013 年 5 月第 2 版　2023 年 7 月第 10 次印刷
定　　　价：38.00 元

未经许可,不得以任何方式复制或抄袭本书之部分或全部内容。
版权所有,侵权必究
举报电话：(010)62752024　电子信箱：fd@pup.pku.edu.cn

第二版修订说明

本教材的初版于2009年9月发行,距今已三年有余。在此期间,经6000余名读者的试用,获得了较好的教学效果,受到广大师生的认可与欢迎。并于2011年和2012年分别被评为"北京市高等教育精品教材"和第一批"十二五"国家级规划教材。三年多的时间对飞速发展的信息技术而言,已是一个不短的时间周期,层出不穷的新工具、新技术一定会对教育领域产生巨大的影响,例如,平板计算机和智能手机的技术飞跃,促逼着教育技术产生新形态、新趋势。与此同时,学科领域的新概念和新问题也不断产生,它们不断挑战着人们的固有认识,也推动着人们对教育技术的理解和认知不断深化。在这样的新形势下,使得社会对教育技术产生了新要求,同时赋予了教育技术以新的使命。然而,教育信息化发展的红红火火却反衬出教育技术学科自身暗藏的多种危机,这不得不引起教育技术人对学科建设和发展进行深度的反思。作为一本专业入门教材,必须具有时代性、先进性和实践性,因此,很有必要进行第二版的修订工作。

在第二版中,我们主要对原有内容进行了修正、更新、补充和完善,力图做到更加贴近时代,反映学科发展前沿,提出更加深刻的思想观点,充分体现教育技术学科的内涵与追求。主要在以下几方面做了必要的修订:

在教育技术学科发展的新阶段,剖析和认识自己的学科面貌,是一项十分重要的学科建设的基础工作。增补了"教育技术学的学格",对教育技术的整体精神面貌做了剖析和阐释,总结和提炼了教学技术学科的学科精神、学科信仰、学术理想和学科尊严,从而彰显教育技术学科的独特性格和思想气质。

教育信息化建设事关国家发展大略,教育信息化的建设者则是新时代的弄潮儿,必须深入理解教育信息化发展的新政策、新举措、新特征和新趋势。第二版反映了《国家中长期教育改革和发展规划纲要(2010—2020年)》和《教育信息化十年发展规划(2011—2020年)》中指明的教育信息化的发展道路;介绍了政府在基础教育和高等教育信息化方面推出的一系列新举措。同时,在深刻解读政策和措施的基础上,分析了当前基础教育信息化所面临的挑战,并展望了教育信息化建设发展的趋势。

第二版面对教育技术当前的新形势,立足新起点,反映教育技术研究和实践的新领域、新动向和新技术。对原有的信息化学习方式进行了补充,预测了信息化学习方式的发展趋势,阐释了信息化教学发展的基本路径;分析和总结了信息技术支持的教与学过程中出现的问题,探讨了信息化教学中的新媒体和新技术的有效应用,分析了普及电子教科书所引起的教学新象;指出了基于信息技术实现优质资源共享的基本策略;教学强调了研究教育信息化发展的核心特征和运作模式的重要性；提出了现代远程教育的新问题和新形态。另外，还补充了教育技术的新理论，提出了教育技术领域必须研究的新课题，并对近年来涌现的教育技术新概念、新问题进行了阐释和分析，添加了见解性和认识性的内容。

  本教材第二版的修订工作由李芒教授和郭俊杰副教授完成。我们希望在作者和读者的共同努力中，使这部教材能够不断地茁壮成长，期待它具有不可遏制的可持续发展力。希望与读者进行交流和分享，期待读者提出宝贵的批评和建议。力争在对本教材进行深入的研究和开发之中，继续修订第三版，第四版，第五版……与时俱进，继往开来。

李　芒

2013 年 5 月

于北京师范大学

前　　言

　　教育技术学是目前教育科学之中最前卫、最活跃、最主动、最实用、最富有生命力的一门学科。有人会问，怎样就可以得出这样一个容易造成误解的结论呢？我们可以这样回答这句问话，重要的原因是现代社会的本质是信息社会，信息社会的发展代表着社会发展的主流方向，现代信息技术如强劲的风，使人们都陶醉在它的沐浴之中。信息技术也就马不停蹄地直入人类的教育、教学领域，如春雷一般，唤醒了人们对教学工具的积极追逐，祈望着信息技术会给学习者带来轻松与愉快，带来巨大的教学效果与效率。教育技术学科无比的生命力是由时代的发展而赋予的，它的先进性是与时代同步的。这就是人们倍加关注信息技术教学应用的初衷，也是人们认为教育技术学就是研究信息技术教学应用的缘由。实际上，教育技术学是研究教育技术的，是研究人们教学行为方式的，而不仅仅是研究媒体应用。同时，这个学科也是目前存在问题最多的领域，面对挑战最激烈的领域。人们对信息技术的要求空前高涨，总是希望信息技术能够产生比目前能够看到的教学效果更好的效果，或是追求一种无法实现的理想效果。由于受急功近利的想法影响，使得人们失去了理性，盲目迷信信息技术的教学作用的现象比比皆是，甚至将教育技术窄化为只是信息技术的教学应用，将教育技术学科局限在对教学媒体的教学应用研究方面。教育技术领域是一个实践先于理论的领域，目前应该特别关注教育技术学科基本理论的建设，亟需事先依据教育学、心理学等学科对现代媒体进行深入研究或考察，要有一个试验期，总结出个一二三，然后再渐渐地进入教学第一线，再不能像现在这样，无论什么新技术，一窝蜂似的"倾泻"到教室里，使得教师与学生不知所措，更使得学生变成了试验用的"小白鼠"，试验的消极影响对学生的损害是无法挽回的，因为学生的发展是一个不可逆的过程。这样做，严重违背了教育试验的伦理学原则。

　　学习教育技术的学生最初接触到的专业基础课就是"教育技术学导论"，这门课程的关键之处在于一个"导"字，如何"导"才能实现导论的教学目标是一个需要认真研究的课题。需要回答这样一些问题，开设"教育技术学导论"的核心目的是什么？如何能够使学生深刻领悟这门学科的核心实质以及无穷魅力？如何在学生的认知结构中，完整系统地建立教育技术学科的知识体系框架？在全面学习本专业课程之前，应该为学生指明需要着紧用力的发展方向和基本前进路径，帮助学生树立忘我钻研的学术志向、科学严谨的学术态度以及满怀深情于社会教学实践的学术精神，帮助学生在教育技术学专业学习方面有所"开窍"，帮助学生在专业发展方面少走弯路，应该突出作者独特的观点和思想，进而启发激励学生的独立思维，使得学生形成自己的主观性的学术见解。不仅仅给学生知识,更重要的是应该教会学生对知识的理解。引领学生走向教育技术学的康庄正道。

因此,教育技术学导论课的核心目的是为了给学生指引一条学习之路,是引路的课,是"开窍"的课。能不能为学生引好路,能不能使学生明白学习的是什么,为什么要学习这些内容,研究什么内容,怎样学习这些内容,完成学业之后能够干什么,是本课程的五大任务。可以说,这门课程在八门主干课程中是最重要的课程,也是最难讲授的课程。如果讲不好,就会变为"大拼盘"或"大杂烩",就会越俎代庖,就会深入到具体的后续课程之中不能自拔,给学生以重复之感,零碎之感,不可承受之感,甚至会浪费学生宝贵的学习时间。学科的具体学习内容应该是后续课程的任务,实际上一门前设课程不可能讲完后面所有的课程内容,也没有这个必要,把握好教材和教学的"度",是重要的工作。因此,要求任课教师在充分把握教材基本内容的前提下,作深入的研究与思辨,体悟出教材之内的精神来。在教学时,必须讲出学科的灵魂,讲出上位的理论框架,讲出教育技术的思想,讲出教师本人的理解和观点。这些内容对学生的成长是至关重要的,讲不出这些东西,则无法保证教材的有效应用,也就无法保证教学效果的高水平。

教育技术学是"杂技"之学。应该充分认识和理解教育技术学科内容之"杂"。翻开任何一所学校教育技术学专业的课程计划认真细读,不难发现一个共同特点,就是所学之杂堪称首屈,什么都来一点,像撒胡椒面,像抹万金油。这种现象其实就是综合交叉型学科的最大特点,所培养出来的综合型人才也就应该具有这种"综合"特色。我们培养的人才应该是独一无二的,是生存在各个相关学科之间的,是其他专业望尘莫及的。教育技术专业的学生高就高在了这个"杂"上,纯信息科学与技术专业的人,干不了我们的工作,其他教育和心理专业的人也干不了我们的工作,教育技术学专业的人员是在缝隙中行走的高手,是特殊的人才。因此,我们要继续"杂"下去,而且要"杂"出高水平。在此需要特别强调的是,教育技术学之"杂",是"杂而不乱"的"杂","杂"的背后是严密的学科框架和概念体系,表面看似繁杂,实际上,它具有极强的内在逻辑性。教育技术专业的学生应该从各种维度上都比其他学科的学生优异,计算机方面应该强于计算机专业的学生,教育理论方面应该强于教育和心理专业的学生,最后还占有一个综合优势。杂技之中还有个"技"字,当然是技术之意。这里的技术是指人的行为方式,是指人的技能,也就是说,这些技术是存在于人身上的,主要解决的是怎么做的问题。

教育技术学是"方法"之学。应该充分认识和理解教育技术是方法学层次的学问。什么是方法?方法能看得见吗?人们的方法,可以通过人们的活动体现出来,方法就是人们的活动。方法学是探讨事物之间有序联系规律的科学,教育技术学具有很强的方法学性质。王策三教授认为,教学方法是指为达到教学目的,实现教学内容,运用教学手段而进行的,由教学原则指导的,一整套方式组成的,师生相互作用的活动。如何安排教学活动,安排成什么样的教学活动,是教育技术应该解决的重要教学问题。例如,如何选择教学目标,决定教学内容,设定教学环境,安排教学时间以及师生行为方式等。不难发现,这里所强调的方法学,也是在突出研究怎么做的问题。

教育技术学是"器物"之学。应该充分认识和理解教育技术学必须研究教学媒体的有效应用问题。应该在上位理论的指导下,做"器物之学",研究人们如何利用器物进行教学活动,研究有效利用器物教学的行为。古人将"器物之学"也称为"实学"。教育技术学必须直面媒体,力图解决应用性问题。古书《易·系辞》写道:"是故形而上者谓之道,形而下者谓之器。"实际上,对任何研究而言,对"道"和"器"的思考都是不可缺少的,它们的存在是融会贯通的,没有"道"就无所谓"器",而没有"器"也就没有了"道"。教育技术学的巨大优势则在于有器物之学,这是区别于其他相近学科的重要特征,一旦放弃了器物,只是纯理论的思辨,那就好比我们在统一战线中主动放弃了主导权,放弃了学科优势和特色,可能就会异化为别的什么东西了。

教育技术学是"实践"之学。应该充分认识和理解教育技术学与教学实践具有本质性的联系,它距离人类的教学实践活动最近。如前所述的技术和方法,与实践有着密切的联系,可以说方法就是一定理论指导下特殊的实践活动。教育技术学应该运用实践性的研究方法,解决教学实践问题,使理论和实践研究的内在联系达到和谐统一。可以说,将"形而上"的理论引导与"形而下"的实验研究相结合,是基础教育课程现代化发展研究的基本范式——"理性+实验"。在研究过程中,如何解决好两者的关系历来是一道难题,关键是应该有效地解决"两张皮"的问题,应该强调理论和实践的"上下贯通、内在联系"。由此可见,教育技术学又表现出试图解决怎么做的特征,它是研究和提高教学者教学执行力的学科。

目前我国的教育技术学领域,还不曾出现那么几本经典的学科必读书,这些书籍应该是经得起时间考验的传世之作。考察其他比较成熟的学科,总是会有几本学习这门学问就必须认真阅读的经典,例如,北京大学教授冯友兰先生的《中国哲学史》就是一部这样的传世著作。与其他学科相比,教育技术学确实是比较年轻。对我们这些从事教育技术学研究和实践的人员而言,还有很长的路要走,需要卧薪尝胆、发奋努力,一万年太久,只争朝夕。

这部教材的基本结构分为四大部分:教育技术是什么,教育技术的起源与发展,教育技术学的理论基础与基本理论,教育技术学实践领域与研究方法。基本涵盖了教育技术学需要学习的基本领域。并且特点突出、简明扼要、全面系统,内容具有很强的针对性,尤其注重知识点之间由浅入深的层级关系。从学科本质出发,强调本专业的人文性特征,强调教育技术学是研究人类教育教学活动的学科,是解决人类行为问题的学科,是研究"如何教"的学科。针对以往教材多为介绍,而少为分析和提炼的问题,本教材注重帮助和引导学生形成自己的观点,尽快地学会像一名合格的教育技术学专业的学生那样思考。在编写体例方面,为了便于学生的阅读和深入研究,设计了导读环节,包括学习目标、知识概览、本章导学、学习活动建议、学习评价和参考资源等。编写的基本思路主要突出三个方面的内容——历史研究、理论研究和实践研究,这三点就是一般学科的基本研究领域。

本教材具体的工作分工:李芒、金林讨论确定了写作大纲,李芒对本教材的目标宗旨、写作风格、材料选择、观点把握、内容准确、思想提升等方面进行最后的加工与修改,增加了观点性、认识性和分析性的教学内容。第一章由李芒、伍春兰撰写,第二章由李芒、陶丹、殷惠婷撰写,第三章、第四章、第五章由金林撰写,第六章由谭平、张芹撰写,第七章由李芒、冯雪松、孔劭晖撰写,第八章由李芒、袁倩撰写,第九章由李芒、苏博、张凯撰写。

一部优秀教材的产生,决不是一蹴而就的事情,需要作者与读者双方经过长期的学习和研究,不断地加工与修改,不断地完善。先进国家的教材可以多次再版,每一次再版都会有不同程度的进步,都会更加贴近时代,包容前沿,提出更深更多的思想观点。让我们携起手来,共同努力,为我国教育技术学专业的繁荣昌盛作出自己的贡献。

李　芒

2009 年 5 月

于北京师范大学

目　录

第一篇　教育技术是什么

第一章　技术与教育技术 …………………………………………………… (3)
　　第一节　从技术的本质认识教育技术 ………………………………… (3)
　　第二节　主体技术与客体技术 ………………………………………… (8)
　　第三节　教育技术是主体技术 ………………………………………… (9)

第二章　教育技术与教育技术学 …………………………………………… (13)
　　第一节　教育技术的定义 ……………………………………………… (13)
　　第二节　教育技术的范畴与教育技术学的理论框架 ………………… (19)
　　第三节　教育技术学的学格 …………………………………………… (23)

第三章　教育技术学的学科体系与专业建设 ……………………………… (27)
　　第一节　教育技术学的学科体系 ……………………………………… (28)
　　第二节　教育技术学专业的培养取向 ………………………………… (30)
　　第三节　教育技术学专业人才的要求 ………………………………… (34)
　　第四节　教育技术学专业课程结构总体框架 ………………………… (35)
　　第五节　教育技术学专业实验室建设 ………………………………… (41)

第二篇　教育技术的起源与发展

第四章　教育技术的发展简史 ……………………………………………… (47)
　　第一节　国外教育技术发展简史 ……………………………………… (48)
　　第二节　教育技术学的形成 …………………………………………… (63)

第五章　我国教育技术的发展 ……………………………………………… (66)
　　第一节　电化教育的出现与发展 ……………………………………… (67)
　　第二节　教育技术的迅速发展 ………………………………………… (71)

第三篇　教育技术学的理论基础与基本理论

第六章　教育技术学的理论基础 …………………………………………… (83)
　　第一节　学习理论 ……………………………………………………… (84)
　　第二节　教学理论 ……………………………………………………… (89)
　　第三节　传播理论 ……………………………………………………… (92)
　　第四节　系统科学理论 ………………………………………………… (98)

第七章　教育技术学的基本理论 ·· (102)
　　第一节　教育技术学的媒体理论 ·· (103)
　　第二节　教育技术学的教学设计理论 ······································ (116)

第四篇　教育技术学实践领域与研究方法

第八章　教育技术学实践领域 ·· (135)
　　第一节　教育信息化建设 ··· (136)
　　第二节　信息技术支持的教与学 ·· (156)
　　第三节　现代远程教育 ·· (188)
　　第四节　教育技术新领域 ··· (201)
第九章　教育技术学研究方法 ·· (213)
　　第一节　教育技术学研究方法概述 ··· (214)
　　第二节　教育技术领域中量的研究与质的研究 ···························· (226)
　　第三节　教育技术的研究方法简介 ··· (235)

参考文献 ··· (248)

第一篇

教育技术是什么

第一章 技术与教育技术

学习目标

1. 了解技术的含义；
2. 掌握研究学科基本概念的方法；
3. 理解教育技术的本质。

知识概览

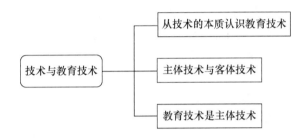

本章导学

对技术以及教育技术的本质形成正确的认识是读者学习本章的关键。为了达到此目的，建议读者首先通过广泛阅读和思考对技术本质有一定的认识，然后按照本章的编写思路，尝试从技术的本质认识教育技术的本质。另外，区分主体技术与客体技术也很重要，它有利于读者更好地把握教育技术的属性，从而对其本质有正确的认识。

第一节 从技术的本质认识教育技术

深入理解教育技术的前提之一是有效地理解什么是技术。不能真正理解什么是技术，没有看清技术的本质，没有体会到技术的人性和精神的性质，则不可能真正理解教育技术的含义，就会出现对信息技术的盲目崇拜，倡导工具主义，没有办法和谐地处理人与技术的关系，把人的主体地位拱手转让给机器，甘愿作机器的奴隶。如果对技术的本质认识不清，就没有办法从长期霸占主体位置的工具手里夺回主体权力，也就不可能认识到技术是存在于人体之内的、由人体携带的东西，人体不存在了，技术也就不存在了。看来，从技术的本质出发研究和认识技术和教育技术，是十分必要的途径。

技术的本质是什么？这是一个十分重要的教育技术学命题。回答这个问题对正确理解和解决教学中的其他技术问题具有重要的启发和指导意义。面对现代信息技术的超常规发展，需要我们从技术哲学的视角认真思考和回答问题。但是，真正能够准确地回答什么是技术的问题，并不容易。人们对技术的理解在不断地变化之中，正如尼采所言：只有没有历史的东西才是可以定义的。这样来看,"给技术下一个一劳永逸的、为一切时代所接受的、为所有人所赞同的、非历史的定义是不可能的。但这并不妨碍我们在特定的历史背景下,从不同的方面去对技术做出概括和探讨,而且这种界定对于深入研究也是完全必要的和必不可少的"。对于技术的理解不存在一个大一统的结论,研究者一般都是从各自的研究视角或研究需要出发,提出各自不同于他人的研究结论。实际上,社会科学领域不可能得出一个大家完全认同的结论,根本就找不到一个什么标准答案,如果当真有此结论,那么这个学科也就行将就木,寿终正寝了。本章不去做统一读者观点的工作,不一定非要得出什么大一统的结论性东西,或推广标准答案,形成统一模式。而是为读者提供一个思考、反省的机会,鼓励读者在各种材料面前独立思考,发表自己的意见,最终提出自己的技术观或教育技术观。如果用这些有限的内容,能够实现抛砖引玉,启发读者进行思考,也就达到了目的。

人类对技术的理解经历过一个较长的发展过程,而且各个阶段的论者总是按照社会科学的规律提出各自不同的理解和界定,按照历史唯物主义的观点,必须从历史上对各种不同的技术观点进行考察。古希腊哲学家亚里士多德(Aristotel)首先将科学和技术加以区分,他把技术和人们的实际活动联系起来,将技术界定为人类活动的技能。随着机器和工业应用占据统治地位,技能逐渐变为制造和利用机器的过程,以致人们认为技术的本质就只是工具、机器和设备,这也许就是人们目前将教育技术归于手段或工具的重要原因之一。此时,技术就出现了两个含义,一个是活动方式(技能),另一个是代替人类活动的装置。后来又有人将技术定义为"指导物质生产过程的科学或工艺知识"。从此,人们对技术本质的理解逐渐加深,现代西方技术哲学家们,对于技术的本质问题发表了各自的看法,有人认为技术是用来制造或生产物质的知识和装置;有人认为技术是理性的有效活动,技术是在一切人类活动领域中,通过理性活动而产生的绝对有效的各种方法的总和。技术不是机器和工具的简单复合物。马克斯·韦伯(Max Weber)认为,"某项活动的技术是我们头脑中对该项活动实施的必要手段的总和,与该项活动最终所确定的方向的指向或目标相比,合理的技术对于我们来说就是有意识、有条理地实施已经明确了方向的手段"。看来韦伯十分强调技术的思想内涵,强调技术首先是一个内部过程,并且一定具有伴随着人类自身活动的特征,是为了有利于完成人类活动已经明确了的方向和最终目标而存在的,技术具有明确的目的性。哈贝马斯(Jürgen Habermas)借鉴了韦伯"合理性"的概念,在《作为"意识形态"的技术与科学》一书中写道:"我想把'技术'理解为对对象化过程的科学上合理的支配。"他强调"合理的支配",是谁支配?很显然是人在"支配",怎样支配?是"合理的"支配,合理即是合目的,即是有利于人类实现活动的目标。此处有了合理的,那么就会有不合理的,在合理与不合理之间则存在一个"选择"的问题,这个"选择"的概念贯穿在哈贝马斯对技术的理解之中。随着技术的不断发展,人的支配力量也就不断地扩大。埃吕尔(Jacques Ellul)认为,技术是合理的、有效活动的总和,是秩序、模式和机制的总和。技术是在一切人类活动领域中通过理性得到的具有绝对有效性的各种方法的整体。与西方相比,日本的技术论对技术的认识则更加明确,更加辩证。日本学者认为技术是作为主体的劳动手段和客体的劳动手段在劳动过程中的统一。技术是主观的存在方式——观念的技术(技能、智能)和客观的存在方式——物质的技术(工具、机器)的一个统一体。

马克思(Karl Marx)则认为技术是人和自然的中介,特别强调技术的中介性,这样就在理论上为我们提出信息化学习方式的基本结构提供了坚实的基础。他一方面把技术归结为劳动资料,另一方面又指出技术内涵中有理性因素。马克思强调"怎样生产"的重要性,他认为技术的本质是"怎样生产",至于用什么劳动资料生产,则是技术活动方式本身外在的表现形态。马克思又借用黑格尔的话,说明了技术的理性因素,即"理性何等强大,就何等狡猾。理性的狡猾总是在于它的间接活动,这种间接活动让对象按照它们本身的性质互相影响,互相作用,它自己并不直接参与这个过程,而只是实现自己的目的"。由此看来,马克思所理解的技术本质,除了物质因素外,还有精神因素。也就是说,技术的本质应该既包括客观要素,又包含主观要素。工具、设备或手段只是技术的外壳,并不是技术的全部,而技术的灵魂则是精神因素,或称为理性因素,它可包括知识、理论、思想观念、方法和策略等因素。"技术的特征之一就是既具有看得见的技术,又具有看不见的技术。一种技术并不总是与一种工具或用品联系在一起。还存在一些抽象的技术,其实在性是无可辩驳的,尽管它们并不涉及某种重要的设备。"技术绝对不是工具、机器的代名词。有不少人目前仍然认为技术或教育技术就是指媒体或工具,只在形式上重视媒体的配置和使用,好像只要在教学或学习过程中使用了现代教育媒体,就可以提高学习水平,就是在搞教育技术,这种所谓"技术工具说",显然是片面的。这种观点往往忽视技术的理性内涵,忽视科学的教育思想和理论的指导,不考虑怎样将现代媒体合理地运用到教学中去,在什么情况下使用什么媒体等问题,也不关心教学中的决策技术、教学策略技术、教学内容的开发技术及教学评价技术,而只关心买设备、上规模,这样的严重不良后果是显而易见的。

从技术的分类出发,也可以比较深刻地理解技术的本质。有学者将技术区分为个体技术、社会技术、知识技术和现实技术。个体技术是指其客体从属于个人心理的和躯体的实在性的技术,如体育运动技术、放松的技术等;社会技术是指其客体是个人之间关系的变革实践,如治安技术、教学法技术等;知识技术是指其客体属于知识范畴的方法论的实践,如心算技术、发言之前草拟提纲的技术等;现实技术是指以改变包括有机和无机自然界在内的直接外部世界为客体的技术,如电力生产技术、小麦种植技术等。在此且不论学者们提出自己观点的科学性如何,仅从这些先知们观察和解释技术的视角来看,就应该引起后人的关注。还有学者认为,技术是指人类在改造自然、改造社会和改造人自身的全部活动中所应用的一切手段、方法、知识等活动方式的总和。主要包括三个内容,一是生产技术,二是社会组织技术,三是精神技术,它们给我们提供处理问题的模式,借助于这种技术,人们才能对世界、对人类以及我们自身有所了解,才能把握其间的意义和价值。在《自然辩证法百科全书》中把技术定义为"人类为了满足社会需要依靠自然规律和自然界的物质、能量和信息来创造、控制、应用和改进人工自然系统的手段和方法"。这个定义也充分反映出了技术实际上包括有形的物质和无形的精神活动及方法。技术的精神性是技术的本质属性,是技术内涵的核心,用这个观点看待信息技术的教学应用,我们会发现隐藏在实体技术背后的普照实体的"光环",这个"光环"便是人的思想,人的精神和人的观念,就是人的行为模式和策略。美国学者伊利(Donid Ely)把教育技术应用于解决教学问题的基本指导思想概括为:"以学习者为中心、依靠资源和运用系统方法三个概念的整合应用"是很有道理的。

从以上的论述可以发现,关于教育技术定义的研究确实有讨论的必要。考察美国教育技术学术界对教育技术定义的历史发展,从学科创建的20世纪60年代开始,就不断地产生新的教育技术定义,直到美国人于2004年推出的新定义,在此就不一一列举了。实际上,人们永远也找不到一个所有人都认可的定义。社会科学的研究取向的本质是求异,而非求同。研究者的本性是拼命追逐自己的与众不同的研究成果,总是希望说出一些别人没有说出的话,总是希望做出一些别人没有做出的事,说大一点就是不断地"创新"。

通过总结和分析学者们的不同观点,我们赞同技术是人的活动方式的本质观。活动方式的说法比较侧重方式的社会性、群体性,一般是指群体表现,而行为方式则更强调个体性、个人化,一般是指个体表现。活动的概念与行为的概念有一种必然的本质性联系,活动的概念大于行为的概念,活动可以包含行为,人类行为组成了人类活动。可以说,"行为"比"活动"更具体、更微观,更具个性化。在此,从教育技术的具体实际情况考虑,为了强调教育技术的个性化特征,我们应该将技术定位在人的行为方式上。

目前,应该大张旗鼓地倡导"行为方式说"的教育技术本质论。这种立场或视角可以跳出教育加技术、教育中的技术、借助技术的教育、技术支撑的教与学、教育的软硬件技术、技术支持下进行的教学活动、"总和说"、"工具论"、"广义或狭义"等思维范式,从事物的本质入手认识和界定事物,以本质研究的方法论为基本出发点,而不是以描述事物的外在表现形式为方法论基础。各种学术观点或认识都可以在"行为方式说"之中,在人的主体活动之中得到有效合理的统一,都可以找到各自的座位,它们之间相互的复杂关系也可以得到十分清晰的说明。我们认为,技术的本质是人的行为方式,技术是人们"做"的方法和策略。它的最终目的是解决人们"怎样做"的问题。如前所述,马克思认为技术的本质是怎样生产,怎么生产实际上就是人们的行为表现,因此,可以从马克思的思想之中拿出"怎么做"这个概念作为思考的原材料。其实,在马克思之前,亚里士多德就已经将技术界定为人类活动的技能,这说明人们已经将技术看做是人的身上之物了。教育技术这个东西存在于何处?信息技术与教学整合的场所在哪里?教育技术存在于教师的脑子里,存在于教师的身体上,存在于教师的行为中。信息技术与教学整合的场所就在教师的脑子里。我们环视一下其他的人类工作领域中的技术概念,对我们理解教育技术会有一些启发作用。在医疗领域,医生也有医生的工作技术,称为医疗技术。这种技术同样是存在于医生的主体身上,表现在行为中。形容医生的工作水平高,一般都使用"医疗技术精湛",很显然,此处的技术是指医生的行为方式。另外,平时人们所说的,这所医院的医疗设备比较先进,主要是指工具的先进,而不是指技术的先进。妙手回春、救死扶伤是指人的行为,而不是指物的运动。即便这个医院的设备再先进,如果没有医术高超的医生,也不能够实现妙手回春和救死扶伤。相同的手术刀,拿在不同人的手里医疗效果是不同的。这种医学界的现象很好地说明了教育技术的问题,如果没有身怀高超教育技术的教师,学校里的教学设备、硬件设施再先进,也不会取得好的教学效果。

按照这个逻辑思考下去,我们应该关注"怎样做"的问题。教育技术是指教师在教学过程中表现出来的怎么教学的行为方式,它的目的是为了有效解决怎样教学的问题。如果用几个字来说明什么是教育技术学的话,那么,教育技术学则是"研究如何教学的学问"。教育技术作为一种主体技术的本质是"怎样教学",使用什么教学并不重要,教育技术关心的是怎样进行教学,至于用嘴讲,用黑板写,还是使用网络和多媒体教学,是使用教学工具还是心智方法,那只是技术本身外在的表现形态,而不是技术的本质。教育技术应该研究怎样进行讲解式教学,研究讲解式教学具体的操作方法或教学行为,教师和学生应该如何行动,教师使用怎样的语言更能够启发学生思考,怎样有效导入教学。教育技术确实应该研究怎么用嘴讲,怎么用黑板写等具体的教学方法。教育技术应该研究如何有效使用信息技术进行教学的方法和策略的问题。教育技术应该研究一切"怎么教学"的问题,也就是说,任何教学问题都可以作为教育技术的研究对象,只要是涉及怎么教的问题,都应该认真研究,都属于教育技术的研究范畴。教育技术主要追求的是知道如何做,能做或者会做。它可以,也必须能够规范或指引教师的行为活动。

从本质上看,信息化教学是教育技术领域重要的组成部分,但只是教育技术的组成部分之一,而不是全部。教育技术绝不是简单地指信息技术的教学应用。利用信息技术解决教育教学问题,仅仅是教育技术研究领域的一个基本问题。论及信息技术的问题,我们认为,制造装置、机器、实体工具或媒体的过程就是人的一种行为方式,是将人的某些功能交由机器来完成,是人使用工具来制造工具或机器的过程;人使用机器和装置的过程也是一种人的行为方式,如何有效使用,如何发挥机器的最佳效果,都需要策略或方法,人操作机器设备的过程就是人的活动过程,是人的行为表现过程。工具或媒体则仅仅是人类行为方式所产生的结果,如计算机、网络、数字摄像机等。至于目前所说的"信息技术",人们一般将其视为信息工具或者信息媒体,所表现的含义并不是技术的含义,而是工具或者媒体的含义,这已经是约定俗成的说法了。但是,作为从事教育技术工作的人员必须理解这个道理。实际上,谈到信息技术,运用语言分析的方法理解,应该是人们对信息的收集、处理和发布的活动,是人们运用信息工具的技术。现在人们常说的信息技术应该称为信息工具或者信息媒体更为恰当。主动区分和理解学科中各种概念之间的微妙差异,对学习教育技术具有十分重要的意义。进一步说,技术不是工具,也不是手段。使用什么工具以及制造什么工具不是技术的本质,怎样使用和怎样制造才是技术的本质。在与"是什么,为什么和怎样做?"发生联系时,与教育技术关系最紧密的是"怎样做",教育技术主要是解决教学"怎样做"的问题。怎样进行教学是教育技术的本质,研究怎样进行教学的活动是教育技术的核心课题。在此教育技术理论需要强调的是可以使用任何技术进行教学,可以使用信息技术,也可以不使用信息技术。教育技术确实应该研究如何借助信息技术进行教学的问题,应该研究利用人类新工具或新媒体提高学习和教学效率的问题,利用新工具和新媒体帮助教师和学生解决教学难题,解除学生的学习痛苦。目前人们特别关注信息技术的教学应用主要是由信息技术的先进性决定的,它是教育技术研究的重要领域。但是,信息技术的彰显和荣耀一定不能抹杀或掩盖技术的真正本质,更不能影响对教育技术本质的认识。运用信息技术教学依然是解决怎样教学的问题,并没有离开"怎样教学"的范畴。教育技术的最终目的是实现最优化的教学,教育技术的本质不是解决教育教学问题,解决教育教学问题是教育技术的目的。这是教育技术区别于其他学科的关键所在。

第二节 主体技术与客体技术

通过对技术本质的认识，从技术目的性的视角出发，我们发现以往人们谈及的技术，大都是"客体技术"，总是从"生产产品"或"产出实在物"的概念出发。这种客体技术就是通过制造工具、使用工具来改造自然客体的技术。这种被制造和使用的工具本身也是客体，人们可以使用工具生产某种产品，如汽车、飞机、轮船等。在中国古代的神话传说中，有燧人氏发明钻木取火；在古希腊神话中，有普罗米修斯盗取天火和机械技术送给人类的故事。这些神话传说都反映了人类使用客体技术的历史状况。显然这些技术是解决物质问题的，这种"客体技术"的概念往往会限制人们全面地对教育技术概念的理解。在现实中，还存在着另一种技术，可以称其为"主体技术"，它不是用来制造客体化工具，也不是用来改造客体的，而是用于改变人的。它是改造人自身的技术。广义上说，这里的"主体技术"的功能可以改变人的精神和肉体，克隆人的技术就是典型的制造人类肉体的主体技术。但在目前阶段，制造和改变人类肉体或细胞的技术对学习的影响还不显著，因此我们在此使用的"主体技术"是狭义的概念，它是指能够改变人精神方面的技术，或是指一切可以改变人的发展轨迹的技术，具体是指可以改变人的思想、知识、道德和能力等方面的技术。这种技术是帮助人发展的，它的作用对象是人而不是物。按照前面对技术本质的理解，主体技术主要指如何改变人的思想、知识和道德的技术，主要包括策略、方法、模式、设计等技术，也包括如何使用信息技术改变人的方法和策略。主体技术可以分为直接主体技术和间接主体技术。用于提高教师的办公效率的技术为间接主体技术，直接用于师生教学活动之中的技术可称为直接主体技术。按照"主体技术"的分析框架来看，主观性要素可以归为精神技术，这些技术是使用工具的技术，也称为操作技术，还有一类存在于主体内部的智能化技术。客观性要素可以认为是物质要素，它们是将人类的大智慧固化或物化到物质上的工具。如果将改变人的技术当做制造工具的技术和改造客体的技术来理解，就会抹杀主体技术与客体技术的区别和界限。混淆主体技术与客体技术的对象，势必会将目光集中到物上，而忽视人的存在，也就是忽视了鲜活生命和人类独有的思想、精神的存在，那么，主体技术自身的对象和目标就无法完成。认识和研究精神现象或生命现象就应该重视适合于精神和生命现象的理念和价值取向，不应使用工具理性去理解主体技术，应该以价值理性或目的理性为出发点看待主体技术。

主体技术作为作用于人的技术的主要特点就是它的对象物是人，而人是具有自主性、能动性和创造性的存在物，也是自由的、自觉自为的活动主体。有时信息技术只是为学生提供了一个学习环境，学生在这个特定的环境中实现自我更新的过程，而这个过程又具有明显的不确定性。因此，主体技术的使用，并不能如客体技术那样，对对象物有一个比较准确的预期。正如依靠手工技术是无论如何也不能生产出原子弹和航天飞机一样，没有适当的技术就不能解决问题。这些技术是可以操作、复制和重复使用的，并且可以获得大体相同的结果，其使用的实效性十分显著。但是，使用主体技术教化人、训诫人、影响人或改变人时就不会有这么好的运气。主体技术为学生提供的学习环境作用在每一位学习者身上，所产生的效果是不尽相同的。在对人的影响方面，主体技术所产生的教学结果不易实现可重复性。它具有使用的或然性特点,而不具有必然性。学习效果是发生在每一位个体身上,根据个体不同的个性特征,不同的学习风格,不同的知识背景和兴趣爱好等要素,会产生出各种各样的学习效果。也就是说,如果追求主体技术的实效性,那么这种实效性应该带有极强的不确定性。一般认为,客体技术的发展与进步,就意味着人的生产能力的发展与进步。而在主体技术中使用信息技术进行教学,引起了教学工具的进步,是否就意味着人的教学水平和教学能力的发展和进步呢?答案当然是否定的,人的教学水平绝不会因为有了信息技术而自动提高,教学能力也不会因为使用了信息技术就会有所增长。这是主体技术区别于客体技术的关键所在。因此,主体技术需要以"尊重人、研究人和培养人"作为出发点,应该按照一切从人出发的基本原则对待学生;应该按照人的认识规律理解信息技术;应该按照培养人的规律使用信息技术。以上三点的执行应该是实质性的和实效性的,如一日不真正执行则一日不会真正改变应用信息技术与教学之中的被动局面。信息技术可以被认为是人们达到目的的手段,技术真正成为达到目的的手段,不仅要在活动中有目的地使用,而且要有适合于目的的正确的使用方法。正确的使用方法是实现积极教学作用的重要保障,有时就是一些"雕虫小技"却可以起到很好的教学效果。然而,遗憾的是在教学过程中,存在着三个"即便",即便是按照教学规律正确地使用了信息技术,也不一定就能够产生所期望的学习效果;即便是作用在了学生的身上也不一定能够取得好效果;即便是用在了该用的地方也不一定能够解决问题。这是一种极具特殊性的技术,也是人类社会中最不容易真正掌握和应用的一种技术。出现这种尴尬局面的原因十分复杂,它是以影响教学效果的众多因素决定的,但最主要的因素是学生个体存在唯一性,世上不存在相同的学生个体,每位学生都是唯一的,他们面对的问题也是不同的,教学需要面对所有学生,所有教学问题,在理论上可以阐述,而在实践层面上却是十分困难的。教学的复杂性就在于教学的多样性。

第三节 教育技术是主体技术

教育技术主要属于主体技术的范畴。作为主体技术,教育技术的根本目的是促进学生的学习,主要解决的是怎样教与学的问题,主要作用的对象是学习者。应该研究采用何种有效的教学方法,解决教学问题,提高学习效率。应该研究如何有效应用信息技术进行学习。教育技术在最根本的意义上不是制造工具的技术,而是为学生和教师提供经验世界的技术,解决的主要问题并不是制造工具,而是如何更好地使用工具。教育技术的主体性主要体现在主体操作和改变主体上。教育技术绝不等同于生产物质产品的"客体技术",而是帮助主体——学生——得到发展的技术,是对人的技术。教育技术的最终作用点是人而不是物。主体技术与客体技术如图1-1所示。

图1-1 主体技术与客体技术

主体技术能够产出什么？它主要负责高水平教学的外部环境或条件的建构，以及对人类活动进行程序性和策略性保障，而不是"生产"高水平的学生。学生不是主体技术的产品，因为学生的发展从本质上说是一个自我更新的过程。如果将教育问题单纯地作为工业中的工程问题对待，用工业工程的逻辑来思考教育教学问题，也许在短暂的时间里会获得一些出人意料的想法，但有些"工程性"的想法，也许并不适合教育教学领域，也许根本就不适合教育教学领域，有时会出现"水土不服"的现象，会使教育教学患上"消化不良"的病症。使用理工学科的研究思路或自然科学的研究方法研究教育教学问题一定要倍加小心，因为这样很容易陷入"客体技术"的泥潭，将属于人类活动的教育教学现象，人为性地变为自然科学的研究对象，使得教育技术研究者将鲜活的、赋有生命的教育教学活动或过程视为一个抽象的工程技术活动，将教学过程作为一个纯粹的、剥离人的具体活动的抽象物来看待。这样做的结果则会使得教育技术研究远离了人类，远离了真实的教学生活世界，进入了一个乌托邦式的、完全封闭的、与外界无法使用有效语言沟通的自我世界，看似是在讨论教育技术问题，实际上却距教育技术甚远，特别是距教育教学真实甚远。这样便丧失了任何现实意义，进而也就失去了理论意义。这种思路和干法早已被实践证明了它的无能。对于这种教育技术的研究结果，就会出现社会科学领域看不懂，自然科学领域看不起的局面，其实，自然科学领域同样存在着不理解的情况。这种两边都够不着的尴尬，已经困扰教育技术学科很多年了。在教育教学实践场上，这类研究结果根本无法实际操作，也就不可能被广大教师所理解和认同；在教育教学理论研究领域，这类研究结果也无法找到或符合正确的理论逻辑；在自然科学领域，也没有体现出创新性，更无法与自然科学研究成果相提并论。这类研究结果也许被称为具有交叉性和综合性特点，而实际上，这种表面上的交叉和综合却掩盖了真实状态中的无效性、低效性。高投入并没有取得高回报，而恰恰相反，近些年来出现了巨大的浪费现象，教育领域在信息技术方面花费了太多的冤枉钱，搞出来的东西自出笼之日起就自动转变为闲置品，"面子工程"比比皆是，事实就如同钟馗一般，打掉了人们心中的那个"鬼"，破灭了人们对信息技术的美好愿望。

其实，人的教育教学活动对信息技术的接受程度不是无限的，利用信息技术完成某种教学任务，首先应该思考的是教育教学是否适应信息技术的特点，过度的使用会适得其反，或无法吸收。教育不是技术工程（Technical engineering），教育的过程也不是一个技术工程过程。教育技术领域也不是制造业（Manufacturing），制造业是指对原材料进行加工或对零部件进行装配的工业部门。如果教育技术是制造业的部门，那它将永远不可能制造出同一规格的产品。学生也不是教育的原材料，不是供教师任意改造的物质性对象，学生是具有生命性的、能动性的精神性主体。自然科学背景者对物的关注也许远远胜于对人的关注。教育技术学研究并不是向教育技术领域引入一些自然科学的概念，转换一下话语体系就可以解决问题的了。因此，有不少人做的是教育工作，但未必是教育。教育教学现象是人类的社会现象，具有很好自然科学知识背景的教育技术研究者或者工作者必须经历恶补的痛苦过程，洗心革面、重新做人，必须打破隔行如隔山的古咒，实现真正的教育技术化。

所谓的精神技术，在我国古代汉语中可以找到比较充分的说明。古语中的"技"，只是指"手艺",它是不能与主体相分离的技艺和技巧,"技"主要是指才能或本领。现代的技能比赛,其中就隐含着"技"对主体的依赖性。由此认识精神技术,它的发动者不是机器,而是作为教学主体的人。这种依赖于主体的"技",是存活在主体身体之内的,随主体发展而发展,随主体消亡而消亡。因此,这类教学之"技",具有极强的个性化特征。这与产生物质的技术和服务于物质的技术有本质不同。关于"术",凡能用于达到目的的均可称之为术。看来,技术确实首先是一个内部过程,有时是看不见的。从主客观的视角上观察教育技术,是否还可以将物化技术作为客观技术,而把操作技术和智能技术作为主观技术来看。而在现实生活中人们总是不断地产生认识客观世界的需要,而且总是借助某种技术工具实现的,因此是否可以称其为认识技术,人们还可以充分利用技术进行各种交往活动,所以又是否可以称其为交往技术。这些从不同视角产生的不同认识结果,都是在精神技术的概念框架之内的。

如果将视点集中到参与教学的信息技术上,将用于教育教学之中的信息技术作为研究对象,可将在教育教学之中使用信息技术称为教育技术。那么,它就会表现出十分明显的二重性特征:既有主观性,也有客观性,既有社会属性,也有自然属性。信息技术的教学应用,作为人的创造性活动,必然包含主观性的东西,没有人的目的和愿望就不会有工具的产生,工具是人的愿望的外化。使用工具更需要人发扬主观性,任何工具的目的都是人类赋予的,而不是工具自己产生的。人类的技术活动,特别是在教育教学活动中的教育技术活动一定是社会活动,一定是人的活动,是人们实现既定目标的一种方式,是学生和教师认识世界和交往实践的活动。技术在产生之时,并没有太强的目的性,从科学研究过程和技术过程中产生出来的新方法,是没有计划的。我们是事后才为这种新方法找到用途的。技术进步与没有预见到的方法一起甚至还会产生出计划之外的使用目的:技术的可能性同时强迫人们在实践上充分地利用这些可能性。这种对工具的教学意义和功效的开发,正是人的主体性、主动性、社会性的伟大发挥,也是技术的人性和社会性的具体表现。但是,我们也必须认识到,人类工具也必然受到客观性的制约,任何工具都不能脱离物质的客观实在性,必须遵循工具的客观规律,因而在一定意义上必然限制人的自由。因此,人类工具的自然属性和社会属性是工具本身所固有的、不可分割的两种属性。为工具寻找教育教学用途的过程是人类的一个永无止境的、主观性的、个体化的、没有标准答案的开放过程。认识人类工具的可能性,并最大限度地、人性化地、策略性地发挥工具的教育教学功效是教育技术研究的核心任务之一。教育技术学的根本任务应该是关注如何利用现有的人类技术成果有效地提高教与学的水平,使学生获得真正的发展。教育技术学研究的"信息技术的教学应用"取向应该是目前教育技术学界高度重视的话题。尽管上面试举了一些差强人意的问题,但从目前中国的教育科学研究的实际情况来看,教育技术学的研究如果不关注信息技术的教学应用,不奋力研究信息技术是如何能够在教学过程之中有效解决那些以往不能解决或不易解决的教育教学问题,则是自动放弃了应该属于自己的、十分重要的研究领域,也就不能很清晰地划定学科的边界。因此,教育技术学必须认真研究信息技术的教学应用问题。

学习活动建议

> ● 活动一：课前分小组组织学生梳理关于技术定义相关文献，总结已有定义并提出自己的观点：认同哪些定义，反对哪些定义，其原因各是什么？
> ● 活动二：课程教学中，组织学生阅读本章内容并对技术的本质、教育技术的本质进行讨论，鼓励每个学生对技术、教育技术的本质形成自己的认识。

学习评价

学习完本章内容后，请尝试回答下列问题：
1. 你如何理解技术？
2. 你如何理解主体技术与客体技术？
3. 通过本章学习，你认为技术和教育技术的本质是什么？

第二章 教育技术与教育技术学

学习目标

1. 了解教育技术的早期定义;
2. 掌握 AECT 1994 教育技术定义并理解其内涵;
3. 了解 AECT 2005 教育技术定义;
4. 掌握教育技术的范畴并对教育技术学的理论框架有一定的认识。

知识概览

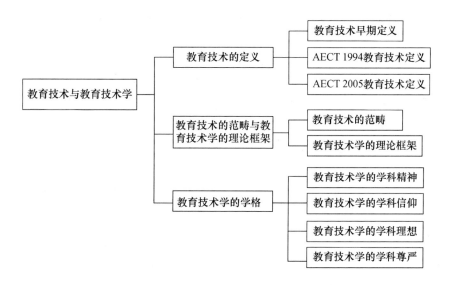

本章导学

学生在学习本章内容时,不应该局限于对概念和意义的记忆;应该结合美国教育技术定义的变化思考教育技术领域实践与研究的变化和发展,进一步理解教育技术的本质和内涵。随着人类的教学思想和教学媒体的发展,教育技术也在不断地发展,人们对教育技术的理解与认识也就会不断变化,熟悉教育技术的历史,把握教育技术的现在,关注教育技术的未来才能更好地认识教育技术。

第一节 教育技术的定义

在本节中,重点讨论目前在国际上影响较大的美国人提出的几代教育技术定义。教育技术作为一个让大学接受的学科首先产生于美国,经过几代美国学者的不懈努力,在不同的时代产生了各种不同的教育技术定义,从这些思想结晶之中,可以体察到他们对教育技术认识的变化,了解到定义发展的历史痕迹。在此需要指出的是,不能盲目迷信美国人的定义,严格说,这些定义并不是标准答案,只是一个学术组织对一个事物给出的定义。人文社会科学的最大特点就是没有什么标准答案,只存在研究者个人的主观认识,根据研究者不同的背景和价值倾向,可以提出各式各样的、观点完全不同的意见和想法,也就是说,不可能有一个统一定义。其实,影响大的观点也并不一定是大家都赞同的观点。在此,我们可以把美国学者的教育技术定义作为学习教育技术的重要材料加以合理有效地运用,使用这些基本材料可以启发我们新的思考,万万不可将美国人的定义作为学习教育技术的座右铭。学习教育技术的学生,也许会经历这样一个过程,刚入校时,看到了一个教育技术的定义,于是便明白了什么是教育技术。当有人问起什么是教育技术时,会脱口而出地告诉对方什么是教育技术。可是,经过一段时间的深入学习,接触到了更多的教育技术理论和实践,特别是阅读了各种有关教育技术的理解和观点,脑子里的材料多了起来,越发对教育技术的概念陌生起来,最终竟然说不出什么是教育技术了,很多学生为此而十分烦恼。然而,当我们在探求的学路上继续前行的时候,通过自己的努力,在自己的脑子里形成了属于自己的教育技术定义。此时的教育技术定义才是真正有用的、可以作为独立思想提出的教育技术的定义。会背诵别人的定义并不能说明真正理解了一个事物,而一旦能够使用自己的语言说出这个事物的本质,才能够说明真正把握或理解了这个事物。

一、教育技术早期定义

早在1963年,美国教育协会技术开发项目组(The Technology Development Project of the National Education Association)在视听教学部主席芬恩(James Finn)的建议下提出了"教育技术"的第一个定义。很显然,当时的教育技术被认为是视听传播技术:

视听传播是教育理论与实践的一个分支,它主要研究对控制学习过程的信息进行设计和使用,包括:1. 研究在有目的地学习过程中可以使用的图像信息和非表征性信息的独特的相对的优缺点;2. 在教育环境中利用人员和设备将信息结构化、系统化。这些任务包括对整个教学系统及其组成部分的计划、制作、选择、管理和应用。它的实际目标是有效地使用每一种传播方法和媒体,以开发学习者的全部潜力。

作为第一个正式的教育技术定义,它列出了教育技术领域所涉及的职责和功能,提及"有效性"这一技术的关键特征,选用"控制"这个词,以提示教学结果是可以高度预见的。该定义为教育技术领域提供了一个未来发展的框架,更为重要的是,该定义指出教育技术不仅仅是关于媒体的领域,第一次将教育技术领域与单纯的媒体导向的定义区分开来,将"学习"而非"教授"作为研究的核心。提出了设计和应用信息时需要采用的步骤,重点强调的是学习,而非教学。同时,该定义更明确地定义了教育技术的研究领域,即教育理论与实践的一个分支。

1972年美国教育传播与技术协会(Association for Educational Communications and Technology,简称AECT)提出了新的AECT 1972定义:

教育技术是这样的一个领域，它通过对所有学习资源的系统化鉴别、开发、组织和利用以及通过对这些过程的管理，有效地促进人类的学习。它包括但不局限于教学系统的开发、识别现有的资源、向学习者传送资源和管理这些过程及实施的人……或许可以由三个相继产生的重要模式来最佳地揭示教育技术的特征，这些模式在过去50年已塑造了这个领域的发展——利用更广阔的学习资源，强调个别化与个性化学习，利用系统方法。当这三种概念综合成一个总的促进学习的方法时，它们就创造了唯一的教育技术领域，并因此创造出这个领域的基本原理。

这是一个将教育技术界定为一种"领域"的定义。它保留了先前定义中的许多要素（开发、组织、管理、使用等），用"利于人类学习"和"过程"代替"控制"和"确定目标"，这个定义为教育技术除了关心既定目标的实现以外，还关注其他的结果的思想埋下了伏笔。1972年定义的一个特点就是将视听传播作为一个领域来下定义，这一决策促成了视听传播是一个行业的思想的形成。定义形成期间，围绕着海涅克（Robert Heinich）关于应该以"系统"来对该领域进行定义的观点和西尔伯（Kenneth Silber）的以强调个别化教学作为定义的特征的观点，展开了一次重要的哲学辩论。目前，有学者依然认为教育技术只是一个工作领域。5年之后1977年美国教育传播与技术协会又提出了一个定义（AECT 1977定义）：

教育技术是一个分析人类学习中的所有各方面问题以及为解决这些问题而进行设计、实施、评价和管理的复杂而综合的过程。其中涉及与人类学习的所有方面都有关系的各种人、各种程序方法、各种思想、各种设备和组织机构。

该定义认为教育技术是一个过程，该过程包含与人类学习有关的各种因素，是将先进的技术设备、思想方法用于解决人类学习中所面临的各种问题的应用过程。提到了教学设计过程中的各个步骤，并且强调了人类的学习问题，为以后将研究重点放在学习方面打下了基础。该定义在很长一段时间内都被认为是对教育技术的最权威的概括，直到20世纪80年代末，美国教育技术领域才有人指出，该定义已经过时需要修改。

二、AECT 1994 教育技术定义

（一）AECT 1994 教育技术定义

1994年，美国教育传播与技术协会（AECT）出版了西尔斯（Barbara Seels）与里奇（Rita Richey）合著的《教育技术：领域的定义和范畴》，此书提出了AECT 1994定义。该定义是在AECT主持下由美国众多教育技术专家共同参与，并经AECT正式批准使用的。英文全文如下：

Instructional Technology is the theory and practice of design, development, utilization, management and evaluation of processes and resources for learning.

在此，语言的差异成为研究的一个问题。将英文翻译成中文的过程一定带有翻译者主观的意向，或者说，翻译者对原文的不同理解直接影响到翻译的结果。目前国内对上述英文定义一般有两种比较典型的、有一定差别的译文。一种译法为"教育技术是为了促进学习，对有关的过程和资源进行设计、开发、利用、管理和评价的理论与实践"。另一种译法为"教育技术是对学习过程和学习资源的设计、开发、运用、管理和评价的理论与实践"。这两种译法存在着一定的差别，第一种译法突出了"促进学习"和"有关的过程和

资源",强调了教育技术的重要目的,而且还说明了教育技术不仅只关注学习过程和学习资源,还应该关注可以促进学习的其他过程和资源。第二种译法则明确强调学习过程和学习资源是教育技术的研究对象。这两个译法的共同点是简明、概括,都提出了教育技术的五个研究领域,都十分重视学习,都重视过程和资源,教育技术不仅是实践领域,而且还是一个研究领域,是一个有理论的领域。这个定义有意地避开使用媒体或工具等词语是用心良苦的,使读者看不到一个与计算机或者网络有关的单词,美国的教育技术主要是指教学设计技术,而不仅仅是媒体技术。在此需要指出的是,当年在翻译美国教育技术概念的时候,将教学技术翻译成为教育技术,泛化了这个概念,也给这个概念附加了不可承受之重。赵勇教授认为,教育技术是一个非常大的概念,这就导致教学技术和教育技术这两个概念的混淆。

(二) AECT 1994 教育技术定义的启示

考察上述定义,可以从四个方面给学习教育技术的人员提供思考的机会,通过研究这个定义的内涵,可以使读者加深对教育技术的理解。

1. 强调理论与实践并重

教育技术不仅是一个工作领域,还是一个科学研究领域。其实,任何有意识的实践都应该是理论的,而任何理论也都应该是实践的。世界上根本不存在没有实践的理论和没有理论的实践,二者一定是存在必然联系的。

学习过程与学习资源之中,既存在实践问题,又存在理论问题,不能一味强调实践活动而忽视了理论研究。冯友兰教授主张"理在事先"的观点。一般而言,人们总是先有思想和观念,才能制造出东西来。例如,先有了桌子的观念,然后才能制造出桌子来。这就充分说明,世界上先有客观规律,人们根据规律产生思想,才能去实践。就目前而言,教育技术领域展现的是实践先于理论的局面,只是"低头拉车,而不抬头看路"的现象比较严重,虽然做了大量的项目,但是缺乏总结、升华或提炼,没有在学术上下工夫,总是在进行低水平的重复,最后什么也没有留下,总之做项目不等于搞研究和做学术。目前教育技术最要紧的问题不是实践问题,而是理论问题,理论研究跟不上,实践怎能有所突破,怎能健康发展?那么,什么是理论?一提到理论就会有一种神秘感,觉得高不可攀。其实,理论不过是指一组具有逻辑性的一般见解或主张,可用于解释某一现象的原理和原则,或是关于某一主题的一组原理和原则。广义上说,人们在头脑之中对某一事物形成的一些想法,提出的一些观点,都可视为理论,这个过程可视为理论活动过程,不断地认识一个事物的过程就是一个理论研究过程,如果可以得出一些主张,发现一些规律,就是理论研究成果。理论活动是如此简单,与我们每一个人的生活息息相关。以往将理论研究视为理论家的工作,被少数人所垄断是不合适的。教育技术学专业的学生需要特别注意自己理论修养的提高,理论思维活动可以帮助我们变得更加智慧,帮助我们提高抽象思维能力,同时,也可以对认识对象进行更加深入的分析和研究。

除此之外,必须强调教育技术的实践性,教育技术学是一门实践科学。"如何教"是教育技术最关心的问题,教学行为、教学技能、教学策略、教学方法和教学模式等问题是教育技术的核心问题。可以说,教育技术主要解决的是操作层面的、具体的教学问题。诸如什么是教育等纯理论研究不是教育技术的研究主流,也不能只是停留在讨论教育技术的定义。如何有效地使用信息技术进行教学是教育技术研究不可回避的大问题,并且应该大力研究信息技术对教学的作用,在各个教学环节上如何使用信息技术,在不同的教学模式和教学方法中如何使用信息技术,在这些方面是大有可为的。如果不将信息技术的教学应用作为教育技术的研究重点之一对待,教育技术的研究领域必将失去一个对教育教学极有理论和实践意义的研究课题。另外,研究信息技术教学应用所得出来的研究成果,从形式到内容都应该具有自身的独特性,有别于一般的理论性研究。

2. 教育技术的核心方法是系统方法

从历史上看,系统科学的思想观点和方法对教育技术学的形成和发展有着广泛和深远的影响,成为教育技术学最重要的理论基础。系统科学方法最重要的特征是整体观,整体观是将教学作为一个完整的系统来看待,教学系统之中存在各种组成要素,各个要素组成的系统具有明确的系统目标,它可以根据需要和可能为系统确定出优化目标,运用新技术手段和处理方法,把整个系统逐级分成不同等级,在动态中协调整体和部分的关系,使部分的功能和目标服从系统总体目标,以实现系统总体的最优化。系统方法具有一个假设:各个系统要素达到最优时,整个系统就能达到最优,就可以最优化地实现系统目标。需要注意的是这个假设是建立在理想状态之下的,或者说是基于自然科学研究成果之上的,而在人文科学领域并没有得到大家一致认可的现实效果。因为自然科学系统和社会科学系统是两个完全不同的事物,各自存在自身的独特性,不能互相类比。社会人文领域,很难出现各个要素都是最佳的状况,而且如果达到了各个要素的最佳,各个要素之间的相互作用也并不一定就会取得理想的结果。所谓的"木桶理论",在教育教学领域是行不通的,在教学实践之中,所有的教学要素不可能实现相等程度的最优化。仅就教师要素而言,教师的各种能力就不可能达到相等的水平,一定会有所长,也会有所短。我们应该做的事情是扬长避短,发挥优势,突出得意之处,使得优势方面发扬光大。各个教学环节也不可能是相等的最优化,在工作中还是要抓住重点,搞出特色,不能平均分配力量。教学设计方面应该出特色,出绝活儿,做别人做不了的事情。

3. 与学习相关的过程是教育技术研究与实践的重要对象

自从 20 世纪 90 年代开始,发达国家越来越重视对"学习科学"的研究,并且斥巨资资助重点实验室从事学习科学的实验研究,试图进一步揭示人类的学习奥秘,认识发现新的学习规律。教育技术学科自然会受到学习科学的挑战或影响,在这个背景下,就出现了 AECT 1994 教育技术定义,它所关注的研究问题恰好与学习科学一脉相承,无疑是受到学习科学的基本理念和方法的影响。教育技术工作者应该加强对于学习过程的研究,对于学习模式的研究,对于学习机制的研究,分析学习者的特点,预测和帮助确定真正的学习起点。学生的学习同时存在两种方式,一种是自上而下的讲解式学习,另一种则是自下而上的探究式学习,这两种学习方式各自具有不可替代的积极作用,不可非此即彼,或抑此扬彼。关注学生的活动是完全正确的,但是,不能忽视对教师教授活动的研究。我们反对将教育技术的观念从"教"转移到"学"、学习科学代替教学科学等看法,也反对"学习是活动或实践性的,而不应该是传递性的"。研究学生的学习,必然涉及教师如何教授。学习成果的获得,除了学生的学习之外,教师的帮助也是十分重要的条件。有教就有学,有学就有教。教育技术应该重视教学,而不能只强调学习。

4. 学习资源是改善与优化学习过程的重要条件

学习资源是指那些可以供给学习者使用，能帮助和促进他们进行学习的信息、人员、教材、设施、技术和环境。现代科学技术的发展，使学习资源不断丰富，为学习过程的优化提供了必要的条件，同时也迫使人们对学习资源进行科学而富有创造性的设计、开发、运用、管理和评价。因此，为教育教学开发有效资源，并在教学过程中有效使用资源是教育技术研究的重要领域。如何有效地将信息技术融合到教学过程之中是重要的研究课题。

从理论上讲，网络上有无限的资源，但又有多少信息真正与师生的教学有关？目前人们将"知识爆炸"与"信息爆炸"混淆，是一个很危险的倾向。信息社会只是信息爆炸，而人类知识并没有爆炸，知识的增长速度，并没有像"未来预言家"们"忽悠"得那样快。网络上那些与教学无关的信息，确实与师生无关，师生们只是接受和处理那些有关信息。因此，对教师而言，教学资源不在于多，而在于精，在于对实现教学目标有奇效。教师自己把握和使用过的材料才是最有用的材料，自己能够使用的资源才是最有效的。优秀教师经过长期积累，精心地遴选，不断地、随时随地地收集有用的教学材料，可以拥有很多实效性资源。利用信息技术获取教学材料，一般有两种方式，一是从网络上收集或下载信息，另一个是利用摄像机、照相机、录音机或扫描仪获取信息，而后者在教师的工作中更显出实用性。在信息技术的大家庭中，简单而有效的信息工具很多，如 PPT、Blog、QQ、Web 平台等。

三、AECT 2005 教育技术定义

2004 年，美国教育传播与技术协会的专家们又对教育技术的定义进行了深入探讨，推出了 AECT 2005 新定义，英文全文如下：

Educational technology is the study and ethical practice of facilitating learning and improving performance by creating, using, and managing appropriate technological process and resources。（Molenda and Robinson，2004）

教育技术是为了促进学习和改善绩效，而对各种恰当的技术过程和技术资源进行创造、利用和管理的研究及其合乎伦理道德的实践。

该定义将适当的技术过程和资源作为教育技术的研究对象，明确指出教育技术研究的主要目标在于促进学习和改善绩效。该定义将教育技术的研究范围由学校教学领域扩展到企业绩效领域，首次明确提出教育技术的实践应符合道德规范的要求，首次将"创造"作为领域的三大范畴之一，强调了教育技术创新，从一般的教学过程和教学资源的研究限定为对"适当的技术过程和技术资源"的研究，提出了专业特色与工作重点。

AECT 2005 定义带有很强的美国社会文化与行业背景的味道，强调了研究和实践两个概念，强调技术的概念，同时，强调教育技术实践的伦理道德。强调技术的概念是十分重要的，教育技术主要解决的就是技术问题，解决在教学过程中任何做的问题。其实，伦理道德在任何一个领域或学科里都是十分重要的问题，也是人们做事的底线，并不是教育技术的基本特征，在此提出这个概念似乎有些突兀。另外，缺少了"设计"的概念，显得这个定义支离破碎，残缺不全。使用了"创造"一词，过于抽象和含糊，创造本身不是具体概念，没有说明具体行为，并不是教育技术所特有的内容，一切学科都需要创造。这个定

义与AECT 1994定义一样,并没有从教育技术的本质出发界定教育技术,对教育技术领域的理解很不深入全面,以偏概全,没有把握教育技术的精髓,只是从事物的表面现象上对事物进行了很不全面的解释。从各个方面而言,除了字眼上的变化之外,不但没有克服AECT 1994定义的各种问题,反而给理解教育技术的含义带来了很大的干扰作用。读者阅读了这个定义,还是不清楚教育技术到底是什么?这也是AECT 2005定义的最大缺陷,将简单问题复杂化。有学者认为,AECT 2005定义是一个学术倒退,也是不无道理的。我们认为,AECT 2005定义是一个失败的尝试,是一个很不成熟的定义,把这样一个东西抛出来是很不应该的。对于这样的所谓定义,学习者一定要使用自己的脑子进行分析,分辨哪些是鲜花,哪些是毒草。从这个定义中,可以看到,美国人的东西也并非都是好东西,不能盲目崇拜美国学术。特别是在社会科学或人文科学方面,更不能掉以轻心,随便拿来。因为社会科学和人文科学领域不存在世界第一,只存在差别和影响。中国有不尽如人意之处,美国也存在很多毛病,这就叫做"美中不足"。目前,中国人应该研究自己的教育技术定义,而且不应该是大一统的定义,真正的教育技术学者应该有自己的教育技术定义。

第二节　教育技术的范畴与教育技术学的理论框架

一、教育技术的范畴

AECT 1994定义中提出教育技术的理论与实践分为五个范畴:设计、开发、利用、管理和评价。这五个范畴就是教育技术针对学习过程和学习资源的五项具体工作和研究领域,如图2-1所示。

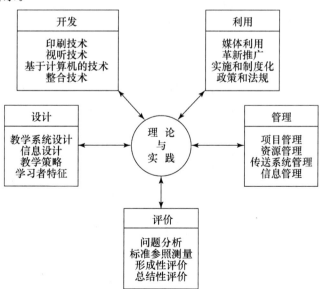

图2-1　教育技术的五个范畴

（一）设计

设计是教育技术的核心，设计是指详细说明教学过程或主要环节的工作，其目的是为了形成教学策略和教学产品，解决如何教学的问题。设计应该包括微观层次的设计和宏观层次的设计。宏观层次设计如学年教学计划、课程方案以及教学系统设计，微观层次的设计如课堂教学、教学单元的设计等。具体而言，设计范畴可包括教学系统设计、信息设计、教学策略和学习者特征等四个领域。

（1）教学系统设计：一个包括分析、设计、开发、实施和评价教学各步骤的有组织的过程。

（2）信息设计：主要指运用有关心理学原理来设计传递信息与反馈信息的呈现内容、呈现方式以及人机交互等。它是指在信息传递过程中的具体形式的设计。

（3）教学策略：对选择并安排某一课的事件和活动的详细阐述。

（4）学习者特征：指影响学习过程有效性的学习者的经验背景的各个方面的信息。

何克抗教授认为，影响设计范畴的因素主要集中在五个方面：一是设计者的知识观；二是学习理论在设计中的应用；三是新技术对设计过程的影响；四是系统方法的影响；五是设计者的经验。

（二）开发

开发是指把设计方案转化为物理形式的过程，开发范畴的基础是媒体制作。开发范畴可分为印刷技术、视听技术、基于计算机的技术和整合技术。当然，除这四种之外，还存在其他的教学媒体。媒体或工具是在不断发展的，新媒体的层出不穷，并不意味着已有媒体的过时，每一种教学媒体都会具有其存在的价值。教师需要不断开发这些已有媒体的教学功能，为教学服务。

（1）印刷技术：主要通过机械或照相印刷过程制作、发送材料的方法，包括文字、图形和照片等形式的呈现。书籍是目前学生最重要的教学媒体，教师应该充分而有效地利用书籍进行教学活动，将看书作为学生最重要的学习活动。

（2）视听技术：通过使用机械或电子设备来制作或发送材料以呈现听觉和视觉信息的方法。视听技术可以在教学中实现"物在眼前"的功能。学习者不同的感官所获取的信息量是不同的，视听觉是学习者最重要的信息通道，教师应该在教学之中积极有效合理地使用视听技术。

（3）基于计算机的技术：利用计算机进行教学是目前十分有意义的教学方法。利用计算机教学，可以帮助学生实现有效的合作学习、探究学习和个别化学习。开发计算机或网络的教学资源，是当务之急。因为没有适当的教学资源，计算机和网络只会是一堆没有任何意义的"废铜烂铁"。

（4）整合技术：这里所说的整合技术，是指在计算机控制下的几种媒体形式的材料的制作和发送的方法。它主要强调的是使用计算机的控制能力，将各种要素集中管理。与目前在中小学中倡导的信息技术与课程整合的含义有所不同。

（三）利用

利用是指将设计和开发的教育技术产品有效作用于教学的过程。创新性地利用教育技术产品是教师重要的工作任务,也是教育技术工作者的重要职责。有了好东西而没有有效利用,是十分浪费的现象,一味地追求新技术的盲目利用也是不可救药的错误倾向。美国学者海涅克提出了一个"ASSURE"的利用模式,它可以帮助教师有效利用各种教学媒体,这个模式的步骤是:分析学习者、确定目标、选择媒体和材料、利用媒体和材料、要求学习者参与、评价和修改。运用范畴包括四个领域:媒体的利用、革新推广、实施和制度化、政策和法规。

(1) 媒体的利用:对学习资源的系统使用,是依据教学设计方案进行决策的过程。

(2) 革新推广:为了使改革的成果能被采纳而通过有计划的策略进行传播的过程,目的是要引起变革。

(3) 实施和制度化:实施是在实际的环境中使用教学材料或策略,制度化是在一个组织的结构和文化中对教学革新成果的持续常规的使用。实施的目的是要确保组织中的个人对革新成果的合理使用,而制度化的目的是将革新整合到组织的结构和生活中。

(4) 政策和法规:它们是影响教学技术的推广和使用的规则和行为。它们通常受道德和经济问题的限制。例如,在利用过程中,会出现知识产权等问题,应该妥善解决。

(四) 管理

管理是指通过计划、组织、协调和监督来控制教育技术。管理范畴是教育技术领域不可缺少的一部分,也是教育技术人员应尽的职责。教育技术人员往往在工作中会遇到各式各样的管理问题,会常常以小组为单位进行工作,要遇到人员管理、事务管理和设备管理等任务。一般而言,管理范畴分为项目管理、资源管理、传送系统管理和信息管理四个领域。

(1) 项目管理:计划、监督和控制教学设计和开发项目。项目管理的主要任务是对项目成员的组织和调动,制订工作计划,力求工作创新等。

(2) 资源管理:计划、监督和控制资源支持系统和服务。学习的成本效益和有效性的论证是资源管理的两个重要特征。

(3) 传送系统管理:计划、监督和控制组织教学材料发送的方法,是用于向学习者呈现教学信息的媒体和使用方法的组合。

(4) 信息管理:计划、监视和控制信息的存储、转换或处理,其目的是为学习提供资源。目前人们对知识管理比较关注。

(五) 评价

评价是对一个事物的价值的确定,是教育技术领域最重要的工作之一。在教育中,它是对计划、产品、项目、过程、目标或课程的质量、有效性或价值的正式确定。教学评价是确定教学与学习是否合格的过程。评价范畴包括问题分析、标准参照测量、形成性评价和总结性评价。

(1) 问题分析:使用信息收集和决策策略来确定问题的本质和范围。首先应该发现存在的问题,才能对事物进行评价。主要应该确定"是什么"和"应该是什么"之间的差距,这样可以更加有效地制订行动计划。

(2) 标准参照测量:确定学习者对预定内容的掌握程度的技术。标准参照测量使学生知道相对于标准来说,他们做得怎么样。

(3) 形成性评价：包括收集达标方面的信息，并使用这些信息作为进一步发展的基础。

(4) 总结性评价：包括收集达标方面的信息，并使用这些信息做出利用方面的决策。

二、教育技术学的理论框架

理论框架是构建学科知识体系的依据，是学科知识体系简洁的表现。我国教育技术理论的基本框架是在学习欧美视听教育的基础上，经过改造与创新逐渐发展起来的。目前，并没有形成大家一致认可的理论框架或理论体系。教育技术学的理论框架具有很强的主观性和个性化特点，因此，每一位教育技术工作者都有责任和义务为建立教育技术学理论框架而付出努力。

我国学者南国农教授曾把我国电化教育的理论框架概括为七论：本质论（电化教育的本质）、功能论（电化教育的功能）、发展论（电化教育发展史）、媒体论（现代教育媒体的开发与应用）、过程论（电化教育过程的规律）、方法论（电化教育的方法）、管理论（电化教育管理）。美国的教育技术研究范围非常广泛，而我国的教育技术主要着眼于如何运用现代教育媒体为教学服务，如何促进教育教学过程的最优化。20世纪40年代，我国赴美国学习教育技术的留学生主要学习的是新媒体的教育应用，如何在教学中使用教学媒体。其实，不论古今，发挥教学媒体的教学作用是一个十分重要的研究课题。这批中华民族的优秀学子，回国之后主要致力于对教学媒体有效应用的研究，这批中国教育技术界老前辈的工作对我国今后的教育技术理论和实践的发展产生了深远的影响。"使用媒体教学"这一特征是中国教育技术研究领域区别于其他相近学科领域的重要标志，我国的教育技术界始终坚持"发展具有中国特色的教育技术理论、方法和技术"的指导思想，结合我国教育技术的实际情况，积极吸收国外教育技术的先进理论与方法。早在20世纪80年代，我国的计算机辅助教育和卫星电视教育就逐步得到发展。20世纪90年代初期，我国的电化教育引进了美国的教学设计理论和方法，并明确地把教学设计作为教育技术理论与实践的核心内容。这样，就使得中国的教育技术理论框架出现"双主线"的现象。

我国尹俊华教授根据顾明远教授编著的《教育大辞典》中有关教育技术学的阐述，在1996年出版的《教育技术学导论》中，设计了教育技术学科知识系统及其各要素的关系，如图2-2所示。

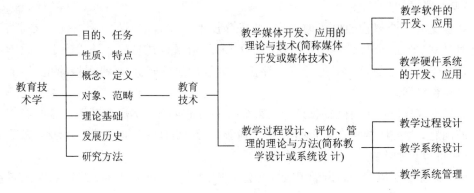

图 2-2　教育技术学的知识系统

从这个结构图中可以了解到教育技术是教育技术学的研究对象;教育技术是媒体技术与系统设计的总称,即教育技术学的研究对象可理解为教学媒体的开发和教学过程的设计;主要的基本理论是媒体开发的理论和教学设计理论。

在前人研究的基础上,经过多年的调研和对教育技术学体系深入研究后,我国学者李龙教授提出教育技术学的理论框架应该由本体论、核心论、过程论、资源论和绩效论五个部分组成。

(一)本体论

在本体论中,论述教育技术学科的定义与定位,教育技术学科研究的目的、任务、对象、领域和范畴,教育技术学科的研究方法、学科体系、学科基础以及教育技术学科的发展历史等内容。通过本体论的内容阐明教育技术学科的基本概念,明确教育技术学科"是什么"。

(二)核心论

在核心论中,主要包括教学设计和教育信息处理两个方面。教学设计是教育技术中智能技术的代表,它包括教学设计的理论、层次和模式三部分,详细阐述教学设计的理论与方法;教育信息处理是教育技术中媒体(物化)技术的代表,包括教育信息的基本概念、教育信息处理的理论和方法三部分,详细阐述教育信息技术(媒体)的理论与方法。教学设计能力和教育信息处理能力是教育技术专业人才的核心能力,核心论中所涉及的内容是培养教育技术专业人才核心能力的理论与方法,体现了教育技术学科"用什么"去提高教育的绩效,即阐明了教育技术学科的基本理论。

(三)过程论和资源论

优化学习过程的技术主要是智能技术,也包括一定的媒体技术;优化学习资源的技术主要是媒体技术,当然也包括一定的智能技术。通过对过程与资源的设计、开发、利用、管理和评价以及过程和资源的整合,促进教育绩效的提高。从技术和方法的层次对过程和资源进行优化和整合,是教育技术学科研究的主要内容,它解决教育技术学科"如何做"的问题。

(四)绩效论

教育技术学科从课程开发、教学系统开发、资源(媒体)开发、绩效系统开发和教育技术标准的制定与实施等几个方面,提高教育的绩效。通过绩效论的内容,明确教育技术学科能够"做什么",即从哪几个方面去促进教育绩效的提高。

第三节 教育技术学的学格

这里所说的"学格"是指一个学科所具有的学术精神、品格、信仰、使命、尊严、理想、追求、利益、声望等,它标明着学科的学术地位和作用。学格是与其他学科相区别的独特而稳定的特征,主要反映一个学科的整体精神面貌。研究教育技术学科的学格,一点点地积累教育技术学科的学科元素,逐步地深刻认识自己的学科面貌,这是一项十分重要的学科建设的基础工作。

一、教育技术学的学科精神

由于交叉、复合、实用、方法等自变量的作用,促成了教育技术学者在精神上的特殊张力,形成了与众不同的独特性格,从而催生出一种独特的思想气质和学术视角。

教育技术的"实干性"彰显了教育技术的"操作性"特征。教育技术学科不仅能够提出理念,自我建构基本理论,发现问题,看出意义,做出决策,更重要的是能够设计具有可操作性的行为模式、策略、程序、过程、环节,并且能够确保教学活动实施的高质量,促使教学目标得以实现。教育技术学研究是以实践为核心的,实践的涵义是指个体将理论和主义应用于实际之中。就是将实践落实到人类的行为层面上。而行为方式的水平则具有明显的高低之分。因此,教育技术学应该研究人类的行为方式。

教育技术学的学科精神,与其他兄弟学科相比,最突出的方面是什么?答案就是"行胜于言"的老黄牛精神,既埋头拉车又抬头看路的老黄牛精神,也可以叫做"顶天立地式的埋头苦干精神"。这种精气神就是实干、务实、实践的"三实精神",论到主义,也可称为"三实主义"。具有"三实精神"的教育技术工作者,也就焕发出一种学科本身独有的神采和韵味。

随着现实社会的发展,对教育技术工作人员的基本要求也在不断地变化,教育技术工作者不仅应该能行,而且也应该能言,应该具备"能说会道"之功。教育技术学科精神的内核是强调实干,教育技术学科的从业者原本就是会做的、能做的人,这身做的功夫并非一朝一夕可以习得的。教育技术的价值观"一以贯之"地强调实干兴邦,空谈误国。

二、教育技术学的学科信仰

任何学科在发展的过程之中,都会被问及学术集团的学术信仰问题。拥有学术信仰对一学科内的个体和学科整体的成功而言,是一个必要条件。信仰的主要作用在于可以促发人类无穷的掘进动力,加速人类行为的发生和发展,并且可以增加行为的持久性,然后可以实现对事物理解的"相对性",最后进入自由王国,使人类的智慧最终臻于有所发现、有所发明和有所创造的最高境界。

教育技术学科的信仰就是"知行合一"。信仰"知行合一"的教育技术学者,研究的对象是教学者的教学行为方式,研究的是怎么做的问题,即如何教、如何学的问题。那么,教育技术学者的言行,早已在不知不觉之中暗合了"知行合一"的信仰。教育技术学者必须"会做事",不会做事的人不是合格的教育技术学者。同时,教育技术学者又必须通晓理论,具有高超的理论思维能力。教育技术学者应该避免懵懵懂懂地任意做事,冥行妄作,全不知思维省察,更应该避免茫茫荡荡,悬空而思,全不肯着实躬行。

三、教育技术学的学术理想

学术理想是指学术主体对学术未来的希望和向往,是学者的精神支柱和动力源泉。理想不是一个具体的奋斗目标,而是一个永无止境的精神追求。精神追求对人的思想和行为具有强大的影响力。教育技术学者基于对学术理想的向往,一步一个脚印地迈向新目标。那么,教育技术学科的理想是帮助教师进行有效教学,解决一切教学方法的问题,从而帮助学习者降低学习苦难。

总体而言，在情感、态度以及意志方面，人们对学习的感受是"痛苦"的。凡是需要意志努力而进行的人类活动，对人们的刺激总不如休闲、娱乐来得自在，人总是趋利避害的。学习的苦因在于人们的学习活动需要付出意志努力，劳神费事，需要克服各种困难。那么，向学习活动中注入轻松或者快乐的元素，则是教学技术学者的责任。当教学活动真正产生了学习结果，学习者会体验到快乐。教育技术学者的天职就是帮助学生降低、减轻这种痛苦，甚至可以在某一时刻消除这种痛苦。此处，表明的是教育技术学科的追求和使命，即为师生服务，研究解决各种具体教学问题的方法。

教育技术工作者，没有自己的利益，我们的利益就是广大教师和学生的利益。教育技术工作者应该彻底地为师生的利益工作。教育技术学者必须懂得全体师生的最高利益，就是我们的最高利益。这是我们最高利益的最高准绳。这就是教育技术学者的利益观。在此利益观的指导下，教育技术学科的积极作用也就自然显现出来。

如何灭学习之苦？这是教育技术学科需要努力研究的课题。灭苦的方法可以提出千千万万。追求教学的简约化，将复杂问题进行简约处理。加强学习者的自立自觉意识，因为学习主要是个体自身的事情，所有旁边的人都是帮忙者。进而促使学习者达到绽放状态，绽放状态是学习的一般状态，没有绽放状态，就没有学习的发生。判断是否发生了学习的标准，关键需要考察学习者是否出现了思考活动，教学方式的生动性能够有效激活学习者的思维活动，教学的生动性主要体现在教学过程、教学内容和教师的生动性方面。最终实现学习者的真正发展。

四、教育技术学的学科尊严

学科尊严是每一个学科都必须面对的问题。在学科中的每一位学者，或多或少地都会被"学科尊严"这个概念所困扰。尊严问题的本质是价值问题，是意义或者作用的问题。

简而言之，教育技术学科的尊严在于学科具有行动力，可以做出具有可操作性的东西来，可以产出工具，可以产出指导如何行动的具体方案，提出"怎么做"的方法，最终能够有效解决教学实践问题。教育技术学科不仅应该行动，而且还必须获得行动的结果。行动很重要，研究如何行动更重要。如果不能解决教育教学的实践问题，教育技术学科则会丧失尊严。教育技术学科的生命力和存在的价值在于它应该是一个能够解决实践问题的学科。如果教育技术学者所掌握的理论和方法对一线教师并无实质性帮助，那么，教育技术学科就永无出头之日。

学习活动建议

> 本章的内容主要阐述教育技术的定义以及教育技术的范畴和教育技术学的理论框架，着重对教育技术定义与教育技术本质和范畴的理解。在这一章中建议教师可组织如下活动（可选）：
>
> ● 活动一：分小组组织学生整理教育技术更多完整的定义，了解教育技术定义的演变，并按照时间顺序来介绍教育技术研究的发展和变化。

● 活动二：课程学习之后，组织学生经过讨论给教育技术下个定义，并说明这样定义的理由。小组陈述之后，全班集体讨论，评选最适合中国教育技术研究国情的教育技术定义。

● 活动三：组织学生阅读和翻译 AECT 2005 教育技术定义的全文，并比较它与 AECT 1994 定义的异同，分析新定义的优点、局限以及它给我们的启示。

● 活动四：组织学生对教育技术的五大范畴进行深入讨论，并根据小组的兴趣爱好和特长让其选择相应的范畴搜集更多相关的资料，将子范畴进行细化。

学习评价

学习完本章内容后，请尝试回答下列问题：

1. 请你谈谈你对教育技术概念的认识，并结合我国教育技术研究的实际情况尝试给教育技术下一个定义。
2. 教育技术包括哪几大范畴？每个范畴研究的主要内容是什么？
3. 教育技术与教育技术学的区别与联系是什么？

第三章 教育技术学的学科体系与专业建设

学习目标

1. 了解教育技术学的学科体系；
2. 明确教育技术学专业的培养方向及相应的培养目标；
3. 理解教育技术学专业的学生需要具备的素质要求；
4. 掌握八门专业主干课程的基本内容及开设目的；
5. 掌握教育技术学专业实验室的系统构成、功能及其作用。

知识概览

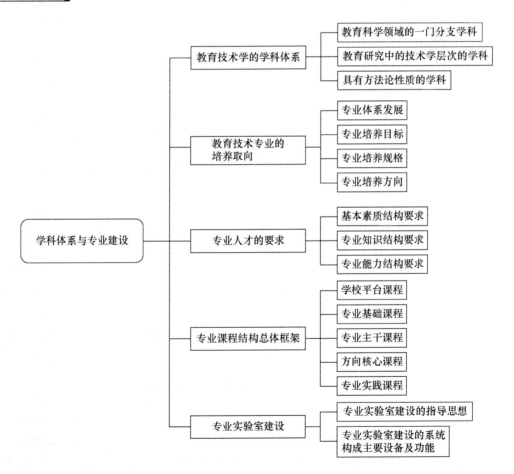

本章导学

学生在学习本章内容时,要从教育技术学的学科体系去理解教育技术学专业的培养目标、课程总体结构与对学生的素质要求,掌握今后学习的总体方向。

第一节 教育技术学的学科体系

一、教育技术学是教育科学领域的一门分支学科

对于教育技术学的归属问题,国内外教育学术界已经达成了一致的看法。大家已经认识到,教育技术不仅仅是一种新的教育手段或教育方法;教育技术也不简单地属于教育科学领域中的现代科学技术。教育手段是指教育者为达到一定的教育目的所采用的活动方式和方法的总称,主要指各种教育工具、教育方法和教育组织形式等。教育方法是指为实现教育目的和内容而采用的各种方式、运用的各种手段和程序的总和。教育技术经过几十年的理论和实践探索,已经初步建立起自己的理论框架,有了本学科的研究对象、内容和方法以及研究和实践的队伍,并且以其独有的观察、分析和解决问题方式立足于教育学科群体之中。把教育技术称为一种教育手段和方法是不恰当的,教育技术本身已经远远超出了这些范畴,并且教育技术的理论已经深入到教学过程和教学资源的各个环节。另外,从教育技术发展的历史来看,尽管教学媒体在其中起着很大的作用,但是每一种新技术的引入都是以教育的需求即以解决教育、教学的问题作为出发点,教育技术学所关注的焦点不是科学技术本身,而是现代科学技术在教育过程中运用时所蕴涵的教育、教学的规律。因此认为教育技术属于教育科学领域中的现代科学技术是不科学的。教育技术学的定位点究竟在哪里?教育技术学不折不扣地归属于教育科学领域,目前是教育科学领域之中的二级学科。不论研究教育技术的人员或机构归属于何种业务单位,它的一级学科一定是教育科学。例如,北京师范大学教育技术学科,由于学科举办者的知识背景所限,自从 1979 年建立以来,先是归属于无线电电子学系,然后被划归为信息科学学院,与计算机科学与技术系、无线电电子学系为伍,2004 年又独立出来,成立了教育技术学院。无论如何,教育技术学科上面的一级学科是教育科学。教育技术学科主要研究的是教育教学问题,研究教师和学生"如何教"与"如何学"的问题。它是一门理论与实践并重的学科。它的理论部分包括与知识体系有关的概念、理论构架和原理等;实践部分是指这些知识在解决问题过程中的应用。

二、教育技术学是教育研究中的技术学层次的学科

在教育科学研究中存在三种不同的研究层次,即教育哲学层次、教育科学层次和教育的技术学层次。教育技术学与教育哲学、教育科学研究的区别主要在于研究问题的层次和目的的差异。教育哲学的研究在于对教育本身进行反思,探讨教育的本质、价值、目的,提出、设计和描述人的发展理想;教育科学研究的重点在于研究教育、教学活动的内在关系和规律;而教育的技术学层次的研究在于探讨如何分析、解决具体的教育、教学问

题,研究"做什么"、"如何做"的问题,即主要是研究和开发达到一定教育目标的各种方法、手段,并努力去实践这些方法和手段。日本学者坂元昂教授对教育技术学研究和教育学研究的区别作了如下阐述:

（1）教育学的研究,在很多场合,是在文献研究中发现其问题的端倪;而教育技术学是在教育的现场发现问题;

（2）教育学的研究是追求教育过程的原理,诊断教育现象发生的原因;而教育技术学的研究则是追求教育问题的改善方法,提供改善的处方。

（3）教育学的研究是对问题进行分析式的研究;而教育技术学则是对问题进行构造式的研究,创造出提高教育效果的方法。

（4）教育学的研究是为追求原理,调查已经过去的教育现象,分析教育现状;而教育技术学则是为改变未来的教育,提出改善的方案。

教育技术学因其实践性和开发指向性的缘故,与教育哲学和教育科学有明显的不同。很显然,为什么培养人、培养什么样的人并不是教育技术学研究的主要内容,教育技术学应该研究的是怎样培养人,研究培养人的具体方法和策略,研究使用什么工具和手段培养人。这就是技术学层次的学科应该做的工作。

三、教育技术学是具有方法论性质的学科

伊利在《教育技术学领域:定义的表述》中这样写道:首先,教育技术学领域的主要目标是促进和改善人类学习的质量。由于这个目标提出的任务是由教育的各个分支共同承担的,那么,它就不能作为某个特殊领域的理论根据而提出了。教育技术学的特点,又可谓它赖以存在的理由,在于它为达到这个目标所采用的哲学方法和实践方法。作为教育技术学的特征,其方法已被三个先后发展起来的模式所揭示,在以往50年间,它们使这一领域得到发展。这三个模式是:应用各种各样的学习资源;强调个别化与个性化的学习;运用系统方法。正是这三个概念,被综合成一个促进学习的总体的智能方法时,就形成了教育技术学领域的特点,从而也确定了这个领域的理论根据。从这段阐述中我们可以明确地领略到教育技术学的特点在于达到既定目标所采用的哲学方法和实践方法。其次,在AECT的定义中指出,教育技术是按照具体的目标,根据对人类学习和传播的研究,以及利用人力与物力资源的结合以促进更有效的教学的一种设计、实施和评价教与学的全过程的系统方法。其中也明确指出了教育技术学的核心思想是系统方法。再次,在上面阐述的有关教育哲学、教育科学和教育技术学的区别,也明确指出,教育技术学是为了改变未来的教育,获得更有效的学习而开发出有效的手段、方法、技术和系统,并努力去实践这些方法和手段,反复评价其效果,加以改进,使其更加完善。这些都说明了它的方法论性质。

教育技术学的学科特点在于为达到既定目标（即促进学习者的学习）而采用的方法——系统方法,所着重研究的是运用系统方法解决教育、教学问题的具体操作过程、操作方法及方法论。教育技术学知识体系的核心思想就是系统方法。教学系统设计的理论和方法就带有很深的系统方法的影子,关注整体、关注各个要素的关系是系统方法的核心思想,而教学系统设计则是很好地贯彻了系统方法的精髓和要旨,将教学活动作为

一个系统对待,并集中钻研系统中的各种要素。所以,教育技术学是具有方法论性质的学科。综上所述,可以将教育技术学作为教育科学领域中技术学层次的方法论性质的学科。

除此之外,教育技术学还具有明显的应用性学科和综合性学科的特点。

第二节 教育技术学专业的培养取向

一、教育技术学专业体系的发展

我国的教育技术(电化教育)专业始自1984年。1986年,国务院学位委员会正式批准三所大学(北京师范大学、华南师范大学、河北大学)设立硕士学位授予点,明确了教育技术学是教育科学的分支学科;1993年,国务院学位委员会批准在北京师范大学设立教育技术学博士点。到2008年,已经有220余所师范院校和非师范院校设立本科(或专科)教育技术学专业,80余所高校被批准建立了教育技术学硕士点,8所高校设立教育技术学博士点,从而形成了一个包括专科、本科、硕士和博士的完整的教育技术学科专业体系。这种情况在世界上也是少有的,即使是在教育技术学研究最发达的美国也只是以研究生教育为主。其实,这是很有道理的,学习教育的学生应该具有一定的学科背景和一定的教学经验。教育技术的内容主要是帮助学生做好教师工作,而只有教育技术学背景的学生,还不能有效承担各个学科的教学工作。因为教师首先应该是一位学科专家,然后才是教育技术专家。研究教育技术,或者开发教育教学产品,如果没有必要的教学经验,也是不能奏效的。目前鼓励教育技术学专业的学生学习"双学位"的办法也存在着很大问题,本来教育技术学专业自身的课程计划就是一个"大拼盘",已经是过于分散,没有学科重点和专长,蜻蜓点水了,再让学生学习另外一个学科,这也学一点、那也学一点,什么都学了一点,什么都没有学扎实。教育技术学科是否应该招收本科生,一直是困扰办学者的大问题,招不招,招进来如何培养,培养成为什么样的人才,今后应该加紧对这些问题的研究。

20世纪90年代以后,建立教育技术学专业成了我国教育领域的一个热点,原来主要是师范院校举办教育技术学专业,后来许多综合大学和理工类大学,如北京大学、清华大学、浙江大学、上海交通大学等也都纷纷办起了教育技术学专业。目前全国范围内,教育技术学专业的发展,有过度膨胀,盲目上马的倾向,已经出现很多问题,教育技术专业已经开始出现"泡沫破灭"现象,很多学校已改弦更张,另立门户了,将教育技术学专业改为其他专业。

二、教育技术学专业的培养目标

教育技术学是一门交叉学科,也是一门应用性很强的学科。为了突出学科特色,加强学科竞争力和适应力,应该坚持应用型交叉性学科的发展方向,坚持培养信息时代所需要的复合型人才。教育技术学科培养的人才应该是其他学科所不可替代的,反之本学科则无立锥之地,这是本学科生死攸关的大问题。学科的交叉性主要体现于课程的交叉性,教师队伍的交叉性,基础学科的交叉性等方面。这种交叉性不是外在简单的罗列或堆砌,而是具有鲜明的、独特的内在逻辑和特色的交叉性。

如前所述,我国的教育技术学科已经具有从专科到博士的完整的人才培养体系,在人才培养过程中应该坚持分层教学的思路。分层主要是指为不同学位的学生建立不同的目标体系,对于本科生,主要是加强技能培养,辅以理论支持,提升学生在未来社会中的生存发展能力。但同时又要处理好就业与升学的关系,因为本科生是培养高层次人才所需的基础材料。

依据《教育技术学本科专业规范》(讨论稿)所规定的培养目标:本专业主要培养能够运用现代教育理论和现代信息技术,对信息技术环境下的教学过程和教学资源进行设计、开发、运用、管理和评价的复合型人才,主要从事信息技术教育、信息技术与课程整合研究与设计、数字化音视频技术设计开发、广播电视系统支持服务或教育电视节目制作、教育软件、教育资源、教育系统平台和教育游戏软件的设计、开发和管理、远程教育系统的设计、开发、维护,学习支持帮助服务等项工作。

本科毕业生应具备教学系统设计能力,教学媒体应用和评价能力,现代教学系统的使用、维护和管理能力,媒体设计和开发能力,现代教育技术应用研究的初步能力,等等。可以胜任中小学信息技术课程的教学和教育技术工作;校园网工程的规划和建设,校园网站的建设管理,网络课程的开发制作,远程教育中学习资源,网络课程的开发和建设;广播电视系统,信息广告公司中广播电视节目和网上栏目的创意、策划和编制,教学系统包括软硬件与现代教学媒体的设计与开发,政府和企事业单位人力资源开发、绩效水平的提高与建设,IT产业中教育产品的开发等。

依据北京师范大学教育技术学院《研究生培养手册》,硕士生的培养目标主要包括科研能力和实践能力两个方面。在科研能力方面,第一,能够独立查找和阅读与本学科相关的中外文图书资料和学术刊物。了解本学科和相关学科领域的学术发展动态以及研究前沿的重大课题。第二,能独立撰写符合文法规范的文献阅读报告或选题报告。第三,能够参加导师或相关课题项目的研究工作和实践活动,能够独立承担一定的科研任务。在实践能力方面,第一,能够承担本科生课程的教学辅导工作。此工作必须参加,不合格者不能参加中期筛选。第二,能够撰写有选题意义的教育技术方面的项目申请书以及学术论文。第三,能够主动参加本专业学术会议或学术活动。毕业后可以胜任高等学校、科研机构及相关企事业单位的教学、培训、科学研究、教学媒体开发或有关职能部门的管理工作。能够参加并完成教育领域中的理论和实践研究课题。

博士生的培养目标:在科研方面,第一,能够熟练地查找和阅读与本学科相关的中外文图书资料和学术刊物。熟知本学科和相关学科领域的学术发展动态以及研究前沿的重大课题。第二,能够准确、充分地运用中外文资料,能独立地撰写符合文法规范的文献阅读报告或选题报告,能够在本专业核心期刊上发表高水平学术论文。第三,能够独立进行本专业重大研究课题的选题,承担并能独立完成省市或部委级科研项目。在实践能力方面,第一,能够独立开设本专业本科生的基础课和选修课,并能获得较好的教学效果。第二,能够撰写省市或部委级的科研项目申请书。独立对教育技术专业著述撰写有分量、有独立见解的评论文章。第三,能够参加国内外学术会议,进行学术讨论,发表有见解的观点和评论。第四，能够利用外语直接进行基本的学术交流及讨论。毕业后可以胜任高等学校、科研机构及相关企事业单位的教学、培训、科学研究、教学媒体开发或有关专业职能部门的管理工作，能够独立承担并完成教育领域中有重大意义的理论和实践课题。

我们应该思考这样的问题，教育技术学科的专科、本科、硕士和博士的层次区别是什么？每一个阶段的主要任务是什么？在不同的阶段应该如何学习？

三、教育技术学专业的培养规格

教育技术学专业建设是一项系统工程，培养规格是培养目标的具体体现。不同层次的学校应该根据自身的基础和师资力量确定具有特色的培养规格，认真选择发展的道路，例如，是定位于研究型还是定位于应用型。一般而言，那些研究型大学，开办本专业较早的大学，教育科学发达、办学历史悠久、师资力量雄厚、教学条件优越、办学经验丰富，可以将培养目标定位于研究型，而开办本专业时间较短，办学条件不成熟的学校可以定位在应用型上。研究型培养计划的学时分配，应适当向基础课、专业基础课倾斜，课程开设可以加大深度，实践教育环节要注重学生创新能力的培养；应用型培养计划的学时分配，应适当向传授专门应用技术的专业课倾斜，实践教育环节注重培养学生应用所学专业知识的能力。就目前的社会需求和学科发展规律来看，不论哪类学校的教育技术本科生主要应该提高生存发展能力，掌握具体的生存技能，以适应实践性极强的社会需求，积极主动地将自己打造成为教育技术的工具性人才，成为有效地解决教育教学问题的人才，走向工作岗位之后，充分利用信息技术，上手快，技能强，会设计，有很强的策略性、程序性知识和能力。

学生掌握知识的目的是为了学有所用，学生作为社会主体能为社会所用，学生应该具有与培养目标和培养规格相一致的基本素质、专业能力和专业知识。但对本科学生的培养要求不能过于求全，应该在保证厚基础、宽口径的前提下，突出特色。厚基础、宽口径是保证学生求职面宽、适应性强，突出特色是保证学生有一技之长，能够较快地适应用人单位的要求。就目前的社会需求来看，社会需要的是身怀一技之长的"专门家"，而不是"万金油"，什么都会，等于什么都不会，因为不可能做到精益求精，精确掌握，一个人不可能做到各个方面都优秀。应该做别人干不了的事情，应该具有比别人干得优秀的工作领域，所谓"一招鲜吃遍天"。只要有一项"绝活儿"，就会在社会上有立足之地，就不愁找不到理想的工作。在多种类型的毕业生招聘会上，很多用人单位希望招聘那些具有两年以上工作经验、知识面宽、具有一技之长的学生。对于本科生来说，具有两年以上的工作经验是比较困难的，但是知识面宽和一技之长，是可以做到的。另外，还可以在四年本科学习之中，积极参加社会实践，尽量为自己积累一些比较有利的工作经历。

不可忽视的是，教育技术学专业的本科生是培养更高一级人才的后备力量。教育技术学科的硕士和博士培养，需要从本专业的本科生中选拔，教育科学中的兄弟学科也需要教育技术学专业的本科生。继续深造是教育技术学专业本科生的重要出路，因此，教育技术学专业的本科生必须认真打好本专业的理论基础，掌握基础理论。没有理论的学科是没有任何希望的，没有与时俱进的理论创新就更没有希望。

北京大学教授冯友兰先生认为,大学应该培养"人",而不是"器"。器是供人使用的,技术学校就能够培养。大学则是培养完整灵魂的人,有清楚的脑子和热烈的心,有自己辨别事物的能力,敢承担对社会的责任,对以往和现在所有的有价值东西都可以欣赏。目前,我国大学生的就业问题越来越成为一个社会关注的焦点,有人就呼吁大学应该培养社会需要的人才,培养能够很快适应各行各业中各种具体岗位的人才,这是很有道理的。但是,作为大学培养的人才,一定不同于技校毕业生,一定在抽象思维能力方面,在思想意识和认识方面更强、更高。他们是"人",而不是"器"。

总之,学生的综合素质,学生的学习能力、心理能力和研究能力是重要的培养内容。大学生的学习能力是学习的基础,是掌握知识、学会思考的必备能力;大学生的心理能力是其适应社会、承受挫折的前提,也是非智力因素的重要内容;大学生的研究能力是其创新能力的灵魂,创新源自研究,研究是创新能力形成的途径。

四、教育技术学专业的培养方向

教育技术学专业的培养方向是体现不同院校培养目标、办学水平、师资力量、社会需求和地方特色的标志。依据《教育技术学本科专业规范》(讨论稿)规定,现行教育技术学专业大致形成了五个培养方向。

(1) 教育技术学基本理论方向:培养能够运用现代教育理论和现代信息技术,对现代教育媒体环境下的教学过程和教学资源进行设计、开发、运用、管理和评价的复合型人才。主要研究教育技术关键、重大基本理论问题,研究教学设计和绩效技术、课程开发技术问题,构建教育技术学科理论体系,构建信息化教学理论体系。这个方向是教育技术的理论核心和发展的原动力。

(2) 数字媒体技术方向:为了应对以数字技术为核心的信息技术对现代教育教学领域的挑战,有效地将各类现代信息技术应用于教育教学之中,以人的发展为主要研究领域,研究知识媒体对教学的影响,开展新一代网络教学平台的开发与研究,开展 E-Learning 的理论与实践研究。培养适应现代信息社会发展需要的数字传媒人才。合格的毕业生将具有坚实的艺术基础,以及传播学、课程与教学理论、教育心理学等相关学科基础知识,掌握数字传媒技术应用及制作的全面知识与实践能力,适合在教育机构和其他企事业单位从事数字媒体策划、制作、应用与管理等工作。

(3) 信息技术教育方向:信息社会对学生提出新要求,信息素养已经成为现代公民必备的素养。主要培养信息技术课程教学与研究人员;信息技术与课程整合的设计与技术支持人员;企事业单位信息技术培养与应用人员。主要研究如何培养具备良好信息素养的各学科教师,如何培养胜任信息技术教学的教师及科研技术人员的方法和策略。

(4) 教育软件与知识工程方向:适应信息时代信息处理的要求,将知识管理作为突破口,以教育领域中的知识为研究对象,构建面向知识服务的隐性知识获取基本理论体系;进一步开展认知工具与知识可视化技术、学习软件中的智能技术、语言理解与知识抽取技术以及教育自动化技术等知识工程关键技术研究;开展面向领域的知识科学与工程关键技术应用,构建面向群体、面向领域的知识库,建立面向情景和学习者需要的普适、自适性知识推送环境。主要培养教学软件的设计、开发与管理人才、数字化资源的开发与管理人才等。

（5）现代远程教育方向：开展远程教育基本理论研究，研究远程教育的本质规律、核心概念和理论框架，开展现代远程教育应用规律研究，以及远程学习环境与学习资源、远程教育管理等方面的研究。主要培养远程教育或培训系统的技术方案的规划、设计、建设及相关技术支持人员；远程教学资源与课程材料的设计、开发与制作人员；各类远程教育或培训机构（电大、农广校、网院、网校、远程学习中心、企业培训部）的基层管理人员；远程学习支持服务（含教学指导咨询）人员；有关远程教育的新闻传媒工作人员。

第三节　教育技术学专业人才的要求

教育技术学专业的毕业生必须适应社会发展的要求，自从进入教育技术学培养程序之后，就应该十分明确自己的发展目标，必须了解自己应该在哪些方面着力提高，明白一名合格的教育技术学专业人员需要在哪些具体的方面做得更好。在教育信息化的环境中，计算机与网络技术得到了相当程度的普及，教育技术专业学生应该具备什么样的素养？掌握各种教学工具，在教学之中充分发挥信息技术的作用，是教育技术学专业与其他相近学科的重要区别。以下从三个方面列出了本专业学生为适应社会发展要求而应该具备的基本素质和技能。

一、基本素质结构要求

（1）思想道德素质：树立辩证唯物主义和历史唯物主义的世界观；敬业爱岗，遵纪守法，艰苦奋斗，团结协作，具有良好的思想品德、社会公德和职业道德。

（2）科学素质：崇尚科学、热爱科学，具有较强的自我获取知识能力，不断地更新知识结构；具有一定的创新意识、开拓精神和独立进行研究的能力；养成善于合作的精神；专业基础扎实，知识面宽广，知识结构合理。

（3）能力素质要求：能较为全面地掌握本专业的各项技术、技能，具有较强的工作能力、协调能力和创新能力。

（4）人文素质：包括人文素养、人文关怀、艺术鉴赏等。

（5）身心素质：包括身体素质、心理素质。

（6）工程素质：包括工程意识、综合分析能力、价值效益意识、革新精神等。

（7）劳动素质要求：具有正确的劳动观念，掌握劳动知识技能，勤于劳动实践。

二、专业知识结构要求

（1）理论基础知识：包括学习理论知识、教学与课程论知识、传播学知识、系统科学理论知识等。

（2）技术基础知识：包括视听媒体技术、计算机和多媒体技术、通信和网络技术、人工智能和虚拟现实技术等。

（3）基本理论知识：包括视听媒体理论、程序教学理论、教学设计理论、知识管理理论、教学评价、教学管理等方面的知识。

(4) 专业基础知识：包括计算机基础知识、数据库原理、数据结构、程序设计、数字电子技术、数字影视技术、音乐和美术的基础知识等。

(5) 专业基本技能：多媒体教学软件、网络课程、网站等资源开发、制作技能；教学平台的设计、开发技能；教育电视节目摄像、录像、编辑技能；对信息化教育资源、教学系统等的建设、维护、管理技能；远程教育系统的设计、建立和维护技能等。

三、专业能力结构要求

(1) 教学系统设计能力：包括教学系统需求分析、学习者分析、学习环境设计与开发、教学内容的确定、教学过程分析、教学方案的制成、教学评价等能力。

(2) 教学资源设计与开发能力：包括多媒体课件、网络课程、网站、平台及教学软件等教育资源的设计与开发能力；企事业培训课程的设计与开发能力。

(3) 媒体应用与评价能力：包括媒体的恰当选择与使用；教学媒体使用效果评价；教学媒体环境建设效益分析能力等。

(4) 信息化教学系统使用、维护与管理能力：包括教育信息化基础设施优化设计、组织建设、维护、管理和应用的能力。

(5) 项目管理与评价能力：包括项目论证、项目运行、项目监理、项目评价的能力。

(6) 教育技术研究能力：掌握科学的教育技术研究方法，运用教育技术思想、方法和手段，解决具体教育教学问题的能力。

第四节 教育技术学专业课程结构总体框架

教育技术学专业为学生提供的课程体系是培养学生的重要因素，这些课程是预先设计好的教学内容，使用这些教学内容可以发展学生的潜能。课程的设计，根据不同的指导思想，不同的培养目标，不同的办学基础，会出现不同的课程体系或具体课程。因此，虽然都称为教育技术学专业，但是，各个学校的课程设置会出现不同程度的差异。目前，找不到一个统一的课程体系，这也是十分正常的事情。在此，只能提供一个比较一般性的课程框架，供读者参考。希望读者在此基础上进行思考，使用课程设计的基本理论和方法，按照自己的基本理念和培养目标，广泛调研国内外大学相同专业的课程设置，全面深入地设计符合具体实情的本专业课程体系框架。在这个学习过程中，读者能够体会到很多有关本专业课程的知识。

我们将教育技术学专业课程体系分为六大模块，如图3-1所示。

一、学校平台课程

马克思主义基本原理，毛泽东思想、邓小平理论和"三个代表"重要思想概论，思想品德修养与法律基础，中国近现代史纲要，体育与健康，大学英语，美育，军事理论，信息技术等。

二、专业基础课程

专业基础课包涵四个模块：

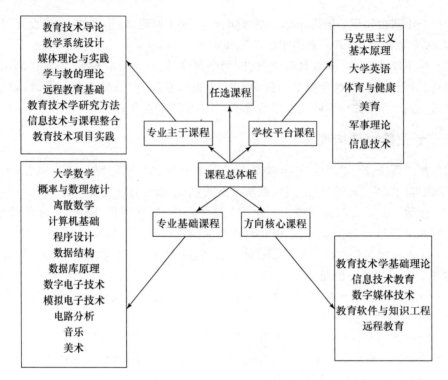

图 3-1　教育技术学专业课程体系六大模块

(1) 数学基础课程,包括大学数学、概率与数理统计、离散数学;
(2) 计算机基础课程,包括计算机基础、程序设计、数据结构;
(3) 电子基础课程,包括含数字电子技术、模拟电子技术、电路分析;
(4) 艺术基础课程,包括音乐、美术等。

三、专业主干课程

教育技术学专业有八门主干课程,即教育技术学导论、教学系统设计、媒体理论与实践、学与教的理论、远程教育基础、教育技术学研究方法、信息技术与课程整合和教育技术项目实践。下面列出了八门主干课程的基本介绍和包含的知识单元。

(一) 教育技术学导论

为教育技术学专业学生提供一个理解学科全貌的入门介绍,使学生能够对该学科有一个整体认识,了解学科的历史发展、研究领域和主要问题、学科知识体系和基本技能等专业的重大内容,并了解该专业的学生应该具有的职业道德和应遵守的法律准则。

涵盖的主要知识单元:
(1) 国内外教育技术的发展历史;
(2) 教育技术的基本概念和学科体系;
(3) 数字媒体技术的发展历史、现状和未来趋势;
(4) 教育软件的概念、类型和设计流程;

(5) 信息技术教育的概念、发展历史和方法；
(6) E-Learning 与知识管理；
(7) 教育技术的基础理论和研究方法；
(8) 远程教育的发展历史、研究领域和实践领域。

（二）教学系统设计

教学系统设计是教育技术学专业的核心理论和方法。教学系统设计作为教育技术专业的主干课程，为学生提供如何教的方法、策略方面的支持，是影响教学行为有效性的重要课程。这门课程也是一门重要的桥梁课程，前修课程是学习教学系统设计的基础，后续课程则是教学系统设计理论与方法在教育技术不同应用领域中的运用。

涵盖的主要知识单元：
(1) 教学设计的概论；
(2) 教学设计的理论与方法；
(3) 学习需求分析；
(4) 教学内容分析；
(5) 教学目标分析；
(6) 学习者特征分析；
(7) 教学设计的策略与模式；
(8) 教学媒体的选择与设计；
(9) 教学资源的设计与开发；
(10) 人际环境的设计；
(11) 教学评价工具的设计与应用；
(12) 教学设计与绩效技术。

（三）媒体理论与实践

本课程力求使学生了解教学媒体领域的全貌，对教学媒体的理论和教学媒体的技术原理、基本特点有较深刻的认识，熟练掌握教育教学活动中应用教学媒体的规律、方法和原则，建立与教育技术学其他相关课程的联系。使用教学媒体进行教学活动是教育技术的特点之一，教学重点应该放在将教学媒体十分巧妙地、合理地应用到教育教学之中的方法和策略上，应该侧重培养学生在教学中使用教学媒体的实践能力。特别需要强调的是，应该区别教学媒体与教学技术，二者不是同义词。教学媒体是物，而教学技术则是教师的活动或行为方式，使用教学媒体的行为是教学技术。在日常表述上一定要积极地加以区分，才能够正确理解教育技术。

涵盖的主要知识单元：
(1) 教学媒体的历史、概念和分类；
(2) 戴尔（Edger Dale）的"经验之塔"理论和麦克卢汉（Marshall Mcluhan）的媒体本质观；
(3) 教学媒体的教育学、心理学、传播学和艺术、美学基础；
(4) 教学媒体的教学应用策略和效果评价方法；

(5) 不同类型媒体的基本原理和教学应用方法。

(四) 学与教的理论

本课程是教育部教育技术学教学指导委员会指定的八门主干课程之中唯一的一门有关教育教学理论的课程，因此，它承载的学习任务十分艰巨。学生通过学习此课程，应该对教学和学习活动有比较深入的理解，能够初步掌握学习方法和教学方法的具体操作模式，理解教学和学习理论的基本理念。主要目的是为学生后续课程的学习打下坚实的教学和学习理论基础，帮助学生理解学习的概念、学习策略、学习方式、教学策略、教学环境等基本概念和基本理论，强化学生理性思维的意识，培养独立思考的习惯。应把学习重点放在学与教的理论在实践中的指导作用及培养学生分析问题和解决问题的能力训练方面。

涵盖的主要知识单元：

(1) 学与教的基本概念；

(2) 学与教的关系；

(3) 各个教学理论流派；

(4) 知识类型、学习策略、学习类型、学习方式；

(5) 协作学习的理论基础与方法；

(6) 教学环境与网络教学环境的设计和优化；

(7) 各种教学策略。

(五) 远程教育基础

本课程重点要求学生掌握远程教育的基本概念和基本理论，初步具备运用远程教育的基本原理分析远程教育教学现象和问题的能力，深刻理解时空分离状态下的教与学，掌握远程教育课程资源开发和学生学习支持服务的基本要求、方法和技术，了解国内外远程教育的现状和发展趋势，领会并认同远程教育的价值和潜力，领会大力发展远程教育的重要性和必要性。

涵盖的主要知识单元：

(1) 远程教育的基本概念；

(2) 远程教育基本原理；

(3) 远程教育的发展沿革；

(4) 远程学习材料的设计与开发；

(5) 远程教学与学生学习支持服务；

(6) 远程教育管理与质量保证。

(六) 教育技术学研究方法

本课程是为了培养学生进行教育技术研究的基本技能，掌握教育技术研究的基本方法，提高学生的科学研究素养，使得学生能够积极发现问题和解决问题，为学生在实际工作中开展教育技术研究打下良好的基础。

涵盖的主要知识单元：

(1) 教育技术研究方法的基本概念；

(2) 教育技术的研究设计(选题、变量分析、假设的建立、研究方案的编写);
(3) 常用的教育技术研究方法;
(4) 研究论文的撰写。

(七) 信息技术与课程整合

本课程是一门强调信息技术在教学中具体应用的课程,应该十分关注理论和实践的结合。这门课程旨在让学生全面了解信息时代教育的特点以及信息技术的教育作用,并能够掌握信息技术与课程整合的基本理念、具体实施方法和实践操作模式。

涵盖的主要知识单元:
(1) 信息技术与教育信息化;
(2) 信息技术与课程整合的理论;
(3) 信息技术与课程整合的方法;
(4) 信息技术与课程整合的评价;
(5) 信息技术与课程整合的教学模式;
(6) 信息技术教育应用的展望。

(八) 教育技术项目实践

教育技术学科是一个实践性很强的学科,培养的人才不仅应该知道"是什么",而且更应该知道"怎么做",并且有能力完成专业工作。本课程旨在使学生有效合理地使用所学知识和基本技能,培养学生的设计能力、制作能力、开发能力、管理能力和评价能力。

涵盖的主要知识单元:
(1) 多媒体教学环境的构建与应用;
(2) 电视节目制作系统的组建;
(3) 局域网络硬件环境的组装;
(4) 网络学习软件环境的安装与配置;
(5) 教育电视节目的编制;
(6) 多媒体教学软件制作;
(7) 专题学习网站的开发;
(8) 流媒体课件制作;
(9) 教学资源的分析与评价;
(10) 教学资源库的管理与应用;
(11) 信息技术与课程整合的教学设计方案及实施;
(12) 微格教学系统的应用;
(13) 教育技术应用效果分析。

四、方向核心课程

本科三、四年级的学生需要选择专业方向,专业学习由若干种课程模块组成,学生根据自己的水平和兴趣选择几组课程模块进行修读。建议各方向的核心课程可以参考

2004年"第二次教育技术学本科专业规范研讨会"的讨论结果加以确定,见表3-1。

表3-1 教育技术学五个专业方向的核心课程

专业方向	核心课程
教育技术学基础理论	教育传播学、多媒体技术基础、课程与教学论
信息技术教育	教育信息技术教学法、多媒体课件的设计与制作、网络教学软件的设计与制作、网络技术基础
数字媒体技术	广播电视概论、广播电视系统、影视节目编导
教育软件与知识工程	网络技术及应用、教学软件设计与制作、软件工程
远程教育	远程教与学、远程教育管理、远程学习中心体系的构建与管理、网络技术及教育应用

五、专业实践课程

教育技术学是一门应用型交叉学科,学生的实践能力是重要的培养目标。专业实践课程的设计正是为了体现这个基本思想。专业实践课程可以通过教育技术项目实践贯穿教学全过程,也可以开设相关的专门实践课程。学生在学习专业实践课程时,需要关注以下一些问题:

(1) 实践课程应该随着年级的增长逐步加强创新设计思想和方法的训练,培养学生发现问题和解决问题的能力。

(2) 转变实践课程的理念,减少单纯技能类课程的数量,实现相关课程内容的整合,将各种技能贯穿起来,如很多应用类软件的学习,不能仅仅停留在职业技能的层面,需要合并相关大类。通过加强基础知识的学习,来实现技能之间的有效迁移。

(3) 开设基于问题或任务的课程,以任务或问题为主线,帮助学生学会用批判性、建设性的方式讨论观点和建议,并学会如何有效地运用所学的知识和技能,提高教育资源的使用效率。

(4) 教育技术学是一门实践性很强的专业,单纯按照"学院式"培养学生的方式不利于根据人才市场的需要调整专业结构和学生培养层次,不利于新技术新知识及时纳入教学内容之中,可以通过多种渠道,让企业参与指导办学,让现场技术人员参与教学过程,形成良好的自我发展的教育机制。

(5) 实践课程不仅要培养学生独立工作的能力,还要培养学生具备良好的交流能力和团队合作精神,重视终身学习能力的培养。

(6) 加强实践课程的综合化和多元化。从有关调研中得知,美国各大学课程计划中实践环节的比例均在30%以上,而我国大学这一比例大致在20%左右,相差很大。同时需要注意的是,我国大学课程计划中毕业设计占到实践环节的40%~50%,而美国大学的毕业设计仅仅占实践环节的10%左右。

(7) 课程开设方式采取理论性与实践性相结合、研究性与设计性相结合的方式。提倡小组合作的方式,从基础的实验做起,在掌握基础知识后,开始设计性实验训练。

(8) 实验课程采取综合多元化评价方法。评价实验成绩侧重于设计性实验的内容,重视学生的创新性锻炼。

根据以上各点，可以总结出教育技术学本科专业实践能力的基本要求，见表 3-2。

表 3-2　教育技术学专业实践能力的基本要求

培养方向	基本要求
教育技术学基础理论	具有教学设计与教学资源开发能力；胜任中小学信息技术课程教学工作；具有初步的教育技术研究能力与管理能力
信息技术教育	信息技术课程的教学能力；参与信息技术与课程整合并提供技术支持的能力；企事业信息技术培训的策划、实施能力
数字媒体技术	具有数字音频设计、制作、传播与应用的基本能力；掌握影视制作中的摄像、录像、编辑的基本技能；具备基本的文学写作和艺术表现能力
教育软件与知识工程	具备基本的程序设计能力；多媒体素材制作能力；能胜任一般网站的设计与开发；教学软件设计与开发能力
远程教育	具备远程教育或培训机构软硬件系统使用、维护的能力；具备远程教学资源与课程材料的开发与制作能力；深入了解远程教育或培训机构支持服务系统的功能和结构，具备较强的人际交流和通信能力；了解国内外远程教育发展规律和趋势，并具备较好的文字编辑能力，为新闻传媒机构提供技术咨询和相关建议

课程建设是一个长期的工作任务，有起点而无终点，一旦开始就没有结束。教育技术学专业与信息技术的发展密切相关，新产品、新技术的不断出现，社会对人才需求的不断变化，国家课程和教学改革的不断深入，这些因素都会对教育技术学专业课程产生重大影响，要求培养目标和课程体系不断地与时俱进。学生在研究和分析自己的学业发展时，一定要将影响学科发展的各种要素作为约束条件认真加以思考，挑选最佳学习路线实现自己的学习目标。课程体系是帮助学生学习的重要的外部因素之一，还有其他外部要素也是不能忽视的，例如教师的教学水平也是影响学生学习水平的重要条件，再理想的课程设计，如果没有优秀的任课教师来执行，课程体系的教学作用一定会大打折扣，学生将得不到必要的教学支持和帮助，就会多走弯路。另外，作为学习主体的学生是决定学习成败的最重要因素。冯友兰教授认为，读大学应该以自学为主，学习等于游泳，老师把你扔在池子里，游过去你就毕业了，游不过去，中途就下沉。如果有人把你捞上来，说明你没有走完你应该走的路。做学生都是靠自己闯出来的，手把手地教，是教不出人才来的。因此，办得好的学科不仅有好的课程，更应该有好教师和好学生。

六、任选课程

任选课程包括专业实习、毕业论文、基于任务的活动等。

第五节　教育技术学专业实验室建设

一、教育技术学专业实验室建设的指导思想

教育技术学专业是理论与实践并重的专业，而教育技术专业实验室是教育技术学

本科生将理论应用于实践的重要基地。我国高等院校教育技术学本科专业创建时的培养目标及课程设置与物理学、无线电电子学等专业有着千丝万缕的联系,因此,教育技术学专业实验室的建设,在设计思想和建设方面或多或少地受其影响,各个学校组建的电子线路实验室、教育电声实验室、教育电视实验室等教育技术学专业实验室,与物理学专业实验室有许多相近之处。但在现代教育技术迅猛发展的今天,新的教学媒体、教育资源不断涌现,因此重新系统科学地规划、建设、改革现代教育技术学专业实验室势在必行。

教育技术学专业实验室设置与建设,应该在现代教育理念的指导下,提供各种类型的现代教育技术软、硬件环境;充分发挥现代教育媒体的交互性、先进性和实用性;注重现代教育与现代教育媒体的整合,集教学、科研、开发于一体,实现资源共享;走数字化、网络化道路。而教育技术学专业实验室建设的目的是培养学生能够在信息化的环境中,利用信息技术完成课程学习的目标,对学生进行信息化教育,提高学生的信息素养。由此,教育技术学专业实验室应根据课程设置和培养学生信息素养的要求进行设置。

二、教育技术学专业实验室的系统构成、主要设备及功能

(一) 系统构成

教育技术学专业实验室系统由两大部分构成,见表 3-3。

表 3-3　教育技术学专业实验室的系统构成

视听媒体实验室	计算机及网络实验室
(1) 光学媒体实验室	(1) 网络技术实验室
(2) 音响技术实验室	(2) 多媒体课件制作实验室
(3) 电视教材制作实验室	(3) 微格教学实验室
(4) 有线电视实验室	(4) 现代远程教育实验室

(二) 各实验室的主要设备及功能

1. 光学媒体实验室

主要设备:照相机、微机、扫描仪、打印机、幻灯机、投影器等。

主要教学、科研功能:传统的胶片照相机及数字照相机的构造及使用,摄影用光、构图及其数字图像的处理与创作。常规光学媒体的使用、维护等。充分利用现有媒体资源,避免盲目追求高档设备而造成当前常规教学媒体的闲置。

2. 音响技术实验室

主要设备:话筒、录音座、影碟机、混响器、均衡器、激励器、调音台、功放机、音频工作站、音箱等。

主要教学、科研功能:话筒、录音座、影碟机、混响器、均衡器、激励器、效果器、调音台、功放机、音箱的调试与使用;电视教材的配音;音频信号的采集。

3. 电视教材制作实验室

主要设备:摄像机、特技机、录像机、数字线性编辑机、非线性编辑机、演播室等。

主要教学、科研功能：摄像机训练；摄像用光、动态构图、舞台节目摄制、电视教材摄制；视音频信号采集、压缩、编辑；该实验室的信号数据传输到影视创作实验室，完成影视节目的后期制作。

4. 有线电视实验室

主要设备：卫星天线、接收机、调制器、混合器、录像机、信号放大器、电视墙等。

主要教学、科研功能：卫星电视系统的接收、调制、传输、设计、安装，系统的维护、维修，积累节目资源、播放自制节目，为教师、学生提供教学、科研、开发服务的平台。

5. 网络技术实验室

主要设备：计算机、服务器、交换机、路由器。

主要教学、科研功能：学生上机训练、使用计算机，熟悉网络技术的相关知识，调取有关信息资料，并能实现远程登录，是教育技术学专业学生在校期间掌握技术、技能的主要实验场所。

6. 多媒体课件制作实验室

主要设备：扫描仪、计算机、刻录机、打印机、数码相机、数字摄像机等。

主要教学、科研功能：PowerPoint、Flash、Photoshop、Authorware、3D Max 软件的使用，多媒体CAI课件制作，视、音频信号采集等。多媒体课件制作实验室是教师、学生深入学习、研究多种软件模式，制作CAI课件的主要场所。该实验室主要依靠交换机共享视音频资源，加工制作课件作品、刻录光盘、在局域网上发布。

7. 微格教学实验室

主要设备：计算机、拾音器、扬声器、摄像头、数字录像系统、监视器、电子白板等。

主要教学、科研功能：微格教学实验，视频实时点播，网上微格教学观摩、评课，网络实时双屏监视等。实现微格教室的数字化、网络化，网上点评试教，观摩者可在远程终端机上实时受益，其功能可扩展到远程教育领域。

8. 现代远程教育实验室

主要设备：计算机、交换机、笔记本电脑等。

主要教学、科研功能：网络课件制作，远程教育模式研究，网络CAI课件的运行测试，网络CAI课件的运动环境研究，网络CAI课件设计模式研究等。该实验室负责局域网的常规运行，以培养学生掌握网络技术、网络课件的设计开发为宗旨，了解教育网络化、信息化。

学习活动建议

本章内容主要阐述教育技术学的学科体系、人才培养目标，对学生的素质要求等，应使学生重点理解教育技术学的学科体系。在这一章中建议教师可组织如下活动：

- 组织一节讨论课，畅谈个人对教育技术学专业的认识。

学习评价

学习完本章内容后,请尝试解决下列问题:

1. 分析自己要成为一名合格的教育技术学专业学生,需要具备哪些素质,要做出怎样的努力?

2. 通过这一章的学习,谈谈你对教育技术学学科的整体认识。

3. 通过学习本章专业实验室建设的内容,结合自己所在学校的本专业实验室的建设情况,谈谈你的看法或建议。

第二篇

教育技术的起源与发展

第四章 教育技术的发展简史

学习目标

1. 说明什么是视听教学；
2. 解释"视听与教学传播的关系"模型的基本原理；
3. 说明什么是个别化教学；
4. 解释强化理论的基本原理；
5. 说明教育技术的形成过程；
6. 说明什么是系统化设计教学。

知识概览

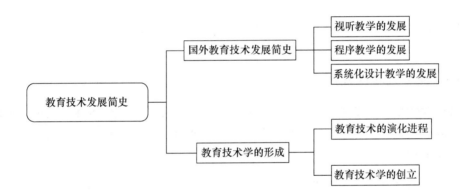

本章导学

　　学生在学习本章时，应从视听教学、程序教学、系统化设计教学三种教学方法的产生和发展入手，以美国教育技术的发展历史为主线，了解国外教育技术发展的历史进程。

　　做任何事情，都必须知道自己从哪里来？教育技术作为人类在教育活动中采用的手段、方法和技巧的总和，自人类产生教育活动以来，一直伴随着教育活动的发展而发展，其历史与教育的历史一样源远流长，从人类最早的结绳记事到当今的网络与多媒体技术，教育技术作为一个过程，始终贯穿其中。但作为一个现代研究领域，一门学科，教育技术学还十分年轻。把教育技术作为一个专门的领域来研究，发端于视觉教学，之后人们开始认识到教学系统设计是教育技术学的灵魂内容，正式称之为教育技术，国外是从20世纪70年代开始，而我国则是20世纪90年代以后的事情了。

　　随着现代科学技术成果在教育领域的广泛应用，一门新兴的教育分支学科——教育技术学得以出现并迅速发展。在实践过程中,教育技术学吸纳教育学、心理学、系统科学、信息科学、传播学等有关知识,发展成为以系统方法为核心的技术学层次的应用科学。

美国教育史学家塞特勒(Paul Saettler)认为,教育技术的哲学基础应追溯到古希腊智者们的学术思想,他们在教学中的做法是把技术理解为科学与艺术相结合的思想,可以称他们为教育技术的鼻祖。但更多学者倾向于把教育技术列为新的领域。从狭义上讲,教育技术的形成是第二次产业革命时期科学技术的发展对教育影响的结果,即20世纪20年代初期,美国教育领域内视觉运动的兴起,应是教育技术发展的开端。

从20世纪20年代起,教育技术由20年代教学改革实践中的视听教学运动,到60年代形成一个专门的实践领域——运用教育技术解决教与学实践问题的领域,70年代后发展为一门专业与学科——教育技术学。众多的教育工作者先后给出了多个有关教育技术的定义,这些定义随着教育技术的发展而演变。若要深刻理解教育技术的含义,必须先搞清楚教育技术的发展史,了解它的来龙去脉。

第一节 国外教育技术发展简史

国外教育技术的发展主要与视听教学、程序教学和系统化设计教学的形成和发展有关。

一、视听教学的发展

视听教学是一种以视听设备和相应的软件为辅助手段的教学方法。它的发展形成了依靠教学资源的思想和媒体辅助与传播教学的模式。视听通道对学生的学习而言起到至关重要的作用。

(一)视觉教学运动的起源

300年前,捷克教育家夸美纽斯(Johann Comenius)提出了直观教学的理论,它为视听教学提供了理论基础。夸美纽斯编写了世界上最早的、附有150张直观插图的教科书《世界图解》。但是在当时,直观教学的理论并没有产生很大的影响。直到19世纪初期,经过瑞士教育家裴斯泰洛齐(Johann Pestalozzi)、德国教育家福禄培尔(Friedrich Froebel)和第斯多惠(Friedrich Diesterweg)等人的大力倡导,直观教学才开始在欧洲流行,然后迅速传到美洲大陆,并对美国的视觉教学运动产生了深刻的影响。

19世纪末,第二次产业革命期间,美国已从依靠密集劳动力的农业国家演变为以机械化农业和城市工业为基础的资本主义国家。为了工业化生产的大发展,国家急需大批有知识、有技能的劳动者。与此同时,由于工业革命推动了科学技术的迅猛发展,一些新的科技成果,如照相技术、幻灯机、无声电影等被引入到教学领域,给传统的以手工操作为主的教学送来了新的技术手段。在这种社会需求、技术背景和教育思潮的影响下,20世纪初美国的视觉教学应运而生。

1918年到1928年的十年视觉教学运动期间,一场系统的教学改革运动蓬勃发展。1922年格拉迪斯等编著的《满足社区需求的电影》是第一本完整的视觉教学专著。1923

年7月美国教育协会(NEA)成立了"视觉教学部"(Division of Visual Instruction,简称DVI),即今天 AECT 的前身。1928年,第一本有关视觉教学的教科书《公立学校中的视觉教学》(Dorris,1928)问世。《课程的视觉化》一书则是关于视觉教学理论研究的最重要的文献之一。

视觉教学与直观教学本质上是一致的。视觉教学主要强调向学生提供生动的视觉形象,使抽象的概念以具体化、直观化的形式呈现,它重视视觉教具和教材的选择应用。也应该重视教材的设计、开发、制作、评价和管理。视觉教育在学科建设、师资培训、学术研究、专业交流和组织管理等方面的探讨和发展,使它从一般的教学原则、方法中分离出来,成为教育技术的起源之一。

(二) 视听教学的初期阶段

19世纪末,科技成果引进教育领域,对教育技术的发展产生了深刻的影响。照相、幻灯、无声电影等新媒体在教育、教学中的应用,向学生提供了生动的视觉形象,使教学获得了不同以往的巨大效果,于是人们产生了"视觉教学"的想法。1905年,美国第一家学校博物馆在圣·路易斯开办。此后不久,在宾夕法尼亚州的雷丁和俄亥俄州的克利夫兰也开办了学校博物馆。这些学校博物馆和学校课程有着较密切的结合。当时,一些学校博物馆通过销售便携式的博物馆展品、立体照片、幻灯片、胶卷、学习图片、图表和其他教学材料而充当了视觉教学中心管理机构。

20世纪20年代末,由于有声电影及广播录音技术的发展和在教育中的应用,原有的视觉教学概念已不能涵盖已扩展的视听设备介入的教育实践,视觉教学便发展为视听教学(Audiovisual Instruction)。

英国是开展播音教学较早的国家。1920年英国马可尼公司剑佛电台开始播出教育节目,每日两次,每次半小时;1923年成立了教育播音咨询委员会,该委员会由地方学校代表、各大学代表、教育部各司司长、秘书长等人组成;1929年成立了学校播音中央评议会,每年评审教育节目1至4次。美国也在1920年建起了第一家无线电广播台——匹兹堡的KDKA电台,并开始利用无线电广播进行大面积教育,开展广播教学实验;之后,俄亥俄州、哥伦比亚、威斯康星州、波士顿等广播学校相继成立,播放文学、音乐、经济、语言、航空、天文、电子等一系列广播课程,后来发展到用24种语言向30多个国家广播。实践证明,无线电广播对教育的作用远远超出了学校的范围,为扩大教育规模、发展社会教育开辟了一条有效的途径。

1924年美国韦斯顿公司试制成功了有声电影。具有视听双重特点的有声电影在提高教学效果方面显示了巨大的作用,引起了人们的广泛兴趣与政府部门的特别重视。据有关史料记载,1931年7月,美国辛克斯公司的教育电影部采纳了当时总统胡佛的意见,把一些州的儿童代表请到华盛顿,用电影教学做了一个实验:在儿童看电影的前后,分别用5种测验表格考查他们的学习成绩,看电影后比看电影前的成绩平均增加了88分,学生增加了35%的知识量。同时,美国哈佛大学在麻省的中学所进行的实验也证明,用电影教学的学生比不用电影教学的学生成绩高出20.5%。

视听教学的发展,到1941年底美国正式参加第二次世界大战时告一段落,故把1918—1942年称为教育技术发展的初期阶段。在这一时期 视听教学对整个教育领域并未产生重大影响。但值得指出的是,在理论方面的研究成果,如霍本(Charles Hoban)等编著的《课程视觉化》一书(1937年出版)反映了该时期视觉教学的理论研究成果,堪称30年代视觉教学理论代表作。作者系统地论述了视觉教学的理论基础、基本原则,并提出了各类媒体分类的层级模型。

(三)"二战"期间及战后十年的视听教学

第二次世界大战期间,学校中的视听教学由于缺乏设备、资料和专家而发展缓慢,几乎处于停顿状态。但是在军队中情况就大不相同。美国为应付这场全球性战争的需要,必须在短时期内迅速动员千百万大众,并快速而有效地把大批来自不同行业、具有不同背景的民众训练成为能从事军工生产的技术人员和各军、兵种的战斗人员,在这种特定的历史条件下,视听教学在工业和军队的训练中得到大力的发展。促进战时视听教学发展的因素主要有以下四点:

(1)工业和军队的训练部门制订了大规模的人才培训计划。如果只依靠传统教学方法来实施这些计划,难解战时燃眉之急,从而迫切需要应用以战前科学研究成果为基础的有效的视听技术。

(2)工业和军事训练中强调绩效能力的培养,目的明确、操作性强,也强调训练者的工作职责。当时这种观念归结为这样一句话——如果学生没有学好,那么原因是你没教好。这些都是构成应用视听技术的观念基础。

(3)美国联邦政府为实施教学技术制定了一系列政策,鼓励制作各类教材、广泛使用各种媒体。

(4)美国联邦政府为实施教学技术而巨额拨款,据资料介绍至少超过1亿美元。

战争期间,美国政府通过其"战争培训视觉教具部"生产工业培训电影457部。政府为军队购买了5.5万部电影放映机,花费在影片上的投资达10亿美元。利用电影培训技术人员获得巨大成功,在短短6个月中,把1200万缺乏军事知识的老百姓训练成为陆、海、空各兵种作战部队,把800万普通青年训练成为制造军火、船舶的技术工人。战争期间,军队训练中除大量使用电影外,还采用了许多其他视听媒体,例如,军训中初显成效的投影器,主要用于识别航空器教学的幻灯,用于外语教学的录音,用于飞行训练的模拟训练器材。在第二次世界大战中,美国在工业和军队训练中,发展视听教学取得了巨大的投资效益,传统的视听教学理论得到实践的检验,新的理念不断涌现。该领域的研究已向对象、需要、媒体、方法等各个方面扩展,形成了较系统的传播研究。战时的实践使视听专家和其他教育工作者逐渐认识到,科学的学习理论能用以指导解决实际的教学与训练问题。媒体与视听传播专家在教学技术中的作用与地位得到明确。所有这些对战后教育技术的发展产生了深远影响。

视听设备在战时人员培训方面取得的显著成效,提高了人们对战后在学校教育中使用视听媒体的兴趣和热情。幻灯、投影、电影、无线电广播等得到了进一步的推广应用。战后在军队及电影工业界若干基金会的支持下,视听领域开展了一系列的研究,重点探讨视听媒体的特性及其对学习的影响。战后十年(1945年至1955年)是视听教学稳步发展的时期。从1955年起,视听教学进入迅速发展阶段。

在视听教学稳步发展时期,人们也感到"视觉教学"这一名称已不能准确反映当时的教育实践活动,而提出了"视听教学"的概念。应当指出,视听教学所指的不仅只是幻灯、电影、录音、无线电广播等现代媒体的应用,它还包括照片、图表、模型、标本等直观教具以及参观、旅行、展览等形式的教学活动,凡是传授观察经验的教学活动,都属于视听教学。

1946年,戴尔在总结视觉教学理论及视听教学实践的基础上发表了以著名的"经验之塔"理论为核心的《教学中的视听方法》(*Audio-Visual Methods in Teaching*)一书,他依据各类媒体所提供的学习经验的抽象程度作了系统的分类,并概括了应用的原则。这一理论成为教学媒体应用于教学过程的主要依据和指导思想。

1947年,全美教育协会的视觉教学部正式更名为视听教学部。

(四)视听教学的发展

1957年,苏联发射了第一颗人造地球卫星,对美国震动很大。舆论界惊呼美国科技落后,对学校教育提出了激烈的批评,强烈要求改革学校的课程和教学方法。在这种情况下,美国国会于1958年通过《国防教育法》,给教育各种拨款,以保证培养出国际竞争所需要的人才,同时亦把许多研究人员带到教育媒体和技术领域,并促进更多的教师接受新媒体,使视听技术得到有效的应用。在这之后,美国掀起了一场长达10年之久的大规模的教育改革运动(即美国教育的反省期)。在这场教育改革运动中,强调要对教学方法作相应的改革,提出学生的理想学习程序应始于直接经验,逐渐向图像经验和抽象经验发展。因此需要大量使用媒体来达到教学目标。教育改革运动对视听教学有很大的促进作用。

教学电视是战后视听教学发展中最重要的组成部分。虽然战前曾有一些将电视应用于教学的尝试,但教学电视的大规模发展还是20世纪50年代中期的事情了。由于部分电视节目停留在课堂搬家的平庸水平,到60年代中期学校教学电视的发展开始降温。从总体上看,教学电视在正式教育中所发挥的作用不大,其潜力并没有得到充分发掘,所以未从根本上触动教育改革。到60年代后期,一些优秀教学系列电视节目的出现,才逐步显现了教学电视的教学作用。

在1955—1965年期间,语言实验室、电视、教学机、多媒体组合系统、计算机辅助教学等先后问世,并在教学中得到应用。使得原来以视听标记的名称又变得不够全面,来自属于视听或不属于视听领域的许多资源要求统一说明,同时由于传播理论的发展和对教育的影响,要求产生一个更广泛的术语和定义来概括这个领域。视听传播(Audio-Visual Communication)的术语是1953年在视听教学领域出现的。当时美国视听教学部出版了《视听传播评论》专业刊物,标志着视听教学论开始向视听传播论发展。系统的视听传播论则是10年以后形成的。传播理论、早期系统观以及学习理论的发展,给视听教学领域引进了大量新鲜的理论观念,拓宽了视听教学理论工作者的视野。为了将这些新的概念有机地综合成为一个完整的理论体系,为了给这个领域下一个准确的定义,视听教学部在1961年成立了定义与术语委员会,探讨从学习理论和传播理论的角度重新认识视听教学的理论问题。这标志着视听教学向视听传播教学的发展,是视听教学理论上的一个转折点,由重点研究视听信息的显示转向视听信息的传播设计。"视听与教育传播过程的关系"的理论模型是视听传播理论的框架。但由于行为主义学习理论的发展,视听传播理论在实际应用中影响不大。多数视听教学工作者对视听教学的认识仍然停留在"媒体"的层次上,仍以"经验之塔"作为主要的理论基础。其原因是多方面的,例如教育机构及教师的传统教学观念根深蒂固,使教师对新的传播手段和方法的使用产生一种抗拒心理。但是,在很大程度上视听教学论没有及时地将传播理论结合到自己的理论框架中,这是主要原因之一。此外,60年代初期,行为科学也开始向视听领域渗透,客观上冲淡了传播理论的影响。

(五) 视听教学的基本原理

视听教学的理论前提是将教学活动视为一种知识、思想和感情的交流分享活动,需要采用视听觉的方法进行交流和传递,利用视听觉媒体提高教学效果。人们有一个假设,视听教学可以提高教学信息的传递和交流的效果,可以加深学生的思考。但是,这一切不是自动发生的,需要教师在教学过程中有效合理地使用视听媒体才能获得好的教学效果。需要注意的是,视听教学不仅仅是单纯的信息传递技术,需要教师深刻理解教育教学理念,掌握具体的学习指导方法和教学文化特征。

在整个视听教学运动中,不同时期都对教学实践做出了理论的概括,提出了有关的理论,如视觉教学理论、视听教学理论和视听传播理论,这些理论对教学实践起到了指导作用,其中以戴尔的视听教学理论影响最大。下面分别做简要的介绍。

1. 视听教学论

初期视觉教学理论的核心部分包括如下三个方面:
(1) 视觉媒体能够提供具体、有效的学习经验。
(2) 视觉教具的分类应以其所能提供的学习经验的具体程度为依据。
(3) 视觉教材的使用要与课程有机结合。

尽管在第二次世界大战后的十年中,以戴尔的"经验之塔"为核心的视听教学论在该领域中影响最大,但是,在基本概念上并没有超出早期的视觉教学论。视听教学理论的主体仍可以概括为三个相同的方面:
(1) 学生学习知识是一个感性认识与理性认识相结合的过程。
(2) 各类视听教材与方法应按其能提供的学习经验的性质——具体或抽象的程度来分类。
(3) 视听媒体应与课程有机结合。

2. 视听传播论

"视听与教育传播过程的关系"的理论模型如图4-1所示,是南加州大学博士研究生埃博克(Sidney C. Eboch)在其1962年的博士论文《关于视听传播领域的过程与系统结构》中首先提出的。后得到视听教学部定义和术语委员会的采用,作为视听传播论的构架正式提出,发表于1963年的专著《视听过程在教育中的作用的改变:定义和有关术语汇编》。它以传播和学习的基本模型为基础,综合了早期的系统思想。简单解释如下:

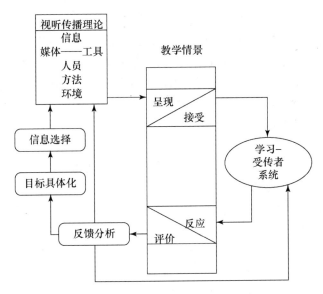

图 4-1　视听与教育传播过程的关系

从整体上看,该模型把教学过程视为一个信息传播的过程,说明"视听传播设计"在其中的地位与作用。根据传播过程的理论,信息传播是一个动态的过程,无法确定信息运行的起点。因此,在模型中没有明确指出教学传播过程的起点,是合乎传播学原理的。为便于讨论,假设在某特定的教学情形下,第一步工作是确定教学目标。其过程为:

（1）明确教学目标,并使教学目标具体化。

（2）根据教学目标的要求,选择合适的教学信息——教学内容。

（3）进行视听传播设计。视听传播设计指根据预定的教学目标和所确定的学科内容,把信息、教师、媒体、方法和环境作为一个整体加以系统设计,充分考虑"传播什么"（信息）、"由谁传播"（人员）、"通过什么传播"（媒体）、"如何传播"（方法）和"在哪里传播"（环境）等因素。其中信息的设计以已选定的教学内容为基础,研究如何用图像和语言文字符号最有效地传递给学生;同时又考虑到信息的载体——媒体工具选用的因素。该模型把媒体与信息等放大到一个系统中加以考虑。在视听传播设计中,信息指教学传播中所传递的信息内容及意义;媒体工具指运载所选定的信息的传递系统,包括材料和设备两个方面,如录音带和录放设备等;人员指控制或帮助信息传递或呈示所需要的人员;方法指有效呈示信息所需要的具体规范和技巧;环境指教学情境中对特定条件的控制或对条件的要求。

（4）把视听传播设计的产物——教学系统投入教学情境中使用。这一过程是:呈示教学内容;学习者接受教材的刺激,作出反应;教师对学习者的反应进行评价。这是发生在教学现场的过程。其中,学习者从接受刺激到作出反应,是一个内部的心理操作过程。模型从行为主义心理学的角度出发,将该心理过程视作学习-受传者系统。在这个环节上,学习理论与传播过程得到了有机结合。

（5）对评价获得的数据进行分析。学习评价数据在一定意义上是一种反馈给视听传播设计者和教师的信息,说明所设计的教学系统在实际教学中试用的效果。通过对反馈信息分析所得到的结果,能从三个方面改进教学。第一,能够了解教学系统的设计中有哪些方面存在问题需要改进,例如,信息设计的缺陷或媒体选用不当等。第二,分析的结果可能揭示学习者方面存在的问题,例如,学习者缺乏学习准备,故对所呈现的教材作出不适当的反应,在这种情况下,可进一步分析学习者特点,使之适应教学要求。第三,反馈分析的结果也可能说明教学目标制定上存在的问题,例如,不够明确具体或要求过高等。当然,反馈分析的结果也可能说明这三方面均存在问题。通过反馈分析,进一步改进教学就有了依据。

上述过程反映了现代教学系统设计的思想。因此,有人认为,在教育技术史上,这是第一次把教学设计作为首要研究的对象。

该模型要说明的正是视听传播的设计与教学过程的有机联系,故称"视听与教育传播过程的关系"。明确了该领域的研究与教育传播过程的宏观联系,还需进一步了解"视听传播"是怎样一个领域。伊利下面这段定义是视听教学部1963年的正式定义:

"视听传播是教育理论和实践的一个分支,主要研究对用于控制学习过程的信息的设计与使用。视听传播的任务:第一,对用于学习过程以达到任何目的的图像信息和非表象信息两者的独特的、相对的优点进行研究;第二,对某一教育环境中人和器具发出的信息作结构和系统的处理。这些任务包括对系统组成部分和完整教学系统的计划、制作、选择、管理和使用。视听传播的实际目的是使有助于充分发挥学习者能力的各种传播方法和媒体得到充分有效的使用。"

伊利表述的这段定义说明了视听传播的目的、性质及研究对象。视听传播论把对提高媒体的教学效果的研究置于整个教学过程的宏观框架中,完全改变了传统视听教学论对视听媒体进行孤立研究的方向。

综观视听教学的发展,可以看出它是与新的视听技术的发展、应用密切相关的。随着现代媒体的不断涌现,教学过程之中一定会增加新的要素,除了教师与学生之外,来了一个新成员——现代教学媒体。媒体已成为教学传播过程中基本的要素之一,从而形成了促进有效教学的一种模式——媒体辅助与传播的教学方式。

这种由视听教学运动发展而形成的教学方式,长期在学校教育中被广泛地运用。尽管媒体的形态不断地变化,教学设计思想不断地丰富,然而,使用视听媒体辅助教学的教学方式一直是学校教学中重要的教学方式。在此需要指出的是,任何有效的教学方式都不存在过时的问题,无论何时,都会找到可以发挥其长处的教学情境,都能够有效解决它能够解决的教学问题。关键要看使用教学方式的人具有何种教学理念、如何设计教学过程,如何具体实施教学。

二、程序教学的发展

(一)程序教学的产生

个别化教学是一种适合个别学习者需要和特点的教学,可称为因材施教式的教学。学生个别化学习,在方法上允许学习者自定目标、自定步调、自己选择学习的方法、媒体和材料。程序教学则是重点解决个别化学习的,它是个别化教学的一种形式。

1925年,美国心理学家普莱西(Sidney Pressey)设计了第一台自动教学机,主要用于对学生的自动化测试,但也包含了允许学生自定步调,可以即时反馈,要求学生积极反应。这种机器可以自动测验和记分。既可以利用机器进行测验,也可以利用机器学习。在测验时,学生对某一项目只允许做出一次反应,反应之后再呈现一个新的项目,机器不提供正确性指示;在学习时,一个项目保留在呈现窗中,直到学生按下正确的按键,然后出现结果。普莱西认为,他的机器在教新材料和练习的某些方面,比人做得好。其后,他和他的学生又设计了好几种自动教学机,并开展了相应的实验。但由于设计上的问题以及应用于教学上的客观条件不够成熟,普莱西的自动教学机对教育技术的发展影响很小。一直到20世纪50年代中期哈佛大学斯金纳(Burrhus Skinner)教授发起新的程序教学运动,普莱西的早期贡献才被人们真正认识。

1954年,斯金纳发表了题为《学习的科学和教学的艺术》一文,他指出传统教学方法的缺点,提出使用教学机器能解决许多教学问题,推动了当时的程序教学运动的发展。在文章中,他强调"强化"在教学中的重要作用,并建议把教学机器作为一种手段向学生提供必要的强化。他指出,"对人的学习最有效的控制将要求工具的帮助",即使"作为单纯的一个强化机器,教师也是过时了……他必须有机械装置的帮助"。斯金纳根据他的操作性条件反射和积极强化的理论设计了教学机器和程序教学。他关于学习材料程序化的想法,后来发展成为可以不用教学机器只用程序课本的程序教学。斯金纳使用了行为主义学习理论从强化论的角度为教学设备在教学中的使用确立了理论依据。同时他进一步指出教学中使用媒体设备的目的和作用的变化,由视听教学中起呈示教材的作用发展为既呈示教材又强化学习者行为的作用。斯金纳坚持不懈的努力成为这个领域发展的主要催化剂,推动了当代程序教学运动的发展,被誉为当代程序教学运动之父。

20世纪50年代末到60年代初是程序教学迅速发展的时期。这一时期的程序教学运动具有以下两个方面的特点:一是各种教学机器纷纷问世,从不具备信息显示装置的简单教学机器,直到克劳德(Norman Crowder)分支装置那样能对数千个框面的信息进行随机提取的教学机器,品种繁多。二是程序设计广泛开展,取得了理想的效果。霍兰德(Edwin Hollander)和斯金纳在哈佛大学行为心理学课程中运用程序化教材获得成功。当程序中的项目数扩展到1400至1800个时,学生对程序反应所产生的错误几乎减少一半,而学完教材所需用的整个时间却缩短了。也有的研究发现:在高中物理课程中,将程序化教材作为一种补充教材使用,能有效地提高学习成绩;二年级学生学习拼写时,如果借助程序化教材或教学机器,会比用传统方法教的学生学得好些。此外,其他一些教学系统也随着进入学校程序教学的新领域中,几个主要的公司,如贝尔电话实验所、康宁玻璃厂和休斯飞机公司都开始试行程序教学。同样,军事的、地方的以及国家的一些公共机构在他们自己的训练活动中,也证实了程序教学的优势。1961年,某空军基地进行了运用教学机器和教学程序的实验,"这一自动教学方法,在第一次试验中采用了完全没有试用过的教材,它教得像一个活的、有经验的教师一样……训练时间实际上缩短了"。

事例表明,程序教学在广泛的领域内获得了成功。尽管教育界有关人士开发出大批程序教材供学校教学、军队和工商企业的训练使用,一些出版商纷纷投资于程序教材的制作,但从总体上看,美国学校在采用程序教学方面并不积极,各个学校并没有普遍对教师开展如何使用程序的培训。这种现象说明,程序教学并没有真正受到教学实践者的欢迎,也就是说,没有真正符合日常教学的基本规律,没有真正有效地帮助教师和学生进行教学活动。不使用比使用要好,因此,人们就不会去用。

在程序教学出现一些问题之后,一些心理学家和教育学家们提出了一些批评意见。主要是批评程序教学的机械性和不灵活性,说它是一种不民主、甚至更坏,是一种反理智的学习理论,认为它谈不上能通过学习知识而发展智力。此外,由于技术上的原因,拥有模式功能的教学机器的设计已有穷尽之感,并且对于复杂的教学内容也难以处理。于是,程序教学的发展,在经历了20世纪50年代末60年代初这一兴旺时期之后,开始停顿下来,到了60年代后期,程序教学运动开始衰退。衰退的原因是多方面的,其中之一是要真正开发有效的程序教材需要进行系统的设计和实验,这样会花费很高的代价,因此出版商纷纷退出这一领域。有关研究表明当时程序教材的使用效果不比传统教材好,学生反映程序教材缺乏趣味;使用程序教材对教学管理和教师作用提出了新要求,而许多教学管理者和教师对这种改革难以适应。这些都是初期程序教学运动失败的原因。但是,这场运动失败的最核心的原因是程序教学不符合真实教学实践的要求,不符合教学的基本规律,不能真正解决教学过程中错综复杂的各种矛盾或问题,不能完成教学的基本目标和任务,没有真正获得教学实践活动的眷顾。人们对程序教学的期望值过高,指望它能够解决更多的问题,也是一个重要原因。教学实践最重要的方面是人与人的接触和交流,教学活动首先是人的活动,而不是机器的参与。

但是,程序教学运动针对教学的个别化需求,追求因材施教,贯彻尊重个性,不使每一位学生掉队的施教原则,总结出了一套开发程序教材的方法,并使用这些方法在教学活动中进行了大量的实践研究,为日后的个别化教学方法的研究提供了宝贵的经验和应该汲取的教训。

(二)计算机辅助教学的发展

进入20世纪70年代后,人们发现具有高性能的计算机技术能够为教育教学的理想作出重要贡献,可以借助计算机进行有效的教学活动。于是,人们对教学机器的兴趣转向了对计算机辅助教学的研究。在此时,程序教学的基本思路和方法有了用武之地,计算机成了实现程序教学思想的高级程序教学机。计算机用于教学和训练始于50年代末。英国的帕斯克(don Pask)于1958年成功地将计算机作为教学机使用,用以训练卡片打孔技能。由于该教学机具有与学生交互作用,适应个别学生需要和反应的功能,所以人们将帕斯克作为计算机辅助教学(CAI)领域的先驱者之一。但实际上开发出第一个命令语言并设计出用于学校的计算机辅助教学程序的是IBM公司的研究人员。早期的计算机辅助教学系统的产生受到斯金纳程序教学的强烈影响,因此人们把CAI视为机器教学装置的新发展,是程序教学的继续。由于CAI具有灵活性和人-机交互作用,弥补了原有教学机缺乏交互的不足。初期的CAI主要用于答疑、练习、个别指导、模拟教学测验、评价等方面,以后亦用于系统的学科教学。

20世纪60年代早期的CAI系统主要用于模仿传统的课堂教学,代替教师的部分重复性劳动,未能充分发挥计算机的潜在能力。60年代末,伊利诺伊大学开发出的自动操作的程序逻辑系统(PLATO)向大规模计算机网络发展。1972年杨伯翰大学研制的分时、交互、计算机控制的信息电视(TICCIT)系统是最早出现的大规模通信网络,可以连接更多的终端,使不同地区共享教学资源。分时系统可以使许多学校同时共用一台主机,计算机容量的扩大和软件系统的改进,可以让学生根据学习情况选择合适的教学资源,使学生变被动听课为积极参与教学活动。这标志着CAI系统进入了一个能够较好地体现与实现个别化教学的新阶段。

20世纪70年代,微机的发展与迅速普及又推动了CAI的进一步完善,许多教育工作者都被吸引到微机上来,因为这些设备相当便宜、实用,并能执行大型计算机的许多教学功能。到了20世纪80年代,学校里微机的使用迅速增长,许多学校把微机用于教学过程之中。虽然人们使用了计算机进行教学,但是这种教学充其量只是一种教学辅助手段而已,它不可能在学校教学中占取主要地位。那么,学校之中占主导地位的教学要素是什么?是每天与学生在一起交流的教师。教师是教学效果的决定因素。

(三)程序教学的基本原理

斯金纳的程序教学的基本思想是在教学过程中应用强化理论。早期的程序教学有如下特点:小步子、积极反应、即时反馈和自定步调,以及低的错误率。在程序模式上,斯金纳编制的是体现他的"操作性条件反射"原理的直线式程序。1960年,克劳德根据他自己在20世纪50年代为美国空军培训技术人员排除电子设备故障的实际教学经验,提出了模拟教师指导作用的分支式程序。

1. "强化"理论

程序教学的心理学基础是斯金纳的"强化"理论。斯金纳属于行为主义心理学派。他遵循学习的刺激—反应(S-R)理论,把学习看成是某种行为的形成,并通过"刺激—反应—强化"而实现。一个复杂的行为可用逐步接近积累的方法,由简单的行为联结而成。

斯金纳的操作性条件反射理论认为,有机体的行为分为两大类,一类是应答性行为,另一类是操作性行为。应答性行为是由已知刺激所引起的反应;操作性行为则没有已知刺激,而是由有机体本身发出的,好像是自发的反应。同样,相对应的也有两类学习,一类是反射学习,另一类是操作学习。他把大多数人的行为,甚至所有人类的学习都看成是操作,在这种操作条件作用下,反应经诱发后,随即给予强化,形成刺激—反应联结。成功的教学和训练的关键就是分析强化的效果及设计精密的控制过程的技术,也就是建立特定有效的强化。斯金纳的"操作性条件反射"和巴甫洛夫的"经典式条件反射"的最大区别在于,操作性条件反射的主体是积极主动地活动,而经典式条件反射的主体则是被动接受刺激。目前,人们关注的是学习者应该积极主动地学习。而行为主义学习理论也并非就是一种消极被动的学习理论,操作性条件反射其实表明的是学习者的学习活动应该是积极主动的,被动性活动不能产生学习。

斯金纳指出,为了使学生对刺激做出符合要求的反应,必须将教材"程序化";为了形成符合要求的刺激—反应联结,应将教材尽量细分为"小步子",以便能在每个"小步子"中诱发正确的行为;为了最有效地强化学习者的反应,必须在反应发生后进行即时强化。

2. 程序教学的要素

程序教学采用的是一个组织化的教材序列,它运用强化理论帮助学生有效地学习。一个成功的教学程序,应包含以下要素:

(1)"小步子"的逻辑序列。教材被分解成许多比较容易的片段,安排成一个逐渐增加难度的、有次序的序列。学生从程序的第一步开始,一步步地前进。这不仅使知识的获得变得简单起来,而且能减少学生出错的次数。"小步子"强调了教材难度增加的渐进性和从一个项目过渡到下一个项目的自然性。

(2)积极地反应。程序教学要求学生和程序之间进行相互作用。设计者一般要设计一些可以获得简单反应的刺激,要求学生填空、计算数目或是完成一个数字序列。如果学生正确地做出了反应,他将获得强化。这样,学生就可以建立"刺激—反应"相互作用的内部模式。这种学习要求学生为了达到学习目的,必须积极地对每一个刺激做出反应,如果处于被动状态,他就不能继续向前学习。

(3)信息的及时反馈。每当学生做出一个反应,程序就立即告诉学生,这个反应是正确还是错误,这就是反馈。反馈出现得越快,强化或者消退也就越有效。即时的信息反馈能使学生避免一错再错和不知所措。

(4)自定步调。教师在面向一个班级教学时,一般是将听课者视为一个具有平均水平的学生,而事实上这名学生是不存在的。用时少、学得快的学生常常吃不饱,而耗时多、感悟慢的学生却跟不上班级的进度。程序教学在理论上可以有效地解决这个问题,它容许每一位学生以适合自己的速度进行学习。学生在以适当速度进行学习的同时,通过不间断地强化,而得以稳步地前进。这种自定步调的学习,在实际学校教学过程中是很难实现的。原因在于人们的学习时间是有限的,人们的正规学习具有比较严格的时段性。

(5)减少错误率。程序教材需要不断修订,以便使学习者产生的错误减少到最低限度。如果许多人都在程序的同一点上发生困难,那就表明这个程序需要修订。修订经常是在那些错误率高的框面上开始的,但也要注意,因为在某一框面上产生错误,可能是由于前一个框面有毛病。因此,需要从学习过程的整体考虑问题,修订程序工作具有相当的难度。

3. 程序设计模式

程序教学的关键是编制程序教材。程序不只是教材内容的简单排列,而是要根据一定的学习理论,针对教学内容和学生的特点,来确定教材的排列顺序。程序教材的设计模式大致可分为两种,一种是直线式程序模式,另一种是分支式程序模式。

(1)直线式程序模式

直线式程序是把教材分成一系列连续的步子,每一个步子很小。每呈现一步,要求学生做出一个应答反应,学生答错后,机器就呈现正确的答案,加以核对,得到强化,然后再进入下一步,其模式如图4-2所示。

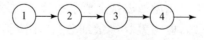

图 4-2　直线式程序模式

这种直线式程序教材只提供一种掌握所学知识的思维途径,学生必须严格按照程序规定的顺序进行学习;程序中也只提供对学生反应正误的反馈信息或呈现正确的答案,而不提供启发思考的补充程序。这就是广大师生无心去用的问题之一,过程路径单一,交流反馈内容单调,不能适应灵活多变的教学实况。

(2) 分支式程序模式

分支式程序教材是根据学生可能出现的各种错误采用一些补习环路来修正错误,以达到掌握教材的目的,其模式如图 4-3 所示。

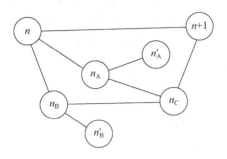

图 4-3 分支式程序模式

学生学完第 n 份材料后,如果答案正确,就进入 $(n+1)$ 单元的学习,如果答错就被引导到 n_A 或 n_B 的分支补充材料学习。当确认已经掌握了第 n 份材料后,再转向 $(n+1)$ 单元的学习。对于"快"的学习者,可按直线方式通过主程序;而对"慢"的学习者,则要通过子程序提供补充知识帮助学习,才能学完全部内容。虽然克劳德考虑到了应该针对不同的学生设计教学程序,但是,这种分支的办法还是不能真正解决学生个性化需求的问题,也不能有效解决学习指导方面存在的问题,学生的学习不仅仅是知道学习结果的对与错就万事大吉了,学生出问题的情况是千差万别、莫衷一是的,原因也是不尽相同的,机器则无法面对这些问题。什么原因使得学生在此处出了差错?程序也无法进行这种深层次的分析与处理。学生的学习活动不是一个简单的按部就班、一蹴而就的过程,也不是一个可以预知的过程,它是一个鲜活的、充满未知的人类活动。这种程序会大大地限制学生的思维发展,不利于学生的学习。

目前个别化教学的研究正从自定学习步调、根据学生反应为其选择下一步学习内容这类简单的适应系统,向根据学习者的多种变量(预备知识、目前成绩、兴趣等)来调节各种教学变量(教学内容的量、类型、顺序、练习和反馈)的复杂适应系统发展。需要更加全面深刻地面对每一位学生的具体情况和个性化需求。并且需要将各种学习方式加以融合,灵活务实地选择不同的学习方式。

从个别化教学实践中,人们体会到了应该充分重视学习者在学习过程中发挥的重要作用,通过有效的强化可以促进学生的学习,这种行为主义的学习理论促进了对学习者的学习特性的研究。在程序教材的开发进程中,综合应用了行为主义的一些重要概念,形成了系统分析、设计的开发方法和程序,为教育技术学的进一步发展打下了理论和实践基础。

三、系统化设计教学的发展

系统化设计教学是一种系统地设计、实施和评价学与教全过程的方法,也称做教学系统方法。它的发展形成了整体设计思想和教学过程的设计模式。

(一) 系统设计教学方法的起源

系统设计教学的方法实质上是设计和改进教学的一种经验性方法(实验方法)。这种经验性的方法可追溯到17世纪的夸美纽斯,他从适应自然秩序的原理和感觉论出发,提出应用归纳法来分析和改进教学过程,为系统理解教与学的过程奠定了基础。19世纪中叶,德国教育家赫尔巴特(Johann Herbart)提出以科学研究指导教学实践,将教学工作建立在科学的基础上,并首先提出应用心理学理论和方法进行教学研究,成为现代科学教育学的奠基人之一。美国心理学之父桑代克(Edward Thorndike)教授于1902年在哥伦比亚大学首次开设教育测量学课程,成为第一位应用定量研究方法处理教育问题的教育家。

芝加哥大学的博比特(Franklin Bobbitt)和查特斯(Werrett Charters)是20世纪20年代倡导用实验方法解决教学问题的代表人物。博比特1924年出版了教科书《课程建设》,提出系统设计课程的功能理论及具体步骤。两人继承赫尔巴特关于重视制定教学目标的思想,运用斯潘塞(Herbert Spencer)的分析方法,成为研究学习目标和分析学习活动方面的先驱者。查特斯在1945年发表了一篇经典性论文,提出"是否存在教育工程的领域"的课题。文章提出了现代教学系统方法的一些基本概念:"首先,教育工程师接受一个要开发的计划、一个要解决的问题……下一步,他对问题作出逻辑的解释……问题明确以后,教育工程师分析问题,以揭示应考虑的因素……他着手用已确定的方式执行计划,最后的阶段是评价。"

第二次世界大战爆发,美国招募大批曾经接受过实验研究方法训练、具有开展实验研究经验的心理学和学校教育工作者参加军训工作,研究提高军训效率和效果的课题。他们从关于教学过程、学习理论和人类行为理论方面的研究成果中总结出一系列教学原则,并用以指导对训练的研究和训练教材的开发。现代教学系统方法中部分重要概念是来自战时军队训练中曾采用的一些原则。

在20世纪50年代中期发展起来的程序教学是教学系统方法概念发展中的又一个重要因素。程序教学对内容进行分析并将内容分解为具体的行为目标,设计达到目标所需要的步骤,建立试行和修改这些步骤的程序,最后,根据实现既定目标的程度来验证程序。通过运用上述方法,程序教学就能成功地创造一个小型的,但是有效的自学系统。程序教学运动的实践使人们认识到,影响或决定学习效果的变量如此复杂,需要对教学过程作系统的分析和设计才能获得有效学习。

(二) 系统设计教学方法中的重要概念

行为科学的一些基本概念,如任务分析、行为目标、标准参照测试和形成性评价等,为"系统化设计教学"方法的形成提供了非常重要的概念体系。一个新学科的建立首先应该具有一套新的概念框架,人们需要使用这套新框架认识和分析事物。正如以上提及的一些概念,当被应用于教学领域之后,就会产生新的看法、新的思路和新的含义。使得人们可以从新的角度观察和分析教学现象,按照新的逻辑思考问题。

任务分析是指一项分析学习任务的技术。它从特定的教学要求出发,逐步分析达到该要求所需具备的从属技能,为确定教学目标提供依据。也就是说,为了达到教学目标,需要完成一些更加下位的学习任务,完成了这些下位的学习任务,总任务即告完成。分析得出了各种从属技能,才能从最接近学生的水平开始学习,才能实现总任务。教学者则应该为学生确定这些从属技能,确定从属技能就是在为学生搭建通往学习目标的桥梁,帮助学生比较顺利地走到目的地。主要应该回答学生的学习从哪里开始,然后到哪里去等关键的教学问题。查特斯、博比特等是这方面研究的先驱者。20世纪50年代,米勒(Robert B. Miller)在军训实践中改进了任务分析技术,使之更加系统化。到了60年代,心理学家加涅(Robert M. Gagné)根据其学习结果分类的思想,更加明确地揭示了学习任务中从属能力之间的层级关系:要求学习者获得目标规定的终点能力,他们必须具备哪些次一级的下位能力?而培养这些次级的下位能力,又需具备哪些再次一级的下位能力?

与任务分析密切相关的是行为目标的理论与方法,因为任务分析的目的是制定明确具体的行为目标。早在20世纪初,博比特和查特斯等已提出使用明确目标的思想。但是,一般认为泰勒(Ralph Tyler)是行为目标的开创者。泰勒于1932年提出,在分析课程内容的基础上确定行为目标,而以行为目标为依据编写测试题。布卢姆(Benjamin Bloom)等人关于教育目标分类的研究发展了学习目标的理论。此后马杰(Robert Mager)在1962年出版了《编写教学目标》一书,系统地提出了使用行为术语陈述教学目标的理论与方法。

行为目标的提出则要求教学评价的方法作相应的调整。教育心理学家格拉泽(Robert Glaser)等人于1962年首次提出标准参照测试的概念,其基本原则是根据预先明确说明的行为来衡量学习者的学习成绩。标准参照测试的做法符合一般系统理论的基本原则,是教学系统方法的重要特征之一。

斯克里文(Michael Scriven)在1967年提出的形成性评价与总结性评价现已构成系统教学设计中的重要概念。形成性评价是指教学过程中的评价,可以用于对处于开发阶段的教材进行改进,也可以用于对教学方案和教学过程进行分析,而总结性评价是用于教学结束之后的评价,可以对开发完成的教材或教学方案作使用效果评定。

(三)早期的系统设计教学方法模型

20世纪60年代初,加涅、格拉泽、布里格斯(Leslie Briggs)等将任务分析、行为目标和标准参照测试等概念与方法有机结合,提出了早期的"系统的设计教学"模型,当时称为"系统化教学"(Systematic instruction)或"系统开发"(System Developement)。60年代后期,布朗(James Brown)等人在《视听教学:媒体与方法》中提出了系统化教学的模型,较明显地反映出行为科学和系统理论的影响,如图4-4所示。这个模型的一个显著特点是所有的教学设计活动都围绕着学生进行,将学生视为学习活动中重要的因素,充分考虑到学生的需要和能力,根据学生达到学习目标的情况而修改教学。由此看来,所谓的"以学习者为中心"的教学思路,早已不是什么新鲜东西,关注学生、尊重学生、一切从学生的需求出发也不是什么新发明。这些也并不是建构主义的一家之说。在这一过程中,教师的主要作用是系统化地设计教学。

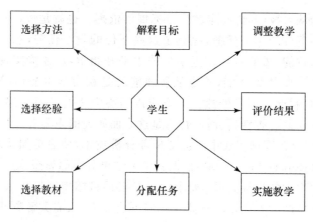

图 4-4 系统化教学模型

(四) 教学系统方法的发展和教学开发运动

20 世纪 60 年代末至 70 年代初,教学系统方法在教育技术领域日益受到关注。人们在实践中建立了许多系统设计教学的理论模型,并发表了大量关于教学系统方法的研究论文。

教学系统方法的发展以及对教学系统方法的科学认识,可以使用美国教学技术委员会(The Commission on Instructional Technology)于 1970 年给美国国会递交的报告《改进学习:给美国总统和国会的报告》中的表述作为一个总结:"教学技术的第二个定义鲜为人知,它不是任何特定的媒体或设备。从这个意义上来说,教学技术整体大于其部分之和。它是一种根据具体目标来设计、实施和评价整个学与教的过程的系统方法,它以人类学习和传播理论为基础,结合应用人力和物力资源,来促进更有效的教学。"这个定义重点突出了教学系统方法的重要地位,认为教育技术的核心含义就是系统方法。综合起来看,技术就等于方法,并不是媒体或工具。技术是使用媒体或工具的方法。这个定义十分简单明了,观点非常鲜明,教育技术就是解决教学问题的系统方法,如果美国人一直坚持使用这个教育技术的定义,那么,今天的教育技术领域也就不会出现如此之多的"懵懂和迷茫",也就不会有那么多的人认为教育技术就是爬梯子、拉网线的工作,就是为别人当"工具"的工作。我们拥护这个定义,这个定义与本书作者的想法十分接近,与我们的观点具有异曲同工之妙。实际上,美国人自己对"教育技术是什么"这个问题是十分清楚的,只是后来的新定义越来越具有"暧昧性",把一个本来是十分简单的事情表述得越来越复杂,越来越说不清楚,越来越似是而非、匪夷所思了。似乎别人越是看不懂,越不好理解,就标榜出自己越有学问。看来,善于把事情变简单的人,本身就不简单。很可惜,美国人后来在给教育技术下定义时从一条正确的路上跑偏了,没有明确坚持方法的思路,这是一个极大的问题。

有的学生会问,教学系统方法与学校中传统的教学计划有什么不同?最重要的区别在于前者是有一个明确"灵魂"的人类实践活动,这个灵魂就是教学系统方法,它是在一个十分明确的基本理论和方法体系指导下进行的教学活动,少了些自发性和盲动性,多了些教学理性和目的性。一般而言,需要开发出符合实际要求的、具有可操作性的教学方案,才能将教学系统方法有效应用于教学过程。教学开发(instructional development)是把一般系统理论的基本概念、系统方法的基本原则及行为科学的一些原理加以综合,创造出一种程序化的、可操作性强的教学系统方法,开发出可以用于解决教育教学具体问题的方法或路径。教学开发一般应该产出产品,这类产品可以是一套教学方案、一组教学方法和策略,也可以是基于信息技术的教学系统。

教学开发的一个重要组成部分是教学设计。教学开发包括应用系统方法指导一个项目开发的所有阶段的工作,包括对所有设计人员、资金和辅助服务系统的管理。而教学设计则侧重于应用系统方法和各相关学科的理论对具体教学目标、内容、方法和形式等进行设计。教学开发的概念被广泛地接受和应用,也就推动了对教学设计的深入研究。在教育技术领域,越来越多的人认识到教材设计与教学设计的重要性。理论指导方法的运用,使人们也越来越认清了教育科学理论指导的重要性。

20世纪60年代后期,教学系统方法把教学理论、学习理论、传播理论、系统方法等重新有机地结合起来,构成了一个新的知识体系,产生了教学设计理论。20世纪70年代是教学设计理论形成和繁荣发展的时期。到了20世纪80年代,众多美国学者研究出的现代教学设计理论已经传遍世界各地。传入我国的时间大约是在20世纪80年代初期,但当时还只是发表一些介绍性的文章,引进了一些大家不太熟悉的基本概念或名词。

从教学的实验方法这条线出发,受到行为科学、系统科学的理论与概念的影响,逐步产生了系统化设计教学的方法,进而出现了教学开发的概念,随后发展成为对教学过程整体设计的思想和设计教学过程的模式,最终出现了教学设计的理论与方法。

第二节 教育技术学的形成

一、教育技术学的演化进程

一般认为,现代意义上的教育技术学发轫于美国。回顾美国的教育技术学的发展,其发展脉络清晰完整,在世界上学术影响也最大,其他先进国家,如日本、英国、加拿大等国均以美国的教育技术理论模式为学习的榜样,因此,可以将美国作为研究国外教育技术发展历史的典型对象。美国的教育技术学主要从三个方面向前发展:一是视听教学推动了各类学习资源在教学中的应用;二是个别化教学促进了计算机辅助教学的形成与发展;三是教学系统方法的发展促进了教育技术学的理论核心——教学设计学科的诞生。这三个发展的起源不同,但都与"视觉教育—视听教育—视听传播—教育技术"这一发展轨迹相关,在这期间,媒体教学技术、个别化教学技术、教学系统方法逐步整合为一体。随着人类网络技术的出现与发展,这三个来源又与网络技术相结合,上升为更高级的综合,出现了基于网络的教学方式。到了20世纪70年代,美国的教育技术已经逐渐成为一个系统而完整的领域和学科。其演化的基本过程,如图4-5所示。承认教育技术学由这三个方面的内容构成,有一个十分重要的有利之处,那就是脱离了单一媒体取向,也就是摆脱了只重视媒体教学应用的取向。教育技术学十分强调教学理论、教学方法和系统方法在教学过程中的应用,离开了教学规律,就等于离开了有效的教学效果。没有教学方法的合理应用,就没有媒体的有效应用。

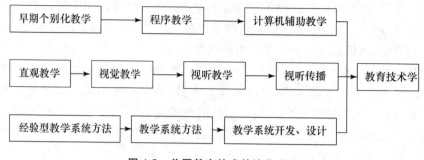

图 4-5　美国教育技术的演化进程

二、教育技术学的创立

教育技术作为一种教育教学现象,是与人类教育现象共同诞生的。可以说,有了教育活动,就出现了教育技术,而教育技术作为一种人类社会实践活动又是先于教育技术理论研究出现的。有了实践活动的需求,才会有研究实践活动的行为。教育技术是教育技术学的研究对象,教育技术学是研究教育技术理论和实践规律的学科。如前所述,1970年,全美教育协会视听教学部更名为美国教育传播与技术协会,独立于全美教育协会之外。1972年,美国教育传播与技术协会的定义与术语委员会对教育技术进行了定义。我们可以将这两件事作为一个重要的历史标志,以说明教育技术学科正式确立。我国教育技术学的形成可以定时在1993年,主要标志是形成了我国的教育技术理论体系和课程体系。我国的教育技术学在20世纪90年代出版的《教育大辞典》中对教育技术学作为一门独立的分支学科作了明确的定义:教育技术学是以教育科学的教学理论和学习理论、传播理论和系统科学理论为基础,依据教学过程的客观性、可再现性、可测量性和可控制性,应用现代科学技术成果和系统科学的观点与方法,在分析、确定目标的前提下,探求提高教学效果的技术手段和教学过程优化的理论、规律与方法,是一门新兴的教育分支学科。尽管对于这个定义,许多学者有不同的认识和意见,并且它也不一定就是唯一正确的定义。但是,它确实是当时国家组织编写的教育工具书中的一个教育技术学定义。何克抗教授认为,教育技术学主要是在教育心理学、媒体技术与系统科学方法的发展、彼此渗透、综合的基础上产生的。世界各国教育技术的发展都有相同的经历:从强调硬件建设到软件制作乃至过程和资源。当教育技术发展到过程和资源的层次时,就会逐渐积累起一整套有关技术用于教育、教学的理论、方法、策略和模式,它们构成了反映教育技术内在规律的、具有严密逻辑性的知识体系。如果从综合概括的视角看待教育技术学科,我们可以认为,教育技术学其实就是研究"如何教"的学问。使用这个"如何教"的说法,可以解决很多以往不易说清楚的问题。其实,使用还是不使用教学媒体并不是教育技术的本质,怎么教才是教育技术的本质。怎么在教学之中使用教学媒体才是教育技术的本质。

学习活动建议

　　本章主要介绍了外国教育技术的发展简史、美国教育技术演化进程以及教育技术学的形成,在这一章中建议教师可组织如下活动:
　　● 组织学生收集外国教育技术发展简史的文献,并开展一次世界教育技术发展的讨论课。

学习评价

　　学习完本章内容后,请尝试回答下列问题:
　　1. 什么是视听教学方法?
　　2. 什么是个别化教学方法?
　　3. 什么是系统化设计教学方法?
　　4. 阐述教育技术是如何形成的。

第五章 我国教育技术的发展

学习目标

1. 了解我国电化教育的出现和发展;
2. 掌握我国电化教育和教育技术概念;
3. 熟悉我国教育技术迅速发展的原因;
4. 掌握具有中国特色的教育技术理论体系。

知识概览

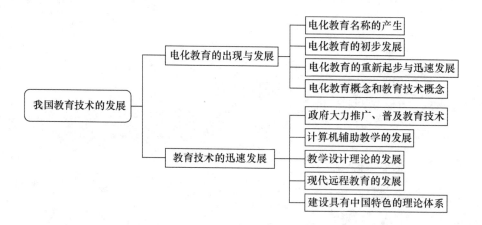

本章导学

学生在学习本章时,应以中国电化教育的产生和发展,到中国特色的教育技术的形成为主线,理解电化教育和教育技术,解读具有中国特色的教育技术理论框架,掌握中国教育技术发展的历史和趋势。

我国现代的"教育技术"最早起源在教学过程中使用现代媒体。当时,使用电能就是一件十分了不起的事情,是最现代化的事情了。在教学之中使用幻灯、电影和广播等媒体,是教育教学现代化的突出表现。如何在教学之中有效地使用这些电化教学媒体,是十分重要的研究课题,必须有专人投入精力认真研究,也自然就成为一个研究领域、工作领域和人才培养领域。因此,中国的现代教育技术事业确实是发轫于在教学中使用教学媒体的活动。到目前为止,我国还将这个领域称做电化教育。尽管我国教育技术的本质特征同世界上所有国家的教育技术并无区别,但是,经过几十年的理论研究和实践探索,在概念界定、理论框架、学科建设、组织机构等方面都形成了具有明显中国特色的内容。20世纪90年代以后,我国和国外教育技术同行的交流开始增多,积极借鉴、吸纳了许多国外教育技术的理论和方法,不仅在名称上逐步改用"教育技术",在研究的内容、方法和实践领域等方面也在逐步扩展。这样,使得我们更加认识到,人类的教育教学现象,不存在世界第一,世界最好,而只存在差异和影响。

第一节 电化教育的出现与发展

一、电化教育名称的产生

20世纪初,西方先进的科学技术不断地被我国学者学习和引入。学校的每一间教室也自然会受到人类智慧和文明的影响,这些新的教学媒体具有很大的教学潜力,能够帮助教师和学生完成很多教学任务,克服以往难以克服的教学困难,使得教育者看到了使用这些媒体带来的美好前景。有条件的学校开始使用幻灯、无声电影、广播等教学媒体进行教学。这些形象直观的教学内容确实为学生提供了学习上的帮助,解决了教学问题。

1919年开始有人运用幻灯进行教学,这是我国电化教育起步的标志。我国采用的"电化教育"这个名称,虽然在技术手段方面受到西方的影响,但这个名称却是地地道道的中国货。当时使用"电"的概念,确实是包涵现代化教育的意思,是具有时代先进性的教育。我国较为正式地使用"电化教育"一词始于1936年7月,当时电化教育的学术内涵是十分清晰的,民国教育部下发文件要举办"电影教育与播音教育人员培训班",在文件中把"电影教育与播音教育人员培训班"简化为"电化教育人员培训班"。当时的教育部社会教育司司长陈礼江在开学训话时指出:"今后电影教育与播音教育合称为电化教育。"从此之后,"电化教育"一词开始在全国各地流通与传播。由此看来,当时的电化教育专门指电影教育和播音教育。这两种教育确实就是我国电化教育的开端。

二、电化教育的初步发展

1949年11月,文化部科学普及局成立了电化教育处,负责全国电教工作。电化教育事业得到了政府的高度重视,并获得了很大发展。

播音教育和电视教育在社会上最先兴起。1949年,北京人民广播电台和上海人民广播电台相继举办俄语讲座。1958年7月天津市广播函授大学创办,教学采用广播与函授结合、自学与辅导相结合的方法。1960年起,上海、北京、沈阳、哈尔滨等地相继创办电视大学,开设专业包括语文、数学、物理、化学、英语、俄语等学科。

根据尹俊华教授的《教育技术学导论》记载,高校电化教育在建国之前就已经开展了大量工作。主要包括两个方面,一是开设电教课程,二是开展电化教育活动。北京师范大学在1947年就建立了电化教育馆。电教馆成立后,在教育系首次开出了"电化教育"选修课,既讲理论,又教技术。辅仁大学教育系、燕京大学教育系也相继开设了电教课和视听教育课。

中小学从1958年开始逐步开展了电化教育活动。中小学的电化教育主要是由各地的电化教育馆来组织和推广的。北京、上海、南京、哈尔滨、齐齐哈尔相继成立电化教育馆,负责推动电化教育的开展。1958年9月,北京电化教育馆成立,根据"为提高教育质量服务"的办馆宗旨,电教馆决定在中小学逐步推广幻灯、电影、广播和唱片、录音辅助教学。

在新中国成立后的1950年到1965年间,我国的电化教育取得了很大的成就。但是,1966年开始的"文化大革命"使我国的电化教育事业受到了严重的摧残。

三、电化教育的重新起步与迅速发展

"文化大革命"后,我国的电化教育工作逐步得到恢复,1978年,教育部建立了中央电化教育馆,随后全国各地也先后建立电教机构。在各级电教机构的组织和推广下,学校电化教育迅速展开。各地采用多层次、多渠道、多方式筹集资金购置电教设备。为了有计划地逐步改善学校电教设备的状况,1986年国家教委向中师、中学、小学分别颁发了《电教器材配备目录》。电教设备的配备让各类学校特别是中小学能够充分发挥现代教育媒体的教学功能,把电化教育广泛、持久地深入到课堂教学中。

只是有了设备还是不够的,如果没有教学软件,那些设备还没法发挥作用。电教教材的编制也受到了重视,这一时期使用的电教教材主要是唱片、幻灯片、投影片、录音带、电影片和录像带。为了提高电教教材的编制质量,成立了由电教工作人员和各学科专家组成的全国统一的电教教材协作组,它与文字教材编审委员会结合在一起,编制配套的音像教材。

为了探索电化教育的特点和规律,提高电化教育的质量,许多中小学开展了电教实验活动,包括20世纪80年代的媒体对比试验研究、专题电教研究和20世纪90年代的电化教育促进中小学教学优化课题实验、小学语文"四结合"教改试验等。这些在很大程度上推进了我国教育、教学的改革。

电化教育专业的开设促进了专业教材的建设。20世纪80年代先后出版了一批反映电化教育实践经验和电化教育理论研究成果的著作,包括《电化教育》(河北教育出版社,1983年版)、《电化教育学》(高等教育出版社,1985年版)、《电化教育导论》(高等教育出版社,1988年版)等。

1993年,我国政府正式确定将"电化教育"专业更名为"教育技术学"专业,20世纪90年代以来,我国许多高校已将"电化教育中心"相继改为"教育技术中心",中国电化教育协会也于2002年11月更名为中国教育技术协会(China Association for Educational Technology)。

到2007年年底,教育技术方面的专业学术杂志主要有:《电化教育研究》、《中国电化教育》、《现代教育技术》、《教育技术研究》、《现代教育技术装备》、《教育技术资讯》、《信息技术教育》、《中小学电教》、《中小学信息技术教育》等。"中文社会科学引文索引"(CSSCI)来源期刊有《电化教育研究》、《中国电化教育》、《现代教育技术》。与教育技术相关的"CSSCI"有《开放教育研究》、《中国远程教育》、《远程教育杂志》。在此需要指出的是,作为教育技术研究人员和学习教育技术的学生,不仅应该关注以上提到的教育技术学方面的学术期刊,还应该特别关注教育科学方面的其他优秀期刊,也应该向其他刊物投稿,必须将我们的视野扩大,树立"大教育"观。这样,教育技术学科的发展才会有希望。

四、电化教育与教育技术的名称变革

学习教育技术学的学生,一定会有这样的疑问,一个学科为什么会有两个不同的名称,而且是长期混用。其实,只是学科名称的问题并非复杂的问题,稍作解释就可明了,时间一长自然就习惯了。但是,如果问题涉及事物的本质,就不是一件简单的事情。关于学科名称的问题,顾明远教授有一段十分重要的话——名称问题可以慎重讨论,关键是它研究的对象和方法要确定下来。一门学科研究什么和研究方法的问题是关乎学科本质的大问题,已经不仅仅局限在名称问题上了。必须透过名称而看到事物的本质,才是大家讨论名称问题的最终目的。

自 1978 年以来,电化教育界对电化教育的内涵做过多次界定。受国外教育技术概念的影响,20 世纪 80 年代我国电化教育领域出现了领域名称的热烈讨论,并引发了一场全国范围的辩论,全国电化教育理论和实践工作者纷纷从不同的角度发表了各自的观点。主张电化教育改名为教育技术的学者认为,我国的电化教育以现代教育媒体的研究和应用为中心,违背教育技术的系统观,缺乏教育系统方法的研究和应用,同时,采用电化教育的名称(当时我国两个有代表性的学术期刊《电化教育》的英文名称为 *Audio-visual Education*,《电化教育研究》英文名称为 *Audio-visual Research*),不便于国际交流,容易引起国外教育技术学者的误解,认为我国的电化教育仍停留在视听媒体教学阶段。主张仍然沿用电化教育名称的学者认为,名称并不能决定事物的实质,以现代教育媒体的研究和应用为中心,并不排斥对教育系统方法的研究。经过全面的讨论,大家对电化教育和教育技术的认识逐渐趋于一致。为了便于开展国际交流,对外一致使用教育技术(Educational Technology)的名称;考虑到电化教育有鲜明的中国特色,并且已有较长的实践历史和广泛的群众基础,对内电化教育和教育技术两个名称并用。

在 20 世纪 80 年代,我国关于电化教育的定义主要有以下几种说法:

(1) 1983 年的定义:"电化教育,简单地说,就是指利用现代化的声、光、电设备进行教育、教学活动。"(萧树滋,1983)

(2) 1985 年的定义:"运用现代化教育媒体,并与传统教育媒体恰当结合,传递教育信息,以实现教育最优化就是电化教育。"(南国农,1985)

(3) 1988 年的定义:"电化教育是根据教育理论,运用现代化教育媒体,有目的地传递教育信息,充分发挥多种感官的功能,以实现最优化的教育活动。"(萧树滋,1988)

进入 90 年代以后,随着信息技术的飞速发展,许多专家在学习、研究 AECT 定义的基础上,结合中国的国情提出了自己对教育技术或电化教育的理解,其中比较有影响的有以下几种:

(4) "教育技术(technology in education):亦称现代化教育手段,一是指在教育中应用现代科学技术;二是指在教育领域综合应用科学技术以及教育学、心理学、信息论、控制论、系统论等方面的原理及其方法。"(《教育技术大辞典》增订合编本,顾明远主编,1998)

(5) "电化教育就是在现代教育思想、理论的指导下,主要运用现代教育技术进行教育活动,以实现教育过程的最优化。"(南国农、李运林,1998)

(6)"现代教育技术是指以计算机为核心的信息技术在教育、教学领域的运用。"(何克抗,1999)

(7)"所谓现代教育技术,就是运用现代教育理论和现代信息技术,通过对教与学过程和教学资源的设计、开发、利用、评价和管理,以实现教学优化的理论和实践。"(李克东,1998)

(8)"结合 AECT 1994 新定义,我们可以将教育技术的概念理解为:应用现代信息技术,对学习资源和学习过程进行设计、开发、利用、管理和评价的理论与实践,包括教育技术学的理论基础、媒体与教学、教学资源的开发与应用、教学过程的理论与实践、教学设计与开发、远程教学技术、教学评价技术等内容。"(祝智庭,2001)

以上列举了8种关于电化教育或教育技术的定义。从概念的内涵与外延来看,它们并不相同,据此我们可以大致将它们分为两大体系:电化教育体系和教育技术体系。电化教育体系的内涵是"媒体论",即运用现代化的教学媒体传递教育信息,外延是应用现代化教学媒体的教育,力图通过教育手段的现代化,促进教育的现代化;教育技术体系的内涵是"方法论",即运用系统方法设计、开发、运用、管理和评价学习过程和学习资源,外延是整个教育领域,力图通过系统科学方法和教学资源的合理利用,促进学习者的学习,范围要比电化教育广泛。实际上我国教育技术工作者所从事的教学实践活动也主要体现这两方面。

属于电化教育体系的定义的典型代表包括第(1)、(2)、(3)个,它们都着重强调教育媒体的作用。不过,对于什么是电化教育,由于所处时代不同其认识也不相同,观点也在发展。(1)是我国第一个电化教育定义,它是我国电教界老前辈萧树滋先生针对当时电化教育姓"教"还是姓"电"的问题提出的,在当时确实起到了振聋发聩的作用,澄清了电化教育界一些人对电化教育的糊涂认识。由于当时我国的电化教育刚刚重新起步,百废待兴,因此电化教育实践的重点在硬件方面;(2)是关于电化教育定义的经典论述,它和1983年的定义的主要不同点在于用"现代化教育媒体"代替了"现代化声、光、电设备",而且明确指出电化教育的目的是要实现教育的最优化。这里的教育媒体既包含硬件又包含软件,说明人们对电化教育的认识深入了一步。在软件和硬件都具备的情况下,越来越多的人开始注意到缺乏理论指导的电化教育只能是经验式的实践,难以达到优化教育、教学的效果。(3)表达了电化教育研究应该包括硬件、软件和潜件。潜件是指电化教育的理论和方法,它对于硬件和软件而言是"无形"的,是硬件和软件的灵魂,没有教学理论和方法,就不可能有硬件和软件的有效应用。

(5)是对(2)的发展和修正,增加了"现代教育思想、理论",把"现代教育媒体"改为"现代教育技术"。明确指出现代教育思想、理论和现代教育技术是构成电化教育的两个基本要素,而且是缺一不可。南国农教授还使用了一个公式说明这种缺一不可的关系,电化教育 = 现代教育思想和理论×现代教育技术。如果现代教育思想和理论和现代教育技术任何一方是零,电化教育也就为零。使用"现代教育技术"替代"现代教育媒体"也是大有学问的,重点强调了技术,而不是作为工具的媒体。这种区分对理解教育技术是十分必要的,因为技术不等同于媒体。

(4)首先将教育技术视为在教育中应用现代科学技术,然后将教育技术作为理论和方法。它也体现了教育技术两条线的思路,认为现代化教育手段应该包含以上提及的两个方面,试图比较全面地解释教育技术的含义。确实,在教育中有效合理地使用现代教育媒体是教育技术学应该认真研究的重要教学课题,但是,教育技术学研究的课题不能仅仅局限在这一个方面,或者说,不能仅仅停留在这个层面上。

20世纪80年代初期是电化教育快速发展的时期。进入20世纪80年代末,人们发现制作的教学节目并没能在教学中发挥多大作用,电教设备和电教教材使用率不高,浪费现象十分严重。有学者在此时就提出了电化教育要"三深入"(深入教学、深入课堂、深入学科)的思想。但是多年的实践证明,要让只会操作设备的电化教育人员去指导教师进行教学方法创新,执行面向整个教育过程或不同学科的教学确实存在很大困难。美国的教育技术恰恰在这个时候正处于蓬勃发展时期,人们从"AECT 1994 教育技术领域定义"获得了启示,对教育技术内涵又做出了新的界定,如(7)、(8)等教育技术定义。美国的"AECT 1994 教育技术领域定义"深刻地影响了我国学者对教育技术概念的理解,并长期作为我国教育技术的主流概念被广泛地传播和使用。实际上,"媒体论"和"方法论"并不是相互对立的,在我国具体国情之中,它们是谁也离不开谁的关系,不论什么观点,都将在研究"怎么教"这一点上获得统一。而且,媒体与方法必须相互融合,才能构成完整的教育技术范畴。可以说,只要是研究"怎么教"的问题,就是教育技术学应该研究的问题,研究"教育中的技术"也是教育技术学应该研究的问题,这里包括实体性的、作为现代教学媒体核心的信息技术,也包括智能性的教学方法。如果研究"怎么教"的问题,必然需要现代教育理论的有力指导,必然应该研究教学方法,必然应该研究教学资源和教学媒体,必然需要追求教学的最优化。在此需要强调的是,研究信息技术的教学应用是目前中国教育技术学研究的重大课题,也是教育技术学科岿然屹立在教育科学大家庭之中的前提条件。运用教学媒体教学是教育技术学科的优势所在,如果放弃了教学媒体,就等于放弃了我们的优势,就难以与其他教育学科划分学科边界,我们自己的学科特色就不可能更加突出。实际上,目前的教育技术学之中,有很大一部分内容应该归属于教育工程学范畴,它主要是进行开发和使用教学媒体的研究。

关于对名称问题的认识,主要应该关注事物的本质特征,并不一定非要在名称表面做文章。从事物的本质看,从目前学科发展阶段看,从学术国际化的要求看,使用"教育技术"作为领域名称较为合适。"电化教育"的实际含义并不能很全面地阐述目前这个领域的内涵,使用"技术"代替"电化",会在名称的字义上发生变化,从字义上更强调主观,更强调人的作用、人的活动,更强调人文意义,做到了比较明确地从事物本质上称呼该事物。

第二节 教育技术的迅速发展

一、政府大力推广、普及教育技术

1978年4月,邓小平同志在全国教育工作会议上指出:"要制定加快发展电视、广播等现代化教学手段的措施,这是多快好省发展教育事业的重要途径,必须引起充分的重视。"从此,我国的电化教育事业重新起步,进入新的发展阶段。随着全国电化教育领导机构——中央电化教育馆和教育部电教局的先后成立,各高等学校相继成立了电教中心,各省市成立了电教馆。1983年10月,全国第一次电化教育工作会议提出:"到1985年,全国师范院校开设电化教育公共课的学校要达到50%,到1990年,争取全部开设电化教育公共课。"整个80年代电化教育超常规发展,电化教育气氛相当浓厚,高师院校的电教专业发展也较快。自1983年华南师范大学、华东师范大学开办电化教育专业之后,多所高校设电化教育系或专业。1993年2月中共中央,国务院颁发的《中国教育改革和发展纲要》中明确提出:"要积极发展广播电视教育和学校电化教学,推广运用现代化教学手段。"1995年3月通过的《中华人民共和国教育法》也要求:"县级以上人民政府应当发展卫星电视教育和其他现代化教学手段,有关行政部门应当优先安排,给予扶持。国家鼓励学校及其他教育机构推广运用现代化教学手段。"1999年6月13日,中共中央、国务院《关于深化教育改革全面推进素质教育的决定》中指出:"大力提高教育技术手段的现代化水平和教育信息化程度。充分利用现有资源和各种声像手段,继续搞好多样化的电化教育和计算机辅助教学。""建设高质量的教师队伍,教师要掌握必要的现代教育技术手段。"

1998年,陈至立同志在为《中国教育报》"制高点——现代教育技术"专版撰写的《应用现代教育技术,推动教育教学改革》一文中指出:"要深刻认识现代教育技术在教育教学中的重要地位及其应用的必要性和紧迫性;充分认识运用现代教育技术是现代科学技术和社会发展对教育的要求,是教育改革和发展的要求。"并号召"各级各类学校的教师要紧跟科学技术发展的步伐,努力掌握和应用现代教育技术,以提高自身素质,适应现代教育的要求"。在国务院转批教育部《面向21世纪教育振兴行动计划》中对教育信息化、教育技术和远程教育的发展更是作了明确规定。

2000年10月25日,全国中小学信息技术教育工作会议明确提出要普及信息技术教育,实施"校校通"工程。教育部决定,从2001年开始用5~10年的时间,在中小学普及信息技术教育,以信息化带动教育的现代化,努力实现我国基础教育跨越式的发展,一方面在中小学普及信息技术课程,另一方面推进信息技术与课程整合。

由于我国教育信息化的进一步推进以及基础教育新课程改革的实施,广大教师越来越需要具有更高的信息素养和更强的教育技术应用能力。为顺应这一要求,2004年,教育部师范司开始实施"中小学教师教育技术标准"研究项目。并最终由北京师范大学何克抗教授牵头,研制成功我国历史上第一部针对教师职业的专业化标准。

2010年国务院发布的《国家中长期教育改革和发展规划纲要(2010—2020年)》中明确指出:"信息技术对教育发展具有革命性影响,必须予以高度重视。"并进一步指出,要加快教育信息基础设施建设,到2020年,基本建成覆盖城乡各级各类学校的教育信息化体系,促进教育内容、教学手段和方法现代化。同时要加强优质教育资源开发与应用;强化信息技术应用。强调提高教师应用信息技术水平,更新教学观念,改进教学方法,提高教学效果。鼓励学生利用信息手段主动学习、自主学习,增强运用信息技术分析解决问题的能力。

2011年,教育部又颁布《教育信息化十年发展规划(2011—2020年)》,提出了教育信息化的发展目标、发展任务、行动计划和保障措施,进一步为教育信息化的发展指明了方向和前进的道路。

如上所述,由政府推进和支持一项事业的发展,将具有不可比拟的巨大力量。自上而下,大面积铺开,在很短的时间内,我国的各级各类学校基本实现了教育信息化,实现了网络化,实施了信息技术教育。从表面上看,这项工作是十分高效的,学校已经配备了计算机网络教室,建设了校园网。而实际工作中,这些先进的信息技术到底发挥了何等作用?从实践中看,当时教育技术的主要工作是加大硬件的投入,增加经费购置设备,在"求大求全求最先进"的想法左右下,很多学校的设备并没有被合理有效地使用,而是产生了巨大的浪费。有了设备而没有教学资源,有了教学资源而没有合格的教师,是产生浪费的重要根源。除此之外,还有各地区的文明程度的差异也是重要原因。因此,如果指望信息技术的单路冒进可以实现教育的跨越式发展,那是不切实际的。目前,有一种论调认为,高投入一定能够获得高产出,因此应该不惜代价,加大经费投入,购置先进设备。这样,就可以获得高回报,也就是可以提高教学效益、效果和效率。其实,高回报与高投入并没有直接的因果关系,有了高投入不一定会有高产出,也许得到的是低效益、低效果和低效率的教学。最关键之处在于如何将这些先进设备有效地使用在教学之中,让设备发挥出巨大潜能。购置了设备,还应该投入一大笔费用,用在教师培训方面,没有后续的教师培训工作,就不可能有信息技术的作用。在此还要特别强调的是,在教育这个大领域之中,教育技术根本就不是什么制高点,充其量是一个教育工作的突破口。教育的制高点是教育理念、教育思想和教育理论。以史为鉴,总结经验和教训,我们不能再走弯路,不能在犯过错误的地方再犯错误。教师作为教学的主体是决定教学水平最重要的因素,人是决定因素,而不是物。

二、计算机辅助教学的发展

计算机技术是信息技术的核心。我国从20世纪70年代末开始,正式开展计算机辅助教学项目的研究。北京师范大学和华东师范大学同时成立了现代教育技术研究所,下设计算机辅助教学研究室,专门从事这一研究。当时,主要的工作是研发教学软件,试图运用教学软件促进计算机辅助教学的发展,利用计算机的优势帮助教师和学生解决教学中的各种问题。因此,许多高校以大学课程为主开发了一批得到实际应用的各科教学软件。

1982年,我国各大城市的一些中学理科教师开始运用计算机辅助教学。随后,在中小学的数学、物理、化学、语文、外语、生物、历史等学科中都涌现出一批运用计算机辅助教学的优秀实例。1987年,国家教委在北京师范大学设立了全国中小学计算机教育研究中心,具体负责指导全国中小学的计算机辅助教学工作,中小学的计算机辅助教学得到了较快的发展。

随着人们对信息技术教学意义理解的不断加深,多媒体、网络等信息技术的发展,20世纪90年代中期以来,计算机辅助教学已经进入了"信息技术与课程整合"的发展阶段。强调将信息技术融入各学科的教学之中,使得信息技术在教学中如同粉笔和黑板一样十分自然地发挥教学作用,使得信息技术真正退居背景而不是主角,成为教学的真正帮手。如果要实现深层次的整合,必须关注教学目标、教学环境、教学理念、教学内容、学生和教师等教学要素。

三、教学设计理论的发展

20世纪80年代初期,美国教学设计的理论与实践受到我国学者的高度重视,并逐步将教学设计的理论和方法引入我国。北京师范大学的乌美娜教授作为访问学者赴美国专门研修了教学设计理论,成为我国教育学界首位赴美系统学习教学设计理论和方法的学者,学成回国时携带了大量有关教学设计方面的学术资料。乌美娜教授为我国教学设计理论的研究和发展作出了奠基性的巨大贡献。1986年,乌美娜教授和李芒教授为联合国儿童基金会在北京师范大学举办的培训班编写了一部名为《教学设计简介》的油印教材,这部教材成为中国第一本全面系统地讲授教学设计基本理论和方法的教材,具有十分重要的历史意义和学术研究价值。乌美娜教授于1987年在《外语电化教育》杂志上发表了我国教育技术学领域内第一篇研究教学设计的学术论文。1990年,乌美娜教授和李芒教授参与了由教育部电教司组织编译的《教学媒体与教学设计》的研发工作,这部教学设计的理论研究成果在国内外产生了很大影响。

在早期的研究阶段,人们将主要的研究精力放于大量引进国外教学设计理论和方法的研究成果上,出版了一批教材和研究专著,还在大学积极开设教学设计的相关课程。这些相关工作为我国教学设计理论与实践的发展打下了坚实的基础。随后,教学设计研究者逐步深入我国中小学以及各级各类学校的教学实践,积极推广教学设计的理论。在教学实践之中,进行有关教学设计方面的科学实验,深入研究适合我国国情的教学设计理论和方法。20世纪90年代中后期,教学设计的研究主题更多地集中于教学模式创新研究、教学策略开发研究、有效教学结构研究,更加注意吸取现代教育教学理论的养分,积极寻求科学的教学与学习理论的指导,注重教学设计的理论基础研究,注重学习建构主义理论、情境理论、活动理论等内容,并开始形成中国学者自己的教学设计理论。北京师范大学的何克抗教授于1996年在国内首次向教育技术学界全面系统地介绍了国外风靡一时的建构主义理论,使得国内教育技术学界可以从一个新的视角审视教育技术现象和存在的问题,也找到了一个新理论用以指导研究新的教学模式、教学结构和教学策略,提示人们生成新的教学设计思路,正确地理解学生的学习活动,有效探究学生的学习的本质。1997年,何克抗教授根据"教改"实践,深入剖析了以教为主和以学为主教学设计模式的优劣,将两种教学设计模式有机结合,取长补短、优势互补,提出了"主导—主体"教学设计模式,有力地推动了教学设计理论的发展,在国内外产生了很大影响。

教学设计理论和实践领域是一个具有公共性质的研究对象,多个学科对它都存有浓厚的研究兴趣,这不是一个什么问题,而是一件大好事。这恰恰说明教学设计在教学过程之中具有十分重要的作用,需要从多种视角,使用多种学科知识和方法对其进行深入研究,从而可以从多种渠道获得有关教学设计的基本认识,多元化地挖掘教学设计的基本规律。而每一个学科所关注的主要问题都各有不同,对教学理论和实践的主要贡献也存在很大差异。一门学科垄断一个研究对象的日子,是一去不复返了。目前,我国教学设计的研究人员主要来自四个领域,一是教育技术学,二是课程与教学论,三是教育心理学,四是学科教学论。科学研究是讲究"身份"的,学者的身份对学术视角有很大的影响。不同学科身份的学者应该具有不同的学术兴趣和研究问题,所用方法也有很大的区别,都应该具有特殊的思想和学术视角。

谈到教学设计研究存在的问题,可以提出两点与大家讨论。目前,舶来的教学设计理论与方法在我国出现了比较严重的"水土不服"现象。特别是中小学教师对国外的教学设计理论和方法并不给予太多的关注,甚至颇有微词。这种现象很值得我们研究。另外一点,比较缺乏具体操作的微观工具的研究。教学设计研究,要么就是对理论基础大加分析,要么就是对基本原理兴趣十足,常常是避重就轻、绕来绕去,就是不对教学设计最核心的具体策略和方法进行有效的研究,严重脱离教学问题,对教学实践并没有什么实质性的帮助,最后陷入了自娱自乐、空中楼阁的地步,大大偏离了技术学的轨道。

四、现代远程教育的发展

我国中央广播电视大学创办于1978年,经过80年代的建设,发展成为一个由中央电大、43所省、市(计划单列市)电大、575所地市级电大、1500多个县级电大组成的开放式高等教育系统,形成了一个覆盖全国城乡的广播电视教育网络。

随着卫星电视的发展,1986年2月,国家教委在北京召开了卫星电视教育工作会议,部署了各地卫星教育电视收转网的规划和建设,以及利用卫星电视培训中小学师资,开展成人业余教育的计划和方案。在有关部门的支持下,开通了卫星电视教育的两个专用频道,建立了中国电视师范学院和中国教育电视台。中国电视师范学院开设了中等师范和高等师范的12个专业,很多系统收看师院课程的中小学教师取得了中等师范的毕业证书;中国教育电视台也播出普通高等教育、职业教育、成人教育等方面的教学节目。

1999年,中国远程教育出现了一件大事。教育部批准清华大学、浙江大学、湖南大学和北京邮电大学作为现代远程教育首批试点高校,筹备成立网络教育学院,这标志着我国网络高等教育正式起步。截至2004年,全国已有68所大学设立了网络教育学院,各网络教育学院在校生总人数已达到240万。在68所有网络教育学院的院校中,有相当一部分选择了与企业合作或由企业进行投资。只有北京师范大学、复旦大学、中国传媒大学和武汉大学的四所网络教育学院完全是由自己进行课件开发等资源建设,建立教学教务平台。目前,利用网络使优质高等教育资源服务于社会,是十分可喜的。但是,由于目前的网络学院大都是采取市场运作模式,自成体系,与高校内其他学术部门的联系比较松散,并没有充分利用校园内优质的教学资源,所以应该动员广大教授积极参与远程教学方面的尝试。远程教育教学模式的发展趋势,应该是深入各个专业学院里去,每一位教授可以在日常教学过程中使用远程教育的方式教学,即远程教育的方式与教师日常的教学工作相整合,普通教师可以把远程教育工作作为自己教学工作的有机部分,教师可以同时教授通过远程教育方式学习的学生和在校园里上课学习的学生,可以利用多种远程教育方式展开教学工作。这种教学方式的整合会大大有利于我国远程教育质量的提高。

目前的远程教育质量确实亟待规范和提高。通过远程教育方式学习的人员有相当一部分只是为了"混"文凭,完全不关心学习过程。同时,远程教育机构也大多是盈利组织,以市场运作的方式办学,赚不到钱就办不了学,发不出文凭也就赚不到钱,因此教学质量就不是重要的追求了。在非学历远程教育领域,虽然目前社会需求很大,大批量的在职人员面临转岗下岗的个人危机,急需转岗的技能培训支持,但情况也不容乐观。不发文凭的远程教育,对在职人员并没有什么吸引力。其原因很是复杂,有远程教育本身存在的本源性障碍,例如,学与教分离的状态下,不利于技能性学习,缺乏学习支持和学习环境,缺乏校园文化的影响,缺乏面对面的潜移默化,工学矛盾突出,无法集中精力等。还有学习者轻视远程教育的作用,不相信远程学习的效果。实际上,远程教学的效果确实无法与面对面的教学相媲美,远程教育最大的优势在于解决了"有"与"无"的问题,在没有教学条件的情况下,使用远程的方式,可以送教上门。但是,绝不能对这种教学方式的教学效果期望过高。目前的远程教育大多仅考虑对学习者的支持和帮助,例如为学习者编写学习手册等,而教授的一方也被放到了一边。究其原因,还是对教学理论的理解存在偏差,从而在教学理念上出现了问题。"以学习者为中心"的偏激认识影响着远程教育的研究动向。强调学习者的主体地位是十分重要的,而忽视教授方面的主导作用也是十分致命的。远程教育不是"放羊教育",教授方面的教学责任决不能放弃。绝不能强调了学,而忽视了教。当然,在教的方面下工夫,必然会增加教学投入,增加办学成本,并且也不一定就能获得理想的教学效果。这种"时空分离"的状态,对学习者学习效果的消极影响是非常严重的。另外,在远程教育的研究工作中,研究主题多偏向于表层问题,具体操作问题,而对远程教育深层中的理论问题、远程教育中的哲学层面的问题、远程教育的教学理论创新问题、研究流派的创立问题则鲜有研究。专门的远程教育机关将学历教育作为唯一的工作目标是不可取的,远程教育机关应该将更多的力量放在"开放"的概念上,以往一味与普通高等学校试比高的基本思路,应该做适当的修正。应该尽力满足广大人民群众日益增长的培训需求,为学习者提供更大的选择性,大量开设多种与工作、生活密切相关的有用性课程,学习者可以根据自己的兴趣爱好自由选择课程,而且可以不以功利为目标,是生活本身的需要。沿着开放的思路前行,不论年龄,不论职业,也不论专业,只要人民有需求,就为人民开课程。以后会有更多的 80 岁大学生,也会有更多的转岗者上开放大学,还会出现十分新奇的课程名称,"养貂学""修车学""足底学"等等。目前,有些远程教育机构,例如教育电视台,没能有效地发挥远程教育机构的作用。我国某些教育电视台,严重缺乏先进的上位理念,没有核心概念,节目质量低下,抹杀了典型性教学的基本功能,大量充斥着无聊的、纯娱乐性的电视剧、各种不宜的广告,与其他一般性电视台无异,作为教育电视台的特殊性、针对性不强,很有不务正业之嫌。目前,远程教育工作中,确实存在各种各样的亟待解决的问题,远程学习者的需求并没有得到满足,因此产生了远程学习者的人数大幅度下落的现象。

2012 年,中国远程教育又出现了一件大事,经教育部批准,"中央广播电视大学"更名为"国家开放大学"。这一决定体现了办学理念的重大改变,是办学方向的改变,是真正为民服务的改变。2010 年 7 月,刘延东指出,在广播电视大学基础上建设现代开放大学,是满足人民群众多样化学习需求、促进教育公平、克服应试教育弊端和落实素质教育的重要途径,是构建终身教育体系、形成学习型社会的重要支撑,是教育服务国家发展、提高全民族素质的重要措施。刘延东强调,建设开放大学要坚持科学定位,突出办学特色,强调面向人人,实现校园教育向社会教育延伸,实行学历教育与非学历教育并重,通过学分积累和转换等方式建立与普通高校有效对接的"立交桥"。要深化办学模式和人才培养模式改革,建立严格而有弹性的教学管理制度和宽进严出的学习制度,使注册、学习、考试更加灵活方便,健全质量标准和保证体系,全面提高教育质量。要推进信息技术与教育教学深度融合,完善以学习者为中心、基于网络自主学习、远程支持服务与面授相结合的教学方式,创建友好的数字化学习环境。要加快推进优质教育资源共建共享,着力扩大优质资源种类、总量和覆盖面,为各类人群特别是基层学习者提供更好更多的教育服务。要加强国际交流与合作,吸收先进理念和成功经验,不断提升办学水平和国际影响力。中国政府发展远程开放教育,是具有重大意义的教育活动之一。举办远程开放大学是现代文明社会的特征,是人类真正获得解放的特征,是学习型社会的特征。全体国民积极学习才可称为学习型社会,而只是北大、清华的学生学习则不能称为学习型社会。而如何走这条发展之路才是真正需要研究的问题。

在此,笔者想起了2012年8月,在日本了解的有关放送大学的一些情况。日本放送大学的基本理念是"实际上,日常之中才真正充满着连续的冒险",这个理念认为过好普通的每一天是很不容易的,需要付出很大的努力。注重平凡中的不平凡,注重普通生活,看重的是提升生活质量,普通人的生活最了不起,让所有的人都能够体会到学习的喜悦。他们追求的是在家里和办公室里,不论何时何地何人都可以学习的学习方式。其实,这就是移动学习的基本思路。这些认识确实很值得我们深入研究。

目前,放送大学的学部和研究生院共有在册学生约8万5千人,学部和研究生院都有全科学生、选科学生和单科学生。究其参加学习的理由,可以总结出六条。第一,可以根据学生不同的目的进行学习。15岁以上的学习者,无需入学考试,选择教科书之后就可入学。如果以毕业为目的,需要在18岁以上,并需要获得大学入学资格。这些人中,有为了大学毕业的,也有为了取得学士学位的学习者,还有为了继续深造以及加深知识而选择学习单科的学习者。第二,可以师从一流的教师学习。放送大学的各个学科有一大批知名教授,通过面授教学和各地的学习中心,可以接受教授们的直接指导。还包括在广播电视教学中体验不到的实验和实习等活动,可以与学习伙伴一起体会学习的快乐。这对我们有很大的启发,远程大学必须具有十分雄厚的师资力量,必须有大批知名教授,将开放大学办成真正的大学。目前我国开放大学系统在这一点上是绝对的软肋。第三,可以只进行一门课程的学习。日本放送大学开设了包括"实践英语""发展心理学概论""食品的安全""生命与环境的逻辑""信息网络与安全""地中海世界的历史"等300余门课程。学习者只学习一门课程也是被允许的。第四,学习者通过电视、广播和互联网学习。学习者可以使用电视和收音机视听课程,有些广播和电视的教学节目也放到了互联网上,可以上网学习。除了在家中学习之外,还可以去学习中心借阅录像带、DVD、CD等教学媒体再次学习。第五,可以前往设在全国各地的学习中心学习。设在各都道府县的57个学习中心是学习者的校园。可以在学习中心再次视听电视和广播教学节目,接受面授教学和参加取得学分的考试。学习之外,也可以通过兴趣小组活动的方式,与学友进行愉快的交流。第六,能够取得学士和硕士学位。在学4年以上,修满124学分毕业的话,就可以获得学士学位。放送大学在10年之前成立了研究生院,学生的研究论文得到了校内外的一致好评。

由此可以看出,近年来中国远程教育的发展速度较快,而且规模较大,取得了很多可喜的成绩,但同时还存在着很多有待于完善的方面。在新的时期,随着计算机技术、通信技术、多媒体技术以及光电子、微电子技术的发展,基于计算机互联网络和各类先进通信网络的信息技术大大促进了远程教育的发展,使教学交互手段大大改善;同时,随着国家对远程教育的认识度和关注度逐渐提高,政策方面逐渐完善,远程教育进入了新的发展阶段。

五、努力构建中国特色的教育技术理论体系

南国农教授认为,我国的教育技术理论是来源于西方国家的视听教育。但是,中国的教育技术应该摆脱依附,坚定不移地走自己的路。美国人阿尔特巴赫(Philip Altbach)教授认为,发展中国家对发达国家在教育和学校领域存在不可避免的依附甚至依赖。这样一种文化和学术领域的国际格局,短时内不可逆转。目前,中国高等教育几乎完全依附于西方,在人们的谈话中,以引用某某外国教授怎么说为最高评判,以某某获诺贝尔奖的学者怎么说为最高指示,以外国教师是如何处理的为最佳案例等等,唯西方马首是瞻,唯西人所言极是,唯西例为教学之所循。中国人不自觉地认可学科的"西方中心主义",体现出主体性的迷失,一味追求国际时尚和潮流,忽略对其理论和方法的深度反思与改造以切合己用。这个问题现在已经十分严重了,就连发表论文,也不论学科差异,唯外国杂志为最佳。

实际上,自己的传统是无法彻底抛弃的,它已经融化在我们民族的血液里,落实在我们民族的行为中。中国的教育技术学者有责任和义务为构建我们自己的教育技术学理论体系做出努力。我们应该积极主动地借鉴,而借鉴不等同于依附,学习是双向的,应该互相学习。

南国农教授认为,中国的教育技术不同于西方的教育技术。他将电化教育的基本特征概括为几点:性质——现代教育范畴的一种新的教育方式;特征——以现代教育媒体的研究和应用为核心;学科——服务对象是各类教育、各类人员。那么,怎么走好自己的路?应该以科学发展观为指导,实现现代教育思想、理论和现代信息技术的融合。精髓是以人为本,全面、协调、持续发展。教学需要以学生发展为本,以实现全体学生个性的全面发展、协调发展、持续发展为总目标。在研究方面,应该无所不谈,应该有独到见解,要谈自己的认识,应该百家争鸣。目前,教育技术的研究对象有泛化的倾向。中国的教育技术学研究对象,从传统方面来看,确实是以教学媒体应用为主,这也许就是我们这个专业区别其他相近专业的最核心的特征,也应该是中国的这个专业主要的研究对象。运用教学工具解决教育教学问题是符合我国国情的。教育技术学科还应该关注教学设计、教学论以及美国的教学技术的比较研究。

近年来,南国农教授将教育技术理论归纳为现代教学媒体理论、现代媒体传播教学理论、教学设计理论等三大理论体系。很明显,我国的教育技术主要关注教学媒体的教学应用,而并不是如同美国的教育技术那样,研究的范围十分广大。可以说,现代教学媒体的开发与应用是我国电化教育得以存在的关键点。

从另外一个视角——教育技术学专业主干课程的范畴,也可以看出我国教育技术学科对教育技术理论体系的基本认识。无论如何,教学媒体的教学应用是教育技术理论研究的重要部分,离开了教学媒体,淡化了信息技术的教学应用,就会丧失教育技术学科在中国的学科优势,强调了教学媒体的有效应用则可以使得学科特色凸显出来,显示出学科的不可替代性。从这一点出发,我们应该赞同教育技术学科应该大力研究教学媒体的教学应用。

学习活动建议

> 本章的内容主要阐述我国电化教育的出现和发展,电化教育与教育技术的概念,近些年教育技术的迅速发展。在这一章中建议教师可组织如下活动(可选):
> ● 活动一:分小组组织学生整理我国电化教育和教育技术更多的定义,了解我国电化教育和教育技术定义的演变情况;
> ● 活动二:课程学习之后,组织学生收集中国特色的教育技术理论与实践的文献,并开展一次中国教育技术发展的讨论。

学习评价

学习完本章内容后,请尝试回答下列问题:
1. 简述我国电化教育名称的产生和初步发展;
2. 请说明我国电化教育与教育技术的定义及实质;
3. 查阅资料和文献,论述具有中国特色的教育技术理论体系。

第三篇

教育技术学的理论基础与基本理论

第六章 教育技术学的理论基础

学习目标

1. 了解学习的概念;
2. 理解学习理论和教学理论以及它们对教学的指导意义;
3. 理解传播理论对教学活动的意义和作用;
4. 理解系统方法对解决教育问题的意义和作用。

知识概览

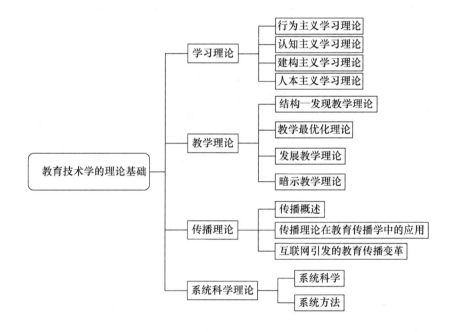

本章导学

　　学生在学习本章时,不仅要系统学习教育技术学的有关理论基础,更重要的是深刻了解和领会教育技术学与这些理论之间的关系。教育技术学的产生和发展不仅有现代信息技术和日益发展的网络技术作基础,而且还与当代学习理论、教学理论、传播理论以及系统理论有着密切的关系。读者可以通过自身的学习或者教学经验来理解这些理论对教学活动的指导作用和意义。

　　什么是理论? 理论是指一组具有逻辑性的见解或主张,也可以是原理、原则或观点,还可以是定义、假设。理论的重要作用是可以解释和预测事物,理论为解释外界现象提供了一个框架。掌握了理论可以帮助人们提高抽象思维能力，可以对认识对象进行更加深入的分析和研究，得出更加深刻的认识结果。理论容易给人一种高不可攀的感觉，人们往往认为理论工作不是什么人都能够做的，将理论与实践截然分开，搞理论就会疏于实践，而实践者就一定疏于理论，这种认识是不正确的。在人类生活之中，任何的理论都应该实践的，任何实践也应该是理论的。理论具有分析和解释实践的作用，而实践则是理论的作用对象和理论的来源之处。理论和实践的关系是"唇齿相依"的关系，是谁也离不开谁的关系，有理论必有实践，有实践必有理论。其实，理论并不神秘，谁都可以从事理论工作，谁都可以提出理论，发表理论见解，每个人都可以对某一事物提出自己的看法，谈出自己的思想。这些统统是所谓的理论。这样看来，理论还神秘吗？答案一定是否定的。

理论领域之中，一定会有各种不同的观点，那么就一定会存在众多的不同流派。有的流派观点相似，互相赞和，而有的流派则针锋相对，尖锐对立。有的流派成熟较早，老成持重，而有的流派创立较晚，青春荡漾。目前人们似乎对新观点、新事物情有独钟，而对已经存在多年的理论却冷淡漠视。其实，经过长久实践考验的理论才是真正具有可靠性的理论，新出现的理论需要经过实践检验之后才能真正被人们所接受。一般而言，各流派的理论一般都是从特定的角度认识教学和学习现象的，每一种理论都应该有它所针对的具体教学现象，不存在可以解释所有教学现象的理论。这种现象，可以使用"盲人摸象"的故事来解释。确实不存在一种放之四海而皆准的理论，也就是不存在万能的理论。

理论基础和基本理论是有区别的，简单地说，理论基础不是教育技术学科的理论，而是支持教育技术学的理论，是为教育技术学科服务的理论，教育技术学科从理论基础之中汲取养分，理论基础为教育技术学科提高理论指导。而教育技术学的基本理论则属于教育技术学范畴的理论，是教育技术学自己的理论。教育技术研究者的研究重点应该集中在教育技术学本身的理论。

可以说，任何学科的存在和发展都应该建立在一定的理论基础之上的，逻辑上都应该具有相关理论的支持。教育技术学是教育科学的一个分支科学，它的学科性质属于教育范畴，而且，是教育范畴中具有鲜明独特性的一支学科。教育技术学主要研究如何教学的问题，如何有效传递教学信息的问题，如何更好地帮助学生学习的问题。另外，教育技术学将教育教学系统看做一个有机系统。因此，教育技术学就应该获得一些理论的支持，将一些理论作为自己的理论基础。什么理论可以作为教育技术学科的理论基础，并没有一个统一的标准。本章主要将学习理论、教学理论、传播理论和系统科学理论作为教育技术学的理论基础。这里，只是对这些理论基础做一个简约阐述，详细内容需要从"学与教的理论"课程中获取。

第一节　学习理论

学习理论是教育技术学科重要的理论基础。教育技术学研究学习者如何学习，才能有效把握学习规律，进而才能找到有效的教学方法和策略。对学习理论的研究是教育技术研究的前提。不深刻理解和把握人类是如何学习的，就不可能进行教育技术学研究和从事教育技术工作。历史的经验告诉我们,每一次学习理论研究的突破,都会带来教育技术学科的发展,可以说,学习理论一直引领着教育技术学的发展方向,决定着教育技术学科发展的未来。从 20 世纪 50 年代末至今,学习理论历经行为主义、认知主义和建构主义等不同发展阶段,这些在不同历史时期出现的各种学习理论流派,并不是由革命而来,都是在前面的学习理论流派研究的基础上产生发展的,它们之间的关系不是替代的关系,不是打倒一个,消灭一个,再创生一个,而是共生的关系,是丰富的关系。各种学习理论的主要差异表现在对学习本质的不同理解上。在回答学习是什么,人们是怎样学习的等问题时,各个流派存在着差异。这样,也就产生了很多不同的学习和教学方法。目前,国际教育科学界,已经将研究重点转移到对"学习科学"的研究上,利用各种先进的科学技术手段,重点研究人是如何学习的,期望在学习科学方面有所突破。使得人们更加了解人类学习。

一、行为主义学习理论

美国学者华生(John Watson)是行为主义学习理论的创始人。哈佛大学斯金纳教授是美国行为主义的代表人物之一。在斯金纳看来,行为是人类生活的一个基本方面。因而他一直以行为作为自己的研究对象。他认为,通过对行为的研究,可以获得对各种环境刺激的功能进行分析的方法,从而可以影响和预测有机体的行为。

在 20 世纪 60 年代以前,占主导地位的学习理论是行为主义学习理论,学习被看做是明显的行为改变的结果,是刺激和反应的联结,是能够由强化形成的。因此,在行为主义者看来,环境和条件,如刺激和影响行为的强化,是学习的两个重要因素,学习等同于行为的结果。

行为主义学习理论十分重视外部环境对学习主体的影响,主要关注外部刺激对学生的影响,认为学习者的内部心理过程或人的意识是"黑箱",无法探知或研究,只有人们表现出来的外显行为才能作为研究的对象。行为主义学习理论把人的学习看做由刺激—反应—强化间的联结。这种理论认为学习的起因在于对外部刺激的反应。由于这种理论强调认识来源于外部刺激,并可通过行为目标检查、控制学习效果,在知识、技能的学习和掌握方面,在训练、操练、行为矫正中确实有明显的作用,并且在研究中发现了大量的学习规律或学习需要遵循的基本原则,产生了很多具体的学习方法,因而在 20 世纪的 50 年代至 70 年代,这种学习理论占据了学习理论的主流地位,对早期教育技术的发展产生了很大影响。时至今日,行为主义学习理论在如何进行有效教学方面,依然发挥着重要的指导作用。正是因为这种学习理论没有积极地对学习者的内部心理过程进行深入研究,没有充分阐释学习者认知过程的基本规律。这样,就在学习理论研究领域内为后来者留下了空白。关心人的内部状态的学者,对行为主义学习理论进行了深入分析,主张研究人的内部心理过程,并认为人的内部心理发展状态是可以研究的,从而出现了认知主义学习理论。

二、认知主义学习理论

认知主义学习理论的真正形成是以美国心理学家奈塞尔(Ulric Neisser)1967 年发

表的《认知心理学》为标志。在20世纪60年代,认知主义学习理论基本完成了对学习理论研究领域的占领。

认知主义学习理论认为人的认识不是由外界刺激直接给予的,而是外界刺激和认知主体内部心理过程相互作用的结果。环境只是提供潜在刺激,至于这些外部刺激是否受到注意或被加工,取决于学习者内部的心理结构。他们认为学生不是白纸一张,坚决否定"白板说",否定使用成人逻辑教学,强调学习的情境性。

认知理论之中的信息加工理论值得我们认真研究。加涅认为,人类的学习是一个过程,这个过程是一个学习者内部的信息加工过程。在学习活动中,有许多不同的过程在起作用。信息加工理论阐释了人类如何把信息由输入转换成输出。它是人类主动进行信息加工的模式。人总是以信息的寻求者、传递者、甚至信息的形成者的身份出现。人们在对信息进行处理时,也像通信中的编码与解码一样,必须根据自身的需要进行转换和加工。信息加工理论将学习过程分解为几个主要阶段,如图6-1所示。外部信息记入感觉记录器,能够辨别和引起注意的信息进入工作记忆,没有被识别和没有引起注意的信息就会消退,应该使用复述的方法保持在工作记忆中的信息,经过进一步加工的信息可以进入长时记忆,长时记忆中的信息可以被提取。

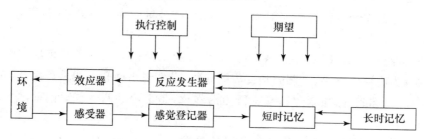

图6-1 加涅的学习过程模式

这就充分说明,学生应该主动加工那些有意义的信息,才能取得最佳的学习效果。学习过程被解释为每个学习者根据自己的态度、需要、兴趣、爱好并利用过去的知识与经验对当前的外界刺激做出的主动的、有选择的信息加工过程。教师的任务不是仅仅向学习者灌输知识,而是要设法激发学习者的学习兴趣和学习动机,然后再将当前的教学内容与学习者原有的知识、经验有机地联系起来。学习者不是外界刺激的被动接受者,而是主动地选择和加工外界信息的学习主体。认知主义学习理论主要在于解释如何使客观的知识结构通过个体而内化为人的认知结构。

三、建构主义学习理论

建构主义(constructivism)的理论基础出自皮亚杰(Jean Piaget)和维果斯基(Lev Vygotsky)的理论。当前美国教育技术学界的领军人物乔纳森(David Jonassen)指出,建构主义是一种哲学理论,是一种哲学观,是一种关于实在(reality)、知识、心灵(mind)、思想观念和意义的认识论和本体论观点,而不是某种具体的教学方法或教学的方法论,也不是一种学习理论。建构主义构成了一些心理学理论、社会学理论和人类学理论的基础,所有那些教学法和模式都是在它的基础上派生出来的。可见,建构主义与客观主义是相对的,二者处于一个层面上。建构主义距离主观主义或者唯心主义很近,或者说,它就是主观主义。建构主义反对客观主义和实证主义的认识论,认为实在不是客观存在的,实在是人们的经验和解释构造的。它认为知识并非客观地外在于认识者,而是内含于人的经验、知觉、想象以及心理和社会建构之中。把行为主义与建构主义进行比较,犯的是混淆科学范畴的错误,二者不在一个层面上,不具有可比性。因此,"建构主义学习理论是由行为主义发展到认知主义以后的进一步发展"的说法是不妥当的。人们以建构主义理论分析、认识和解释学习活动,才逐步出现了以建构主义为指导的学习理论或学习方法。

对建构主义的正确认识,是目前教育教学研究领域的一项十分重要的任务。建构主义指导下的学习理论是各种学习理论之中的一种流派,它一定是从一个侧面,或者从一个视角阐释了学习的基本规律,对人们理解学习本质和基本规律提供了理论性帮助。使得教育者更加重视学生的主体性,强调学习者主观建构知识的作用,强调学习的主动性、社会性和情境性。但是,这个理论并不能包罗万象,指挥一切,也不能说明所有的学习规律,更不能作为唯一的指导现代教育、教学改革的理论基础。建构主义者主张,世界是客观存在的,但是对于世界的理解和赋予意义却是由每个人自己决定的。学习者是以自己的经验为基础来建构现实。由于个体的经验以及对经验的理解不同,于是对外部世界的理解也各异,所以建构主义者更关注如何以原有的经验、心理结构和信念为主来建构知识。

建构主义学习理论认为学习是学习者在与环境交互作用的过程中主动地建构内部心理表征的过程。在学习过程中帮助学习者建构知识意义就是要帮助学习者对当前学习内容所反映的事物的性质、规律以及该事物与其他事物之间的内在联系达到较深刻的理解。这种理解在大脑中的长期存情形式就是关于当前所学内容的认知结构。"情境"、"协作"、"会话'"和"意义建构"是建构主义学习环境中的基本要素。大多数建构主义学者对学习还是有以下几点共识:

(1) 以学习者为中心;

(2) 学习是学习者主动建构内部心理表征的过程,强调学习过程中要充分发挥的学习者的主动性;

(3) 学习过程同时包括两方面的建构,既包括对旧知识的改组和重构,也包括对新信息的意义建构;

(4) 学习既是个别化行为,又是社会性行为,学习需要交流与合作;

(5) 强调学习的情境性,重视教学过程对情境的创设;

(6) 强调资源对意义建构的重要性。

这里有一个"鱼想象牛"的故事可以很好地说明建构主义学习理论的基本主张。青蛙给只能生活在水里的鱼描述牛的样子,此时,鱼在脑子里就形成了一个"牛"的形象。如图 6-2 所示。

图 6-2 鱼在脑中建构了"牛"的形象

很显然,鱼的建构并不是事实,但这个结论确实是鱼将新信息与自己头脑中已有的知识相结合,建构出了"牛"的形象。这个例子说明了建构主义的一个说法,学习的结果依赖于学习者的原有经验,学习的结果是基于学习者积极主动的自我建构。将这个例子迁移到人类学习上来,人们对于世界的看法也必然会各不相同。人们对事物的理解与个体的先前经验有相当大的关联。

四、人本主义学习理论

人本主义学习理论创始于 20 世纪 50 年代,60 年代后开始盛行起来。其代表人物是马斯洛(Abraham Maslow)、罗杰斯(Carl Rogers)。人本主义心理学的学习理论从全人教育的视角阐释了学习者整个人的成长历程,以发展人性;注重启发学习者的经验和创造潜能,引导其结合认知与经验,肯定自我,进而达到自我实现。人本主义学习理论重点研究如何为学习者创造一个良好的环境,让其从自己的角度感知世界,发展出对世界的理解,达到自我实现的最高境界。

罗杰斯是人本主义心理学对教育所产生的最直接、最重要的影响人物之一。他提出了"以学生为中心"的教育和教学理论,成为 20 世纪最重要的教育理论之一。他的学习理论观体现在以下几个方面。

(一)知情统一的教学目标观

罗杰斯认为,情感和认知是人类精神世界中两个不可分割的有机组成部分,彼此是融为一体的。因此,罗杰斯的教育理想就是要培养"躯体、心智、情感、精神、心力融汇一体"的人,也就是既用情感的方式也用认知的方式行事的情知合一的人。这种知情融为一体的人,他称之为"全人"(whole person)或"功能完善者"(fully functioning person)。人本主义重视的是教学的过程而不是教学的内容,重视的是教学的方法而不是教学的结果。

(二)有意义的自由学习观

罗杰斯认为,学生学习主要有两种类型:认知学习和经验学习;其学习方式也有两种:无意义学习和有意义学习,并且认为认知学习和无意义学习、经验学习和有意义学习是完全对应的。因为认知学习的很大一部分内容对学生自己是没有个人意义的,它只涉及心智,而不涉及感情或个人意义,是一种"在颈部以上发生的学习",因而与全人无关,是一种无意义学习。而经验学习是以学生的经验生长为中心,以学生的自发性和主动性为学习动力,把学习与学生的愿望、兴趣和需要有机地结合起来,因而经验学习必然是有意义的学习,必能有效地促进个体的发展。

所谓有意义学习(significant learning),不仅仅是一种增长知识的学习,而且是一种与每个人各部分经验都融合在一起的学习,是一种使个体的行为、态度、个性以及在未来选择行动方针时发生重大变化的学习。在这里,我们应该注意到罗杰斯所提倡的有意义学习和奥苏贝尔所提到的有意义学习是有本质区别的。前者关注的是学习内容与个人之间的关系;而后者则强调新旧知识之间的联系,它只涉及理智,而不涉及个人意义。对于有意义学习,罗杰斯认为主要具有四个要素:(1)学习具有个人参与的性质,即整个人

(包括情感和认知两方面)都投入学习活动;(2)学习是自发的,即便在推动力或刺激来自外界时,要求发现、获得、掌握和领会的感觉仍然是来自内部的;(3)全面发展,也就是说,它会使学生的行为、态度、人格等获得全面发展;(4)学习是由学生自我评价的,因为学生最清楚这种学习是否满足自己的需要,是否有助于导致他想要知道的东西,是否明了自己原来不甚清楚的某些方面。

(三)学生中心的教学观

罗杰斯从人本主义的学习观出发,认为凡是可以教给别人的知识,相对来说都是无用的;能够影响个体行为的知识,只能是他自己发现并加以同化的知识。因此教学的结果,或者是毫无意义的,或者可能是有害的。教师的任务不是教学生学习知识,也不是教学生如何学习,而是为学生提供各种学习的资源,提供一种促进学习的气氛,让学生自己决定如何学习。为此,罗杰斯对传统教育进行了猛烈的批判。他认为在传统教育中,"教师是知识的拥有者,而学生只是被动的接受者;教师可以通过讲演、考试甚至嘲弄等方式来支配学生的学习,而学生无所适从;教师是权利的拥有者,而学生只是服从者"。因此,罗杰斯主张废除"教师"这一角色,代之以"学习的促进者"。学生自身具有学习的潜力,促进者只需为他们设置良好的学习环境,提供各种学习资源,使他们知道如何学习,他们就能学到所需要的一切。

罗杰斯认为,促进学生学习的关键不在于教师的教学技巧、专业知识、课程计划、视听辅导材料、演示和讲解、丰富的书籍等,而在于特定的心理气氛因素,这些因素存在于"促进者"与"学习者"的人际关系之中。在这样一种心理气氛下进行的学习,是以学生为中心的,教师只是学习的促进者、协作者或者说伙伴、朋友,学生才是学习的关键,学习的过程就是学习的目的所在。

分析罗杰斯关于学习的思想,我们不难发现,这些理论确实对传统的教育理论提出了挑战,特别关注学生作为一个具有生命的人的存在,注重学生经验、个性和全面发展。但是,罗杰斯等人的理论大有矫枉过正之嫌,在批判传统教育的同时,自己也犯了极端偏激的毛病,从一个极端走向另一个极端,严重地忽视了教师的作用以及其他重要的教学外部因素。这种想法正是目前我国中小学课程改革之中,存在的最普遍、最危险的想法,也是危害最大的想法,必须引起大家的高度重视,教育技术不仅应该帮助学生学习,更应该帮助教师教授。

第二节 教学理论

每一个科学研究领域都起始于原始的经验和观察结果。任何理论都是针对某些现象而产生的。教学现象是客观存在的,有了现象,就会有人去研究,因此历史上出现过许多教学理论专家。教学理论是研究存在于教育系统之中的教学活动规律的理论。教学理论主要研究六个重要问题:研究学习者的认知发展过程,研究教学目标的问题,研究教材选择和开发的问题,研究教学过程问题,研究教学方式的问题,研究教学评价的问题。教学理论是既具有实用性又具有概括性的理论,其实用性表现在它能提供教师在教学时如何安排教学情况以达到学校教育目的;概括性是指它不仅限于探讨某一学科教育方法的理论,而是原则上适用于所有学科的理论。

一、布鲁纳的结构-发现教学理论

布鲁纳(Jerome Bruner)的发现教学法,十分关注学生高度的思维,注重内在而非外在动机。布鲁纳认为发现教学法能帮助学生对自己的学习负责,记住重要的信息。

基本观点:(1)学习一门学科,最重要的是掌握它的基本结构。(2)任何学科的知识,都能有效地教给任何发展阶段的任何儿童。(3)要学习好,必须采取发现法。

发现教学法关于教学设计的四大原则:(1)若使学生在学习情境中,经由主动发现原则而获得知识,教师必须先将学习情境及教材性质解说得非常清楚。(2)教师在从事知识教学时,必须先配合学习所得经验,将所授教材做适当组织。(3)教材的难度与逻辑上的先后顺序,必须针对学生的心智发展水平及认知表征方式做适当的安排。(4)在教材的安排上,必须考虑学生学习动机的维持。

发现教学法的优点:(1)学生自行发现与自行组织知识,有助于学习后长期记忆。(2)学生主动思维的学习活动,有助于智力的发展与提升。(3)学生从主动发现过程中获得成就感的满足,不需依靠用赏罚去维持其动机与兴趣。(4)学生养成自动自发的学习习惯后,有助于以后的独立求知和研究。

发现教学法的局限:(1)发现教学法的使用,学生必须具有相当的预备知识与技能,因而不大适合缺乏知识经验的中低级学生。(2)学生在自行探索问题答案时,往往会因遭遇困难或失败而降低了求知的动机。(3)学习者的智力与经验不同,智力高者的表现往往对思想较为缓慢者造成压力,不利于后者学习。

在中小学,发现教学法一般不能作为主要的教学方法使用,教师应该根据教学的实践需求,发挥它的优势,主要可以用于提高学生解决问题的技能,激发好奇心、鼓励自我指导等情况。

二、巴班斯基的教学最优化理论

巴班斯基(Юрий Константинович Бабанский)的教学最优化理论,全面考虑教学规律、原则、形式、方法、特征和外部条件。"最优化"就是从某一特定的角度与标准来看,是最佳的方案。巴班斯基认为,最优化教学是在全面考虑教学规律、原则、现代教学的形式和方法、该教学系统的特征以及外部条件的基础上,为了使过程从既定的标准看发挥最有效,即最优的作用而组织的控制。

基本观点:(1)教学是一个系统,应该用系统观点、方法来考察教学。(2)教学效果取决于教学诸要素构成的合力,对教学应综合分析、整体设计、全面评价。(3)教学最优化,就是在现有条件下用最少的时间和精力,取得最大的效果。

教学过程是否达到最优化有两个基本标准:一是效果与质量标准,指在具体的条件下,尽可能地提高效率,使学生获得最大的发展;二是时间标准,指教师必须在尽可能少的时间内实现教学目标。为了满足这两个标准,教师在选择最优化教学方案时,应该符合以下原则:(1)选择的方案要完整地包括教学过程的所有基本要素;(2)选择方案时要依据教学论的全部原则;(3)选择方案时要循序渐进地考虑教学目的、系统的可能性,教学任务、内容的特点及教学组织的形式;(4)每一种教学手段与策略都有其优缺点;(5)为了尽可能综合地实现全部教学任务,选择教学方法时,应有合理的多样化思考;(6)要以动态的观点来看待方案,应随着学生学业成就的变化来改善方案。

巴班斯基以系统的观点认识教学过程,较全面、具体地阐述了教学的实际进程,这有助于教师最优地制定教学方案和组织教学过程以获得最佳效果。但是,他的教学过程最优化理论过于繁琐,要为广大教师掌握与推广,还需作很大的改进。

三、赞可夫的发展教学理论

赞可夫(Леонид Владимирович Занков)的发展教学理论的基本观点:(1)以最好的教学效果,促进学生的一般发展;应把一般发展作为教学目标。(2)只有当教学走在发展前面的时候,才是好的教学。他依据心理学家维果茨基的"最近发展区"理论,提出把学生在教学过程中的发展分为两个水平:一个是现有发展水平,即学生已经达到的、能够独立解决问题的水平;另一个是最近发展区,即在教师的引导和帮助下能达到的解决问题的水平,它介于学生潜在发展水平和现有发展水平之间。赞可夫认为教学应为学生的发展创造"最近发展区",然后使学生的"最近发展区"转化为他的现有发展水平。为此,他指出应把教学目标确定在学生的"最近发展区"之内。

基本原则:(1)高难度进行教学。(2)高速度进行教学。(3)理论知识起主导作用。(4)使学生理解学习过程。(5)使所有学生都得到一般发展。

赞可夫的发展教学理论的不足之处是,他所提出的某些原则,如以高难度和高速度进行教学的原则,比较笼统、不够确切,容易造成不顾条件地加深教材内容、加快教学进度,脱离学生实际,从而容易导致负担过重,降低教学效果。

四、暗示教学理论

暗示教学是由保加利亚医学和心理学博士洛扎诺夫(Vasily Rozanov)提出来的。在进行暗示教学时,学生通过进行游戏,唱歌,听音乐,扮演角色,对话,表演等活动进行学习。

暗示教学的基本原理,就是一方面广泛利用环境的暗示信息,包括教师这个最重要的信息源所发出的各种信息;另一方面,充分利用人的可暗示性,理智和情感的统一,有意识功能和无意识功能的统一,特别是充分调动和挖掘大脑无意识领域的潜能,使学生在精神愉快的气氛中、不知不觉中接受信息。

暗示教学的手段和方法,主要包括:(1)心理学的手段和方法。暗示教学善于激发学生的学习动机,设置诱发学生学习潜力的外部环境,考虑学生的个性,消除学生的紧张心理,充分尊重学生的意愿,帮助学生树立自信心。(2)教育学的手段和方法。它用跨学科的观点,按课题编制较大的教学单元,加强教学的整体逻辑的情感效果。(3)艺术的手段和方法。它能适当利用音乐、舞蹈、雕塑、电影、戏剧等单项或综合艺术形式,配合教学内容的教学。总之,暗示教学理论认为,只要运用多种教学手段和方法,就可以把学生大脑的潜能挖掘出来,使学生高效学习。

暗示教学比较关注学生的无意注意的学习,主张开发学生的潜能,降低学生的学习困难。认为学习完全可以是一种轻松愉快的活动。这些特点是从帮助学习者出发的,是人类的美好追求,为我们提出了可以探索的教学思路。在此,我们也不能忽视学习是艰苦的劳动,需要付出意志努力的看法。

第三节 传播理论

传播是人类交流信息的一种社会行为,是人和人之间,人与群体、组织和社会之间,通过有意义的符合所进行的信息传递、接受与反馈行为的总称。用传播理论的观点和方法解释、分析和研究教学现象,探索媒体在教学过程中的作用机制,它也是教育技术学的一个传统研究领域。教育传播是教育者按照一定的目的要求,选择合适的教学信息,通过有效的媒体通道,把知识、技能、思想、观念等传送给特定对象的一种活动,是教育者和受教育者之间的信息交流活动。传播理论对教育技术学的主要贡献是它对教育传播过程所涉及的要素,教育传播过程的基本阶段及其教育传播基本规律的归纳,由于教学过程也就是教学信息的传播过程,所以传播理论是教育技术学的重要理论基础,它在认识教育传播现象和规律的基础上,为改善教学过程各要素的功能条件,追求教学过程的最优化提供了理论支持。

一、传播概述

传播一词译自英语 communication,也有人把它译成交流、沟通、传通、传意等。如图 6-3 所示,传播一般可分为四大类:自然的传播、动物的传播、人的传播、机器的传播。人的传播又可分为两类:人对人的传播、人的内在传播。人对人的传播主要有四种类型:人际传播(个人与个人之间的传播)、组织传播、大众传播、教育传播和多种特殊领域的传播。

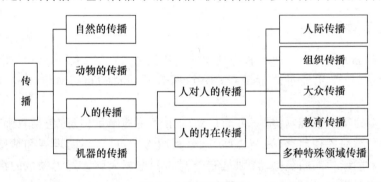

图 6-3 传播的类型

传播学是研究人类一切传播行为和传播过程发生、发展的规律以及传播与人和社会的关系的学科。传播学最早诞生在美国,是 20 世纪 40 年代以来跨学科研究的产物。它综合运用社会学、心理学、政治学、新闻学、人类学、经济学、统计学和信息科学等许多学科的理论观点和研究方法,着重研究传播的本质和基本概念;传播过程中各主要要素的相互联系与制约;信息的产生与获取、加工与传递、效能与反馈,信息与对象的交互作用;各种符号系统的形成及其在传播中的功能;各类传播媒介的特性、功能与地位等。

二、传播理论在教育传播学中的应用

教育技术学科一般是利用传播理论的概念及有关模型中的要素来解释教学过程,并提出了许多关于教学传播过程的理论模式,为教育传播学奠定了理论基础。主要表现在以下几个方面。

(一) 说明了教学过程所涉及的要素

教育传播学认为教育传播是一个系统,这个系统是由若干个教学要素所组成,教育传播系统的构成要素是什么? 对于这个问题,有多种回答。

二要素说。认为构成教育传播系统的要素有两个:教育者和受教育者。

三要素说。认为构成教育传播系统的要素有三个:教育者、受教育者和教材。

四要素说。认为构成教育传播系统的要素有四个:教育者、教育信息、教育媒体和受教育者。

五要素说。认为构成教育传播系统的要素有五个:教育者、教育信息、教育媒体、受教育者和教育效果。

六要素说。认为构成教育传播系统的要素有六个:教育者、教育信息、教育媒体、受教育者、教育效果和教育环境。

上面的说法所提及的要素有多有少,各有各的侧重点和基本思路。我们认为第五种说法比较全面和概括,第六种说法又强调了教育环境的作用,也是值得思考的。到底哪种思路比较好? 需要读者自己做出独立的判断。

(二) 指出了教学过程的双向性

早期的传播理论认为传播是单向的灌输过程。它认为受传者只是被动地接受信息,只能够接受传者的意图。这种传播思想忽视了受传者的主动性和自主性,显然是一种片面的认识。奥斯古德(Charles Osgood)和施拉姆(Wilbur Schramm)提出的模式强调了传播者和受传者都是积极的传播主体。受传者不仅接受信息、解释信息,还对信息作出反应,说明传播是一种双向的互动过程,依靠反馈机制使传播过程能够不断循环进行。教学信息的传播同样是通过师生双方的传播行为来实现的,所以教学过程的设计必须重视教与学两方面的分析和安排,并充分利用反馈信息,随时进行调整和控制,以达到预期的教学目标。这种认识与目前人们对学习本质的理解有异曲同工之处。现代学习理论认为学习是学习者积极主动地自我建构的过程,需要内部和外部的相互作用。

在各种各样的传播模式中,最主要的两种模式是心理学模式(psychological models)和工程学模式(engineering models)。心理学模式关注的是信息源、接受者以及传播产生的效果,尤其是传播对接收者来说发生了什么效果。其中工程学模式以香农-韦弗模式为代表。20 世纪 40 年代,美国数学家香农(Claude E. Shannon)出于对电报通信问题的兴趣,提出了一个关于通信过程的数学模型。这个模型最初是单向直线式的,不久,他与韦弗(Warren Weaver)合作改进了模型,添加了反馈系统,如图 6-4 所示。此模型后来被称为香农-韦弗模式。这是一个把传播过程分成七个组成要素,带有反馈的双向传播模式,这一模式是用图解形式表示的。香农-韦弗传播模式,虽然是从特殊的电报通信中发展起来的，但它能用来解释人类的一般传播过程，成为其他许多传播模式的基础。

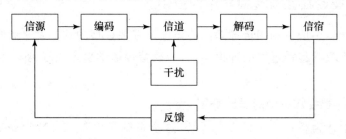

图 6-4　香农-韦弗模式

奥斯古德是美国语言学、心理学的权威。1954 年他在充分认识到香农模式的"非人类"的缺点后，采用了其中的合理内容，提出了双行为模式，如图 6-5 所示。他解释道："每一个合适的模式至少要包括两个传播单位，一个是来源单位（说话的人），一个是目的地单位（听话的人）。"连接两个单位的是信息。在传播活动中，每个人既是发送者，又是接收者，既编码又译码，都具有双重行为。这种双向互动的情形，"既可以是直接的，也可以是间接的。一般在面对面交谈中是直接的，在大众传播（音乐、录音、艺术等）中则是间接的"。

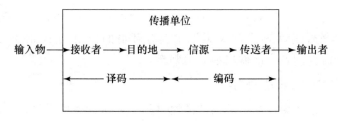

图 6-5　奥斯古德的双行为模式

就是在同一年(1954)，美国人施拉姆提出了一系列的传播模式，其中一种是受奥斯古德双行为模式启发下提出的循环模式，因此有人将其称为奥斯古德-施拉姆模式，如图 6-6 所示。

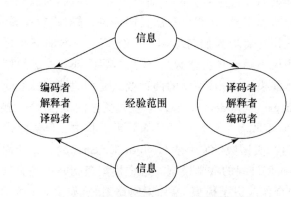

图 6-6　奥斯古德-施拉姆的循环模式

循环模式首先已与单向传播划清了界限；其次，它强调在信源与信宿（目的地）之间，即传者与受者之间，只有在共同的经验范围才能真正进行传播，因为只有这样信号才能在传受双方所共享；第三，传受双方在编码、解释、译码和传递、接收信息时，是相互作用、相互影响的；最后，传播信息、分享信息和反馈信息的过程是循环往复、持续不断的。

当然，这种模式较好地反映了人际传播的情况，而不太适合大众传播。模式所暗含的传受两者的平等、等量的传播观念，在大众传播中是找不到的。

罗密佐斯基（Alexander Romiszowski）综合了工程学模式和心理学模式的优点，提出了一个比较适用于教育的双向传播模式，如图6-7所示。

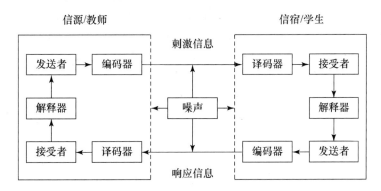

图6-7 罗密佐斯基的双向传播模式

（三）传播理论揭示了教育传播过程的基本阶段

在教育传播中，当教育信息通过教育媒体在教育者与受教育者之间进行传递时，则产生了动态的过程，这就是教育传播过程。所谓教育传播过程，是指教育者借助教育媒体向受教育者传递与交换教育信息的过程。例如，教师（教育者）利用投影器（教育媒体）向学生（受教育者）讲授勾股定理（教育信息），这就构成了一个教育传播过程。

教育传播过程是由教育者、教育信息、教育媒体、受教育者以及编码、译码、噪声、反馈、效果等要素构成的连续的动态过程。这一过程可以分为六个阶段的连续的动态过程，如图6-8所示。

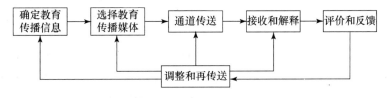

图6-8 教育传播过程的六个阶段

（1）确定教育传播信息。教育传播过程的第一步是确定所要传递的教学信息，而教育信息的传递必须依据教学目的和课程的培养目标。例如，课程的文字教材是按照教学大纲由专家精心编写的，通常都体现了要传递的教学信息。因此，在这一传播阶段，教师要认真钻研文字教材，对每单元的教学内容做仔细分析，将内容分解成若干个知识点，并确定每个知识点要求达到的学习水平。

(2) 选择教育传播媒体。选择传递教学信息的媒体,实际上就是信息编码的活动。某种信息该用哪一类符号和信号的媒体呈现和传递,是一个较为复杂的问题。需用一套原理作指导。例如,选择媒体要能准确地呈现信息内容,要符合学习者的经验和知识水平,容易被接受和理解,容易得到且付出的代价不大,而又能取得较好的传播效果等。

(3) 通道传送。这时首先要解决两个问题。一是信号要传至多远,多大范围。要根据信号的传递要求,应用好媒体,保证信号的传递质量;二是信息内容的先后传递顺序问题。在应用媒体之前,必须做好信息传递的结构设计,在媒体运作时,有步骤地按照设计方案传递信息。媒体传递信号时应尽量减少各种干扰,确保传递质量。

(4) 接收和解释。在这一阶段,学习者接收信号并将它解释为信息意义,实际上就是信息译码的活动。学习者首先通过各种感官接收经由各种媒体传来的信号,然后学习者依据自身的经验和知识,将符号解释为信息意义,并随之储存在大脑中。

(5) 评价和反馈。学习者接收信号和解释信息之后,增加了知识,发展了智力,但是否达到了预定的教学目的,还需要进行评价。评价的方式和方法很多。可以观察学习者的行为变化,也可以通过课堂提问、测验、课后书面作业以及阶段性的反馈信息等进行评价。

(6) 调整和再传送。通过将获得的反馈信息与预定的教学目的做比较,可以发现教育传播过程中的不足,从而调整教学信息、教学媒体和教学顺序,进行再次传递。例如,在课堂提问时发现问题,可即时进行调整;在课后作业中发现问题,可进行集体补习和个别辅导;在远距离教学中发现问题,可以增发辅导资料,或在一定范围内组织面授辅导。

(四) 揭示了教学传播过程的若干规律

随着传播学逐渐与教育科学不断地融合,人们常把教学看做教学信息的传播过程,进而综合运用传播学和教育学的理论和方法来研究和揭示教育信息传播活动的过程与规律,以求得最优化的教学效果。

(1) 共识律:所谓共识,一方面指尊重学生已有的知识、技能的水平和特点,另一方面指教师根据教学目标和教学内容的特点,通过各种方法和媒体来为学生创设相关的学习环境,传授知识,以便使学生已经具有的知识技能与即将学习的材料产生有意义的联系,从而达到传播的目的。在教育传播活动中,共同的知识技能基础是教师与学生之间得以交流和沟通的前提。教学信息的选择、组合和传递必须首先顾及学生已有的知识、技能的水平和特点并考虑到学生的发展潜能。

(2) 谐振律:所谓谐振,是指教师传递信息的"信息源频率"同学生接受信息的"固有频率"相互接近,两者在信息的交流和传输方面产生共鸣。它是教育传播活动得以维持和发展,获得较优传播效果的必备条件。一方面,教师或信息源的传递速率和传递容量,必须符合学生的认知速率和可接受水平;另一方面,教师还需要创设一种民主宽松、情感交融的传输氛围,并时时注意收集和处理来自学生方面的反馈信息,以及时调控教育传播活动的进程。

(3) 选择律:所谓选择,是指任何教育传播活动都需要对教学的内容、方法和媒体等进行选择,这种选择是适应学生身心特点、较好地达到教学目标的前提,并旨在以最佳的"代价与效果比"成功地实现目标,即最小代价原则。教育技术领域最为关注的是教学媒体的选择,选择媒体时要考虑尽可能降低代价,提高媒体产生的功效。

(4) 匹配律:所谓匹配,是指在一定的教育传播活动环境中,通过剖析学生、内容、目标、方法、媒体、环境等因素,使各种因素按照各自的特性,有机和谐地对应起来,使教育传播系统处于良好的循环运转状态之中。在教育传播活动中,必然要使用到多种传播媒体,而各种媒体又有各自不同的多重功能特性,只有对它们了解熟悉、扬长避短、合理组合、科学使用,才能使它们相得益彰。

三、互联网引发的教育传播变革

互联网(Internet)是由分布在世界各地的众多计算机网络采用 TCP/IP 协议连接在一起的国际性网络,人们称它为"网之网"或国际互联网。Internet 最早形成于美国,是由 20 世纪 60 年代末的美国国防部 ARPAnet 发展而来。Internet 的兴起,深刻地改变着人们的生活。20 世纪 90 年代后期,Internet 进入教育领域,引发了教育传播的巨大变革。

(一) 教育传播观念的变革

教育传播观念的变革从主要满足教育者需要走向主要满足学习者需求的教育传播价值观。

教育传播价值的高低,主要看在什么范围内和在什么层次上能够满足学习者的需求。当前,学习者的主要需求是:全面发展和个性发展,建立合理的知能结构。教育传播要有助于实现这种价值取向。

"士"字形知识结构:"士"字的下面一横表示一般基础知识,上面一横表示专业基础知识,中间一竖表示专业知识。传统的知识结构是强调下宽上窄的金字塔形的知识结构,越是基础要求面越宽。"士"字形知识结构不讲求下宽上窄,它带有一定的跳跃性,强调在基础与专业的交结处下工夫,主要掌握与本专业有关的基础知识,然后在这个基础上建立一门专业知识。这种知识结构,较能适应信息时代面临的三个挑战:无限书籍对有限时间的挑战;几何级数膨胀的信息对人的原有接受能力的挑战;大量新知识对人们理解能力的挑战。在学习中可以大胆采用"跳"、"跨"、"绕"手法,以避免在外围知识上兜圈子,而集中精力直接捕捉最新、最需要的信息知识。

三层次能力结构:基础层次能力——听、说、读、写、算、推理、计算机网络应用;中间层次能力——数字化学习能力、科研能力、团队协作能力;较高层次能力——应变能力、创造能力。

(二) 教育传播要素的变革

由于信息技术的冲击,教育传播系统原有的四大要素发生了质的变化。

(1) 教育者。由把关人变成引导者。由于信息来源的多通道性,教育者的权威性受到挑战,对传播过程的控制有所减弱,传递什么,通过什么渠道传递,有时不取决于教育者。学生的主动性和自主性得到了很大的加强。

(2) 教育信息。在技术层面上,由模拟信息变成数字信息。信息以海量速度剧增,信息的更新速度加快了,信息的新鲜性与趣味性有所提升而其真实性与可信度则有所降低。

(3) 教育媒体。由单向交流媒体变成双向、多向交流媒体。互联网集图、文、声、像、视频、音频于一身,大大提升了媒体的教育功能,拓宽了教育传播的广度和深度,具有很大的优越性,但它也并非万能,并不能取代其他媒体,印刷媒体和其他视听媒体仍会存在,发挥巨大作用,并在不断改进中发展。

(4) 受教育者(学习者)。由被动变成主动。主体性得到充分发挥,他们在接受信息时有很大的自由选择度,可以主动选择自己感兴趣的内容和信息的接收形式以及接收时间和顺序,有条件的还可以直接参与到信息的生产和传播过程中去,成为信息的发送者。

(三)教育传播方式的变革

教育传播方式由一对一或一对多的方式转变成多对多的网络传播方式。

在学校教学传播中,可以使用信息技术进行有效学习,出现了数字化学习,信息技术大大地支持了学生的自主学习和合作学习。

数字化学习(E-Learning),是在现代信息技术环境中,利用多媒体软件和网上资源进行的学习活动。这是信息时代的一种重要的学习方式,但不是唯一的学习方式。南国农教授认为,信息时代,人们需要善于同时在三个世界采取多种方式进行学习:一是经验世界,在做中学习;二是语言文字世界,向书本学习;三是虚拟现实世界,进行数字化学习。数字化学习是新的学习方式,可适当强调,但不能忽视其他两种学习方式,应该实现三种学习方式的有机结合。

互联网进入教育教学领域,为学生自主学习和合作学习提供了良好环境,给予了有力的支持。在学校教学传播中,学生自主学习和合作学习并不排斥教师的指导,教师的指导可使学生的学习少走弯路,提高学习效率,更好地实现学习目标。学生自主学习也不排斥与他人开展协作交流,应该把自主学习与合作学习有机地结合起来,以实现资源共享,共同提升。

第四节 系统科学理论

系统论是研究系统的一般模式,结构和规律的学问,它研究各种系统的共同特征,用数学方法定量地描述其功能,寻求并确立适用于一切系统的原理、原则和数学模型,是具有逻辑和数学性质的一门科学。系统科学是教学设计技术理论基础的核心。

一、系统科学

系统思想源远流长,但作为一门科学的系统论,是由美籍奥地利人、理论生物学家贝塔朗菲(Ludwig Bertalanffy)创立的。他在1952年发表"抗体系统论",提出了系统论的思想。之后又提出了一般系统论原理,奠定了这门科学的理论基础。

系统论的基本思想方法,就是把所研究和处理的对象,当做一个系统,分析系统的结构和功能,研究系统、要素、环境三者的相互关系和变动的规律性,并优化系统观点看问题,世界上任何事物都可以看成是一个系统,系统是普遍存在的。

系统理论目前已经显现出几个值得注意的趋势和特点。第一,系统论与控制论、信息论、运筹学、系统工程、计算机和现代通信技术等新兴学科相互渗透、紧密结合;第二,系统论、控制论、信息论,正朝着"三归一"的方向发展,现已明确系统论是其他两论的基础;第三,耗散结构论、协同学、突变论、模糊系统理论等新的科学理论,从各方面丰富发展了系统论的内容,有必要概括出一门系统学——作为系统科学的基础科学理论;第四,系统科学的哲学和方法论问题日益引起人们的重视。

系统科学的基本原理有整体原理、反馈原理和有序原理。

1. 系统的整体原理

任何系统只有通过相互联系形成整体结构才能发挥整体功能,没有整体联系,没有整体结构,要使系统发挥整体功能是不可能的。系统原理内容包括:(1)整体性是系统的本质特征,是系统理论的核心。任何系统都是由要素构成的,系统的要素是相互关联的,它们之间受一定规律的制约,要素之间的联系形成系统的结构,不同的结构,具有不同的功能。(2)系统都是由要素构成的,但不能孤立地考察一个要素,应把要素置于系统之中去考察,系统也不是孤立的,它与环境紧密相关,应把系统置于环境中去考察。(3)任何系统虽是由若干部分(要素)所构成,但在功能上,各部分功能的总和不等于整体的功能;任何系统的整体功能应等于各部分功能的总和,再加上相互联系形成新结构产生的功能。

整体原理告诉我们,一个教学系统是否能够正常运行关键在于它是否具有整体性,各部分之间能否协同工作。如果教学系统各要素之间不能互相促进,就会出现类似"两个和尚没水喝"的情况,即整体的功效小于各部分的简单相加。这就要求在设计教学系统的时候,应协调好教师、学习者、教学内容以及教学媒体等诸要素的关系。教师不应把学习者看做是被动的、被灌输的对象,而应认真分析学习者特征;教师要合理选择教学内容,安排好它们的顺序;教师不要把媒体仅当做单向传播的工具,而应主要作为情境创设、情感激励和认知的工具。而对于学习者来说,不仅要理解各部分的内容,还要理解各部分内容间的联系;不仅要掌握该学科知识间的内在联系,还要掌握该学科与相邻学科的外在联系。学习者要善于把媒体作为一种探索、发现的工具以及与同学或老师交流、讨论,表达自己思想的工具。实践证明,任何成功的教学系统,不管它是何种类型,其成功的原因并不完全取决于它所使用的技术,而是在于能否充分发挥这个系统的整体优势和综合优势。

2. 反馈原理

任何系统只有通过反馈信息,才可能实现有效的控制从而达到目的;或者说,没有反馈信息的系统,要实现有效的控制从而达到目的是不可能的。反馈原理内容包括:(1)一个控制系统既要有控制部分的控制信息输入到受控部分,更要有受控部分的反馈信息回送到控制部分,才能形成一个闭合回路。没有反馈信息的非闭合回路,不可能实现控制。(2)反馈分为两种,如果反馈信息能够加强控制信息的作用,则这种反馈称为正反馈;反之,如果反馈信息的作用与控制信息的作用相反,则这种反馈称为负反馈。负反馈能维持系统的隐态,是可控过程。

反馈原理告诉我们,教学系统作为一种系统同样存在两种反馈形式——正反馈和负反馈。负反馈是使教学系统保持稳定的因素,使其表现出合乎教学目标的行为,而正反馈则可以使教学系统越来越偏离原来的目标,使系统发展变化。例如要想实现预定的教学目标,在教学或学习过程中,就要随时通过反馈信息掌握现状与目标之间的差距,表现在教学设计过程中就是要注重学习效果的形成性评优,教师据此调整教学的内容、方法、教学的进度,而学习者据此了解自己的不足,改进自己的学习方法,这样才能不断提高教学质量和学习效率,达到预期的目标。这就是负反馈原理在教学过程中的作用。当教学系统所提供的功能不能满足教学的需要时,就需要积极总结该教学系统中有益的经验并将其作用增大,以此弥补其他教学系统要素的不足、甚至推动它们进行自我调整改善,这就是正反馈在教学系统中的重要作用。当然,如果正反馈使用不当,它有可能损坏教学系统的功能。

3. 有序原理

任何系统只有开放而且有涨落,即偏离平衡态才可能走向有序;或者说没有开放而且处于平衡态的系统要走向有序是不可能的。有序原理内容包括:(1)有序是指一个系统的性质、结构功能,由简单向复杂,由低级向高级的发展。它不是简单地反映时间的先后、位置排列的先后,而是系统的组织程度的提高、信息量的增加、熵的减少。(2)系统要发展需从无序到有序。必要条件是系统必须是开放的系统;系统必须有涨落作用,即远离平衡态。

有序原理要求教学系统应该是一个开放的系统,要能从教学系统以外的其他社会系统(如经济的、文化的、家庭的)获取有益的信息进行调整、优化甚至变革,从无序走向有序,以满足社会发展对教育提出的要求。在教育中,应该促进学习者成为开放系统,促使学校成为开放系统,这对于学习的进步、教育的发展是大有好处的。在论述当代教育改革的策略时,开放系统已经成为一条重要原则,联合国教科文组织国际教育发展委员会在30年前就提出要建立"一个全面的开放教育体系,帮助学习者在这个体系中能够纵横移动,并扩大他们可能得到的选择范围"。有序原理对于教育技术如何达到自己的目的——促进学习者的学习有重要的作用。

二、系统方法

系统方法是在运用系统科学的观点研究和处理各种复杂的系统问题时形成的。系统方法是按照事物本身的系统性把对象放在系统的形式中加以考察的方法,它侧重于系统的整体性分析,从组成系统的各要素之间的关系和相互作用中去发现系统的规律性,从而指明解决复杂系统问题的程序和方法。

系统方法采用的一般步骤是:

(1) 系统地分析所要解决问题的背景、约束条件和假设,从而确定为解决面临的问题,系统应具有的功能;

(2) 调研、收集与问题有关的事实、资料和数据,分析各种可能性,提出各种可供选择的方案;

(3) 对这些方案做出分析,权衡利弊,选出其中的最优方案;

(4) 具体设计出能体现最优方案的系统;

(5) 进行系统的研制、试验和评价,分析是否达到预期结果,发现不足之处及时纠正。直到实现或接近理想设计为止;

(6) 应用和推广。

其中，系统分析技术、解决问题的优化方案选择技术、解决问题的策略优化技术以及评价调控技术等多种子技术构成了系统方法的体系和结构。

20世纪50至60年代期间，系统方法在美国军事、工业、商业、空间技术等领域得到空前广泛的应用。在这些成功应用实例的推动下，系统方法也在教育领域日益受到重视。60年代末期至今，许多教育技术研究者一直致力于系统方法应用于教学实际的研究，逐渐形成教学系统方法，并应用于各层次的教学系统的设计之中，从而建立起教学系统设计的理论与方法体系。到70年代，由于系统方法在教学媒体设计、个别化学习过程设计和教学系统设计中得到广泛应用，使得媒体教学、个别化教学和教学设计三者综合为一个以系统方法为核心的整体教育技术领域。

学习活动建议

- 活动一：组织学生在网上搜集当今各种学习理论，并对其有一个大致的了解；
- 活动二：号召学生了解系统科学；
- 活动三：组织一次课堂讨论，要求学生根据自己的理解、用自己的语言，谈谈教育技术学的理论基础。

学习评价

学习完本章内容后，请尝试回答下列问题：
1. 为什么说系统论、传播理论、学习理论、教学理论是教育技术的理论基础。
2. 简述建构主义学习理论的主要内容，并论述它对教学实践的指导意义。
3. 举例说明传播理论对教学活动的指导意义。
4. 阐述系统方法对解决教育问题的意义与作用。

第七章 教育技术学的基本理论

学习目标

1. 掌握教学媒体的基本概念、特点及功能；
2. 了解教学媒体发展的不同阶段；
3. 理解教学媒体在教学中的作用；
4. 了解教学媒体的分类方法；
5. 结合实际教学内容，说明教学媒体选择的依据；
6. 正确解释教学设计的概念及其与教育技术的关系；
7. 说明教学设计的一般过程和基本环节；
8. 了解多种教学设计模式；
9. 说明教学设计的几种应用。

知识概览

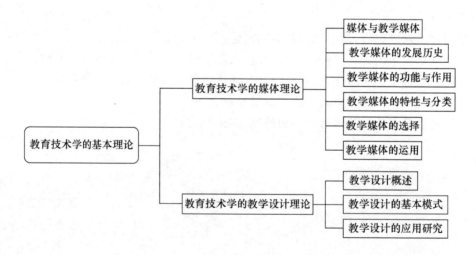

本章导学

学生在学习本章时，不要局限于对概念以及理论的记忆。虽说本章是教育技术学的基本理论，但在教学实践中有着非常大的用武之地。要思考如何运用媒体、如何运用教学设计的思想，分析和解决教学过程中的实际问题；要能够在教学过程中根据不同的学习内容灵活地进行教学设计。教学设计是教育技术领域的重要组成部分，本章旨在让学生通过初步了解教学设计的概念、流程、模式等对教学设计进行整体的把握，而对于教学设计各个环节的具体方法将在后续课程中学习。

第一节　教育技术学的媒体理论

一、媒体与教学媒体

媒体一词来源于拉丁语"Medium",音译为媒介,意为两者之间。它是指信息在传递过程中,从信源到受传者之间承载并传递信息的载体或工具。也可以把媒体看做为实现信息从信源传递到受传者的一切技术手段。媒体有两层含义,一是指承载信息的载体,二是指储存和传递信息的实体。

因此,人们习惯上把媒体分为硬件和软件两大类:硬件是指那些储存、传递信息的机器和设备,如照相机、幻灯片、投影机、录音机、电视机和计算机。软件是指那些能储存与传递信息的纸、胶片、磁带和光盘等。例如,记录有信息的书本、光学投影片、幻灯片、录音带、录像带、光盘和计算机软件。硬件与软件是不可分的统一体,只有配套使用,才能发挥储存与传递信息的功能。

教学媒体是媒体的一个衍生概念,全称为教育传播媒体,它以传递教学信息为最终目的。准确地说,教学媒体是载有教学信息的物体,是连接教育者与学习者双方的中介物,是人们用来传递和获取教学信息的工具。当上述媒体被引进教学领域,承载、传递和控制教学信息,并介入学与教的过程之中时,就可称为教学媒体。例如,与娱乐用录像、录音相区别,专门用于教学的录像、录音,具有明确的教学目的、教学内容、教学对象,称为教学录像片、教学录音带。教学媒体的产生和发展,是与社会的进步与发展密切相关的。历史的经验表明,教学媒体的进步会促进教育的发展。广播、电视、录音、录像、计算机等现代电子传播媒体已渗透到教学环境之中,应用也越来越广泛,表明这些媒体对改善教学过程与学习过程以及提高教学质量和教学效率方面所起的作用是巨大的。

由于现代教学媒体和技术的影响,使得教师和学生相互关系发生了明显的变化。教师与教科书不再是唯一的知识来源。在拥有多种教学媒体支持的学习环境中,学生不再仅仅依赖于班级集中授课方式,他们可以自己设计学习计划,可以更多地自主学习,教师将成为学生学习过程的指导者。学生在教师的指导下,通过班级授课、小组讨论、利用媒体自主学习等适宜自己的多种学习方式学习。现代教学媒体在教学过程中所起的作用越来越强,也越来越受到教师的重视。

二、教学媒体的发展历史

媒体的产生和发展是与人类的产生和发展密切相关的。随着人类社会的不断进步,人类创造的传播媒体也经历了几个重要的发展阶段。

(一)语言媒体阶段

语言是人类最早创造的成系统的传播媒体。语言在记忆和传递知识以及表达较复杂的概念等方面,有巨大的优势:各种实物、现象和思想都可以用语言进行有效的描述;各种知识、经验也都可以借助语言进行交流和传播;人类有了语言工具之后,能更有效地观察了解环境、组织社会关系、彼此交流合作,可以把自己学会的东西有效地传授给社会中的其他成员。直到今天,语言仍然是人类交际活动中最重要的一种传播媒体。语言媒体也有许多局限性。例如,语言符号比较抽象,常常需要用手势、表情、体态去辅助;传播距离有限,瞬间即逝,难以保存。

(二) 文字和印刷媒体阶段

文字和印刷媒体具有保存文化、传播思想和发展教育的功能。文字是语言的书写符号,具有和语言同样的功能;文字的产生还可以使语言得以保存,但在当时,文字的传播主要靠手抄,使得文字媒体传播的距离和范围都很有限。公元 105 年,中国的蔡伦造出了纸。公元 6 世纪,中国人发明了雕版印刷术。公元 1041—1048 年间,中国的毕昇又发明了活字印刷术。公元 1456 年,德国人古登堡(Johannes Gutenberg)发明了效率更高的铸字方法。印刷术使得信息可以大量复制、储存并广泛传播。文字印刷术也有局限性,例如,比口头语言更为抽象,传播的范围和速度受人类活动地域和交通速度的限制等。文字的产生使得语言可以保存,生产、生活经验可以被记录下来,使得人们可以把信息传递得更远。印刷媒体的出现,使得信息可以大量复制、储存并广泛传播,学生不仅向教师学习,也向书本学习。教科书的大量印刷使得大规模的公共教育成为可能,班级授课制在此基础上产生和发展。

(三) 电子传播媒体阶段

自 19 世纪末以来,随着科学技术的迅猛发展,人类创造了电子传播媒体,解决了信息传播中的时空限制、传播速度慢等问题,同时使得信息表达更加清晰、准确和有效,大大增进了人类的传播能力和传播效率。1844 年,莫尔斯(Samuel Morse)发明了电报,首次把电报信号从华盛顿传到巴尔的摩。1876 年贝尔(Alexander Bell)发明了电话。1895 年马可尼(Guglielmo Marconi)和波波夫(Alexander Popov)分别成功地使用无线电收发报。1884 年,英国的爱迪生(Thomes Edison)制成一种放映影片用的"活动电影视镜"。法国的卢米埃尔(Auguste Louis Nicholas)兄弟对它进行了重大改进,于同年研制成功了电影放映机。1929 年有声电影正式试制成功并推广。1910 年开始试制彩色胶片,1940 年彩色电影开始普及。1910 年左右发明了无线电。1924 年,英国广播公司开办了学校广播,1929 年,美国俄亥俄州成立了广播学校,1931 年,日本开办了学校广播。1941 年,加拿大设立了"农村广播专题节目",直接对农民进行教育。电视时代始于 1936 年的法国和美国。1954 年第一台能用于演播室的磁带录像机问世。

电子传播媒体参与教学工作,相对于口头语言和文字印刷媒体,有以下几个方面的优越性:第一,电子媒体不受空间地域限制,使教学信息能够传播到更广阔的领域,为扩大教学规模提供了新的手段。函授教育、广播电视教育等远程教育形式的问世打破了教育的时空界限,学校不再是教育活动的唯一场地,教育的社会化开始成为现代教育发展的趋势之一。第二,电子媒体可以记录、再现实况,不仅能传送语言、文字和静止图像,而且能传送活动图像,增强了信息的表现力和直观性,有助于提高教学质量和教学效率。第三,电子媒体传播速度快,几乎可以在瞬间把信息传到世界各地,使教育资源得以共享,大大提高了资源的利用率。第四,有些电子媒体具有与学习者进行交流的功能,从而为个别化教学、继续教育以及教学方式的改革提供了物质条件。电子媒体虽然具有上述优势,但它却不能替代传统媒体,如印刷媒体在相当长的时间内仍将是教学的重要工具。随着科学技术的发展,更先进的媒体会不断出现,现有的媒体也会不断完善。各种传播媒体虽有各自的传播优势,也会有一定的局限性,但它们都会在教育教学中发挥各自的传播作用。

三、教学媒体的功能与作用

(一)教学媒体的功能

媒体是人类为了更有效地传递经验和信息,为了更好地生活和工作而发明和使用的。1964年,加拿大大众传播研究者麦克卢汉在《媒体通论:人体的延伸》一书中,论证人类在进入电子时代的同时,对媒体的性质、特点、作用和分类,提出了许多新的观念。其中一个重要的观念是,媒体是人体的延伸。例如,印刷品是眼睛的延伸,话筒是嘴巴的延伸,收音机是耳朵的延伸,电子计算机是大脑的延伸。媒体的变化,会引起人的感官的变化,引起感觉重心的转移。例如,使用书本,感觉重心是视觉,改用录音,感觉重心就从视觉转移到了听觉。媒体影响并改变着人们的生活方式、工作方式和思维方式,改变着人与人、人与世界的关系。凭借先进的媒体技术,使地球成为一个"地球村",使分散的人们又重聚在一起,使各种文化融合在一起,并且互相渗透。实际上,教学媒体应用于教学活动,能够使教学过程更加生动有趣,更加体现直观性,学习者的学习效率更高。一般而言,教学媒体在教育传播中的功能包括:

(1)传递信息。传播者一方通过媒体向信息接受者呈现信息,信息接受一方通过媒体获取、接收和反馈信息。媒体与传播相伴而生,离开了传播,也就无所谓媒体。反之亦然,没有媒体,那么传播也就不易实现。传送信息要靠媒体,获取信息也要靠媒体,特别是在今天的信息社会中,媒体的传播和获取信息的功能表现得更加淋漓尽致。

(2)存储信息。为了更有效地利用教育信息,经常需要将信息存储起来,媒体具有存储信息的功能,如教育信息以文字、图像或声音形式存储起来。积累和存储信息有多种方式,比如古代的记忆术、结绳记事。后来人们发明了文字、印刷术,直到今天的信息技术。媒体技术的发展使媒体的种类和数量迅速增加,使人类积累和存储信息的容量增大,信息传递也更加方便、快捷,从而有效地实现了信息共享。

(3)控制过程。各种信息的传播是参与传播的诸要素共同活动的过程,这个过程的进行状况,经常对传播的结果产生影响,需要加以有效控制,通过媒体可以完成这个控制。

(二)教学媒体在教学中的作用

应用教学媒体,需要有的放矢。学生在掌握教学媒体的有效应用规律时,需要首先了解教学媒体的教学作用,教学媒体的教学作用可以总结为以下几点:

(1)使教学传递更加统一化。它改变了过去因教师或地域文化发展水平的不同而造成的信息传递质量上的差异,使学生能够通过媒体获得相同的教学信息,特别是对掌握那些大家都应该掌握的同一性知识更为有利。可以有效解决目前存在的教育公平问题,使得欠发达地区的学生可以与发达地区的学生一样,获得优质的教育资源。

(2) 使教学更加生动有趣。现代教学媒体主要是应用声音、图像等要素直观地呈现教学信息。特技效果、艺术手法以及交互性的较好运用,为学生提供了更加丰富的感知,能够提高学生的学习积极性或学习兴趣,加强学习动机,从而能增加感知深度,提高学习质量。

(3) 使教学理论得到更好的应用。教学媒体,特别是教学软件在内容的组织和呈现方式上都是经过精心设计的,可以使已有的教学原则、认知规律、学与教的经验和理论最大限度地贯彻其中,从而使学与教获得最佳的效果。

(4) 使教学组织形式和方法更加灵活多样。教学媒体具有灵活性和广泛的适用性。由于媒体的介入,使得集体的、小组的、个人的学习可以比较容易地实现,并且打破了时空限制,为随时随地地学与教提供了工具和内容上的便利。

(5) 满足个别需要。教学媒体和教学资源为满足那些因种种原因不能在指定的时间和地点学习的人提供更为有效的帮助,可以满足他们学习的个别需要。

李芒教授认为,教学媒体的主要作用有三个。一个是可以实现"物在眼前"的目的。教学媒体可以把大的东西变小,把小的东西变大;可以把不能拿到教室里的东西放到学生的眼前展示;把危险之物给学生观看;将抽象的教学内容转换为直观的方式。第二个是提供多种教学资源。在理论上,现代信息技术可以为学生提供无限的学习资源,有网络资源或者独立资源,学习者可以比以前容易得多地找到所需的学习材料。第三个是有利于学习者的交流或沟通。学习是人的交往过程,学习中的交流与沟通对获得学习的效果是至关重要的。信息技术可以为学习者和教育者提供十分便利的沟通环境,可以实现以往不易实现的互动。

四、教学媒体的特性与分类

(一) 教学媒体的特性

教学媒体具有以下几种特性:

(1) 传播性。任何教学媒体都是以特定的符号形态将信息传送给受信者。媒体的传播性应包括传播速度、传播范围、传播能力等。不同媒体的传播性有所不同,例如,书本、杂志这些印刷媒体,通过发行可以将语言文字等符号传播到各地,但其传播速度有限;广播、电视媒体以电磁波的形式可以将声音、有声图像在瞬间传播到很远的地方,利用广播卫星甚至可以覆盖全球,它们具有极高的传播速度和极大的传播范围;而幻灯、投影、电影、录音、录像等只能在有限空间的教室或教学场所使用。

(2) 表现性。表现性是指教学媒体表现事物信息的性能。教学媒体主要以图像和声音的形式有效地传递教学信息,能使教学内容接近客观事物的本身,具体、生动、形象地作用于学生的感官,能有效地实现直观性教学,加速学生感知和理解事物的过程。利用教学媒体"再现"事物,可以源于"事物"又高于"事物",具有极丰富的表现力。它能根据教学需要,将所要表现的具体事物在虚实快慢、大小远近及零整之间相互转换变化,使教学内容所涉及的事物、现象、过程等不受时空限制再现于课堂,引导学习者的学习在教学内容上向更广、更深处发展。

(3) 重复性。教学媒体的重复性是指固定在载体上的信息符号可以人为地重复表现,即媒体可以根据需要,在特定的时间、地点多次使用。例如,教科书可以反复阅读,教学幻灯投影、教学录音带与教学光盘可以按教学需要反复播放,计算机课件存储的信息也能按学习者需求重现。这种特性适应了学生逐渐领会,重温记忆的需要,也适应了扩大受益面的需要。

(4) 参与性。参与性是指应用媒体教学时,学习者参与学习的机会。它分为行为参与和感情参与。电影、电视、广播有较强的表现力与感染力,容易引起学习者情感上的共鸣,引起注意、兴趣,激发学生感情的参与。应用幻灯教学时,材料直接呈现在学生面前,可使学生在行为上积极参与,教师根据反馈信息,掌握教学进程,组织教学活动。应用计算机辅助教学,学习者能够根据自己的实际情况自主学习,是一种在行为和情感上参与程度很高的交互式教学。

(二) 现代教学媒体的分类

现代教学媒体有多种分类方法,按照它们作用于人的感官不同,有以下几种分类:

(1) 视觉教学媒体。有幻灯、投影等,主要是提供图像类教育信息的媒体,学习者主要通过视觉感官接收信息。

(2) 听觉教学媒体。有收音机、录音机、扩音机、磁带、CD等,主要是提供声音信息的媒体,学习者主要通过听觉感官接收信息。

(3) 视听觉媒体。有电视机、录像机等,是能够同时提供图像、声音两方面教育信息的媒体,学习者可以同时通过视觉和听觉感官接收信息。

(4) 计算机交互媒体。计算机交互媒体是以计算机为核心、能提供教育信息的设备,并能在教学过程中实现教与学双方互相交流,还可以实现个别化教学。

(5) 综合媒体。有语言实验室、多媒体教室、计算机网络教室和微格教室等,都属于综合媒体。综合媒体将多种媒体组合起来使用,有利于更充分地发挥各种媒体的教学功能,提高教学效率。

表 7-1 简单地介绍了几类教学媒体中的典型媒体及其在教学中应用的优势和局限。

表 7-1 各媒体类型及其在教学中应用的优势和局限

媒体类型	典型媒体	教学特性	局限性
视觉媒体	幻灯机 投影仪 视频展示台	(1) 投影教学节省课堂板书板图时间,提高课堂教学效率 (2) 投影教学能给学生提供图像清晰、形象逼真、色彩鲜艳的视觉形象,有利于激发学生的学习兴趣 (3) 表现手法多种多样,既能演示静态图像,替代图表、挂图、板书,又能模拟一些动作过程,投影真实物体,使教学内容形象生动 (4) 使用方便灵活,放映过程容易控制,教学随机性强,教学内容可增、可减、可重复 (5) 有利于解决课堂教学中的重点与难点问题 (6) 投影教材的制作方法多种多样,制作工艺相对简单,制作周期短、成本低,易于普及	(1) 投影教学效果在很大程度上取决于放映者,投影器不能自动地连续展示图像,也不能配音 (2) 它是为大班教学而设计的,不适合于个别学习 (4) 对于复杂多变的教学内容,投影器则显得无能为力

续表

媒体类型	典型媒体	教学特性	局限性
听觉媒体	录音机 激光唱机 （CD机） 传声器 （又称话筒） 扬声器	(1) 听觉媒体的使用打破了时空限制，扩大了教学信息的传送范围，从而扩大了教育的规模和范围 (2) 通过听觉媒体可提供声音的真实感受，创设教学气氛 (3) 在语言和音乐等教学与训练中，可利用听觉媒体提供典型示范，同时，录制播放文学、音乐作品，可以提高学生的鉴赏能力 (4) 学生可利用听觉媒体自读、唱、奏、说，重放时可获得及时反馈，有利于自我鉴别，及时矫正存在的问题。老师也可利用听觉媒体录制多种学习材料提供给不同水平的学生，进行因材施教，这有利于个别化学习 (5) 利用听觉媒体使抽象的教学内容变得生动、形象、直观，有利于解决教学难点，提高教学质量	(1) 听觉材料的表述顺序基本上是固定的，远不如印刷材料检索方便 (2) 单纯听录音而没有视觉材料相配合时，不容易使学生较长时间地集中注意力 (3) 如果学生的听觉技能和经验背景同学习材料相差很大时，不容易确定一个合适的提供信息的步调 (4) 由教师来制作听觉材料时，质量难以保证
视听觉媒体	电影 电视 录像机 摄像机 激光视盘机 （又称影碟机，如 VCD、DVD）	(1) 利用广播电视进行系统教学。系统教学是指采用录像、电视手段进行整门课程的教学 (2) 利用插播教学录像片来辅助课堂教学。教师根据教学内容及教学计划，在课堂教学中直接利用电视教材和播放设备，以插播的形式辅助课堂教学，及时解决教学中的重点和难点 (3) 运用电视录像媒体进行示范教学。示范教学是指利用电视录像媒体为学生提供典型的示范材料，指导学生进行教学实践 (4) 利用录像反馈加强学生教学技能的培训 (5) 利用电视录像进行自主学习	(1) 视听觉媒体制作电视教材较为复杂，会给教师带来一定的困难 (2) 视听觉媒体传递的教学信息具有单向性特征，使教与学的行为之间缺乏交互性 (3) 对于随时增、减或需要改变的教学内容，视听觉媒体的处理能力远不如投影媒体、计算机媒体那样灵活、方便
计算机交互媒体	多媒体计算机	(1) 具有很强的交互性，有利于激发学生的学习兴趣和认知主体作用的发挥 (2) 提供多样的外部刺激，有利于知识的获取与保持 (3) 具有超文本功能，可实现对教学信息最有效的组织与管理 (4) 多媒体计算机可作为认知工具实现最理想的学习环境 (5) 可满足特殊学习者的特殊需要	(1) 购置计算机硬件设备和教学软件的费用较贵 (2) 计算机种类多、更新快，造成维护上的困难 (3) 教学软件的质量直接影响其教学作用的发挥，而教学软件的编制需要投入很大的人力、智力、财力和时间 (4) 有些情感、态度和动作技能类的教学目标依靠它来传递时难以实现

五、教学媒体的选择

不同的教学媒体有不同的功能和属性,每一种媒体都有其优势和不足。媒体之间的关系往往是互相补充,而不是互相对立。如果仅为了用媒体而选择媒体,一味追求先进性和新颖性,不从学生、学习目标和学习内容出发,则常常会适得其反。对教学媒体进行选择是一项复杂的任务,合理地选择能够充分发挥媒体的作用,反之不但不能体现价值,反而会造成资源闲置、浪费,甚至会对教学产生负面影响。教学媒体的选择必须以教学目标、教学内容、教学对象为依据,结合具体教学媒体的特性和实际教学条件进行综合考虑,作出合理的判断和选择。

(一)选择教学媒体的原则

1. 以学习者为本的原则

学生是学习的主体,在整个教学过程中都应从学习者出发,选择教学媒体也是如此。教师如能对学习者的特殊属性进行分析,对于选择教材及媒体都会大有裨益。一般来说,初学者由于新接触一个领域,通常需要借用一些直接具体的经验进入学习状态,对于知识背景较强的学生也许借助抽象的语言或文字符号就可以实现目的,如果学生的学习能力低下,对事物具体化的程度弱,则应考虑多采用图片、影片、动态媒体帮助学生学习,学生程度差异过大时,则可考虑使用个别化的教学方式,以符合个别差异。对于具有某些特殊背景的学习者,如乡村或山区的居民子弟,则可运用与他们生活背景相关的教材进行教学。

2. 目标控制原则

在教学过程中,教学媒体是教学信息的载体。媒体的选择与应用必然受到教学目标的引导。根据这一原理,选择教学媒体必须首先研究教学目标。教学目标包括总体目标和具体目标两个层次,总体目标就是优化教学的总要求,而具体目标则依各门学科、各个教学单元的内容和学生的原有状态而确定。从这一点出发,新媒体不一定会比旧媒体更重要,关键是应该知道在不同的而且合适的环境中这种媒体是否能够产生更有效的教学。选择技术手段应该基于学习者的需要和应用技术的学习环境,而不应是技术的新颖度。这一点对于我们当前的教学改革尤为重要。

3. 优选决策原则

选择教学媒体应该对各种媒体选择方案进行分析、比较和评价,从而选取最佳的方案,使媒体的选择更符合教学的需要。教学媒体一般是灵活的、可以替换的,关键是在一定的条件下采用何种媒体更合适。不是越先进的媒体就越好,能用简单媒体解决的问题就不要用复杂媒体。可以说,各种媒体都有内在的规律,必须正确地加以利用,再好的媒体,如果使用不当也不会有好的效果,教学媒体的使用不会"自动"地促进学习。没有对任何学习目标都适用的"万能媒体"或"超级媒体"。

但在教学实践中,会出现这样的情况,当某种时髦的现代媒体进入课堂之后,原有的媒体马上就被贴上"陈旧"的标签而打入冷宫,这种偏颇的现象造成了有限资源的巨大浪费。如前所述,每一种媒体用于教学,都会有其优势和弱势。在教学中使用媒体应该根据教学的实际情境合理选择,而绝不能仅仅根据"新"或"旧"来挑选。

4. 实用性原则

教学中能否选用某种媒体,还要充分考虑当时、当地的具体条件,其中包括资源状况、经济能力、师生技能、使用环境、管理水平等因素。例如,录像教学具有视听结合、文理皆宜的优点,但符合特定课题需要的录像片却不是唾手可得的;语言实验室是一种极其有效的外语教学媒体,但并非每个学校都有能力添置,因陋就简地采用录音机代替也不失为一个好办法。在选择教学媒体时,应该考虑下列六个要素:方便获得性,即设备、技术是否容易获取;成本,这一要素对于我国更为重要;教与学的方法,应该树立现代教育观念,应用现代教育教学方法;交互性和用户友好性,这常常影响到使用者的使用热情和设备的利用程度;新颖度,适当的新颖度可以激发适当的好奇和兴趣;速度,课程开发和课程更新的速度。

总之,选择和应用教学媒体的关键在于教师教育教学观念的更新和转变。无论拥有多么先进的教学媒体,多么丰富的教学资源,如果教师的教育教学观念落后于时代,那么,也不会获得理想的教育教学效果。现实中的情形常常是有了最现代化的硬件设施,但陈旧落后的教学观念却不能帮助教师发掘先进技术的潜力,甚至让价值不菲的设备白白浪费,并且还会使教师受制于技术,从而不能发挥教师的主导作用。能不能接受现代教育思想,在很大程度上决定了教师对新技术的使用及对媒体的正确选择。

(二) 选择教学媒体的方法

为了在选择教学媒体时所做的主观判断更为准确,需要借助一些媒体选择方法。这些媒体选择方法只是提供思考问题的基本框架,它们的启示意义远远大于它们的操作意义,因此在具体实践工作中还需要教师根据各自所遇到的问题做灵活的处理。

1. 算法式方法

算法式是通过模糊的数值计算决定媒体选择的一种方法。在运用此方法时,一般先对备选媒体使用的代价、功能和管理上的可行性等诸多因素给出一个定值,然后对备选媒体的效益指数运用公式加以运算,从而确定优选媒体。具体算法是:

$$媒体的效益指数 = \frac{功能}{代价}$$

可以通过对两种或两种以上备选媒体的效益指数的比较,最终确定所选媒体。例如,根据教学内容的要求,需要为学生提供事物的形象,而挂图、幻灯、电影、录像及多媒体等都具备上述功能,这时就需要对各种媒体所能达到的教学功能与所要付出的代价(经济成本、开发时间及要求的技术水平的高低)进行计算,得出挂图、幻灯、电影、录像和多媒体的效益指数,在此基础上确定最终要选择的媒体。

2. 矩阵式方法

矩阵式主要由两个维度组成,一个维度是特定的媒体,另一个维度是特定的学习目标和学习类型,学习目标、学习类型和媒体的使用效果三者的关系构成了如表7-2所示的矩阵图。从表中可以看出,媒体对不同的学习目标所起到的作用不同,每种媒体都有各自的优势或劣势,在选择时需认真比较。

表 7-2 教学媒体选择两维矩阵图

教学媒体种类	学习目标					
	学习事实信息	学习直观辨别	学习原理、概念和规划	学习过程	执行技能化的知觉运动动作	发展所期望的态度、观点和动机
静止图像	中	高	中	中	低	低
电影	中	高	高	高	中	中
电视	中	中	高	中	低/中	中
三维物体	低/中	高	低	低	低	低
录音	中	低	低	中	低	中
程序教学	中	中	中	高	低	中
演示	低	中	低	高	中	中
印刷的教材	中	低	中	中	低	中
口头表述	中	低	中	中	低	中

3. 流程图式方法

流程图是根据计算机的算法程序设计的一种比较复杂的媒体选择方法。它将选择过程分解成一套按序排列的步骤,每一步骤都设有一个问题,根据对问题的"是"或"否"的回答,被引入不同的逻辑分支。回答完最后一个问题,就基本上确定了一种或一组被认为是最适合于特定教学情景的教学媒体。目前已开发出的流程图有多种形式,英国教育技术学家罗密斯佐斯基提出的视觉媒体选择流程图如图 7-1 所示。

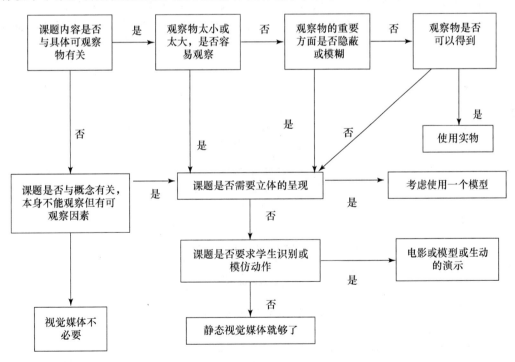

图 7-1 视觉媒体选择流程图

如果学校没有多媒体计算机、电视或者幻灯机等设备，无论某种外来视听媒体对教学有多大的帮助，教师都无法在课堂教学的情况下使用。这时，教师可以用其他的方法补充，如挂图、模型、照片、磁带等。要知道先进的视听媒体虽然对教学有很大帮助，但是教师灵活的教学设计才是课堂教学的关键。

虽然随着技术的不断进步，教师获取各种图像、视频和音频的途径越来越多，但是在一些特定的教学内容情况下，教师制作或者寻找这种媒体需要花费大量的时间，在这种情况下，教师也可以考虑用其他更为简便的媒体替代的方式。

六、教学媒体的运用

（一）戴尔的"经验之塔"

20世纪30年代至50年代，大量视听媒体，如广播、幻灯、电影、唱片、录音、电视等被引入教学领域，因此，关于媒体运用方法、教学效果等问题引起了广大教育工作者的关注。他们从教学实践的研究中总结了一系列视听教学的方法，并提出了相应的理论上的依据。其中，比较著名的是美国教育家戴尔提出的"经验之塔"理论。戴尔认为，人们学习知识，一是由自己直接经验获得，二是通过间接经验获得。当学习是由直接到间接、由具体到抽象时，获得知识和技能就比较容易。

从图7-2中可以看出，戴尔的"经验之塔"把人的经验分成三大类十个层次，三个大类分别是做的经验、观察的经验和抽象的经验，最底层的经验最具体，越往上越抽象，各种教学活动可以根据经验的具体到抽象的程度，排成一个序列，处于中间部位的观察经验比上层经验具体、形象，在一定程度上能突破时间和空间的限制，又能弥补下层经验的不足。

图7-2 戴尔的"经验之塔"

1. 做的经验，包括三个层次

（1）有目的的直接经验。指直接与真实事物本身接触取得的经验，是通过对真实事物的看、听、尝、摸和嗅，即通过直接感知获得的具体经验。

(2) 间接的经验。指通过模型,标本等间接材料获得的经验。模型,标本等是通过人工设计,仿造的事物,多与真实事物的大小和复杂程度有所不同,但在教学上应用比真实事物更易于领会。

(3) 角色扮演。指把一些事情编成戏剧,让学生在戏中扮演一个角色,使他们在尽可能接近真实的情景中获得经验。参加演戏与看戏不同,演戏可以使人们参与重复的经验,而看戏是获得观察的经验。

2. 观察的经验,包括六个层次

(1) 观摩演示。看别人怎么做,通过这种方式可以知道一件事是怎么做的。以后,学生可以自己动手去做。观察具有很强的体验性和模仿性。

(2) 学习旅行。可以看到真实事物的各种景象。观察的对象更广泛,既包括事物本身,还包括事物的空间、时间、运动变化。观察的结果既包括直观的经验,也包括抽象的知识,观察的心理过程也更复杂,选择性注意、体验、思考等成分明显增加。

(3) 参观展览。展览主要是利用各种真实事物的替代物供人们观看,有时也包括一些小型的实物。展览可以使事物、情境、过程脱离原有的背景环境被集中再现,具有主题鲜明、重点突出等特点,使人们在特定环境中,以特定方式通过集中观察获得经验,观察中的比较、分析、概括等成分进一步增加。

(4) 电视。电视利用屏幕上的活动画面来替代真实事物,可以提供一种替代的经验。由于电视节目常常具有很强的过程性和情节性,学习者在看电视节目的过程中,需充分观察、体验、比较、类推、联想、分析、概括和综合才能全面而深刻地理解和掌握内在蕴涵的丰富信息。

(5) 电影。电影和电视功能相似,主要用来提供替代的经验,其过程性和情节性的特点常常比电视更突出。

(6) 录音、广播、静止画面。它们可以分别提供听觉的与视觉的经验。与电影、电视提供的视听经验相比,信息的组织和呈现更加静止化、平面化和符号化,信息抽象层次要高一些。

3. 抽象的经验,包括两个层次

(1) 视觉符号。主要指图表,地图等。它们已不是事物的实在形态,是一种抽象的代表,学习者需具备一定的背景经验和先决技能,并在一定程度的指导下才能开展有效的学习,抽象逻辑思维在学习过程中的作用超过直观形象思维。例如,地图上的曲线代表河流,线条代表铁路等。

(2) 言语符号包括口头语与书面语的符号。口头语与书面语的符号,是一种完全抽象化了的代表事物或观念的符号系统。学习者必须充分掌握该符号系统的使用规则和指代意义才能开展学习,学习基本以抽象逻辑思维为主。

"经验之塔"理论揭示了人类学习活动由直接到间接、由直观到抽象的内在规律。将与获得教学经验有关的各种教学媒体或活动按照抽象程度进行分类,为选择和运用教学媒体提供了很好的指导,并且在一定程度上揭示了教学媒体同教学目标、教学方法和学习活动之间的关系,有利于利用教学媒体设计和组织相应的教学活动。结合基础教育中的三维目标:知识与技能、过程与方法、情感态度与价值观,再思考戴尔的"经验之塔",使得我们注意到,今后教学活动的设计更应该考虑什么内容运用"做的经验",什么内容结合"观察的经验",什么内容应该提升到"抽象的经验",以及这些活动的设计应该有效运用现代教育技术,并需要充分发挥媒体的引导作用。

(二) 视听结合的学习记忆

为促进知识的记忆,人们创造了许多方法,其中,视听结合是有效的方法之一。心理学的研究表明,学习者获取同一学习内容时,通过运用视觉、听觉、视听觉并用获取的信息量以及信息的保持率是不同的,具体情况见表 7-3 所示。

表 7-3 视觉、听觉、视听觉并用获取的信息量及保持率比较

	3 小时后所获知识的保持率	3 天后知识的保持率
听觉	60%	15%
视觉	70%	40%
视听觉并用	90%	75%

由此可以得出结论:视听觉并用可以获得更多的信息量、更高的记忆保持率和更佳的学习效果。当然这里的视听结合学习的是指有教育特征的影视或多媒体作品,而不是一般意义的视听学习,也就是说视听结合的学习内容或学习方式应该是通过有效教学设计后的教育资源,不是通常的多媒体游戏或影视作品。

上述的研究数据说明了恰当运用媒体对教育教学的促进作用,也提出了在设计制作教育资源或媒体时应该考虑其教育性、科学性、艺术性和适用性。

(三) ASSURE 模式

ASSURE 模式以设计实际应用于课堂之中的教学媒体及相应活动为重点,提供了一套程序性的操作过程,可为设计与执行使用媒体的教学提供参考,其实质是一种针对课堂教学媒体运用的小型化的教学设计模式。这个工作模式不能保证教师在教学之中获得五分,但是,可以保证教师在教学之中不得二分。当教师选择教学媒体时,他所做的是教学设计工作,而不是简单地利用媒体。

A:Analyze Learners(分析学习者)。包括分析学习者的一般特点、起始能力、学习风格等。

S:State Objectives(陈述学习目标)。在完成一段学习之后,学习者应该具备什么新的能力。

S:Select Media and Materials(选择教学媒体与材料)。包括确定媒体的呈现形式、选择现成教材、修改现有的教材、设计新的教材等。设计和自制新的教材,需要考虑的事项包括:目标、教学对象、制作成本、制作技术、制作设备、制作材料和制作时间。

U:Utilize Media and Materials(应用教学媒体与材料)。第一,试用。任何教学媒体都不容许不加试用就贸然使用。教师必须亲自试用,才能确保教学媒体的有效使用。第二,预演。试用之后,教师应该完整的按照教案预演一次(至少),但次数也不能过多,否则现场的表现会趋于僵化。预演越周到,实际教学就会越成功。不能只是把教学过程默读一遍了事,而应该进行预演练习。第三,布置环境。不论是在教室、礼堂、会议室等任何地方使用教学媒体,教师都必须事先把所需使用的设备加以妥善安排,根据使用顺

序排列妥当。还要考虑光线是否充足,是否有遮光设备,电源插座够不够用等问题。第四,引起学生注意。这种暖身运动可以包括:概要的介绍此次教学的内容,说明今天的主题与目前大家所学习的内容之间有什么联系,激励学生的语言,让学生了解如果注意听讲会有什么好处,引发学生对学习内容产生兴趣和探究倾向的语言和活动,提出问题,出示特殊的视觉材料;第五,实际呈现教学媒体。

R:Require Learner Participation(要求学生参与)。最有效的学习情境是容许学习者亲自参与活动的教学情境,包括解答问题、反复练习、完成一项任务(写一篇报告)。计算机教学更应该体现这一点。经过投射的静止画面,比动态的画面,更容易使学生参与。学生可以面对静止画面,观看上面的内容,分析和讨论上面的内容。问答、讨论、临时测验、实际操练等活动,是可以增加学生反应的教学技术。

E:Evaluate and Revise(评价与修改)。包括学生学习结果的评价、教学媒体和运用方法的评价、教学过程的评价、修改媒体材料、调整对教学的设计、提高教师对教学的判断能力和对媒体的运用能力等。考察所使用的教学材料是否有效?可以从以下几点入手:能否改进?成本-效益比如何?用于呈现媒体的时间是否值得?该媒体能否配合教学目标?是否能使教学更加生动有趣?难易程度如何?是否提供机会给学习者参与教学活动?

通过ASSURE模式可以看出,教学媒体的运用过程就是一种教学设计的过程;对教学媒体运用的设计不是从媒体开始,学习者在这一过程中始终处于第一位;教学媒体运用得好坏不仅仅取决于媒体本身,更重要的是对整个教学过程的认识和组织;教学媒体的运用要注重对过程的观察、分析和评价。

(四) 运用教学媒体的一些结论

(1) 教学媒体仅是教学的组成部分之一,不等于教育技术。合理地使用教学媒体可以取得更好的教学效果与效率。但是,媒体仅仅是教学的工具,而绝不是教学的全部。过分夸大媒体的作用就会削弱人的主体性,这就有悖于教育、教学的本质。

(2) 运用媒体的方法在相当大的程度上决定学习的效果。媒体的使用不会"自动"促进学习。如何运用比如何选择更为重要,传输什么比用什么手段传输更为重要。要使媒体发挥应有的作用,就应该为媒体设计有效的活动,并在教学中完整地执行这些活动。

(3) 没有任何一项研究能够证明某一种媒体的教学功能永远优于另一种媒体,也不存在能解决一切教育难题的媒体。

(4) 根据媒体特征和学生特点,考虑教学的需要,经过仔细选择或编制的教学媒体,对学生的学习有明显的帮助。

(5) 任何一种教学媒体的功能都是有限的,在实际教学中,合理地运用多种媒体的组合往往效果要优于使用单一媒体。

(6) 如果教师受过在教学之中运用媒体的专门训练,媒体就可能得到更为有效的运用。

(7) 学校建立合乎要求的媒体中心,帮助教师和学生使用教学媒体,可以使媒体发挥更好的作用。

七、中国需要什么样的现代教学媒体

（一）必须非常方便易学

一般来说，教师没有充裕的时间来学习一个新产品，因为教师的主要工作是教学，而不是学习新产品。如果学习一项新技术的时间超过三天，还不能够掌握，教师学习这个新技术的可能性就非常有限了。一般情况下，只有大概5％左右的教师，愿意尝试新技术。

（二）必须与现有教学方法相兼容

如果一个软件的引进需要改变教师的教学方法，这个软件或技术的推广将会是非常困难的。这种改革必须是一种循序渐进的过程，一旦教师开始使用这个技术，他会自然而然地改变自己的看法，就会逐步形成自己的观念。如果一开始就采取强迫性的改革，教师就会产生逆反心理，也就不利于对新技术的学习。

（三）必须具有很好的稳定性

一般的课堂教学时间是45分钟，如果教师在课堂上花费很多的时间解决技术问题，他们就要失去很多教学时间。设备应该是背景而不能作为主角，教学媒体在操作方面应该是比较简单的，功能方面应该具有非常好的稳定性。然而，没有哪台机器不出问题的，功能越复杂、越强大的机器，越容易出问题。

（四）必须具有低成本的特性

价格太高的产品在我国中小学推广起来非常困难。现在有很多教育技术产品，还没有来得及进行有效的教师培训，就已经过时了。信息技术的硬件寿命大概维持在13到16个月之内，即使打点补丁，坚持使用，也不超过3到5年。设备高速的淘汰率与教师培训过程的长期性形成了很大的反差。美国苹果公司做了几年的研究发现，一般教师对于复杂的计算机系统，从刚开始接触，到真正的全部整合，一般需要5年的时间。在5年的时间之内，这个机器早已经被淘汰了。所以，低成本在推广信息技术的初期是特别重要的。

这里需要指出的是，将中华民族教育的振兴和发展的希望寄托在纯物质因素的基础上的倾向是十分危险的，也是十分可笑的。指望使用信息技术就能赶超先进国家，那是不现实的。我们应该大张旗鼓地拒斥"冷若冰霜的工具理性"，大力倡导目的理性，将技术注入人所特有的"激情"。著名学者裴娣娜教授认为，现代化，说到底是人的现代化。李芒教授认为，说到底，学习是人的活动，是人的行为，应该关注学生的行为活动，而不能过于关注教学工具。

第二节　教育技术学的教学设计理论

一、教学设计概述

（一）教学设计的含义

从教学设计（Instructional Design 简称 ID）的发展历史来看，各种教学与学习理论

和媒体技术的发展都对教学设计的发展产生了重要影响。由于多种要素的影响,使得对教学设计的理解产生了多样化的倾向。通过分析国内外较有影响的几个教学设计的界定,可以把它们归纳为以下几种观点:

(1) 教学设计是一种系统计划。这种观点把教学设计看做是用系统的方法分析教学问题,研究解决问题途径,评价教学结果的计划过程或系统规划。这种论点的代表当推美国学者肯普(Jerrold Kemp),他认为"教学设计是运用系统方法分析研究教学过程中相互联系的各部分的问题和需求,在连续模式中确立解决它们的方法步骤,然后评价教学成果的系统计划过程"。

(2) 教学设计是一门技术。这种观点把教学设计看做"用以开发学习经验和学习环境的技术",还认为"教学设计是一种将学习策略整合进教学经验的一门技术"。这种观点的代表人物是美国教学设计专家梅瑞尔(David Merrill)在《教学设计新宣言》一文中,将教学设计界定为"教学是一门科学,而教学设计是建立在教学科学这一坚实科学基础上的技术,因而教学设计也可以被认为是科学型的技术。教学目的是使学生获得知识技能,教学设计的目的是创设和开发促进学生掌握这些知识技能的学习经验和学习环境"。

(3) 教学设计是系统设计所有教学系统中各个相关因素的过程。我国学者乌美娜教授认为"教学系统设计是运用系统方法分析教学问题和确定教学目标,建立解决教学问题的方案、试行解决方案、评价试行结果和对方案进行修改的过程"。加涅认为"教学是以促进学习的方式影响学习者的一系列事件,而教学设计是一个系统化规划教学系统的过程"。布里格斯认为"教学设计是分析学习需要和目标以形成满足学习需要的传送系统的全过程"。里奇更进一步地指出,教学设计是"为了便于学习各种大小不同的学科单元,而对学习情景的发展、评价和保持进行详细规划的科学"。

(4) 教学设计是一门设计学科。这种观点认为"教学设计属于设计学科,是对学业业绩问题的解决措施进行策划的过程",或者"教学设计是为了达到一定的教学目的,对教什么(课程、内容等)和怎么教(组织、方法、传媒的使用等)进行设计"。这种观点的主要代表人物是帕顿,他在《什么是教学设计》一文中提出:"教学设计是设计科学大家庭的一员,设计科学各成员的共同特征是用科学原理及应用来满足人的需要。因此,教学设计是对学业业绩问题的解决措施进行策划的过程。"

由上述各种观点可见,对教学设计概念的界定,存在着多种看法。通过对国内外学者基本观点的研究,我们可以发现,各位学者研究教学设计的视角和关注的方面有所不同,大致可以划分为三种:第一种,关注教学设计的形态,即"系统计划"说;第二种,关注教学设计的操作过程,即"系统过程"说;第三种,关注教学设计的本质,即"技术"说和"设计学科"说。虽然在教育技术学界对教学设计的概念的争论还在继续,但是,在此可以给出我们自己对教学设计的理解,以供大家参考:教学设计是一种技术,是设计教学的技术。它以教学理念为指导,以系统方法来鉴别教学中存在的问题,分析问题的性质。同时,它还是设计学科中的一员,利用设计学的有关理论来设计解决问题的方案,实施方案,并且评价方案,然后再结合方案实施后所达到的效果来修改方案。尽管众多学者对教学设计的理解不同,但是教学设计应该具有以下几个基本特征:

第一,教学设计主要运用系统方法进行工作。按照事物本身的属性把对象放在系统的形式中加以考察。它侧重于系统的整体性分析,从组成系统的各要素之间的关系和相互作用中发现系统的规律,从而指明解决复杂系统问题的一般步骤、程序和方法。教学设计过程是一个科学逻辑的过程,体现了教学设计工作的系统性。在进行教学设计时,需要在分析论证教学中所存在问题的基础上设定目标,然后密切围绕既定目标选择教学策略,设计教学评价等一系列教学环节,从而保证"目标、策略、评价"三者的一致性。教学设计从教学系统的整体功能出发,综合考虑教师、学生、教材、媒体、评价等各个方面在教学中的地位与作用,使之相辅相成,相互促进,产生整体效应。

第二,教学设计以学生的"学"为出发点。教学设计要求重视学生学习心理的分析和研究,遵循学生学习的内在规律,承认学生个别差异,以问题设计方法,促进学生内部学习过程的发生,从而促进学生的全面发展。教学者应该时刻想着学生,一切为了学生。因此,教学设计过程中在确定学习目标之前应该对学习者特征进行分析。

第三,教学设计以教学理论与学习理论为基础。教学理论是关于教师"怎么教"的理论,学习理论是关于如何有效地促进学习者学习的理论。教学设计在鉴别、分析、解决教学问题时需要涉及教师和学习者,关注教师如何进行教学和学习者如何进行学习才能使教学效果达到最优化。因此,教学理论和学习理论无疑成为教学设计的理论依据;实际上,教学理论和学习理论的发展一直影响和推动着教学设计的发展,教学设计的发展动力是教学理论和学习理论的基础性研究成果的发展;教学设计也正是在这两大理论的指导下不断地、有效地解决教学中存在的问题。

第四,教学设计的过程是一个解决问题的过程。教学设计的过程应该包括鉴别教学问题、分析问题性质、设计问题解决方案、实施解决方案以及评价方案并不断修改方案等几个环节,其实,这些环节最终都是为了解决教学中存在的问题。教学设计的最终目标是实现教学效果的最优化,那么怎么才能达到教学效果的最优化?教学系统是一个非常复杂的系统,包括教师、学生、媒体、教材、评价等诸多因素。因此,影响教学系统的因素也是很多的,教学过程中不可避免地存在一些问题,通过教学设计可以解决这些问题,从而使教学效果达到最优化。

(二)教学设计的层次

教学设计如果是一个解决问题的过程,那么,随着教学问题的范围和大小的不同,教学设计也相应地具有不同的层次。应该说,教学设计的基本原理和方法可以用于设计不同层次的教学系统,也就可以有效解决不同层次的教学问题。教学设计的层次性主要表现在三个层次:产品级的教学设计,课堂级的教学设计,系统级的教学设计。以产品为中心的层次出现在教学设计的早期,主要是把教学中需要的媒体、材料、教具等当做产品进行设计,教学产品的类型、内容和功能常常由教师、学科专家和媒体技术人员共同决定,并进行相应的设计、制作和评价。以课堂为中心的层次,它遵循教学大纲和总的教学计划,针对规定的教学设施、教学内容和教学对象,制订方案,完成教学目标。以系统为中心的层次,涉及的内容很广,是一项难度很大的复杂系统工程。它通常需要教师、学科专家、学校的行政管理人员的通力配合,还需要学生的参与来共同完成。

（三）教学设计与教育技术

人们从各自不同的立场和背景出发，对教育技术的内涵、本质等一系列基本问题做出了多种不同的解释和分析。例如，有人认为"教育技术是教学工具和设备"；有人认为"教育技术是教育中的技术"；还有人认为"教育技术的最终目的是实现个别化教学"，等等。AECT 于 1994 年给教育技术下的定义，将教学设计作为教育技术工作的出发点，教育技术工作过程必须由教学设计给出正确的思路和工作方向，将教育技术工作注入教学的意义，使教师和学生按照教学规律的引领走向正道。因此，对学习过程和学习资源的设计是教育技术工作中首要的任务，它是决定教育技术工作成败的决定因素。有学者认为，教育技术最核心的内容就是教学设计的理论和方法，这么说也是恰如其分的，教学设计可以告诉人们如何做会取得好效果。如果没有教学设计的理论和方法，对教育教学而言，现代信息工具就会变为一堆毫无价值的东西。教学设计的理论和方法可以为教育技术的具体实践提供理论指导，也能够直接为教育技术的实践领域提供各种解决教学问题的具体方法和策略。

二、教学设计的基本模式

教学设计模式是在教学设计过程中逐渐抽象出来的一套程序化的步骤，教学设计的模式可以告诉人们教学设计的基本过程和步骤。教学设计模式与其他模式相同，都是对具体事物的抽象或者概括，从模式到师生的具体行为还存在着一定的距离，或者说，模式存在着明显的层次性特征。不同层次的模式解决不同的问题。目前在教育教学领域，教学设计模式的种类可以用百计，可以用千计，但是，最简单的教学设计模式一般包括学习者分析、教学目标确定、教学策略设计、教学内容分析和教学评价等五大部分。任何教学设计模式皆以这五个部分为出发点。目前出现了以"教"为主的教学设计、以"学"为主的教学设计、"主导—主体"教学设计以及活动教学设计的提法，实际上，它们都包含以上提及的五大部分，所产生的变化是由于对五大部分操作的不同造成的，最重要的不同是教学策略的不同。由于教学策略的不同而产生了具有各种不同特征的教学活动。我们认为，教学活动是教和学的双边活动，不能将学与教对立起来，分隔开来，不存在以"教"为主的教学，也不存在以"学"为主的教学，这种二元分立的认识方式并没有反映教学的基本特征。在教学实践中，存在的是讲解式教学或者产生式教学。教师在讲解式教学中的讲解，也只是教学活动中的一个要素，如果没有学生的理解和分析，也就不可能获得有效的教学。在产生式教学中，学生需要自主研究和开发学习内容，表面上看是学生在活动，而实际上，教师却在完成着很重要的教学工作，发挥着重要作用，因此，也不能说就是以学生为主。关于"主导—主体"教学设计，最重要的思路是在教学策略模块中，设置了两种取向的教学策略，一种是传递接受式教学策略，一种是发现式教学策略。由此可见，教学策略模块的变化，可以适应任何教学或学习设计需求。换句话说，如果要求变换教学过程、教学结构、教学环节，则首先应该变换教学策略。教学策略是教学设计技术之中最活跃、最核心的要素。在此，还需要指出，教学设计模式具有十分突出的"关联性"，教学设计模式之中的各项要素具有本质性联系，不能孤立地处理任何一个教学设计要素，必须将它们综合考虑，因为有些要素的工作是互相包含的，例如，教学目标分析、教学内容分析和学习者分析模块之中,都有确定起点行为的功能。也就是说,确定起点行为必须通盘考察这三个模块,并且在三个模块之中的任何一个模块之中工作,必须兼顾到其他两个模块的内容。教学设计的一般过程模式如图 7-3 所示:

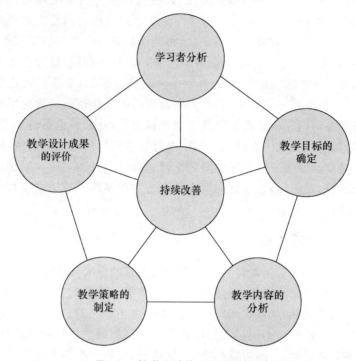

图 7-3 教学设计的一般过程模式

(一) 教学目标的确定

不论是对哪一类学科进行教学设计,也不管这类学科的内容、教学的方式、教学条件有多大的差异,必须清晰地阐明教学目标。有效的教学必须以决定适当的教学目标作为起始,有些教学目标是事先就被决定的,有些目标则是要由教师来决定。教学目标主要是说明学习者在完成一定阶段学习后所要达到的标准,学习者应该达到什么程度。在阐明目标的时候,既要说明教学所要传递的信息、解决的问题,也要阐明哪些目标是必须达到的,达到的程度怎样,采用什么样的方式来达到这样的目标以及怎样才能知道这些目标已经达到了。

教师制定教学目标时,可以使用已有的教学目标编写方法,如加涅和布卢姆的目标分类体系,马杰的目标编写方法等。还应该考虑维果斯基的最近发展区理论,教学目标的制定应该从学习者的实际情况出发,要稍高于学习者已有的水平但必须是通过努力可以达到的。同时应该考虑到教学目标是一个有着层次区分和领域划分的体系,应该把对学习者的要求转化为一系列的教学目标,并形成目标体系。教学目标制定好以后,就要编写目标测试题,来检验学习者是否达到了教学目标的要求,学习是否真正发生了。据此来决定下一步的教学行动或安排。

在这部分工作中,有一项任务是十分重要的。应该在此对学习需求进行细致的研究。这项工作在一般情况下,是由学校的上级机关根据社会的需求完成的。但是,学习需要分析作为一种教学设计的环节,也具有很强的层次性,在低层次的学习需求方面,作为一线教师,有必要学会这种需求分析的方法,在具体工作中思考这方面的问题,这样,对教学工作是大有益处的。学习需要是指学习者目前水平与期望学习者达到的水平之间的差距。学习需要分析是一个系统化的调查研究过程,教师的学习需要分析的主要任务是查找出教育教学问题、分析教育教学问题的根源、确定解决相应教育教学问题的限制性条件。这个过程的目的是要揭示学习需要从而发现问题,通过分析问题产生的原因确定问题的性质,并确定教学设计是否是解决这个问题的合适途径;同时它还分析现有资源及约束条件,以论证解决该问题的可行性。

(二)教学内容的分析

教学内容是指为了实现教学目标,要求学习者系统学习的知识、技能和行为经验的综合。为了保证学习目标的实现,要求教学必须具有正确的、合乎教学目的的内容。

教学内容分析是根据总的教学目标,规定学习内容的范围和深度,并揭示出学习内容中各个组成部分之间的关系,以实现教学效果的最优化。教学内容分析有一个十分重要的工作,就是要进行下位技能分析,直至达到学生的起点行为。确定了目标之后,必须对每一个步骤进行考察,来确定学习者在学习某一个内容之前应该具备的知识和技能,需要回答为了达到教学目标,学习者需要完成的主要任务是什么,应该一个一个地依次列举出来。迪克(Walter Dick)认为,应该持续地进行分析,直至列举的知识和技能属于学习者具备的最基础的知识和技能。另外,不能遗漏必要的知识和技能,也不能包含过多的知识和技能,否则会带来很多教学问题。我们认为,在确定教学内容时,应该考虑教学内容的重点和难点的问题,需要重点关注教学内容的重点和难点,在有限的时间内,解决核心问题,达到"纲举目张"的作用。还应该特别小心的是,不同的学生会具备不同的起点行为,应该满足大部分学生的需要,以大部分学生已具备的知识和技能为准。教学内容分析的方法主要有卡片分析方法、信息加工分析方法、归类分析方法、层级分析方法等。通过教学内容分析,可以确定学习内容的广度和深度,主要涉及"教什么"。

研究"教什么"的时候,首先面对的是知识分类问题。我们可以将人类知识划分为陈述性知识、程序性知识和策略性知识。陈述性知识是指个人具有的有关世界是什么的知识。程序性知识是指个人具有的有关怎么做的知识。策略性知识也是指回答怎么办的知识,它所处理的对象是个人自身的认知活动,是个体调控自己的认知活动的知识。还可以把知识划分为概念性知识、规则性知识和高级规则性知识。又可以把教学内容划分为认知领域的、心因动作技能领域的和态度情感领域的。这里需要指出的是,不能将知识与能力两个概念相混淆,对于不同的知识,应该使用不同的教学策略,因此将教学内容有效地进行分类是一项十分重要的工作。

(三)学习者分析

教学设计的目的是要更好地促进学习者的学习,而这项工作如果没有对学习者进行详细的分析,不了解学习者的情况,也不会产生很好的效果。因此,对学习者的分析是至关重要的,它为后续的教学设计提供依据。

对学习者的分析主要从两个方面来考虑：一方面是学习者已经掌握的知识，了解学习者已有的认知结构（即认知准备状态），掌握了学习者这方面的信息，教师就有办法使学习者运用已有的知识结构将新学的知识整合进自己的认知结构中去，而不至于无法理解新的学习内容。另一方面是学习者在认知风格、自我意识的倾向性等方面的差异。认知风格既包括个体知觉、记忆、思维等认知过程的差异，又包括个体对学习内容的态度、对学习的动机等人格形成和认知能力与认知功能方面的差异。自我意识的倾向性主要指学生个体人格方面的差异性，是由先天遗传与后天环境的双重影响作用决定的。每一位学生都会存在不同的学习需要，也会以不同的方法进行学习。对学习者进行分析的具体方法可以是访谈、问卷调查和测验等。熟悉学生以往的记录，并研究学生的测验成绩，是很好的方法。

（四）教学策略的制定

教学策略的制定是根据一定的教学目标、教学内容、教学对象以及各种外部的条件，恰当地选择教学顺序、教学方法和教学媒体等，以优化教学过程。关键是解决"如何教"的问题，制定教学策略需要思考的问题很多，教师需要决定是采取讲解式教学还是活动式教学，是归纳法教学还是演绎法教学，是"传递—接受"式教学还是"发现"式教学，是使学生进行接受学习、自主学习还是协作学习。还要思考为学生创设什么样的学习情境；针对各种教学情况，如何有效地利用教学媒体；如何为学生设计与提供信息资源；如何安排学生的空间和时间要素；如何控制面部表情、目光以及言语的腔调、响度和音质；如何安排教学各个阶段的工作——导入、展开和总结；如何安排课堂教学节奏的变化，包括课堂密度、课堂速度、课堂难度、课堂重点度、课堂强度、课堂激情度等问题。

目前，教学策略多如牛毛，极难穷尽。如何面对这种鱼目混杂的局面？作为教育技术专业的学习者和研究者，应该采用回到经典的策略学习和研究教学策略。应该充分关注教学策略和方法方面的经典之作、经典学说，诸如赫尔巴特（Johann Herbart）、杜威（John Dewey）、凯洛夫（Ivan Kairov）、中国清儒之学等这些久经考验的理论和方法，将这些内容作为教育技术学发展的理论基础，站在这些巨人的肩膀上努力攀登，承前启后，开创新领域。

实际上，在教学策略的背后，存在着更深层次的思想观念的指导，也存在着不同观点的长期争论。现代问题解决式学习的思想根源是出于杜威的"实证主义"，杜威教授告诉了人们如何思想，如何解决问题。学生进行问题解决式的学习，最重要的环节就是建立假设，验证假设，得出结论。这种策略是从他的"经验"概念之中演绎而来的，他强调经验在学习中的巨大作用，因此，人们在实践中首先要遇见问题。杜威认为系统的问题解决的思想过程需要经历五个阶段：第一是困惑阶段，导致问题解决者认真思考问题；第二是确定困惑是在何处；第三是提出解决问题的一些假设，这是问题解决学习的核心；第四个阶段是问题解决者从各种解决方法之中选择适合于解决问题的假设；第五个阶段就是求证，把选择出来的假设证明出来。这种解决问题的策略，充分表现出科学实验的精神，由此可见，杜威的问题解决策略是以他的实证主义哲学思想为基础的，他特别重视人的思想发展过程和科学实验的步骤，认为人类凭借思想预订行为的目的，选择适当的手段，求得目的的实现。杜威认为，人类根据目的而行动，是一种智慧的行为。

问题解决学习的另一种策略,可以从清儒考据之学之中获得启发。清华大学梁启超教授介绍过清儒之学:"纯用归纳法,纯用科学精神。第一步,必先留心观察事物,觑出某点某点有应注意之价值;第二步,即注意于一事项,则凡与此事项同类者或相关系者,皆罗列比较以研究之;第三步,比较研究的结果,立出自己一种意见;第四步,根据此意见,更从正面反面博取证据,证据备则泐为定说,遇有力之反证则弃。凡今世一切科学之成立,皆循此步骤,而清考据家之每立一说,亦必循此步骤也。"

以上提及的两种问题解决教学的策略,既有共同之处,又有一定的区别。杜威的五步法重假设,重演绎,但并不排斥归纳,而清儒的四步法,重证据,但也包含假设的成分。二者都蕴涵了科学研究的精神和科学研究的方法,这是问题解决学习最重要的内容。清儒学者常用归纳法,从下往上做起,广泛收集个别事例,然后排列分析得出结论,经历的是从个别到一般的过程。而杜威主要是从上往下做,先提出一个假设,此假设可能是对的,也可能是错的,须通过事实来证明。现在的问题解决学习、研究性学习、发现学习、基于任务的学习等的基本策略和方法是这两种思路的延长线。

德国学者赫尔巴特和他的学生戚勒(Tuiskon Ziller),以及戚勒的学生莱恩(Wilhelm Rein)通过不断的努力和修正,最终提出了五段教学法。这种方法的提出,与赫尔巴特的哲学思想密切相关。他主张心理状态说,而反对心灵实体的理论。他认为心灵不是实体,没有生下来就存在的心理功能,心灵的作用是思想,思想连绵不绝,构成意识之流。他认为原始的心灵一无所有,只是接受外界印象的受容器。心灵作用首先靠与外界接触,尔后产生种种统觉。心灵感知外物,而产生表象,表象就是观念,相类似的观念可以联合在一起,构成统觉团(Apperception masses)。统觉作用是以旧经验为吸收新知识的基础。一种新观念的体会必须用已有的其他观念来解释。所以,教师不但要利用学生的旧观念以吸收新教材,同时应该使新旧观念类化的结果,经过推理过程,获得有系统的统觉团。这种统觉的理论就是五段教学法的哲学基础。五段教学法的程序是预备、提示、比较、总括、应用。其中,预备是教学时引起学生动机的阶段,提示是新教材的呈现,比较是已有经验与新经验的比较,总括是新旧经验的结合,而构成观念的统觉团,因而组成有体系的知识,应用是将习得的知识使用于对问题的解决之中。这是一个典型的讲解式教学策略的思路,在实际教学之中很有用处。

苏联教育家凯洛夫,深受欧洲大陆学派的影响,他强调上课是教学的基本组织形式,充分肯定教师在教育和教学中的主导作用,并强调教科书是学生获取知识的主要来源之一。他主编的教科书《教育学》是马克思主义教育理论体系的第一部比较系统的著作,20世纪50年代在中国教育界广为流传,特别是他的教学策略模式,在中国产生过较大的影响。他的六段教学法的具体步骤是:组织教学、检查作业、引入新课题、讲授新教材、巩固复习、布置作业。被引入中国之后,被我们加工为五个步骤:组织教学、复习旧课、讲授新课、复习巩固、布置作业。这些教学的基本要素,已经变为我国中小学课堂教学的基本内容而时常表现出来。

制定教学策略时,我们还要考虑学生学习的效果。可以参照学习金字塔(Learning Pyramid)理论考虑教学策略的制定。学习金字塔是美国缅因州的国家训练实验室研究成果,它用数字形式形象显示了:采用不同的学习方式,学习者在两周以后还能记住内容

(平均学习保持率)的多少。如图7-4所示。

图7-4 学习金字塔

资料来源:国家训练实验室 美国缅因州(National Training Laboratonies)

在塔尖,第一种学习方式——"听讲",也就是老师讲,学生听,这种我们最熟悉最常用的方式,学习效果却是最低的,两周以后学习的内容只能留下5%;第二种,通过"阅读"方式学到的内容,可以保留10%;第三种,用"声音、图片"的方式学习,留存率可以达到20%;第四种,"示范",采用这种学习方式,可以记住30%;第五种,"小组讨论",可以记住50%的内容;第六种,"做中学"或"实际演练",可以达到75%;最后一种在金字塔基座位置的学习方式,是"教给别人""或者"马上应用",可以记住90%的学习内容。学习金字塔理论表明,学习效果在30%以下的几种传统方式,都是个人学习或被动学习;而学习效果在50%以上的,都是团队学习、主动学习和参与式学习。这为教师选择和制定教学策略提供了一定的参考。

关于影响教学策略的因素,以往我们忽视了一个重要的方面,那就是民族之间的差异。杨振宁教授并不是教育学家,但是他比较了中西方文化的差异,指出了在教学方法方面双方存在的不同之点,对我们研究教学策略具有深刻的、积极的指导意义。中国传统的学习方法是按部就班的学法,这种教法是一步步地教,一步步地学。这样训练出来的孩子可以学到许多东西,但中国学生一般胆子小,不敢走新的方向。与受到古训"知之为知之,不知为不知,是知也"的影响有很大的关系,他们往往怕出错,怕显得无知,怕在人面前出乖露丑,这种观念很小的时候就被灌输进去了,儿童还在没上学以前就有了。美国的学习方法可以称为渗透式的学法,着重广泛的知识,不着重一步一步和系统的教授法。这样培养出来的学生胆子比较大,不怕新的东西。看了一些新东西不太懂,但多看几次以后,就会不知不觉地吸收进去。渗透式的学习就是在你还不太懂的时候,在好像乱七八糟的状态下,你就学习到了很多的东西。美国的学生常常是在这样乱七八糟之中把知识学了进去,你只要稍微与他们交谈一下就会发现,很多优秀的学生,其知识体系中的漏洞是非常多的,而且正确和谬误常常纠缠在一起,美国的学生在学习中注重发展学科中的合理内核,把学科中的价值观念发展出来,他们热衷于辩论,使自己混乱的知识体系迅速地在辩论中剔除糟粕和谬误,从而获得迅速的进步。这种学习主要强调学生的自主性,要求教师重视对学生活动行为的设计,以及自主学习策略的开发。

杨振宁教授说:"假如我对一组美国学生谈话,我就会讲你们应该多学习一些按部就班的学习方法。可是,对中国的学生,我就建议不要怕不按部就班的学法,不要怕渗透式的学法。因为很多东西,经过一段长时期的接触,就自己也不知道什么时候已经懂了。这个学习方法是很重要的。"由此可见,不论是哪个国家的学生都应该认真掌握以上提及的两种学习方法,既要去走被别人指出来的路,又要自己去找路。在教学策略的制定和设计方面,需要从这两个方面考虑,不能一味认可一种方法,而忽视另一种方法。这里应该采用辩证思维的方法论,实现两者的辩证统一。

教学策略的制定需要考虑如下一些基本原则:

(1) 教学策略不仅应该保证学生在新的学习中有可能成功,而且还应该使学生的学习在时间和精力的消耗上趋于合理。

(2) 教学策略的制定应该考虑学习者的认知风格,个性差异,充分尊重每一位学习者,以学习者的实际提高为目标。

(3) 教学策略的制定应该调动学习者的学习动机,激发学习者学习的动力和意向。

(4) 制定教学策略时把教学内容按照逻辑层次和心理程序组织起来,慎重地安排教材的呈示序列,学生就能循序渐进地理解知识并长久地记住知识。

(5) 制定教学策略时应该具体问题具体分析,不存在任何时候、任何情况都适用的教学策略。

(五) 教学设计成果的评价

经过前面的工作,已经形成了教学方案,并进行了实施,实施的效果到底如何,还需要对教学设计成果进行评价。主要运用形成性评价和总结性评价的方法。形成性评价是在实施方案的过程中进行的一系列评价,目的是将教学实施过程中出现的情况及时反馈给教师,使教师根据需要不断调整自己的教学,以适应新的情况。总结性评价是在教学实施结束时进行的评价,它旨在考察本次方案运行情况,总结成绩与不足,给下一次设计提供指导。教学设计成果的评价,应该关注多种内容,不仅应该对教师的教学行为进行评价,还应该对学生的学习活动进行评价,不仅要评价讲解式教学,也应该评价发现式教学。

在这个环节中,以往比较忽视一个重要工作,我们叫它"再设计",英语是"Re-Design"。教师一般完成了一个教学设计之后,就会置之不理,或者不再继续深入地挖掘和研究。教学的再设计是指经过一个教学设计周期,实地实施了这个教学方案,评价实施效果之后,再一次针对这个教学进行教学设计。也就是针对一个教学内容进行再次设计研究,有必要的话可以进行多次设计。再设计的内在追求在于回到原点,重新审视业已存在的设计成果,在一点上做深入挖掘,前后进行比对研究,这样做可以获得意想不到的好效果,可以深化教学设计成果,教师的教学水平和多方面能力可以得到很大提高,教学设计方案和教学实际活动也会得到巨大的改善。试想,在一节课的教学上反复钻研和推敲,是否可以提炼出精髓,是否可以做得更好。在此我们强调的是从无到有地设计出新教学方案,当然是创造性行为,但是,将已知的事物陌生化,更是一种了不起的创造。

关于教学设计的工作开端问题,有人将学习目标的阐明放在学习者分析之后,也有人将学习目标阐明放在学习者分析之前,这些设计想法的不同正是反映了教学设计工作的复杂性和灵活性。教学设计人员需要根据实际情况做出合理的判断。但是,有一点是十分明确的,任何有意识的人类行为都应该是有一定顺序的,不是任意从何处开始都可以的。在一般情况下,从目标确定开始是比较合理有效的。1999年,美国课程与教学领域的专家Grant Wiggins 和 Jay McTighe 提出"逆向教学设计"的概念,指的是"从终点——学习结果(目标)开始,根据目标确定所要求的学习证据(或表现),然后设计安排学习和教学活动"。他们提出这一概念的前提是认为传统的教学设计"主要体现为对教材的解读,重在完成既定的教学内容,即把教学本身当目的,而不是达到目标的手段"。他们所说的这种情况对传统教学设计有一定的曲解。教学设计自诞生之日起,就考虑到了教学目标,就是根据教学目标设计教学活动、解读教材、完成教学内容、进行教学评价的。Ralph Tyler 早在1949年就曾有过类似的清晰表述:"教育目标是教学设计的标准与出发点。通过它,教学材料得以选择,教学内容得以成形,学习指导过程得以发展,评价工作得以准备……教育目标陈述的目的在于确定学生身上将要发生的变化,以此来设计各种活动并使之指向既定的目标。"应该说,无论哪种教学设计,在教学活动安排之前都应该考虑到教学目标,且教学过程中的一切活动和行为都应该围绕着教学目标进行。

在运用教学设计一般模式的时候,应该充分发挥教师的主导作用。讲解式教学同样可以培养学生的探究性和主动性精神,可以为学生提供各种学习环境,可以培养学生的问题解决能力、创新能力,完全可以使学生进行积极主动的学习,积极促进学生主体地位的体现。不是讲解式教学模式有问题,而是运用讲解式教学的人出了问题,不能因为没有用好,而迁怒讲解式教学模式,讲解式教学不能与被动学习、无创造性学习和灌输式学习画等号。运用教学设计一般模式,也要注意设计学生问题解决学习的活动。在此需要指出的是,运用问题解决式学习、研究性学习、基于任务的学习等模式,不能自动地发挥学生的主体性,不能自动地培养学生的创造性能力、问题解决的能力,也不能自动地为学生提供合理有效的学习环境。在此,特别需要教师的指引和有效设计。

三、教学设计的应用研究

教学设计的应用研究是学科生存和发展的命脉,没有应用研究,理论和实践就不能结合,就没有发展的目标,就没有检验和实证的机会,就没有理论创新的源泉,也就没有了生命力。将理论用于实践,解决现实中的各种问题,首先要找到适当的应用领域。经过我们多年的实践研究,发现教学设计学在解决实际的教学问题过程中具有很大的不可替代性,其应用领域是十分宽广的,能够解决的教学和学习问题也是多种多样的。教学设计学的研究对象,主要应该从实践中产生,面对鲜活的教学实践,教学设计理论和方法可以适用于各种教学系统,也适用于各个教学要素。归纳起来主要包括信息化教学设计、活动教学设计、学科教学设计、学习环境设计、学习方式的设计、课程开发设计、远程教育的教学设计等多个方面。

(一) 信息化教学设计

信息化教学设计是充分利用信息技术和资源,有效安排教学系统的各个环节和要素,为学习者提供良好的信息化学习条件,实现教学过程最优化的系统方法。信息化教学设计是目前信息技术对教学活动产生深刻影响的产物,其目的在于更有效地处理好教学过程之中的新要素——信息技术对教学的影响问题。信息化教学设计充分利用信息技术手段,使学生进行基于资源、基于合作、基于研究和基于问题等方面的学习,使学习者在意义丰富的情境中主动建构知识。信息化教学设计应该分析原有教学系统、学习情境创设、学习资源的准备、合理策略的设计以及信息化教学的评价。目前重视信息化教学设计的思路是十分重要的,但那种试图使用信息化教学设计的研究代替教学设计研究的观点是不可取的。在教学设计学的学科体系和理论框架之下进行研究,对教学设计的学科体系和理论框架的研究,即教学设计的本体论研究,以及将教学设计作为技术学层面的理论工具的研究,是教学设计学科发展的基础。因此,教学设计研究也是信息化教学设计研究的基础,教学设计研究和信息化教学设计研究的研究对象和研究意义不尽相同,信息化教学设计只是教学设计研究的一个具体领域。教学设计作为教育技术学科领域中最为重要的技术和理论,具有不可动摇的核心地位,是一切其他教育技术理论和实践的基础,必须着重加以研究。

(二) 活动教学设计

活动理论是研究在特定文化历史背景下人的行为活动的理论。它的基本思想是:人类行为活动是人与形成社会和物理环境的事物以及社会和物理环境所造就的事物之间的双向交互过程。人的意识与行为是辩证的统一体。也就是说,人的心理发展与人的外部行为活动是辩证统一的。另外,教育本身实际就是人类的一种活动,在现实生活中,教育是以活动的形态存在。实际上,设计教和学的活动是教学设计研究的一个重要内容,从活动的角度出发设计教学过程是我们应该认真研究的问题。在学习建构主义理论的过程中,存在这样那样的问题,其中一个重要问题就是忽视了对社会建构主义理论的吸收。建构主义可以分为个人建构主义和社会建构主义两大范畴。个人建构主义基于的是强调经验世界中的个人建构的心理学,主要受皮亚杰的认知发展理论的影响。而社会建构主义则认为知识并不只是存在于个人的头脑之中,而是广泛地分散于其他人以及各种媒体等人工物上,以这样的形式为基础,互相促进,社会性地建构有意义的、有现实性的、适当的知识。人们需要通过活动使学习的各个要素建立有机联系,从中学习知识,增长能力。可以说,"人的活动是社会及其全部价值存在与发展的本原,是人的生命以及人作为个体的发展与形成的源泉。教育学离开了活动问题就不可能解决任何一项教育、教学、发展的任务"。目前我国教育技术界也已经开始探索以活动理论作为理论基础来设计和开发基于网络的学习系统。活动教学设计也是教学设计学的一个实际研究领域。

(三) 学科教学设计

教学设计的理论和方法的归宿是各个学科,教学设计的理论和方法最终一定是会作用到具体学科之中去的,否则,教学设计学就会变为空中楼阁,孤芳自赏,无用武之地。

重视与学科的联系,也就是重视教学设计的应用研究。把教学设计的理论、方法研究仅仅看做是一般性理论研究而与具体学科无关的想法是片面的,在理论意义上,教学设计可以有效支持任何学科的教学和学习,因为它属于方法学和技术学层面的学科,具有良好的指导性、适应性和可操作性。但是,每门具体学科却都有自己的特殊性,必然要求教学设计应该具有多样性、灵活性和针对性,因此应该注重学科教学设计的研究。况且,教学设计的基本理论和方法的发展根本就无法离开具体学科的理论与实践。需要强调的是教学设计的理论和方法原本就应该为全体教师所掌握,而不是少数人的专利。

(四) 网络化教学设计

基于网络的教学已经成为现代教育范畴中不可缺少的部分,将网络教学和学习活动作为教学设计的应用对象已经是不可回避的当务之急。有学者认为,学习发生和维持的充分条件由以下几方面构成:学习者自身的学习准备,有效的学习动力维持系统,有效的学习外部行为和活动系统,有效的学习环境,有效的信息传递。杨开诚教授认为,在教育领域中,网络技术并没有生成划时代的新观念,确切地说,网络技术使原先的一些先进的、前卫的教育教学观念的实现成为可能,使先进教学设计理论的接受和应用成为可能。因此,网络时代教育技术学和教学设计学的基本框架不会有太大的变化,只是具体的、微观的研究问题会有所不同。这个认识是十分冷静和客观的。

设计有效教学所涉及的要素也许还远不止以上提到的要素,各要素的综合作用确实是决定学习和教学效果的关键,而作为工具存在的网络技术的确并不能对学习和教学效果起到决定作用。然而,网络技术作为工具的性质也的确与以往技术的工具性质有很大的不同。它能帮助人类提高和修正思想,并创造了人类的一种实践方式,使得"人创造环境和环境创造人"合二为一;它提醒我们应该对网络技术进行深刻的理解与反思,进而设计出更加有效的网络化学习和教学。

(五) 可视化教学设计

对一个复杂的教学内容,可以使用图解的方法描述各个要素的关系,所有的教学设计环节,都可以使用图解的方法进行教学设计工作。通过画图、找关系图解教学,是符合教学设计过程与结果特点的一种视觉表征方法,和现代文字表述不同的是,图示(或者图解),是一种可视化表征的方式。简单地说,可视化就是利用图示的方法对事物进行视觉加工处理的过程。可视化教学设计就是依据人的大脑思维模式,通过对复杂的教学设计要素进行逻辑分析,并将其过程与结果以直观的视觉形式表示出来。这一分析过程遵循了图示的原则、简化的原则和再加工的原则,实现了文字内容或人的复杂思维过程的直观、简洁、序列和类别化处理。那么,可视化教学设计就是运用一切可能的图示方法对教学设计的所有环节进行分析处理,形成教学的实施方案。可视化教学设计有三个主要特征:其一,它就是通过画图找逻辑关系,更多的体现了直觉分析的方法;其二,它可以简化设计结果表述的方式;其三,它是一种深层次加工处理教学信息的过程,是对简单的文字描述的提炼和概括,更有利于指导教学方案的执行。因此,进行可视化教学设计,要求教师要有意识地培养和发展良好的图解力。

可视化教学设计的意义主要表现在:第一,图解知识有利于教师学习共同体开展集体备课。为了提高教学质量,建立教师学习共同体,鼓励教师集体备课,画图是一种很好的交流工具。图示的结果不但可以帮助上课教师阐明、解释自己的想法,而且有助于其他教师了解上课教师的基本思路。第二,图形内容就是学科的基本结构,有利于学习者学习。学科有其逻辑性,倘若学习者理解了学科,就会发现,学科有一些关键特征,这些特征将有助于学习者熟练地掌握该学科。图形内容就是学科的基本结构,有利于学习者学习。因为学科知识结构之间存在着某种基本逻辑,学生在理解该逻辑之后再学习细节部分就相对比较容易,有助于学习者熟练地掌握该学科。第三,画图可以简化教师的备课形式,引导教师关注学生和学习过程。教学设计是一个问题解决的过程,而画图是一种很有效的思维工具,它可以帮助设计者进行创造性思维。通过画图,设计者能够分清主次,更快而且更清楚地看出一些主要思想如何彼此关联,形成组织思想并加以深化提炼的能力。第四,问题解决需要手脑并用,画图是个体全身心参与的实践过程。人类的思考、学习、问题解决不是仅仅内在于人类头脑的过程,是需要借助于模型或者图形的,也需要人与人的交流等。可视化教学设计实现了手脑并用,实现了图形的空间组合,使教师全身心参与到积极的实践中,更有利于教学问题的解决。第五,图表使结果表述更加形象直观,易于理解,从而加深学习印象。思维导图、概念图和思维地图等画图工具,它们有一个共同的特点就是将文本形象化、时空层次化、信息秩序化,通过对图像、文字、符号、色彩等视觉元素的综合运用来处理一些单靠文本或数据很难解释的信息间的相对关系,并试图通过视觉语言提高信息传达的感染力、丰富性及交流的效率。

其实,教学设计研究伊始,就有可视化的尝试和不同程度的发展,只是没有系统性地开展可视化教学设计应用研究。例如,教学内容的层级分析、教学过程的程序流程图、教学决策的头脑风暴过程都是可视化的尝试,像这样的图形会有许许多多。可视化教学设计研究不是穷尽这些图形,而是找出一些画图的基本规律,而可视化教学设计应用,则在于用这些规律去指导实际的教学设计分析。图形是一个工具,在目标分析、内容分析、学习者分析、策略分析、评价分析的画图方法应该是不一样的,在这方面有必要形成一些基本"规则",这也是可视化教学设计研究工作的任务。

(六) 教学设计与企业培训的结合

企业培训的理念、策略,特别是实效性,丝毫不逊色于教师培训,甚至大都高出一筹。对绩效技术的研究应该是教学设计的一个十分重要的、具有发展前景的学术生长点。绩效技术实质上是一种用于改进人的绩效水平的多学科的技术方法。"绩效"一词是英语 performance 的汉译,它是指有目的、有计划的行为倾向和结果,是企业组织所期望的、符合总目标的业绩。企业绩效技术中的技术是指应用科学的理论与方法,来解决如何提高企业组织中各级人员工作成效的实用技术,它也是一种运用系统方法的过程,与教学设计有很多相同之处。谈到教学设计与绩效技术的关系,可以说,是先有了绩效技术才有了学校的教学设计理论,而不是相反。

教学设计理论在我国的有效运用一直是我们追求的目标之一。教学设计能够在企业中充分发挥作用,也将是教学系统设计的现代化前景之一。面向企业培训,可以使我们有一个新的视角来认识、分析和发展教学设计,特别是可以获得新的研究方法和研究课题。但就目前的状况来看,我国大部分企业的绩效概念体系还没有真正建立起来,理论研究远远落后于企业的实践和需求。因此,今后应该做的事情还很多。

　　这里需要强调的是"绩效"这个概念并不是企业培训独有的。黎加厚博士认为,以往我们对这个问题存有误解。实际上,在人类的教学和学习过程中同样存在绩效问题,同样应该不断提高教师和学生行为的绩效。追求教学和学习绩效的最优化应该是教育技术学的重要目标之一。

(七) 教学设计自动化

　　自从人类拥有了计算机工具之后,人们一天都没有停止过向计算机工具提出更高要求的活动。随着信息技术日益猖炽,人们从信息技术那里沾溉甚多。于是,人们更加希望信息技术能够为人类作出更大的贡献。教学设计自动化的问题自然也就成为一个现代教学的话题之一,能否使用信息技术增加教学设计系统的技术含量,如果使用计算机帮助教师设计教学方案,那将是一番何等景象。因此,人们开始关注通过计算机辅助教学设计(CAID)和教学系统设计自动化(AID)把教学设计的研究推向深入。

　　目前,在教学实践中使用比较多的是CAID,其大多是在多媒体写作工具或写作系统的基础上扩充部分教学系统设计的功能(如提供教学策略、教学系统设计实例、各种教学资源、教学系统设计模板的支持),或是将备课系统与教学资源库有机地整合到一起,这类系统能够部分取代教学设计人员的工作。从目前的技术水平和我们应该遵循的教学规律而言,将重点放在CAID的开发上是比较明智的选择。而开发所谓的能完全取代教学设计人员工作的教学设计系统,却是一条歧途,作用是事倍功半,甚至会出现谬误。如果上升到理论层面来认识这个问题,可以归结为人与技术的关系以及教育教学的本质等问题。应该认真研究人应该做什么,机器又应该做什么,什么可以自动化,而什么不可以自动化等问题。一般观点认为,人与技术的合作是由于人类机体和本能缺陷造成的,人类长期以来试图将自己的行为客体化或追求劳动的省力化,客体化了自己的行为,解除了日常繁琐的事物,便产生了人类工具。这个创生过程可以分为三个阶段:首先是"工具阶段",即劳动所需要的能量和智力都有赖于主体;其次是"机器阶段",即物理能量被技术手段客体化;第三是"自动化阶段",即技术手段使得主体无需进行智力投入。从工具阶段向自动化阶段发展似乎是一个不可逆转的历史必然。在自动化阶段中,工具可以达到在方法上的尽善尽美。其结果是从对各个器官的取代到对整个有机物的取代,以无机取代有机,能量消耗原来是以有机的形式实现的,现在则被无生命的物质取而代之。自动化对教育教学而言会导致什么?无机控制有机的结果是什么?人类的教育教学是最高级生命的运动,是鲜活的有机体活动,无节制的自动化则会使教育教学活动距离人的本源越来越远,还会使人丧失部分功能,而这部分功能也许正是教学所必需的。

(八) 学习环境设计

　　学习环境是学习资源和人际关系的组合。学习资源是指在学习过程中可被学习者利用的一切要素。学习资源包括学习材料(即信息)、帮助学习者学习的认知工具(获取、加工、保存信息的工具)、学习空间(如教室或虚拟网上学校)等。从广义看,人际关系是指人与人之间的关系,包括社会中所有的人与人之间的关系,以及人与人之间关系的一切方面。从狭义看,人际关系是人与人之间通过交往与相互作用而形成的直接的心理关系。具体到教学中,人际关系包括学生之间的人际交往、师生间的人际关系、教师之间的关系和师生与社会人员的关系。

学习环境是学习者学习行为的容器,也就是说,我们希望学习者能产生什么样的学习行为,得到什么样的学习成果,都是在一定的学习环境中考虑的。学习环境是对学习行为的支持。分析学习环境的任务是指根据学习行为的需要确定提供哪些学习资源,维护和提供哪种人际关系。为了最大限度地支持学生的学习活动,学习环境要提供学生容易获取容易使用的认知工具、简单易行的人际交往规则、明确的行为规范、公平的劳动分工等。教师通过人际交往来影响和引导学生管理自己的学习活动,教师不仅是个体学习的辅导者,而且还是群体(小组的或协作的)学习的组织者、参与者。

学习活动建议

> 本章的内容主要阐述教育技术学的两个基本理论,即媒体理论与教学设计理论。在这一章中建议教师可组织如下活动(可选):
> ● 活动一:根据学生对各类教学媒体的已有了解,在小组内进行头脑风暴,总结各类教学媒体的特点、应用范围、应用实例等。
> ● 活动二:给出具体的教学内容案例,让学生分小组讨论并阐述媒体运用的设想。
> ● 活动三:让学生课后收集我国教学设计实践中常用的教学设计模式,并分析其应用层次和范围。
> ● 活动四:让学生阅读有关教学设计发展趋势的文献,用概念图画出文献中的主要观点并说出自己的观点。
> ● 活动五:让学生自选教学设计的应用研究领域,做深入文献调研,了解教学设计在实践中的应用。

学习评价

学习完本章内容后,请思考下列问题:

1. 随着科学技术的发展,会不断有更新、更先进的教学媒体出现,原有的教学媒体会不断地消亡吗?为什么?
2. 多种教学媒体在学校教学中的应用,可以提高教学效率。那么在教学中是否使用的教学媒体越多,教学效率就越高?为什么?
3. 简述教学媒体发展的历史,并阐明其发展趋势。
4. 阐述选择、运用各种教学媒体的原则与方法。
5. 阐述教学设计与教育技术的关系。
6. 你认为学习者的哪些特征对教学设计比较重要?如何获取学习者特征的相关信息?
7. 思考教学设计的模式在实践中的指导意义。
8. 说明三类教学设计模式的主要的相同点及不同点。

第四篇

教育技术学实践领域与研究方法

第八章 教育技术学实践领域

学习目标

1. 了解教育信息化的产生和发展历史;
2. 理解我国信息化发展的现状和战略;
3. 了解我国高等教育信息化的发展背景、现状和措施;
4. 了解信息技术与课程整合的含义;
5. 理解四种信息技术与课程整合的整合观;
6. 理解信息技术与课程整合的基本原则;
7. 了解几种常见的信息化学习方式的含义和特点;
8. 掌握远程教育的四个发展阶段;
9. 了解远程教育的几种基本形式;
10. 掌握基于网络的远程教育的功能、特点和形式;
11. 了解教育技术的各个新领域的含义和意义。

知识概览

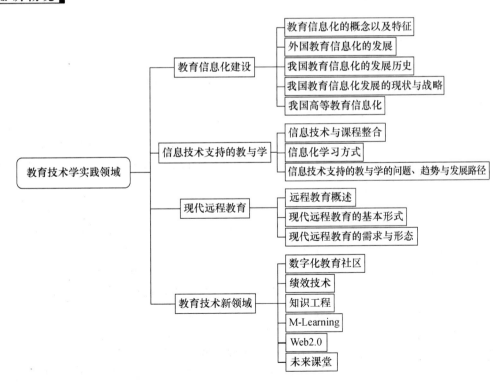

本章导学

学生在学习本章时,不要强记各种概念和原则,而应该主动地思考各种说法的合理性和不足之处,形成自己的认识。另外,作为介绍性质的一章,我们不可能将所有的教育技术实践领域的内容全部详细地列出,读者可以在阅读本章之后,就感兴趣的主题在网上或图书馆查找相关资料作详细了解。

第一节 教育信息化建设

随着信息技术的飞速发展,全球经济一体化步伐的加快,信息化水平已成为衡量一个国家和地区的国际竞争力、现代化程度、综合国力和经济成长能力的重要标志。社会发展对信息化的需求也日趋强烈。世界各国对信息化的发展已给予了前所未有的重视和关注。

在全面建设小康社会的工作中,我国政府高度重视信息化发展与建设,互联网络发展迅速,这一切均为教育信息化发展奠定了基础。教育信息化是国民经济和社会信息化的重要组成部分,是构建现代国民教育体系,形成全民学习、终身学习的学习型社会的内在要求。以教育信息化为龙头,带动教育现代化,实现教育的全面发展已成为我国教育事业发展的战略选择。教育信息化对于转变教育思想和观念,深化教育改革,提高教育质量和效益,培养创新人才具有深远意义。

一、教育信息化的概念以及特征

(一) 什么是教育信息化

教育信息化的概念是在20世纪90年代伴随着信息高速公路的兴建而提出来的。美国克林顿政府于1993年9月正式提出建设"国家信息基础设施"(National Information-tion Infrastructure,简称NII),俗称"信息高速公路"(Information Superhighway)计划,其核心是发展以Internet为核心的综合化信息服务体系和推进信息技术(Information Technology,简称IT)在社会各领域的广泛应用,特别是把IT在教育中的应用作为实施面向21世纪教育改革的重要途径。美国的这一举动引起世界各国的积极反应,许多国家的政府相继制订了推进本国教育信息化的计划。

祝智庭教授认为,"信息化"这一概念基本上是东方语言思维的产物,西方国家的文献中极少使用"信息化"的说法,而在许多东方国家,包括中国、日本、韩国、俄罗斯等,则大量使用"信息化"的概念,并且出现了三种不同的英译法:Informatization,Informationalization 和 Informationization。其中 Informatization 是比较受国际公认的"信息化"译名。西方人似乎不喜欢像"教育信息化"或"信息化教育"之类高度概括的概念,他们用了许多不同的名称,例如 IT in education(教育中的信息技术),e-Education(电子化教育),Network-Based Education(基于网络的教育),Online Education(在线教育),Cyber Education("赛博"教育),Virtual Education(虚拟教育)等。其中 IT in education 语义范围与教育信息化相近,e-Education 与信息化教育的意义相近,而其他4个名词主要与网络化教育相关,代表着当今信息化教育实践的主流。

因此,教育信息化是指在教育过程中比较全面地运用以计算机多媒体和网络通信为基础的现代化信息技术,促进教育的全面改革,使之适应于正在到来的信息化社会对于教育发展的新要求。

(二) 教育信息化的特征

教育信息化的基本特征是什么?祝智庭教授认为,可以从技术层面和教育层面加以考察。从技术上看,教育信息化的基本特点是数字化、网络化、智能化和多媒化。

数字化:从广义上讲,信息技术古而有之,但我们现在所说的信息技术,主要是指以计算机为基础的数字化技术。数字化使得教育技术系统的设备简单、性能可靠和标准统一。

网络化:当今的数字化信息网络做到了"天网"(如数字卫星通信系统、移动数字通信系统)和"地网"(目前以因特网为主)合一。网络化的优点是资源共享、时空不限、多向互动和便于合作。

智能化:人工智能将成为信息化教学系统的核心技术,智能化将使得系统能够做到教学行为人性化、人机通信自然化、繁杂任务代理化。

多媒化:以计算机为基础的多媒体技术使得信息媒体设备一体化、信息表征多元化、真实现象虚拟化。

这里需要特别提示读者注意的是,教育信息化与信息化教育的区别。可以把教育信息化看做是一个追求信息化教育的过程。教育信息化比较注重教学环境的建设,为教学提供信息化的物质保证,而信息化教育则比较侧重于对教育教学的研究和支持,重点关注如何将信息技术有效地运用于教育教学之中。信息化教育具有以下显著特点:

(1) 教材多媒化。就是利用多媒体,特别是超媒体技术,建立教学内容的结构化、动态化、形象化表示。已经有越来越多的教材和工具书变成多媒体化,它们不但包含文字和图形,还能呈现声音、动画、录像以及模拟的三维景象。

(2) 资源全球化。利用网络,特别是Internet,可以使全世界的教育资源连成一个信息海洋,供广大教育用户共享。网上的教育资源有许多类型,包括教育网站、电子书刊、虚拟图书馆、虚拟软件库、新闻组等。

(3) 教学个性化。利用人工智能技术构建的智能导师系统能够根据学生的不同个性特点和需求进行教学和提供帮助。为了做到这一点,学生个性的测定,特别是认知方式的检测,将成为教育研究的重要课题。

(4) 学习自主化。由于以学生为主体的教育思想日益得到认同,利用信息技术支持自主学习成为学习方式发展的必然趋势。事实上,超文本/超媒体之类的电子教材已经为自主学习提供了极其便利的条件。

(5) 任务合作化。要求学生通过合作方式完成学习任务也是当前国际教育的发展方向。信息技术在支持合作学习方面可以起重要作用,其形式包括通过计算机合作(网上合作学习),在计算机前合作(如小组作业),与计算机合作(计算机扮演学生同伴角色)。

(6) 环境虚拟化。教育环境虚拟化意味着教学活动可以在很大程度上脱离物理空间时间的限制,这是电子网络化教育的重要特征。现在已经涌现出一系列虚拟化的教育环境,包括虚拟教室、虚拟实验室、虚拟校园、虚拟学社、虚拟图书馆等,由此带来的必然是虚拟教育。虚拟教育可分为校内模式和校外模式。校内模式是利用局域网开展网上教育,校外模式是指利用广域网进行远程教育。在许多建设了校园网的学校,如果能够充分开发网络的虚拟教育功能,就可以做到虚拟教育与实在教育结合,校内教育与校外教育贯通,这是未来信息化学校的发展方向。

(7) 管理自动化。我们熟知的计算机管理教学(CMI)包括计算机化测试与评分、学习问题诊断、学习任务分配等功能。最近的发展趋向是在网络上建立电子学档,其中包含学生电子作品、学习活动记录、学习评价信息等。利用电子学档可以支持教学评价的改革,实现面向学习过程的评价。

由此可见,对教师进行教育技术培训与信息技术培训是完全不同的两种培训。信息技术的培训主要是使得教师学会使用信息技术设备,能够操纵各种信息技术工具,了解信息技术的基本功能。教育技术则不仅仅是学会了怎样操作设备就万事大吉了,因此,对教师进行教育技术的培训是至关重要的工作。信息技术不能自动地产生理想的教育效果,需要由教师的有效使用才能发挥出信息技术的积极作用。

二、美国教育信息化的经验总结

在教育信息化方面,我们可以借鉴国际上许多经验和教训。美国在教育信息化方面一直走在世界前列。总结美国教育信息化的经验,可以概括为以下几点:

(1) 以计算机辅助学习为中心,而不是以学习计算机为中心。将信息技术贯穿于K-12课程,以提高各学科教育质量。重点将计算机作为学习工具来掌握。

(2) 强调教学内容与教学方法的创新,鼓励采用以学生为中心的教学方法,重视学生抽象思维能力和问题解决能力的培养。使用信息技术"穿新鞋、走老路",不是现代教育的基本特征,应该使用信息技术解决那些以往教学中不易解决的、不能解决的问题,产生创新的思路和教学结果。

(3) 重视师资培养,使教师懂得,如何在教学中使用信息技术进行有效教学,加大对教师培训的投资。信息技术的教学功能必须通过教师的运作才可得到最大限度的发挥,教师教学理念的更新、教学方法和策略的充实、掌握信息技术的水平等因素是决定信息技术产生积极效果的关键。

(4) 保障相对充裕的实际投资,美国至少将全国每年教育开支中的5%(约130亿美元)用于教育技术。没有必要的、可持续性的经费支持,教育信息化的进程很难维持下去。

(5) 保证使用信息技术的公平性,全美国学生不分地区、种族、年龄和社会经济状况,人人都具有使用信息技术的权利。

(6) 积极开展实验研究,将中小学教育经费的0.5%(约15亿美元)用于进行旨在提高K-12教育效率的研究。人类新的信息技术并不是都适合于学生的学习,必须在大面积推广之前进行认真的、符合教育实验伦理的实验研究,以保证广大学生不至于被新工具损害身心健康。

三、我国教育信息化的发展历史

从我国电化教育的发展可以看到教育信息化发展的基本情况。钟志贤教授对我国教育信息化的发展历史进行了全面梳理。20世纪90年代中期，随着网络教育的兴起，我国的电化教育进入了一个新的发展阶段。电教的"三件"建设的重点发生了变化。硬件建设，以网络教室和校园网的建设为主；软件建设，以网上课程和数字化教材的建设为主；潜件建设，以网络环境下学与教理论和方法的探究为主。

（一）我国教育信息化的政策发展

在全球信息化发展的浪潮中，我国政府始终关注信息技术对教育的影响。从20世纪80年代初期以来，特别是90年代以来，这种关注体现在一系列国家教育战略计划之中。

1993年2月12日颁布的《中国教育改革和发展纲要》和1995年颁布的《教育法》明确了学校教育技术和卫星电视教育发展等方面的应用问题。

1998年12月24日颁布的《面向21世纪教育振兴行动计划》对以计算机多媒体为核心的现代教育技术的应用，提出了许多明确的要求。

2000年10月23日，教育部主持召开了"全国中小学信息技术教育工作会议"，决定从2001年开始用5～10年的时间，在中小学（包括中等职业技术学校）普及信息技术教育，就加快推进中小学信息技术课程建设、全面启动中小学"校校通"工程、加强中小学信息技术教育师资队伍建设、大力推进中小学普及信息技术教育工作等四大问题做出了详细的规定，明确了我国基础教育信息化的工作目标和具体任务，对今后10年我国的基础教育信息化推进工作具有规定性和指导性的意义。

2001年4月，教育部颁布的《全国教育事业"十五"计划》中提出了四大战略要点，其中之一就是"面向未来的挑战，努力在构建终身教育体系、教育手段现代化和教育信息化等方面实现重大突破"。

2001年6月8日，教育部颁布的《基础教育课程改革纲要（试行）》中在第11条明确规定：大力推进信息技术在教学过程中的普遍应用，促进信息技术与学科课程的整合，逐步实现教学内容的呈现方式、学生的学习方式、教师的教学方式和师生互动方式的变革，充分发挥信息技术的优势，为学生的学习和发展提供丰富多彩的教育环境和有力的学习工具。

2003年9月，国务院召开全国农村教育工作会议，经国务院批准，教育部、国家发展和改革委员会、财政部共同推行农村中小学现代远程教育工程。至此，与2000年10月"全国中小学信息技术教育工作会议"的精神相贯通，党和国家为推进教育信息化，特别是中小学教育信息化发展，推出了四项战略性举措：在中小学大力普及信息技术教育、实施"校校通"、农村中小学现代远程教育工程和全国中小学教师教育技术能力建设计划，从而使我国的教育信息化跨入了快速全面发展的新阶段。

2010年7月，国务院发布的《教育改革和发展规划纲要（2010—2020年）》中指出，要加快教育信息基础设施建设，到2020年，基本建成覆盖城乡各级各类学校的教育信息化体系，促进教育内容、教学手段和方法现代化。同时要加强优质教育资源开发与应用；强化信息技术应用。强调提高教师应用信息技术水平，更新教学观念，改进教学方法，提高教学效果。鼓励学生利用信息手段主动学习、自主学习,增强运用信息技术分析解决问题的能力。

2011年6月,教育部又颁布《教育信息化十年发展规划(2011—2020年)》,提出了教育信息化的发展目标、发展任务、行动计划和保障措施,进一步为教育信息化的发展指明了方向和前进的道路。

从20世纪80年代初期至今我国关于教育信息化的政策内容经历了一个不断发展、逐渐具体的过程,连续推出了一系列与教育信息化相关的政策法规。从国际经验来看,国家把教育信息化当做一种政府行为,并且与时俱进地做出相关决策,是一个国家教育信息化发展的根本保障之一。

(二)我国基础教育信息化的发展历史

我国基础教育信息化发展,从20世纪80年代初期至今,经历了"信息技术课程、课程整合、网络教育"三个发展阶段。大多数学校经历了"三步走"的历程:一是买个人计算机,用于办公室和备课;二是建立计算机教室,用于学生学习计算机,进而发展为多媒体计算机教室,用于进行各科教学;三是在多媒体计算机教室的基础上,建立校园网,进而与Internet相连接,享用网上资源。

1982年国家教委做出在清华、北大和北师大等五所大学的附中开设主要讲授BASIC语言的计算机选修课的决定,这是我国中小学计算机教育的起源。1981年,我国自行研发了计算机辅助教学系统和辅助教学管理系统。1983年,邓小平同志给北京景山学校题词:教育要面向现代化,面向世界,面向未来。

1986年,国家组织一些高等院校和工厂研制生产"中华学习机"和中华学习机教育软件。

进入90年代后,个人计算机相继进入学校和家庭,多媒体计算机开始应用于教育。

1999年末,教育部宣布我国中小学从2000年9月份开始逐步开设"信息技术课程",公布了"中小学信息技术指导纲要"。从此,"中小学信息技术教育"这个名词取代了沿用近20年的"小学计算机教育",揭开了我国基础教育信息化发展史上新的篇章。

应当认识到,上述三个阶段的发展并不是线性的过程。目前在我国基础教育信息化实践中,信息技术课程、课程整合、网络教育三大热点领域可谓相互并存、渗透、融合、齐头并进,共同谱写教育信息化新篇章。

在信息基础设施、教育资源建设等方面,基础教育信息化的发展也比较迅速。近6年来,全国中小学开展信息技术教育的学校、接受信息技术教育的学生每年都在成倍增长;学校的计算机、计算机教室和校园网等设施每年都在迅速增加。

中小学校园网络建设的内容除网络主干建设(包括信息中心建设和布线系统建设)外,还包括以下9种典型项目:学生电子阅览室,计算机网络教室,视频、课件点播系统,多功能教室互联,教师电子备课室,学校办公网,虚拟图书馆,学校网站,基本Internet服务。

值得关注的是,自2000年10月教育部颁发关于实施"校校通"工程文件以来,教育信息化成为中国教育界乃至整个社会关注的大事,国家相关政策的大力支持和中小学教育的迫切需要,使中国教育信息化市场呈现一片繁荣的景象。

2003年SARS的冲击使得全社会充分地认识到远程教育的重要性。2003年,由教育部和李嘉诚基金共同实施建设,在全国12个省、自治区、直辖市的240个贫困县中建成了1万所乡村中小学远程教学示范点。在国家的政策扶持下,2004年教育信息化建设重点逐步覆盖农村和广大中西部地区。2005至2010年,国家拨款约100亿元实施农村中小学现代远程教育工程,在全国11万个农村教学点建设教学光盘播放点,在3.7万所农村初中建设计算机教室。近年来,国家逐渐加大教育经费支出,尤其是教育信息化投资。2011年国家财政性教育经费支出占国民生产总值比例为3.83%。调查显示,中国教育行业信息化的投入呈持续增长态势,2012年中国教育行业IT投资总规模达到439.1亿元,同比增长率达到20.9%。2011年6月,教育部发布的《教育信息化十年发展规划(2011—2020年)》明确指出,要建立教育经费投入保障体系,再一次提出各级政府在教育经费中按不低于8%的比例列支教育信息化经费,保障教育信息化拥有持续、稳定的政府财政投入。相关政策的制定进一步为教育信息化的投资提供了有利支撑。

四、我国教育信息化发展的现状与战略

(一)我国教育信息化建设现状

1. 网络基础设施发展迅猛

"天地合一"的现代远程教育网络已经基本形成。中国教育和科研计算机网(CERNET)与中国教育卫星宽带多媒体传输平台(CEBsat)覆盖全国、互联互通。在校园设施方面,现在超过90%的高校、38000多所中小学学校、近6000所中职学校基本建成了校园网。同时还实施了农村中小学远程教育工程,农村中小学建成了光盘播放点、卫星教学收视点或计算机教室。我国第一个下一代互联网Cernet2于2004年3月19日建成开通,这代表我国教育信息化走到了国际前列。

2. 资源体系雏形基本形成

各级各类教育资源,形成了我国教育资源体系的雏形和资源建设的有效机制。包括基础教育资源库、高等教育精品课程、国家职业教育资源库和职业教育资源建设基地等。

3. 关键技术研究进展显著

在天地网结合、互联互通、资源共享、网络教学等方面,解决了阻碍现代远程教育发展的多项关键技术难题。初步开创了东西互动、课程互选、学分互认的全新网络联合办学模式。为现代远程教育的全面、深入发展提供了有效的技术支撑。

4. 应用初见成效

重大应用方面包括视频会议、网上合作研究、网上招生录取、网上就业服务、网格技术与应用。现代远程教育与培训方面包括全国高校现代远程教育试点(68所)、农村中小学现代远程教育工程、国家级远程职业教育试点、基于互联网的非学历职业教育和培训等。

5. 信息化人才培养规模不断扩大

近年来,各高校相继开设了信息技术相关专业和信息技术课,开办了示范性软件学院、示范性软件技术学院、国家计算机技术与软件应用技能紧缺人才培养培训基地。

6. 教育信息技术标准化建设成绩显著

国家组建了全国信息技术标准化技术委员会教育技术分会,构筑了现代远程教育技

术标准体系，推出了40余项标准。启动了标准化测评认证工作、为异构系统的互联互通和资源整合共享提供了可能。

我国教育信息化发展存在的问题有以下几点：第一，教育信息化观念不是很强，对教育信息化的重要作用认识不足，支持力度不够。全民信息化意识和素质有待提高。第二，管理体制不顺，比较分散，统筹协调不够。第三，经费投入不足，基础设施、信息系统、重大工程的日常运行维护、人才培训、可持续发展缺乏一定的经费保证。第四，基础设施不完备。虽然建设了Cernet2，但是它现在还需要进一步升级，大量高校和中小学有待于进一步扩展扩容，把它们互相联通起来。网络间的互联互通还存在着一定的瓶颈。

另外，资源缺乏，整合水平低，信息化人才缺口大，区域、城乡差距大，数字鸿沟，也是十分突出的问题。

（二）制定规划的指导思想、发展目标和发展任务

教育部在《教育信息化十年发展规划（2011—2020年）》（以下简称《规划》）中对指导思想、发展目标和发展任务做了明确的规定。在指导思想方面，坚持育人为本，以教育理念创新为先导，以优质教育资源和信息化学习环境建设为基础，以学习方式和教育模式创新为核心，以体制机制和队伍建设为保障，在构建学习型社会和建设人力资源强国进程中充分发挥教育信息化支撑发展与引领创新的重要作用。

在发展目标方面提出，到2020年，全面完成《教育规划纲要》所提出的教育信息化目标任务，形成与国家教育现代化发展目标相适应的教育信息化体系，基本建成人人可享有优质教育资源的信息化学习环境，基本形成学习型社会的信息化支撑服务体系，基本实现所有地区和各级各类学校宽带网络的全面覆盖，教育管理信息化水平显著提高，信息技术与教育融合发展的水平显著提升。教育信息化整体上接近国际先进水平，对教育改革和发展的支撑与引领作用充分显现。

围绕着这些目标，教育部提出了如下发展任务：

第一，缩小基础教育数字鸿沟，促进优质教育资源共享。要重点支持农村地区、边远贫困地区、民族地区的学校信息化和公共服务体系建设，努力缩小地区之间、城乡之间和学校之间的数字化差距。建设智能化教学环境，提供优质数字教育资源和软件工具，推进信息技术与教学融合，逐步普及专家引领的网络教研，提高教师网络学习的针对性和有效性，促进教师专业化发展。适应信息化和国际化的要求，培养学生利用信息技术学习的良好习惯和学生信息化环境下的学习能力。

第二，加快职业教育信息化建设，支撑高素质技能型人才培养。加快建设职业教育信息化发展环境，全面提升职业院校信息化水平。充分发挥信息技术优势，优化教育教学过程，促进信息技术与专业课程的融合，有效提高职业教育实践教学水平。以关键技术应用为突破口，适应职业教育的多样化需求，有力支撑高素质技能型人才培养，且大力发展远程职业教育培训，共享优质数字教育资源，支撑职业教育面向人人、面向社会。

第三，推动信息技术与高等教育深度融合，创新人才培养模式。利用先进网络和信息技术，整合资源，加强高校数字校园建设与应用。加快对课程和专业的数字化改造，创新信息化教学与学习方式，促进人才培养模式创新，新对口支援西部地区高校工作模式，鼓励东西部高校共建共享优质教学和科研资源。建设知识开放共享环境，促进高校与科

研院所、企业共享科技教育资源,推动高校科研水平提升。积极利用信息化手段,增强高校社会服务与文化传承能力。

第四,构建继续教育公共服务平台,完善终身教育体系。建立继续教育数字资源建设规范和网络教育课程认证体系,探索国家继续教育优质数字资源公共服务平台的建设模式和运营机制,推进继续教育数字资源建设与共享。持续发展高等学校网络教育,探索开放大学信息化支撑平台建设模式,加快信息化终身学习公共服务体系建设。加强继续教育公共信息管理与服务平台建设,为广大学习者提供个性化学习服务,为办学、管理及相关机构开展继续教育提供服务。

第五,整合信息资源,提高教育管理现代化水平。建立教育管理信息标准体系,建立以各级各类学校和师生为对象的国家教育管理基础数据库,提升教育服务与监管能力。利用信息技术创新教育管理公共服务模式,提高教育管理公共服务质量与水平。建立电子校务平台,加强教学质量监控,加快学校管理信息化进程。

第六,建设信息化公共支撑环境,提升公共服务能力和水平。完善教育信息网络基础设施,探索国家公益性网络的可持续发展机制。建立国家教育云服务模式,支撑优质资源全国共享和教育管理信息化。建立优质数字教育资源和共建共享环境,支持偏远地区、少数民族地区、经济欠发达地区和薄弱学校享用优质的教育资源服务。完善教育信息化标准体系,促进资源共建共享和软硬件系统互联互通。加强基础设施设备和信息系统的安全防范措施,建立教育信息化公共安全保障环境。

第七,加强队伍建设,增强信息化应用与服务能力。建立和完善各级各类教师教育技术能力标准,将教育技术能力评价结果纳入教师资格认证体系;加快全国教师教育网络联盟公共服务平台的建设,积极开展教师职前、职后相衔接的远程教育与培训,提高教师应用信息技术的水平。明确教育信息化专业人员岗位职责、评聘办法,提高专业技术人员待遇,并开展各级各类能力培训,建设专业化技术支撑队伍。提升教育信息化领导力。建立教育行政部门、专业机构和学校管理者的定期培训制度,提升教育信息化领导力。加大对教育信息化相关学科的支持力度,优化信息化人才培养体系。

第八,创新体制机制,实现教育信息化可持续发展。创新优质数字教育资源共建共享机制,形成人人参与建设、不断推陈出新的优质数字教育资源共建共享局面。建立教育信息化技术创新和战略研究机制。建立教育信息化产业发展机制,推动校企之间、区域之间、企业之间广泛合作。推动教育信息化国际交流与合作,缩小与国际先进水平的差距。改革教育信息化管理体制,建立健全教育信息化管理与服务体系。

(三)教育信息化的建设趋势

1. 一项首要任务:资源共建共享机制建设

(1) 建设资源共建共享机制的主要目的

优质教育资源共享是教育信息化发展进程中的一个重要问题。优质教育资源是学校教学、管理和教研的重要支撑,也是促进教育的均衡发展和实现教育公平的迫切需要。建设优质教育资源共建共享机制的主要目的是:第一,通过阐明我国优质教育资源共享面临的问题,预测我国优质教育资源共享未来走向,从而为我国教育现代化发展战略的实施提供理论依据和实践导引;第二,基于不同地域特色,探讨未来信息化促进优质教育资源共享发展的实施状态、类型、模式；第三，实现优质教育资源创新实践探索，基本建成人人可享有优质教育资源的信息化学习环境，促进学生和教师的发展；第四，创新应用优质教育资源，促进信息技术与教育深度融合。

(2) 建设资源共建共享机制需要研究的内容

建设优质资源的共建共享机制，第一，充分调查和研究目前我国优质教育资源共享的制约因素和优质教育资源共享的内在因素、结构及需求分析；第二，要进行理论研究，弄清优质教育资源的本质特征及基本问题、信息化促进优质教育资源共享的基本特征和支撑优质教育资源共享科学发展的理论基础；第三，要从实践中探索信息化促进优质教育资源共享的国家政策性保障；第四，要进行资源共建共享的国际比较，分析信息化环境中优质教育资源共享的个案，从中提取特征和总结经验；第五，要建立优质教育资源共享的评估与服务机制，通过第三方评价，提高优质教育资源共享整体质量和效益；第六，要提炼信息化促进优质教育资源共享的模式、策略、方法，并总结信息技术支撑的优质教育资源共享的新特征，其中，对信息化促进优质教育资源共享的模式进行探索，包括优质教育资源共享的支持模式、运行模式、保障模式、激励模式、制约模式和评估模式。

(3) 资源共建共享机制建设的基本思路

首先，应从"回到原点"的基本思路出发，思考优质教育资源的建设问题。所谓"原点"是指学与教的方式，那么，建设优质教育资源就是为了实现学生真实的、真正的发展。"原点"，具有"起点"和"终点"的双重性。作为起点，是一事物发展的内在逻辑起点，是具有生命力的核心基本要素。作为终点，是原点发展的文化积累的结果，是起点所追求的终极目标。因此，"原点"是一个历史与逻辑相统一的范畴。抓住了原点，就抓住了问题的根本。优质教育资源是支持学与教方式可持续发展的重要方式，是实现学生全面发展的原点，终点是促进信息技术与教育的深度融合。第二，深化优质教育资源的普及共享，要抓住"影响优质教育资源共享的因素"、"优质教育资源共享的模式"这些重大问题，探讨教育信息化的可持续发展的战略方针，为实现泛在学习，构建学习型社会提供根本性保障，这是真正意义上的教育信息化发展的重大突破，同时也为促进教育信息化的整体规划和顶层设计、为进一步完善教育信息化体系提供理论依据和科学方法。第三，要通过"教育资源共建共享示范项目"探索建设并基本形成"国家、省、市、县、校"五级资源平台的互联互通模式，创建我国优质教育资源共享发展工程，为我国教育信息化发展提供标志性示范研究成果，全面带动我国的教育现代化。第四，建立政府引导、多方参与的多元化、多维度、多主体、多层次的优质教育资源共建共享模式。第五，提供公平竞争、规范交易的系统环境，帮助所有师生和社会公众方便选择并获取优质资源和服务，进一步优化优质教育资源共享和未来优质教育资源共享的可持续发展。第六，要提供优质教育资源共享的评估与监督，加大优质教育资源促进教育的发展的辐射与引领作用。第七，要整合师生需要的生成性资源，建成与各学科门类相配套、动态更新的数字教育资源体系，同时，在优质教育资源共享模式下为促进学生全面发展提供一种新的教育方式。总之，建设优质资源的共建共享机制，要以"目的理性"的思想为指导，从人文的研究视角，重点关注机制、制度、社会关系、人的主观性等对优质教育资源共享的影响。探索在教学实践中如何有效实现优质教育资源的共享，要透过"工具表象"揭示优质教育资源共享过程中人的行为规范。

(4) 保证优质资源共建共享需要注意的问题

保证优质资源的共建共享,需要注意以下问题:第一,教育学对教育资源的关注并不是因为它的经济价值而是教育价值。第二,要同时拥有可供共享的资源、具有共享资源的意愿和实施资源共享的计划,否则资源共享就是一个空洞无物的概念,其中人的因素是实现优质教育资源有效共享的核心要素。第三,信息化促进优质教育资源共享是有限性的,以"优化"共享为宗旨,而不是共享的绝对化。第四,优质教育资源共享的责任主体是行政部门,信息化促进优质教育资源共享必须有政府部门的直接参与,没有国家政策性的保障,优质教育资源不可能得到普及的共享,也起不到引领和辐射的作用。

2. 三大重点建设:校园网建设、国家教育信息化工程和"班班通"项目

校园网建设主要是学校设备更新换代、原有校园网升级改造和无线校园网的建设。《教育规划纲要》提出2010—2020年十年间高等教育毛入学率将提高15.8个百分点,这表明高校将逐年扩大招生数量规模,将建设大量新校区和新校舍,从而带动校园网的建设,因此高校对校园网等信息化建设的采购需求将快速增长。国家教育信息化工程其中的主要内容之一为提高中小学每百名学生拥有计算机台数,逐步实现中小学每个班级均能开展多媒体教学,这将带动基础教育行业对PC设备和多媒体教学系统的采购需求增长。

"班班通"项目将促进尚未覆盖的农村中小学建设多媒体教室、电子图书馆以及计算机机房,全国范围内的中小学除增大硬件的需求外,对教育软件的投入和应用也将相应增大。

3. 两大亮点:云计算和物联网

云计算的应用使得教育信息化建设将出现一个全新的层面,那就是教育云对多种信息资源的重组与优化,最终实现大范围、高效率的资源共享。云是网络、互联网的一种比喻说法,云计算是基于互联网的相关服务的增加、使用和交付模式,通常涉及通过互联网来提供动态易扩展且经常是虚拟化的资源。云计算能够解决教育资源集中与分布两难的问题,充分利用各种资源,有效整合云时代提供的各种云服务,将教育资源建设变成一项开放、共享的公共信息服务事业,从而推动教育信息资源的建设。

物联网的出现将会促进教育信息化的进一步发展,物联网是通过射频识别(Radio Frequency Identification)、红外感应器、全球定位系统、激光扫描器等信息传感设备,按约定的协议,把任何物品与互联网相连接,进行信息交换和通信,以实现对物品的智能化识别、定位、跟踪、监控和管理的一种网络。它的出现会带来更多的创新应用和服务,引起教学模式和管理模式的变革。

(四)基础教育信息化当前面临的任务

随着国家信息化工程的全面推进,我国教育信息化已经取得显著进展,但与教育教学工作者的期望和世界发达国家水平相比还有明显差距。必须清醒地认识到,加快推进教育信息化还面临诸多的困难和挑战。对教育信息化重要作用的认识还有待深化和提高,加快推进教育信息化发展的政策环境和体制机制尚未形成,基础设施有待普及和提高,数字教育资源共建共享的有效机制尚未形成,优质教育资源尤其匮乏,教育管理信息

化体系有待整合和集成,教育信息化对于教育变革的促进作用有待进一步发挥。推进教育信息化仍然是一项紧迫而艰巨的任务。目前的教育信息化工作已经进入了所谓"高原期",在这一时期,我们会遇到更大的困难,需要真正付出意志和努力,需要真正开动脑筋,进行创造性思维,将信息技术的教学价值充分发挥出来。目前,如何有效应用信息技术是广大基础教育工作者面对的重大问题,也是最重要的工作。研究如何使用信息技术的方法、策略、模式,彻底走出高原期,是目前工作的当务之急。

教育信息化在经过一轮大规模的硬件投入之后,不得不反思一系列问题:构建新一轮信息化环境采用怎样的技术架构?如何消除信息孤岛,实现系统互联、资源共享、应用互通?如何培养专业队伍,保证信息系统有效运行?如何降低消耗,实现可持续发展?等等。

2012年,教育部发出《关于开展教育信息化试点工作的通知》,探索教育信息化环境建设、优质教育资源共建共享与应用、教育管理信息化等方面的发展路径和方法,逐步形成教育信息化在促进教育公平、提高教育质量、建设学习型社会、推动教育教学改革等方面的有效模式和体制机制,总结和推广成功经验,全面提升教育信息化发展水平。试点工作的范围分为区域综合试点和学校层面的试点。区域综合试点以行政区域为单位,根据区域经济社会和教育发展实际,重点围绕教育信息化促进本地区教育公平、各类教育协调发展、经费保障、专业队伍建设、管理信息系统应用、教育信息化评价标准体系建立与应用等方面进行试点。区域试点工作需要解决的主要问题是:提升教育服务与监管能力、提高教育管理公共服务质量与水平、完善教育信息网络基础设施、建立优质数字教育资源和共建共享环境、完善教育信息化标准体系、建立教育信息化公共安全保障环境、提高教师应用信息技术水平、建设专业化技术支撑队伍、提升教育信息化领导力、优化信息化人才培养体系、创新优质数字教育资源共建共享机制、建立教育信息化技术创新和战略研究机制、建立教育信息化产业发展机制、推动教育信息化国际交流与合作、改革教育信息化管理体制、建立健全教育信息化管理与服务体系等。学校层面试点是根据当地经济社会和教育发展水平,结合学校实际情况,重点在信息技术与教育教学的深度融合、优质资源共享与应用、教育教学模式创新等方面开展试点。学校层面试点工作的任务是解决以下问题:加强信息技术与教学融合、培养学生信息化环境下的学习能力、加快学校管理信息化进程、建立国际教育教学交流研讨的平台、建设新型的现代化立体教材体系、建立教育科研的平台、提高中小学教师实施新课程的能力和水平、创建数字化校园、组织网络联盟、发展数字化学习空间、建设资源库和视频库、开发评价系统和管理平台、建立家校交流平台等。

为了发展的需要,为了对历史和现实负责,必须对目前的现状进行总结和提炼,好在哪里?在区域性层面和学校层面上,到底是如何运作的?发展的优势是什么?还存在哪些不足?通过对上述问题的研究,可以获得教育信息化发展的核心特征以及运作模式。《试点通知》指出,通过充分发挥试点单位的辐射带动作用,及时总结和推广试点单位的典型案例和成功经验,全面推进教育信息化进程。同时提出以实际需求为导向的原则,立足于为基础教育改革与发展提供有力支撑,通过信息技术在教育教学、教育管理和服务等方面的创新性应用,充分发挥教育信息化在解决基础教育实际问题中的作用,特别是针对学生、家长和教师关心的热点、难点问题。由此,提炼总结基础教育信息化发展的核心特征和运作模式十分必要;通过对当前基础教育信息化发展需求的分析,可以找出基础教育信息化发展中出现的新情况和新任务。正是基于此,对基础教育信息化发展核心特征和运作模式的总结和提炼不仅是开展教育信息化工作的基本任务,也是对当前教育信息化工作反省和认知的过程,更是全面推进基础教育信息化发展进程的必由之路。

提炼和总结基础教育信息化发展的核心特征和运作模式,主要是从教育信息化发展的目标和任务出发,主要是基于现状调研、需求分析和未来发展的思考,总结教育信息化发展的运作模式,提炼教育信息化发展的核心特征,设计今后发展的蓝图。具体主要包括:

1. 总结基础教育信息化发展运作模式

基础教育信息化运作模式主要研究教育信息化发展的历史轨迹和学校信息化教学应用的现状,涉及教学、科研、管理等方面的思路、模式和做法等。分为区域化和学校两级目标:区域化发展目标包括政策机制、基础设施、资源建设、人才培养、应用开发等方面的运作模式;校级发展目标包括基础设施建设、教学应用、管理应用,例如"一校多址"的教育管理等方面的运作模式。

区域维度着重围绕教育信息化促进本地区教育公平、各类教育协调发展、经费保障、专业队伍建设、管理信息系统应用、教育信息化评价标准体系建立与应用等方面。学校维度主要研究学校在教育信息化应用和信息化教学方式中的历史沿革和新阶段的特征,具体包括学校教学中在知识呈现方式、教学评价方式、组织差异化教学等方面的变化;学生多样性和个性化学习方面的改变;信息化对学校管理与服务支持的变化等。从各个学校在信息技术与教育教学的深度融合、优质资源共享与应用、教育教学模式创新、信息环境下学习者能力培养、学校管理信息化、提高教师应用信息技术水平、建设专业化技术支撑队伍等方面的经验做法进行梳理,总结出各区域基础教育信息化发展运作模式。

2. 提炼基础教育信息化发展核心特征

经过多年的基础教育信息化建设和发展,在各方面都取得了卓越的成效,这一点是有目共睹的。但各区域发展的情况究竟怎样呢?各区域的基础教育信息化应用成效是否形成自己的特色,其核心特征是什么,还需要挖掘和提升。主要关注在师资短缺课程开设、新增课程的开设与资源开发、特色信息化环境促进学生信息素养和实践能力提高、绿色数字化校园建设,以及家校互动,跨地区学校合作开展信息化应用等方面的整体规划和顶层设计思想;在学习模式探索中如何发挥教育信息化对教育改革和发展的支撑和引领作用;以及在资源共享与应用中如何面向学生未来发展。

3. 分析基础教育信息化未来发展趋势

基础教育信息化发展取得了长足的进步,但面对新技术、新问题的不断涌现,面对新时代对基础教育信息化提出的更高要求,基础教育信息化是否已经做好了准备?在向更高级台阶迈进的过程中是否出现了新的困难和新的挑战?通过提炼和总结,可以帮助基础教育信息化清除未来发展之路上的障碍,为基础教育信息化未来发展提供成功保障。在区域和学校两级教育信息化发展运作模式和核心特征总结提炼的基础上,从人人可享有优质教育资源的信息化学习环境、学习型社会的信息化支撑服务体系、宽带网络的覆盖面、教育管理信息化水平、信息技术与教育融合发展的水平等方面研究基础教育发展的趋势，从组织领导、政策法规、技术服务和经费投入等方面提出发展建议，保证全国各区域基础教育信息化的可持续发展。

（五）基础教育信息化发展的趋势及挑战

1. 基础教育面临的新技术

近年来，移动学习设备与平板电脑风靡世界，移动设备也逐渐成为基础教育阶段日益重要的学习工具，移动设备可以帮助学生方便地获取学习资料，存储、分享学习笔记和读书评论，同时，它的便携性和在互动方面具有的优势特别有利于开展一对一和其他各种形式的学习。近来由于智能手机普及，它已经成为第一大上网终端，更使得学习可以无时无处不在。这些新技术和新设备的兴起，都会对学校教学产生日益重大的影响。

这些设备兴起的同时也催生了电子教材在教学中的应用。电子教材相对于纸质教材而言，有着显而易见的优势。首先，呈现形式的突破。电子教材突破了纸质教材只有文字与图片的限制，将文字、图片、音频、视频、互动程序等有机结合起来，增强教材与学习者的互动性，通过多种刺激手段强化学习效果，大大激发学生的学习兴趣，提高学习效率。第二，创建教学过程中师生交流的新渠道和教学新空间，带来了前所未有的互动性体验。电子教材可以让师生利用网络进行实时交流，拓展了教和学的空间，新增了师生的互动方式。但需要特别注意的是，在将这些新设备和相应的电子教材引入教育现场时，必须考虑它们给师生带来的影响。电子教材能够在某种程度上提高学生的学习兴趣，但不能仅限于此而将其全面引入教育现场，更重要的是应该关注如何利用它们促进学生的深度学习。只有通过长期的试验，不断总结和积累使用这些设备和电子教材的教学方法，确定它们能够在教育教学中产生积极的影响，并且找到了克服消极影响的方法时，才能大面积推广使用。但就目前来讲，针对电子教材的成熟的教学方式和方法还很缺乏，电子教材作为一种新的呈现形态，如何去适应教师的使用习惯，如何帮助教师对学生学习过程进行监控等问题还需要进一步解决。这些未解决的问题导致，很多时候，在应该运用的地方没有运用，不该介入的地方却大加发挥作用，这样的误用反而会带来负面的影响。所以，在教师还未掌握完善的运用电子教材的教学方法时，给所有的学生都配备移动终端是不可取的。为此，研究者需要深入一线调研，了解教师和学生典型的行为方式和行为特征，挖掘出教材在教学过程中提供的支持服务，从而使得电子教材的使用符合信息化教学的需要。新技术的出现，的确会改变学生的生活方式，但却不能替代和衰减学习者作为"人"存在应该具有的一些根本能力。学生生活方式的明显变化就是越来越不愿意去阅读书籍，这种衰退目前已经成为全世界面临的一种文化危机。例如在公共汽车内摆弄移动设备的学生越来越多，而看书和报纸的学生却越来越少。我们应该客观而冷静地对待这些问题，只有意识到或找寻到更好的解决办法，电子教材作为数字化时代的"人工物"才能与人类和谐地相处，才能在教育中更好地发挥作用。应该说，对于电子教材来讲，或者说对于新技术在教学中的应用，比起便利性而言，还有更重要的东西。教育活动中的一切行为，都应具有教育性和教学性。

在未来几年，有两种新兴技术在教育教学中的应用还有待于探索，即"基于游戏的学习"和"个人学习环境"。已有研究表明，以学习为目的的游戏最大价值在于能够促进学生之间开展合作并激发他们的深度学习。目前,基础教育阶段的游戏在很大程度上还是由一些教师自发进行实验。此外,也有一些机构与学校合作设计并实施游戏教学。然而,实践基于游戏的教学还需要若干年的努力方见成效。个人学习环境技术主要指学习者个人可用的各种学习工具及资源的总和,具有便携、联网、个性化等方面的特点。目前,智能手机、平板电脑及其应用程序已经开始运用于个人学习环境和电子档案方面,将会导致集中管理的、基于服务的技术模式向分散式、可移动的模式发展。

在不远的将来,增强现实和自然用户界面也将成为教育教学中可用的新技术。这一技术代表一种直觉性认知路径。使用者可将数据与现实事物、特定情境及其过程相结合,从而获得更为深刻的认知。由于视频界面可以回应人的指令,发出人的触摸、身体动作、声音,甚至面部表情的指令信号,从而从根本上改变我们与设备之间的互动方式。尽管上述技术尚未成为普遍实践,但其对于教学可能产生的影响还是值得热切期待的。

2.基础教育信息化面临的趋势和挑战

信息技术的发展,给基础教育信息化带来了新的发展趋势,同时也带来了一些挑战,主要表现在以下几方面:

第一,学习方式渐趋多样化,学生可以借助各种资源和社交网络学习和分享新的信息,可以凭借网络获得丰富的信息资源和广泛的人际互动交流机会。在这样一个信息化世界里,寻求意义和判断信息价值的能力至关重要。因此,指导和帮助学生为即将投身信息世界作好准备,无疑是学校至关重要的任务。但同时,也应该意识到,目前教师的信息素养还有待提高,不仅在于数字媒体技能方面,更重要的是需要获得思维方式的转变。

第二,能够在任何时间、任何地点利用信息技术进行学习和研究,学生的学习将成为充满愉悦的"即用即学"和发现式学习。通过这种学习方式,可以加强学生之间、师生之间的深层互动,打破了课堂的限制,也导致了师生关系的深刻变化。同时,学校的组织形式和运行机制也会成为制约新技术应用的重大挑战。

第三,实施富有挑战性的主动学习将成为课堂教学新的重点。教师正致力于借助平板电脑、智能手机等工具帮助学生将所学课程与自身实际生活相联系。实践表明,学习者若能将课程所学内容与其自身生活及社区相联系,就会更加积极地投入学习,同时通过学习了解的世界与现实存在的世界建立联系,才能有效地为现实社会生活作好准备。因此,采取项目学习是引导学生应用技术手段整合学校课程与社会真实生活,并为他们的继续学习、就业、履行公民职责作好准备的有效方式。

第四,出现正式学习与非正式学习方式的互补融合。正式学习仍然占据学校教育的主导地位,但也出现了一种新的教学方式,即"翻转课堂",其基本思路是:把传统的学习过程翻转过来,让学习者在课外时间完成针对知识点和概念的自主学习,可以采用信息技术提供辅助,帮助学生在课外自学原来在课堂上讲授的知识,课堂则变成了学生之间、师生之间讨论、合作、探究问题和开展实验的场所。它起源于美国科罗拉多州落基山的"林地公园"高中,2007年春,该校两位教师开始使用录屏软件录制PPT演示文稿的播放和讲课声音,并将视频上传到网络,以帮助缺席的学生补课,后来逐渐得到了更广泛的应用。但并非所有的课程都适合"翻转",实施"翻转课堂"必须具备一些基本条件,其中最关键的是要适用于教学内容,另外还应该包括:首先,对学习者的自主学习能力、自我管理能力有较高的要求；其次，对学习支持系统有极高的要求，教师必须认真设计、管理学习资源，并以恰当的方式提供给学习者，以便学习者开展自主学习；再次，大多数学习资源都借助了信息技术的手段，因此学习者应具备基本的信息技术能力，能熟练地操作和应用各类网络教学平台，使用各种类型的多媒体资源。美国一些开展"翻转课堂"的教学经验证实：翻转课堂之所以获得成功，得益于他们一直采用探究性学习和基于项目的学习，让学生主动学习；另外，翻转课堂的有效还得益于把学生灵活地运用数字化设备作为学习过程的组成部分，鼓励学生根据自己的学习步调进行个性化学习。因此，需要思考和研究"翻转课堂"适用的范围和时机，它并不是为取代传统教学而生的，万不可将所有的课程都盲目进行"翻转"，因为课堂上"言传身教"的意义绝不仅限于传授知识，即使仅传授知识的时候，也并非全部按部就班，课堂上即时的生成性知识和即时的反馈信息有着不可估量的作用。同时，非正式学习可以作为正式学习的积极的、有益的补充，鼓励学生课堂外的探究性学习和个性化学习，发展学生主动学习的意识和能力。非正式学习中可以对微课程的应用进行探索，微课程主要适用于实现学习者无时无处不在的学习。对学习者而言，微课程能更好地满足他们对不同学科知识点的个性化学习、按需学习的要求，是正式学习的一种重要补充和拓展资源；对教师而言，微课程可以由教师自行开发，源于教师的教育教学实际，为教师所需，为教师所用，可以解决工作中的棘手问题。随着移动数码产品和无线网络的普及，基于微课程的泛在学习将会越来越普及，微课程将会成为一种新型的教学模式和学习方式。微课程的形式可以是微教案、微课件、微视频、微练习、微反思或微点评等支持性和扩展性资源。但它不可能适用于所有的课程，一般比较适于那些以介绍某个简单的核心概念的教学内容，而对于较复杂的教学内容并不太适合。对于在正式学习的班级讨论中是否适用，也有待进一步实践检验。

五、我国高等教育信息化

近10年来，信息化浪潮波及了世界每一个角落，信息通信技术的发展和互联网的广泛应用，正在改变着人类的学习方式和教育方式。1989年，中国政府正式颁布了《国家教育管理信息系统总体规划纲要》；1993年着手建立中国教育和科研计算机网；2001年开始教育政务信息化的建设工作，重点建设教育政务"三网一库"。利用现代信息技术来辅助高等教育管理和教学，已经成为中国高等教育信息化建设的目标和发展方向。

（一）中国高等教育信息化的发展背景

1. 互联网络的迅速发展为高等教育信息化奠定了基础

高等教育信息化是一项庞大的系统工程。从宏观角度看，它涉及高等教育机构的管理、教学、科研和社会服务等领域；从微观来说，它包括高等院校的信息基础设施建设、教学资源建设、人才队伍建设、管理制度建设等方面。

2013年1月15日，中国互联网络信息中心（CNNIC）发布的《中国互联网络发展状况统计报告》显示，截至2012年12月底，我国网民规模达到5.64亿，家庭宽带网民数达到4.2亿，全年共计新增网民5090万人。互联网普及率为42.1%，较2011年底提升3.8%。网站总数为268万，域名总数为1341万。与此同时，我国手机网民数量快速增长。数据显示，2012年我国手机网民数量为4.2亿，年增长率达18.1%。手机网民在总体网民中的比例达 74.5%,成为中国网民的重要组成部分。可以说,中国互联网的迅速发展,为教育信息化奠定了基础。

2. 中国高等教育实现了跨越式发展

目前,中国已经成为高等教育第一大国,高等院校在校生规模实现了跨越式增长,从 2002 年的 1600 万,增长到 2012 年的 3167 万人,跃居世界首位。高等教育毛入学率从 2002 年的 15% 提高到 2011 年的 27%,进入了高等教育大众化阶段向普及化转变的时期。2010 年,我国具有大学(大专以上)文化程度的人口为 1.19 亿人,每 10 万人中具有大学文化程度的由 2000 年的 3611 人上升为 2010 年的 8930 人,从业人员中有高等教育学历的人数已位居世界前列。

(二)中国高等教育信息化的发展现状

对于高等教育的改革与发展而言,高等教育信息化既是一次难得的机遇,也是一项前所未有的挑战。高等教育信息化已被列入教育振兴行动计划。

1. 基础设施

在"九五"和"211 工程"高等教育公共服务体系建设过程中,中国教育和科研计算机网的建设,为我国高等教育事业公共服务体系和信息基础设施发展打下了坚实的基础。目前 CERNET(世界最大的学术网)与 CEBsat(世界最大的公益性卫星远程教育专业服务网)已覆盖全国,互联互通,初步形成了"天地合一"的现代远程教育传输网络,已接入 2000 多所高校。已建成纯 IPv6 下一代互联网 CNGI-CERNET2(世界最大的纯 IPv6 互联网主干网),已经接入 200 多所高校,近百所高校校园网全面支持 IPv6,为教育信息化长远发展打下基础。此外,中国教育科研网格 ChinaGrid 得到初步应用。多数高校已建成校园网,且多数高校校园网已覆盖校内主要楼宇、住宅和宿舍,可以利用校园网开展远程教学、数字图书馆、办公自动化、后勤管理等应用项目。

总体来说,高等教育信息化基础设施已经普及,目前正处于需要更新换代的"性能提高"阶段。还存在一些需要改善的方面,诸如:教育网络在传输能力、网络管理和安全保障、服务水平等方面不能满足高等教育和科研发展需求,主要表现在,CERNET 与公网之间互联互通存在瓶颈,各级教育网络参差不齐,东西部之间、城乡之间差距明显;现有卫星教育网络均为窄带单向广播,不能满足大容量交互式的现代远程教育传输需求;校园网网络安全还未得到充分重视等。

2. 资源建设

资源建设主要包括以下方面:

(1) 资源共享服务体系

初步建成了一些资源共享服务体系。包括:

① 中国高等教育文献保障体系(CALIS)。从 1998 年开始建设以来,CALIS 管理中心引进和共建了一系列国内外文献数据库,包括大量的二次文献库和全文数据库;采用独立开发与引用消化相结合的道路,主持开发了联机合作编目系统、文献传递与馆际互借系统、统一检索平台、资源注册与调度系统,形成了较为完整的 CALIS 文献信息服务网络。迄今参加 CALIS 项目建设和获取 CALIS 服务的成员馆已超过 500 家。"十五"期间,国家继续支持"中国高等教育文献保障系统"公共服务体系二期建设。并将"中英文

图书数字化国际合作计划"(简称 CADAL)列入该公共服务体系建设的重要组成部分,项目名称定为"中国高等教育文献保障体系——中国高等教育数字化图书馆(简称 CADLIS)",由 CALIS 和 CADAL 两个专题项目组成。它以系统化、数字化的学术信息资源为基础,以先进的数字图书馆技术为手段,建立包括文献获取环境、参考咨询环境、教学辅助环境、科研环境、培训环境和个性化服务环境在内的六大数字服务环境,为高等院校教学、科研和重点学科建设提供高效率、全方位的文献信息保障与服务,成为中国经济和社会发展的重要基础设施。

② 重点学科信息服务体系。重点学科建设离不开信息的交流和沟通,在重点学科建设中,通过现代信息技术手段,可以将学科资源电子化、信息化、网络化。我国"九五"计划期间启动建设的"211 工程"重大项目,即面向 21 世纪,重点建设 100 所左右的高等学校和重点学科,建设内容主要包括学校整体条件、重点学科和高等教育公共服务体系建设三大部分。这三大任务的部署和完成,为重点学科信息资源的建设提供了重要的条件支撑和基础保障,"211 工程"建设的重点学科信息成为本项目建设的重要内容。与此同时,还完成了 12 个信息资源系统、大型中英文全文检索系统等建设。资源镜像包含 10 个世界著名大学和学术组织,由 107 所国际著名大学网站、9 个著名国际组织站点、12 个国际著名资源库组成。项目利用先进的计算机网络和信息技术,将国际著名大学、著名学科的发展状况、在教学和科研方面所取得的最新进展、先进的教学方法、科研经验和采用的先进技术等信息镜像落到本地,使各大学能利用网络,以最快捷、经济的方法和途径,从国内获得国外著名大学和重点学科的教学科研信息,加强资源共享,带动学科发展,增强我国科技前沿领域高层次人才培养的能力。

③ 中国大学数字博物馆。这是高等学校文化基础设施的重要组成部分,是收集、保护、展示各种重要文物、标本的场所,是实施素质教育,提高人们文化素质的重要教育基地。我国高等学校经过几代人的研究积累,已经建立了相当数量不同规模、不同层次、各具特色的地质地理类、考古类、人文历史类、航空类和电子类博物馆或陈列馆,这些博物馆集标本收集、研究、保存、保护、共享、展出于一身,在推动大学生素质教育、教学科研,培养创新人才方面发挥了重要作用。目前已建成 28 个基于网络的数字博物馆,涉及工美、地质地理、生物、人类生活、航空航天、农业、考古、中医药、建筑等多个专业。

④ 中国高校人文社科文献中心(CASHL)。CASHL 的建设宗旨是组织若干所具有学科优势、文献资源优势和服务条件优势的高等学校图书馆,有计划、有系统地引进和收藏国外人文社会科学文献资源,采用集中式门户平台和分布式服务结合的方式,借助现代化的网络服务体系,为全国高校、哲学社会科学研究机构和工作者提供综合性文献信息服务。CASHL 于 2004 年 3 月 15 日正式启动并开始提供服务。目前已收藏有 11796 多种国外人文社会科学领域的核心期刊和重要期刊;1799 种电子期刊以及 34 万种电子图书;91 万种外文图书,以及"高校人文社科外文期刊目次库"和"高校人文社科外文图书联合目录"等数据库,提供数据库检索和浏览、书刊馆际互借与原文传递、相关咨询服务等。CASHL 目前已拥有 600 家成员单位,包括高校图书馆和其他人文社会科学研究机构。个人用户 50000 多个,机构(团体)用户逾 3000 家。期刊/书目接受检索逾 4000 万次,提供文献传递服务 56 万多笔。CASHL 的资源和服务体系由两个全国中心、五个区

域中心和十个学科中心构成,其职责是收藏资源、提供服务。

(2) 网络课程和资源库建设

1999年,教育部启动了"新世纪网络课程建设工程",组织开发了300多个高等教育网络课程和资源库(素材库、案例库、试题库)及相关平台,参与项目建设的高校近百所,从事开发的教师、技术人员约万人,68所现代远程教育试点高校开发各类网络课件9000多个。提出了建设教学资源库的五方面的要求,即需求观、系统观、规范观、开放观和动态平衡观。网上教学资源建设的主要内容则包括网络课程建设、素材库建设,以及教学支持环境建设。通过认真做好规划,重点抓好信息的采集工作,注重抓好教学资源库的审批、发布和维护工作,取得了很好的成就,推动了多媒体教学。

(3) 精品课程建设

精品课程是具有一流教师队伍、一流教学内容、一流教学方法、一流教材、一流教学管理等特点的示范性课程,包括六个方面内容:一是教学队伍建设,逐步形成一支以主讲教授负责的、结构合理、人员稳定、教学水平高、教学效果好的教师梯队;二是教学内容建设,教学内容具有先进性、科学性,及时反映本学科领域的最新科技成果;三是使用先进的教学方法和手段,相关的教学大纲、教案、习题、实验指导、参考文献目录等上网并免费开放,实现优质教学资源共享;四是教材建设;五是实验建设,大力改革实验教学的形式和内容,鼓励开设综合性、创新性实验和研究型课程,鼓励本科生参与科研活动;六是机制建设,以相应的激励和评价机制,鼓励教授承担精品课程建设。利用现代化的教育信息技术手段将课程相关内容上网并免费开放,实现优质教学资源共享。目前,精品课程的教案、大纲、部分教学录像、参考资料、习题等教学资源,已经在各高校的网站上向全国免费共享。

2011年10月,教育部发布《关于国家精品开放课程建设的实施意见》,决定开展国家精品开放课程建设工作,包括精品视频公开课与精品资源共享课,是以普及共享优质课程资源为目的、体现现代教育思想和教育教学规律、展示教师先进教学理念和方法、服务学习者自主学习、通过网络传播的开放课程。

精品视频公开课。以高等学校为主体,以名师名课为基础,以选题、内容、效果及社会认可度为课程遴选依据,通过教师的学术水平、教学个性和人格魅力,着力体现课程的思想性、科学性、生动性和新颖性。精品视频公开课以政府主导、高等学校自主建设、专家和师生评价遴选、社会力量参与推广为建设模式,整体规划、择优遴选、分批建设、同步上网。

——整体规划、择优遴选。教育部对精品视频公开课进行整体规划,制定建设标准。高等学校结合本校特色自主建设,严格审查,并组织师生对课程进行评价,择优申报。教育部组织有关专家对申报课程进行遴选。

——分批建设、同步上网。教育部对遴选出的课程,采用"建设一批、推出一批"的方式,在共享系统上和确定的公共门户网站上同步推出。

"十二五"期间,建设1000门精品视频公开课,其中2011年建设首批100门,2012—2015年建设900门。

精品资源共享课。以高校教师和学生为服务主体,同时面向社会学习者的基础课和专业课等各类网络共享课程。精品资源共享课建设以课程资源系统、完整为基本要求，以基本覆盖各专业的核心课程为目标，通过共享系统向高校师生和社会学习者提供优质教育资源服务，促进现代信息技术在教学中的应用，实现优质课程教学资源共享。精品资源共享课以政府主导，高等学校自主建设，专家、高校师生和社会力量参与评价遴选为建设模式，创新机制，以原国家精品课程为基础，优化结构、转型升级、多级联动、共建共享。

——优化结构，转型升级。教育部组织专家根据教学改革和人才培养需要，统筹设计、优化课程布局。高等学校按照精品资源共享课建设要求，对原国家精品课程优选后转型升级，并适当补充新课程，实现由服务教师向服务师生和社会学习者的转变，由网络有限开放到充分开放的转变。

——多级联动，共建共享。鼓励省（区、市）、校按照精品资源共享课的建设定位，加强省、校级精品资源共享课建设，通过逐级遴选，形成国家、省、校多级，本科、高职和网络教育多层次、多类型的优质课程教学资源共建共享体系，探索引入市场机制，保障课程共享和持续发展。

"十二五"期间，计划建设 5000 门国家级精品资源共享课。

2012 年 11 月，教育部印发《教师教育国家级精品资源共享课建设计划实施办法》，决定启动实施教师教育国家级精品资源共享课建设计划，以培养造就高素质专业化教师为目标，旨在创新教师教育课程理念，优化教师教育课程结构，改革课程教学内容，改进教学方法和手段，强化教育实践环节，加强教师养成教育，提高教师培养质量。教师教育精品资源共享课是以高等学校师范类专业教师和学生为服务主体，兼顾在职幼儿园、中小学和中等职业学校教师的需要，同时面向社会学习者的网络共享课程。教师教育精品资源共享课按照《教师教育课程标准（试行）》进行建设，以培养幼儿园、小学、中学和中等职业学校教师所开设的教师教育课程为重点，以课程资源系统、丰富和适合网络传播为基本要求，经过国家、省、校三级建设，为培养造就优秀教师和未来教育家提供优质课程资源，实现优质教师教育教学资源共享。"十二五"期间，教育部计划支持建设 350 门左右教师教育国家级精品资源共享课，由教师工作司负责组织实施。其中，将在 2012—2013 年分两批开展教育部批准建设的原教师教育国家精品课程转型升级为国家级精品资源共享课的评审遴选工作。2012—2014 年，通过立项建设的方式，重点建设 200 门适应教师教育改革发展需要和反映教学改革成果的新课程。2014—2015 年，通过遴选准入的方式，选拔 100 门能够反映区域特点并具有教师教育特色的新课程。

总体来说，高等教育数字资源已形成规模，但建设水平和总体利用率还有待提高。存在问题主要体现在：缺乏规范化、系统化设计和指导，数字资源建设仍呈现一定程度无序状态；尚未形成良性共建共享机制，优质资源总量不足，质量还有待提高；标准制定和推广还略显滞后，已有资源难以有效共享，资源应用程度还比较低。

3. 教育教学

在教育教学方面，部分高校开始采用信息技术改进教学方式，一定程度上推进了高等教育教学改革。在实验和实训方面，初步实现了虚拟实验、远程操作和大型仪器共享的应用方式。网络教育和现代远程教育稳步发展，推进了我国高等教育的大众化进程。

总体来看,不足之处表现在,信息技术在教育教学中的应用意识还不强,应用技能还较差,信息技术和教育教学的融合不足,推进学科建设、提高教育质量的作用还没有充分发挥。

4. 管理信息化

电子政务/电子校务方面已经得到初步发展。初步实现了教育部与省、自治区、直辖市教育行政部门和部属高校政务信息联网交换。基于网络的政务信息发布、阳光招生、毕业生就业服务、学历学位认证等得以应用。各高校高度重视综合业务应用系统建设,开展了教务、办公、财务、图书、科研等一批信息化综合应用,数字化校园网络服务体系初成规模,并逐渐渗透到教学、科研、管理和生活的各个方面。

从总体来看,这方面的发展还处于"分散独立建设"阶段,信息孤岛现象比较明显。个别高校已开始进行全校统一的信息化规划,正在向"数据互通,消除信息孤岛"阶段过渡,这需要各应用领域标准化工作的强力支持。

(三)发展中国高等教育信息化的措施与展望

当前,中国的教育在面临这发展机遇的同时,也面临着前所未有的严峻挑战,在实施"科教兴国"和"人才强国"战略,全面建设小康社会的进程中,中国政府将推动教育事业持续健康协调快速发展。2011年6月,教育部制定《教育信息化十年发展规划(2011—2020年)》,明确了2011—2020年我国教育信息化发展目标、发展任务和主要措施。

(1) 教育信息化发展目标:到2020年,全面完成《教育规划纲要》所提出的教育信息化目标任务,形成与国家教育现代化发展目标相适应的教育信息化体系,基本建成人人可享有优质教育资源的信息化学习环境,基本形成学习型社会的信息化支撑服务体系,基本实现所有地区和各级各类学校宽带网络的全面覆盖,教育管理信息化水平显著提高,信息技术与教育融合发展的水平显著提升。教育信息化整体上接近国际先进水平,对教育改革和发展的支撑与引领作用充分显现。

(2) 教育信息化发展任务:缩小基础教育数字鸿沟,促进优质教育资源共享;加快职业教育信息化建设,支撑高素质技能型人才培养;推动信息技术与高等教育深度融合,创新人才培养模式;构建继续教育公共服务平台,完善终身教育体系;整合信息资源,提高教育管理现代化水平;建设信息化公共支撑环境,提升公共服务能力和水平;加强队伍建设,增强信息化应用与服务能力;创新体制机制,实现教育信息化可持续发展。

(3) 高等教育信息化建设的主要措施:①加强高校数字校园建设与应用。利用先进网络和信息技术,整合资源,构建先进、高效、实用的高等教育信息基础设施,开发整合各类优质教育教学资源,建立高等教育资源共建共享机制,推进高等教育精品课程、图书文献共享、教学实验平台等信息化建设。提升高校教师教育技术应用能力,推进信息技术在教学中的普遍应用。②促进人才培养模式创新。加快对课程和专业的数字化改造,创新信息化教学与学习方式,提升个性化互动教学水平,创新人才培养模式,提高人才培养质量。加速信息化环境下科学研究与拔尖创新人才培养的融合,推动最新科研成果转化为优质教育教学资源,创新拔尖学生培养模式。推动学科工具和平台的广泛应用,培养学生自主学习、自主管理、自主服务的意识与能力。创新对口支援西部地区高校工作模式,鼓励东西部高校共建共享优质教学和科研资源。③促进高校科研水平提升。建设知识开放共享环境,促进高校与科研院所、企业共享科技教育资源,推动高校知识创新。构建数字化科研协作支撑平台,推进研究实验基地、大型科学仪器设备、自然科技资源、科学数据、科学文献共享,支持跨学科、跨领域、跨地区的协同创新。不断提高教师、科研人员利用信息技术开展科研的能力,推动高校创新科研组织模式和机制,完善高等教育科技创新体系,引领信息时代科技创新。④增强高校社会服务与文化传承能力。积极利用信息化手段,推进产学研用结合,加快科研成果转化,提高高校服务经济社会发展的能力。依托信息技术,面向社会公众开展学科教育、科普教育和人文教育,提高公众科学素质和人文素质。构建高校网上虚拟社区,广泛进行思想与文化交流,创新、发展先进文化。开发国际汉语教学和文化宣传优质数字教育资源,支持中文教育国际化及跨文化教育交流,推动网络孔子学院建设,积极传播中华民族优秀文化。

第二节 信息技术支持的教与学

一、信息技术与课程整合

(一) 信息技术与课程整合的含义

信息技术与课程整合的概念最早源自西方的课程整合概念。在英文中,"整合"一词表述为"Integration",这个单词在汉语中有多重含义,如综合、融合、集成、一体化等,但它的主要含义是整合,即由系统的整体性及其在系统核心的统摄、凝聚作用而导致的使若干相关部分或因素合成为一个新的统一整体的建构、程序化的过程。整合可以使系统内各要素实现整体协调,相互渗透,使系统各要素发挥最大效益,这个过程会导致生成一个新的事物。课程整合(Curriculum Integration)的含义是指对课程设置、各课程教育教学的目标、教学设计、评价等要素做系统的考虑与操作,用整体的、联系的、辩证的观点,认识和研究教育过程中各种教育教学要素之间的关系。课程整合的过程就是使分化了的教学系统中的各要素及其各成分形成有机联系并成为整体的过程。这种联系是自然的、真实的、本质的,而非人为的。

那么,什么是信息技术与课程整合呢?信息技术与课程整合是指将信息技术以工具的形式与课程融为一体,将信息技术融入课程教学体系各要素中,使之成为教师的教学工具、学生的认知工具、重要的教材形态、主要的教学媒体。也可以称为在课程教学过程中,把信息技术、信息资源、信息方法、人力资源和课程内容有机结合,共同完成课程教学任务的一种新型的教学方式。我们可以从以下三个方面来理解信息技术与课程整合:第一,应该在以网络和多媒体为基础的信息化环境中实施课程教学活动;第二,对课程内容进行信息化处理后成为学习者的学习资源;第三,利用信息技术使学习者改变学习方式。学生学习方式的变革是学习型社会的基本要求。为此,信息技术应该促进学生的学习方式发生改变,主要的变化在于从强迫式学习转换为自我要求的学习,从知识的并列性、片段性学习转换为融合性、关联性学习,从书桌上的学习转换为实践力、行动力的体验性学习,从以记忆为中心的学习转换为研讨学习方法的学习,从固有体系的学习转换为对应生活主题的学习。这里需要注意一个问题,信息技术与课程的整合具有双向性,应该是双向整合,即信息技术整合于学科课程和学科课程整合于信息技术,两者应该做到各取所需,前者是研究信息技术如何改造和创新课程,后者是研究课程创新中如何开发和应用信息技术。这个问题十分重要,它涉及建构信息文化背景下整合型的信息化课程新形态,以及如何利用各学科进行信息技术教育的问题。

(二) 四种整合观

对于信息技术与学科课程整合的认识,是一个不断发展和变化的过程,人们从不同的视角分析和理解这种教学和学习现象,产生了多种不同的观点。这些不同的观点各有各的合理性及意义,都在一定程度上从不同的侧面把握了信息技术进入教育教学领域的基本规律,同时,这些观点也可以在信息技术与课程整合的实践过程中找到例证。从总体上看,我们可以把20世纪60年代以来影响比较大的整合观概括为以下四大类:

(1) 保护主义的整合观。当信息技术对人类的影响力大到了人们不可忽视的程度时,便产生了一种要求学生远离信息技术的观点。这种观点要求将学生与现代媒体相隔离,特别强调将信息技术带给学生的消极影响彻底消除,有选择地整合信息技术,以减少信息技术对学生的消极影响。这种观点就是所谓的保护主义的整合观。因此,人们试图不容许学生收看某些节目或站点,并开发出了使学生不能浏览有害站点的应用软件。但是就目前而言,学生与现代信息技术的接触点,已经远远超出了成人的控制范围,并且这种保护主义的做法有时还会起到一定的反面效果。

(2) 技术主义的整合观。如果说保护主义的整合观是明确地与社会行为规范紧密结合的理想主义,那么,技术主义的整合观就是以效率性和经济性为基础的机能主义。技术主义的核心目标是促进教学过程最优化,提高教学质量和学习质量。技术主义观认为教学和学习可以利用信息技术的各种功能解决各种实践性问题。

(3) 主体行动主义的整合观。主体行动主义的整合观具有各种各样的特性,如具有批判性、开放性和能动性等,但是最重要的特性是它积极地面向学生和教师。教师和学生在接受信息技术所承载的信息时,并不是无意识地进行的。教师和学生是依据自己的经历和所生存的社会环境来消化理解信息技术所提供的内容,利用信息技术表现自己感兴趣的内容。从人本的角度出发,主体行动主义与保护主义、技术主义有很大的不同。它既不主张在恶劣环境中消极防守,也不提倡只是被动接受知识,它倡导能动地利用信息技术,运用信息技术进行交流。在信息社会中生存的学习者,应该具备根据实际情况自主性的、创造性的和负有责任感的行动能力。通过对学生与信息技术相联系的接触点的设计,可以提高学生社会行为的水平。

(4) 工具主义整合观。工具主义整合观是近年来在美国产生的一种新观念。美国国际教育技术协会(ISTE,2000)先后针对学生、教师和教育管理者等分别制定了教育技术标准和相应的绩效指标。强调信息技术可以作为学生的交流工具、创新工具、认知工具、决策工具等。这个标准给我们的启示是信息技术用于教学和学习之中的作用应该是促进学生主体性的充分发挥,使得学生真正成为学习活动的主体。信息技术不仅可以作为教师的教具,而且更能成为学生的学具,成为学生的实践性学习工具。教师应该全面理解和掌握信息技术,重视设计能够保证充分发挥信息技术作用的学习环境和教学环境,解决整合的根本性问题,认真研究如何运用信息技术的教学策略,并重视信息技术与学科课程整合的人文问题。

(三) 信息技术与学科课程整合的三大核心领域

在教学实践中,信息技术与学科课程整合的含义已经远远超过了一般课程之间的整合,它的目标是多方位的,工作具有多样性,总结起来可以分为三大核心领域:

(1) 信息技术作为学生必须掌握的一类学习内容——信息技术课程,可以把整合理解为信息技术课程的目的、任务与学科课程教学的目的、任务整合在同一教学过程之中,在这里,信息技术本身就是学生的学习对象和目标。然而,信息技术作为学习内容,无论是从教材形式设计,还是教学方式都应该有一个新视角,应该在与其他课程整合的过程中学习信息技术,学生也可以通过完成一项综合任务学习信息技术。很显然,这种学习方式使学生不仅学习了信息技术,提高了信息素养,而且还促进了其他学科的学习。可以说,信息技术的角色既是学习目标又是学习工具。

(2) 教师可以利用信息技术进行教学——教学工具。信息技术与学科课程相整合,可以将信息技术作为教学工具和手段融合到学科课程中,这是信息技术用于学科教学的最初形式。信息技术在学科教学中可以改善教学手段,提高教学效果。信息技术为教师的教学提供了一条超越时空的隧道,把网络上的和光盘里丰富多彩的信息资源呈现给学生,为学生的学习创造了广阔天地,提供了学习环境,增强了对学生思维兴奋点的刺激。

(3) 学生可以利用信息技术进行学习——认知工具。教师作为主体可以运用信息技术,学生同样也可以作为主体运用信息技术。学生掌握了必要的工具软件,就可以利用这些工具软件进行自主学习,以便更好地丰富原有的认知结构。

(四) 信息技术与课程整合的意义

为什么要将信息技术与学科课程整合?根据前面的论述,特别是借鉴美国国际教育技术协会的信息技术标准的基本思想,可以从以下几个方面去理解信息技术与课程整合的意义或作用。

1. 有利于实现教育教学的根本目的

信息技术与学科课程整合属于教育教学范畴之中的行为,教育教学的本质就是信息技术整合的本质,教育教学的目的就是信息技术整合的目的。因此,信息技术整合追求的目的应该是教育教学方面的目的,信息技术应该在促进教师教学、学生学习和学生全面发展等方面起到积极作用。信息技术和课程整合,为课程设计提供了丰富的手段,拓宽了课程设计的范围。信息技术强大的功能,使得教学形式呈现出多样化的特征。

2. 可以帮助教师教学

信息技术和课程整合,可以充分利用各种资源,发挥设备的最大潜力,实施高质量和高效率的教学。这似乎已经是一个老生常谈的话题,但在实践中却是一个长期困扰教师的瓶颈。信息技术到底能够帮助教师干什么?教师自己应该负有什么教学责任?到底如何整合?这些问题一直没有得到很好的解决。关于作为教学工具的作用,一般的观点是学科教师可以借助信息技术备课,可提高备课质量和节约备课的时间。其次学科教师利用信息技术授课,延长了师生交流的时间,也更有利于学生与教师的深层次的交流与沟通。而且,通过计算机联网,可以大大减少教师的重复劳动,教师可以从大量的备课和讲课的任务中解放出来,能把较多的精力投入到教学和科研活动中,使教学活动从劳动密集型转变为技术密集型,从而提高了教学活动的效率。

3. 有利于提高学生的信息素养

信息技术与学科课程整合是培养学生信息素养的有效途径。所谓信息素养是指能够清楚地意识到何时需要信息,并能确定、评价、有效利用信息以及利用各种形式交流信息的能力。信息素养主要包含三个方面的内容:(1)信息应用的实践力。按照课题和目的应用适当的信息手段,主要包括积极独立地收集、判断、表现、处理和创造必要的信息,按照对方的具体情况发送和传递信息的能力。(2)对信息科学的理解。包括对信息手段特性的理解,对为了评价和改善处理、应用信息的基本理论和方法的理解。在信息收集、处理和利用的所有阶段,批评性地处理信息,在接受信息之前,认真思考信息的有效性和准确性。这些素养的形成不仅仅是通过计算机技术训练的,而且应该是通过加强科学分析思维能力的训练来培养。(3)参与信息社会的态度,对社会生活中的信息与信息技术的作用的理解,思考信息道德的必要性以及对信息的责任,积极地创造性地参与信息社会的态度。要求学生具有强烈的社会责任感、具有良好的与他人共事的精神。

4. 可以帮助学生学习

由于信息技术与学科课程的整合,使得传统的认知工具得到了充实,学生可以利用信息技术作为认知工具进行更有效的学习。认知工具可以包括以下几个方面:

(1)作为课程学习内容和学习资源的获取工具。获取和占有信息是处理和应用信息的前提,将信息技术作为信息获取工具,是学生发现和获取信息的一种良好途径。(2)作为情境探究和发现学习的工具。信息技术与课程整合可以根据一定的课程学习内容,利用多媒体和网络开发工具将课程内容以多媒体、超文本、友好交互等方式转化为数字化学习资源,根据教学需要,创设一定的情境,让学生在这些情境中探究和发现。(3)作为协作学习和交流的通信工具。在传统的课堂教学中,由于人数、教学内容和课时等因素的限制,协作学习常常无法顺利进行,而信息技术为有效实现协作学习提供了良好的技术基础和支持环境。(4)作为自我评测和信息反馈的工具。信息技术可以为学生提供十分高效和准确的学习评测系统,学生可以不断地了解自己的学习情况,发现各种问题,为不断进步打下基础。

5. 有利于培养学生的创新性

学生创新能力的培养需要理想的教学和学习环境的支持,信息技术整合于教学过程之中可以为培养创新能力营造理想的环境。信息技术可以作为学生的创造工具。(1)现代教育技术的最新理论基础有力支持着创造性能力的培养。(2)基于计算机的课件开发平台有利于培养学生的直觉思维。(3)优秀的多媒体课件可以对形象思维的培养提供有力支持。(4)基于计算机网络的"协作式学习"和"发现式学习",可以对辩证思维和发散思维的培养提供有力的支持。

6. 作为整合多学科的工具

信息技术与课程整合可以促进多学科的相互渗透,可以作为整合多学科的工具。学生在制作关于地理内容的多媒体作品时,需要同时使用计算机、地理、语文、美术、音乐等多学科的知识,需要综合运用多学科的知识分析、规划、制定有关内容。特别是在综合学习活动中,可以将多门学科聚拢在一起,学生可以学习多学科的交叉性知识。如果有效地使信息技术与学习活动整合,信息技术可以使学生不区分学科的界限,为了完成某一主题或课题,以学生的兴趣和爱好为基轴,经过体验和活动,进行问题解决的学习活动。这样,可以着重培养学生主体性地运用多种知识解决问题的资质和能力,创造性、协作性地处理事物的态度,促进"生存发展能力"的形成。因此,信息技术在教育中的应用,既是技术和工具,又是使学生综合运用其他学科知识的桥梁。

(五) 信息技术与课程整合的基本原则

信息技术与课程整合不等于信息技术与课程混合,其中影响信息技术整合效果的因素有很多。在利用信息技术之前,必须做好"三件"建设:首先是硬件建设,主要是信息技术设备、设施的建设;其次是软件建设,即课程和教材的建设;第三是潜件建设,即整合理论和方法的建设,这个建设是起决定作用的。教师要掌握一定的信息技术,清楚信息技术的优势和不足,以一定教育理论为指导,根据学科教学和教学对象需求,设法找出信息技术在哪些地方能优化教学效果。具体说来,应该遵循以下基本原则:

(1) 运用正确的教育理论指导信息技术与课程整合的实践。现代学习理论为信息技术与课程整合奠定了坚实的理论基础。在教学和学习的层面上,每一种理论都具有特定的正确性,但是,一旦推及到实践中却没有一种理论显现出普遍的合理性,换而言之,无论哪一种理论也不能涵盖其他理论而成为唯一的指导理论。否则,误入了二元分立的思维方式易导致为了克服一种片面性而又陷入另一种片面性。行为主义对需要机械地记忆知识或具有操练和训练教学目标的学习有其合理成分。认知主义的指导作用,主要体现在激发学生的学习兴趣、控制和维持学生的学习动机。建构主义提倡给学生提供建构理解所需要的环境和广阔的建构空间,让学生自主地、发现式地学习。建构主义较适合于不良结构领域的高级学习。因此,在信息技术与课程整合的应用中,应该兼顾各种理论的合理成分,根据教学对象、教学内容及教学媒体等多种变量,灵活地运用理论并指导实践。

(2) 根据教学对象选择整合策略。人类的思维类型可按抽象思维、具体思维、有序思维和随机思维进行组合,不同的学习类型和思维类型的人学习成效与他们所选择的学习环境和学习方法有关。有的学生不能主动地对外来信息进行加工,喜欢有人际交流的学习环境,需要明确的指导和讲授;而有的学生在认知活动中,更愿意独立学习、个人钻研,更适应结构松散的教学方法或个别化的自主学习环境。因此,信息技术与课程的整合应该根据不同的教学对象,实施多样化、多元化和多层次的整合策略。

(3) 根据学科的特点构建整合的教学模式。每个学科有其固有的知识结构和学科特点,对学生的要求是不同的,如语言教学的任务是培养学生运用语言的能力,训练学生在各种不同的场合下,用正确的语言,流利地表达自己的思想,很好地与别人交流。为此我们应该利用信息技术,模拟出接近生活的真实的语境,提供给学生反复练习的机会。数学属于逻辑经验科学,主要由概念、公式、定理、法则以及它们的应用问题组成,数学教学的重点应放在开发学生的认知潜能,可以通过给学生创设认知环境,让他们经历由具体思维到抽象思维,再由抽象思维到具体思维的思维过程,完成对数学知识的建构。而物理学和化学,是与人们生活、生产密切相关的学科,应注意学生的观察能力、解决问题的能力和亲自做实验的动手能力等。对那些需要观察自然现象或事物变化过程的知识,形象和直观的讲解有助于学生理解和记忆,但对培养学生操作能力来说,如果用计算机的模拟实验全部代替学生亲手实验,则违背了学科的特点,背离了培养动手能力的学科教学目标。对于不同的学科,既有相同的整合原则,也应该根据学科的特点采用不同的整合策略。

（4）加强学生的动手活动。信息技术是一个应用性很强的实践领域,而非纯理论性领域,因此要求学生积极参与、积极探究与合作,更要求学生亲身体验、具体操作、反复练习。实际上,信息技术与课程整合可以十分有效地为学生提供一个充分发挥主体性的舞台,提供一个全面发展的空间。

（六）信息技术与课程整合的案例

北京汇文中学"信息技术与语文课程整合"实验
——高中语文课文《〈物种起源〉导言》阅读教学

教前分析：

1. 教学目标

（1）通过运用教材和网络资源了解课文的背景知识,以帮助自己更好地理解课文内容。

（2）理解作者的思想观点、情感,并充分体会作者的人格魅力。

（3）了解本文写作风格和方法,并能够阅读一定量的说明文。

（4）学习筛选信息的一般方法。

2．教学重点

掌握如何快速、准确地筛选信息。

3．必备的教学媒体

多媒体局域网教室、FrontPage 网页制作工具。

教学过程：

1．几点说明

（1）在教学开始之前,对于学生的学习要求和传统教学是不同的,力争转变学生的学习观念(这点应该体现在整个教学过程中)。学生网上阅读必须达到一定熟练程度,而且要接受过如何使用互联网的基本培训。

（2）学生应该有充裕的上网时间,有充足的书库资源可以阅读或检索。同时限定他们所要做的具体任务及时间。

（3）学生的理解感悟都以文字的形式放在学生讨论区上,学生互相之间也可以在讨论区上交换意见。在整个学生自主学习的过程中,教师始终穿梭于学生之间,和学生在一起,对于学生的学习给予必要的指导。

（4）这次教学实验的地点在网络教室,整个教室有 50 台计算机,且都与因特网相连,整个教学过程看似是在一间教室里进行的,但却是真正的因特网环境。学习者可以通过因特网访问世界各地。

2. 教学阶段

第一阶段,创设情景。这篇文章的作者是达尔文,教师要求学生以小组形式上网查询达尔文的生平介绍,以及关于《物种起源》一书的内容及评价等有关资料。每组将所找到的资料以 PowerPoint 的形式集中演示。学生查找资料的时间为一周,演示资料的时间为一课时。

第二阶段,独立探索。将所要学习的文章以网页的形式提供给学生,同时告诉学生筛选信息的一般方法与要求,要求学生在规定时间内独立完成以下几个任务,每个学生将自己所筛选的信息在学生作业区内发布。教师浏览学生作业,给予适当及时的反馈。时间为一课时。任务内容:

(1) 整体把握。
(2) 阅读全文,筛选重要信息。

问题:速读课文,筛选出作者阐明的关于物种起源问题的两个主要观点。

(3) 阅读段落,准确筛选信息。

用原文回答问题:
① 作者研究家养动物和栽培植物的目的是什么?
② 作者研究家养动物和栽培植物的意义是什么?
③ 作者从研究家养动物和栽培植物获得的两点认识是什么?

(4) 阅读段落,用简明的文字表述筛选出的信息。

问题:作者认为,关于物种起源,还有很多需要弄清楚的问题。文章第七段从哪两个方面归纳了这些问题?

(5) 阅读重点语句,准确、全面地把握句子所含的信息。

问题:认真阅读下面的长句,选出概括其要点时必不可少的几项。

关于物种起源的问题,如果对生物相互间的亲缘关系、它们的胚胎的关系、地理的分布以及在地质期内出现的程序等事实,加以思考,我们可以推想,生物的种和变种一样是由以前别的种演变而来,而不是分别创造出来的。

A. 研究物种起源的背景
B. 研究物种起源所凭借的事实基础
C. 研究物种起源的方法
D. 对物种起源的推断
E. 对错误学说的批判
F. 对物种起源的不同认识

第三阶段,监测交流。学生浏览其他同学的作业,在学生讨论区内进行讨论,交流自己对筛选信息基本方法的理解和掌握的体会。教师给予适当的引导、提示和评价,然后提供给学生一些补充内容,加深学生对所学内容的理解,启发诱导学生自己进一步发现规律、自己纠正和补充错误的或片面的认识,完成对所学内容的自主建构。学生还要将补充内容中的学习结果发布到学生作业区,并在讨论区内讨论,教师要给予及时反馈。时间为一课时。

补充内容及任务:

(1) 爱因斯坦在《悼念玛丽·居里》的结尾这样写道:"居里夫人的品德力量和热忱,哪怕只要有一小部分存在于欧洲的知识分子中间,欧洲就会面临一个比较光明的未来。"下面五个要点中哪三个是概括这一段话必不可少的?

A. 居里夫人伟大的道德品质推动了时代和历史的发展
B. 欧洲的知识分子应当学习居里夫人的道德品质
C. 欧洲科学事业落后的原因是科学家们缺乏崇高的道德品质
D. 居里夫人的品德力量和热忱将成为欧洲科学发展的强大动力
E. 欧洲光明的未来从根本上说有赖于学习居里夫人的品德和热忱

(2) 筛选出下面这段话的核心信息。

贝多芬所做的是把音乐完全用做表现心情的手段,完全不把设计乐式本身作为目的。也正是这一点,使得某些与他同时的伟人不得不把他当做一个疯人。不错,他一生非常保守地使用旧的乐式,但是他给它们注入了惊人的活力和激情,包括产生于一定思想、信念的那种最高的激情,结果不仅打乱了旧乐式的对称,而且常常使人听不出在感情的风暴下竟还有什么乐式存在了。他的《英雄交响乐》一开始使用了一个乐式(这是从莫扎特幼年的一个前奏曲里借来的),跟着又使用了几个漂亮的乐式;这些乐式被赋予了巨大的内在力量,所以到了乐章的中段,这些乐式就全被不客气地打散了。于是,在只追求乐式的音乐家看来,贝多芬是发了疯了。他这么做,只是因为他觉得非如此不可,而且还要求你也觉得非如此不可呢。

第四阶段,典型评议。学生将自己关于筛选信息的心得体会在讨论区中发布。在教师的指导下,学生在网上寻找感兴趣的文章,同时提出以筛选信息为目标的问题,在作业区内发布;由其他同学围绕这些问题进行阅读、讨论。最后由师生共同评议。时间为一课时。

案例评析:

中学语文阅读课,应该重视学生思维方法的学习、思维品质和思维能力的发展,尤其要重视创造性思维的培养。要致力于学生语文素养的整体提高,重视积累、感悟和熏陶,重视语文运用能力和语感的培养。要重视学生的实践活动,让学生在教学过程中主动学习。要重视师生的语言交际和心灵沟通。教师要善于激发学生的学习兴趣,创造性地开展多种形式的教学活动,努力形成教学个性。整体把握课文内容,理清思路,概括要点,理解作者的思想、观点和感情。这是一个有一定难度的、可以锻炼学生思维能力与理解能力的有价值的教学点。

基于以上原因,本次教学活动选取了一篇说明文《〈物种起源〉导言》。学生根据任务查阅丰富的网上资料,锻炼了对信息的筛选能力,并且对说明文的写作方法有了一定的了解,对说明文的阅读产生了兴趣。学生通过对教材、网络中有关资料的查阅,了解了达尔文,并受到了人格方面的影响。整个教学活动新颖之处在于将课堂教学和网络技术有机地结合起来,有利于学生信息能力的提高。

北京第 92 中学"信息技术与数学课程整合"实验

——高中数学"正弦函数 $y=A\sin(\omega x+\varphi)$ 图像"实验课

教前分析:

1. 教学目标

(1) 掌握正弦函数 $y=A\sin(\omega x+\varphi)$ 的物理意义。

(2) 通过实验认识并理解 $y=A\sin(\omega x+\varphi)$ 与 $y=\sin x$ 图像的区别和联系。

(3) 掌握并理解参数 A、ω、φ 的概念、物理含义及对 $y=A\sin(\omega x+\varphi)$ 图像的作用。

(4) 掌握利用信息技术收集、加工处理数学实验数据的方法。

2. 教学重点、难点

三角函数 $y=A\sin(\omega x+\varphi)$ 与 $y=\sin x$ 的内在联系、函数 $y=A\sin(\omega x+\varphi)$ 中的参数 A、ω、φ 的实际意义及对函数图像的影响。

3. 学生的相关知识背景

在物理课中已了解单摆实验和电流强度的概念,具有自己动手做实验的能力;学生已经会使用图形计算器。

4. 教学形式

根据教学内容和学生的特点,采用实验教学的方式,以"问题情境—实验—交流—新问题—再实验—再交流"的学习模式。设计两项实验,学生分成 A、B 两个大组,A 组测单摆中小球的位移与时间的关系;B 组测台灯的强度与时间的关系(实际是测交流电中电流强度与时间的关系)。每两个学生组成一个学习小组。

5. 教学媒体的选择(见表 8-1)

表 8-1 教学媒体的选择

知识点	学习目标	媒体类型	作用	媒体的使用方式
1	理解	TI92Plus 图形计算器、CBL、CBR 系统	创设情境、提供知识建构的基础	学生自己动手做实验,图形计算器、CBL、CBR 系统作为实验仪器
2	理解	TI92Plus 图形计算器、微机及几何画板软件、液晶投影仪	显示函数动态变化过程;意义建构	显示学生的实验结果,显示教师的指导
3	综合	微机及几何画板软件、液晶投影仪	显示函数动态变化过程;意义建构	显示教师的总结

6. 教学内容及要求(见表 8-2)

表 8-2 教学内容及要求

序号	知识点	了解	记忆	理解	应用	综合
1	正弦函数 $y=A\sin(\omega x+\varphi)$ 的物理意义			√		
2	$y=A\sin(\omega x+\varphi)$ 与 $y=\sin x$ 图像的区别、联系			√		
3	参数 A、ω、φ 对 $y=A\sin(\omega x+\varphi)$ 图像起的作用					√

教学过程:

1. 物理实验探索

问题:学习了正弦函数的图像及性质,请认真思考,在实际生活中是否存在这种函数关系?下面分组做两个实验,探索一下实际生活中的数学问题。

学生分成 A、B 两个大组，A 组测单摆中小球的位移与时间的关系；B 组测台灯电流的强度与时间的关系，它反映的就是交流电中电流强度与时间的关系。

A 组实验：单摆中小球的位移与时间的关系。

仪器：单摆、TI92Plus、CBR。

目标：借助 TI92Plus、CBR 系统测绘出单摆的位移与时间的函数关系图，猜想函数类型，并拟合、回归函数解析式，思考影响函数关系的因素。

学生活动：A 组分若干小组，自己分工，有学生负责仪器的放置、小球的摆动，有学生负责收集数据，认真观察实验过程及最后形成的图像，记录有关数据。实验成功之后小组长负责阐述、演示本组的观点和结论。

B 组实验：交流电中电流强度与时间的关系。

仪器：TI92Plus、CBL＋光探头、台灯。

目标：借助 TI92Plus、CBL＋光探头系统测出日光灯强度变化与时间的函数关系图，猜想函数类型，并回归出函数解析式，思考影响函数关系的因素。

学生活动：B 组分若干小组，自己分工，有学生负责调节系统，有学生负责收集日光灯或台灯强度信息，认真观察实验过程及最后形成的图像，记录有关数据。实验成功之后小组长负责阐述、演示本组的观点和结论。

2. 数学实验探索

在完成上述实验后，教师组织不同的小组进行讨论交流。在讨论中，教师又引导学生发现了新的问题：从以上两个实验中，我们得到的关系是正弦函数，解析式可以写成 $y=A\sin(\omega x+\varphi)+k$。从解析式上看，影响函数图像的分别是参数 A、ω、φ、k。那么这些参数是怎样影响函数图像的？根据新的问题，教师再次指导学生做进一步的探究：

实验目标：对正弦函数 $y=A\sin(\omega x+\varphi)$ 中的参数 A、ω、φ 赋予不同的值，比较 $y=A\sin(\omega x+\varphi)$ 与 $y=\sin x$ 图像的区别和联系，找到参数 A、ω、φ 对 $y=A\sin(\omega x+\varphi)$ 图像起的作用。

实验准备：学生每人一台 TI92Plus，分三组分别研究 A、ω、φ 对图像的影响。

实验过程：

(1) 分发实验报告表，按有关要求分步实验。

(2) 输入函数表达式 $y_1=\sin x$，$y_2=A\sin(\omega x+\varphi)$。其中参数 A、ω、φ 按照要求随意赋值，记下数据。

(3) 调整好窗口设置。画图，比较 y_1、y_2 的图像变化规律。

(4) 换几组数据，画图。

(5) 讨论得出 A、ω、φ 对 $y_2=A\sin(\omega x+\varphi)$ 函数图像的影响。

(6) 小组代表发言，学生不断纠正总结规律。

学生活动：学生利用图形计算器自由的给参数赋值，反复观察图像的变化，然后各小组进行讨论交流，得出结论。

3. 总结得出结论

最后依照学生讨论的结果，教师总结结论：

(1) 函数 $y=A\sin x$($A>0$ 且 $A\neq 1$)的图像可以这样得到：把函数 $y=\sin x$ 图像上所有点的横坐标保持不变，纵坐标伸长($A>1$)或缩短($0<A<1$)到原来的 A 倍。$y=A\sin x, x\in \mathbf{R}$ 的值域是 $[-A, A]$，最大值是 A，最小值是 $-A$。

(2) 函数 $y=\sin(x+\varphi)$ 图像可以这样得到：把 $y=\sin x$ 图像上所有的点向左($\varphi>0$)或向右($\varphi<0$)平移$|\varphi|$个单位。

(3) 函数 $y=\sin\omega x$($\omega>0$ 且 $\omega\neq 1$)图像可以这样得到：把函数 $y=\sin x$ 图像上所有点的纵坐标保持不变，横坐标压缩($\omega>1$)到原来的几分之几或伸长($0<\omega<1$)到原来的几倍，并用几何画板软件演示 A、ω、φ 对 $y_2=A\sin(\omega x+\varphi)$ 函数图像的影响；几何画板可以为做"数学实验"提供理想的环境。用画板几分钟就能实现动画效果，可以帮助学生从动态中去观察、探索和发现对象之间的数学关系与空间关系。

案例评析：

这次教学活动是教师运用建构主义学习理论和计算机技术与数学课教学成功整合的教学设计案例。它的成功主要体现在：

(1) 在教师创设的情境中，实现了学生主动进行探索式、发现式学习的建构学习方式。教师在学生已有学习经验的基础上，从物理实验入手创设数学教学情境，为学生进行主动的知识建构提供了恰当的基础，并设计出让每一位同学都能积极参与学习的教学活动。这些设计对维持学生主动学习的学习动机发挥了明显的作用。学生在学习过程中，能够"动脑想"、"动手做"，使学生对所学知识产生浓厚兴趣，并观察到实际生活中的数学现象，感受到数学的重要性，培养了应用数学的意识。

(2) 教师将计算机、图形计算器等现代媒体与数学教学有机地整合在一起，发挥了现代媒体的优势。图形计算器良好的人机交互功能有利于学生探索问题、发现结果；有利于学生观察和抽象，帮助学生建立数学模型，进行决策分析。计算机、几何画板软件、图形计算器及液晶投影仪等现代教学媒体为数学教学开辟了新的途径，通过"问题情境—实验—相互交流"这种新的学习模式，学生可以理解问题的来龙去脉，从感觉到理解、从意会到表达、从具体到抽象、从说明到证明，一切都是在眼前发生的，从而有利于调动学生的积极性和主动性，达到乐于学习数学的目的，起到提高学生数学素养的作用。

(3) 课堂上成功地实现了师生之间、学生之间以及人机之间的交流。要充分体现学生是主体，教师是主导的教学理念，仅靠学生自己动手做实验是不够的，还必须进行交流。该案例设计的物理、数学实验都要求学生之间交流、总结实验结论，并让学生上讲台利用媒体表述自己的实验结论；教师适时地提出问题使交流继续进行。整节课教师的讲授占用了 30% 的时间，学生的自主学习占据了整节课的大部分时间。

二、信息化学习方式

新的技术开启了新的生存空间，改变着人们的生存方式，每个时代的生存方式和生存空间无不深深地被打上技术的烙印。从本质上看，信息技术对学习产生了一个重要影响，它丰富了学生的学习手段，使学生的认知工具得到了实质性的发展，进而使得学生的学习方式发生了具有时代意义的变化。

(一)信息化接受学习

1.信息化接受学习的含义

"接受学习"作为一种学习方式已经由来已久,但作为学习理论中的一个科学概念,却是美国教育心理学家奥苏贝尔首先提出的。他认为,在绝大多数学术性学科中,学生主要是通过对呈现的概念、原理及事实信息的有意义接受学习来获得教材的。教师应该把严密组织好的、有顺序的、或多或少带有结论性的材料提供给学生,从而让学生接受最有用的材料。教学的目的在于帮助学生理解传递给他的信息的意义以致他们能恰当地将新材料与自己已有的知识相结合,并认为这种学习在掌握教材中占主导地位。奥苏贝尔认为在一般的课堂教学过程中,主要采用的学习方式还是有意义的接受学习。接受学习的重要性在目前阶段仍然是不可低估的,可以说是学习者最重要的学习方式和获得发展的途径。

所谓信息化接受学习是指在信息化环境中,在教师的组织和指导下,在现代信息技术的支持下,构建一个良好的学习环境,把严密组织好的、有顺序的、或多或少带有结论性的材料提供给学习者,从而让学习者接受最有用的材料,并学以致用。将信息技术引入学习之中,为开辟新的接受学习方式提供了契机。在信息化学习方式中,传统的教学模式并没有发生根本性的变化,只是在信息化的大潮中,信息技术作为一种工具介入到教学过程中来,为教师的教学提供了演示工具,为学习者的学习提供了认知工具,为师生互动提供了交流工具。因此,在信息化环境中,应该正视信息技术为学习带来的改变,利用它资源丰富、形象生动、传递迅速、传播广泛、非实时交流等特性来改善被动的学习,使学习者在信息技术的支持下积极主动地接受教师传授的知识,并将它们纳入自己的认知结构中,在学习过程中提高能力、改变态度。

2.信息化接受学习的特点

信息化接受学习除具有一般接受学习的特点之外,最大的特点就是为学习创造了打破时空限制的学习环境,信息技术的使用为异时异地的学习提供了机会。从理论上讲,学习者可以随时、随地进行学习,还可以与学习相关人员进行沟通并获取各种学习资源。传统的接受学习基本上局限于教室,有些不易进入教室的学习资源很难在课堂上显示,信息技术则可以作为教师的演示工具,将不在眼前的学习内容放在学生的眼前。传统课堂教学中,人与人之间的交往主要依靠面对面的直接沟通,这种面对面的直接沟通对学习者的学业提高以及人格发展都是十分重要的,可以说是比较符合学习规律的一种方式。但是,一旦不具备面对面的基本条件,有效的接受学习活动就难以进行。人们长期以来为解决这个问题而做着不懈的努力,自从得到了信息技术的帮助,充分发挥信息技术对学习支持的"无处不在性",这个问题才真正有了一个理想的解决思路。利用信息技术,教师可以随时制作、发布学习材料,学习者可以在任何时间、任何地点接收学习资源和接受教师的指导。

3.信息化接受学习的类型

从课堂学习、大众传媒和互联网络为出发点,将信息化接受学习归纳为下面三种类型:

(1)课堂讲授与课堂演示法相结合。在目前情况下,信息技术已经作为一种新式手段走入课堂教学,它帮助教师展示提纲、进行课堂演示,充分解决那些只是依靠教师的力量无法实现的教学意图。例如,将远处的事物拉近到身边,将微小的事物放大,将不易观察的过程性内容可视化等,实际上就是把现代信息技术的作用体现和纳入接受学习过程之中,为接受学习服务。其中教师以人的基本特征,特别是使用言语工具与学习者进行学习交流,并通过控制具有强大表现力的教学媒体向学习者呈现教学信息,还有从学习者那里获得反馈信息,再进行改进和优化教学过程的工作是十分重要的。这里应该特别强调教师作为教学主导的重要性,教师的教学表现不能因为使用了信息技术就变得难以发挥,甚至出现喧宾夺主的现象。有的教师只是作为一名幻灯片的解说员,或者播音员,受到幻灯片的支配和控制,使自己的教学主导地位丧失殆尽。

(2) 基于大众传媒的接受学习。基于大众传媒的接受学习是指利用印刷媒体、视听媒体,辅之以面授辅导所进行的学习活动。这种学习方式的产生主要源于集体式课堂教学,是在集体面授课堂学习的基本思路之上的延伸,只是在媒体的选择上使用了大众传播媒体,教师通过教学媒体将教学内容传送给学习者,这种学习方式的最大不足是不能直接获取反馈信息。在大众传媒支持的接受学习中,电视是最具有典型性的教学媒体。另外,并不是使用了大众媒体就必须是远程方式的,正如人们所见到的那样,普通教室里也经常会出现电视和收音机的身影,有教师在场,可以克服没有反馈信息的不足。

(3) 基于Internet的接受学习。Internet是世界上最大的信息资源库,它为人们提供了高效快捷的学习工具,并具有其他技术手段无可比拟的优越性。目前,基于Internet的接受学习主要以网上讲授形式为主。它又可分为同步式讲授和异步式讲授。第一,同步式讲授。教师、学习者不在同一地点上课,学习者可在同一时间聆听教师讲解并与教师进行交流,它与传统接受学习非常相似。基于Internet的接受学习主要通过视频会议系统来实现。视频会议系统可以在Internet中实时传输视音频信息,在教学过程中,教师在配有摄像机、话筒、电子白板和投影仪的授课教室中讲课;学习者在配有同样设备的远程教室中聆听教师的授课,教师讲课形式与课堂讲课形式基本相同,在电子白板上板书,通过投影系统观察远端教室中的学习者表情,通过视频控制系统接收学习者的反馈信息等。第二,异步式讲授。它可以利用Internet的网页及电子邮件服务实现。教师将教学要求、教学内容及教学测评等教学材料编制成特定格式的文件,存放在Web服务器上,学习者通过浏览这些页面来达到学习目的;同时,教师还可以将课堂授课过程拍摄下来,制作成流媒体课件,供学习者在线点播,使学习者无需在指定时间和地点学习,就可以根据自己的时间来接受教师的课堂授课。由此看来,为学习者准备高水平的学习资源是十分重要的。比如,现在很多高校和图书馆将名人名家的研究精华整理成视频资料,学习者在任何一台可以上网的计算机上、在任何地点、任何时间就可以接收到最高水平的学术讲座录像,极大地方便了学习者学习。在学习者遇到疑难问题时,可以通过信件、电子邮件、BBS等交互工具询问教师,教师对学习者的疑难问题给予解答。

4. 信息化接受学习中交互式电子白板的运用

我们注意到,如今的很多中小学课堂都配备了交互式电子白板,它与以往的视听教学媒体相比,在交互功能方面获得了长足的进步。但这绝不仅是一个信息技术的简单替换,那么,为什么需要将电子白板引入教学活动之中?教师为了实施能够促使学生加深理解的教学活动,比起纸张和黑板来,多媒体是否会更加有效?答案并非是肯定的。如果教师没有自觉提升使用数字化教材的教学指导力,那么,多媒体教材的作用,就不会得到充分的发挥。

我们需要充分了解电子白板的功能、应用效果和教学模式,才能更好地开展运用电子白板的教学活动。

(1) 交互式电子白板的功能

交互式电子白板具有四大功能。第一,可以在屏幕上直接操作,将师生从弯腰操作计算机的尴尬动作中解脱出来,更便于师生、生生在课堂上作充分的交流。第二,可以在屏幕上直接书写。屏幕上并非只是白色底板,师生可以在照片、暂停的视频、网页、地图与图表以及 PPT 的画面上,自由地书写和描画。将电子白板与实物投影仪连接,能够把学生的笔记、作业单、教科书的文本、图片等作为图像数据投射在屏幕上,师生可以在这些画面上书写。第三,具有放大的功能。将学习内容放大,突出学习重点,为学生的观察提供必要的心理学意义上的支持,使学生可以真正看清楚学习对象,学习刺激量大大增强。还可以实现学习信息的共享化。第四,具有存储功能。电子白板可以将师生在电子白板上进行的各种学习活动记录下来,生成今后可利用的新资源。这种学习资源具有个性化、实用化、便利化的基本特征。

(2) 交互式电子白板的应用效果

我们从以下三个方面归纳电子白板的应用效果。从教师的视角看,具有速记性和流畅性。从学生的视角看,具备记笔记的效果。从师生关系看,可以实现师生的有效互动,还具有集中大家视线的效果。

第一,速记性和流畅性。速记性是指能够迅速书写文字的意思,可以使用专用笔在电子白板上手写、手画。特别是在需要更大的板书空间时,可以不必擦拭黑板,只需打开新的一页就可以继续书写。事实上,已经没有空间因素的制约。另外,电子白板可以迅速展示事先准备好的教学材料。教学中应用的材料,可以是彩色图画、动画等多媒体,也可以是计算机的应用软件以及网上的教学内容。而且,这些在电子白板上呈现的教材,都可以在大屏幕上通过触摸的方式操作。因而,教学过程变得自然而流畅。

第二,记笔记的效果。学生记笔记的活动是指学生把电子白板上的板书内容或展示的其他数字化材料,用自己的语言记录下来的活动。也就是将从电子白板上获得的知识,在自己的认知结构中进行重新结构化的活动。便于今后复习时使用。为了使教师书写的速度与学生记笔记的速度大体相同,教师需要放慢书写速度。有学者对学生记笔记的行为与发言行为的相关性进行研究,认为记笔记可以促进积极的教学互动。但是,电子白板呈现信息的速度非常快,因此,控制住呈现信息的速度,并留给学生记笔记的时间,就显得十分重要了。为了帮助学生记好笔记,教师可以在上课前,为学生准备一些写有必要事项的作业单,供学生上课时使用。

第三,集中大家视线的效果。交互式电子白板的一大优势是在公共空间能够实现信息共享。只是单一的信息共享,发给学生复印材料、用计算机阅读等都可以实现,而使用电子白板则可以实现大家共同、同时观看同一条学习信息。首先具有实时性。此时的教学主题师生能够一目了然。这些教学主题可以是教师的板书或展示材料,也可以是学生将自己的答案或看法投放到屏幕上加以说明。其次，集中注意焦点的作用。在屏幕上，用手和指示棒提示现在应该关注的内容，可以提高学生的理解度。再次，能够促进学习共同体的形成。学生共同观看同一条信息，就有可能产生一体感和安心感，提高相互之间的参与感。电子白板的使用确实可以引发师生的教学参与感，可以提高学生共同学习的积极性。

（3）交互式电子白板的教学模式

从使用者而言，可以在教学实践中归纳出两类使用模式。一类是教师的使用模式，另一类是学生的使用模式。教师的使用模式共分为五类：板书、讲解、演示、内容、讨论。学生的使用模式也可分为五类：回答、内容、发表、说明、讨论。在此建议教师尝试使用这些教学模式，也可尽力开展其他有效的模式，同时，必须关注现实对电子白板的使用方法。

① 教师的使用模式：第一，板书。主要使用了书写和保存的功能。电子白板所具有的多种色彩的电子笔和各种图形图，增加了教学内容的可视性，通过保存的方式，实现了生成性教学内容的反复使用。教师可以在板书、图形上，对教学内容加以说明。第二，讲解。可以使用操作、书写和保存的功能。通过放大和书写学习内容，教师可以放大展示教科书的文本、插图、图表上，一边书写、一边面向全班学生进行讲解。电子白板可以展示教科书、学生的笔记和学习单、试题和家庭作业等。第三，演示。可以使用直接操作、书写的功能。将实验和操作放大，通过书写方式，使学生清晰地观察到学习的重点。可以呈现汉字笔画的书写方法、手工和自然学科的实验等，一边描画，一边讲解。第四，内容。可以使用操作和书写的功能。学习内容中包含大量数字化内容。电子白板可以为学生提供各种形式的学习内容，例如，视频、音频、动画、画像、图片、模拟、文章等。具体而言，可以是新闻、小说、电影、电视节目、照片、歌曲、游戏、漫画、动画片等。教师可以在电子白板上直接操作这些学习内容，并加以有效说明。此时的操作和书写，可以具有良好的学习节奏，并且可以牢牢地吸引住学生的视线。第五，讨论。可以使用书写和保存的功能。教师可以使用电子白板将教学中讨论的过程记录下来，并可以方便地再现前面讨论的内容。随时记录，实时推进教学进程。讨论时可以呈现教科书、资料集、学习单、讨论记录等。

② 学生的使用模式：第一，回答。可以使用书写和保存的功能。学生能够立即书写，可以有效地巩固基础知识。教师可以呈现问题，学生将答案写在电子白板上。此时，教师可以利用教科书、资料集、问题集和考试试卷等。第二，内容。可以使用操作和书写的功能。面对丰富的数字化学习内容，学生可以直接操作电子白板，能够获得玩电子游戏的感觉，既可以按照良好的学习节奏活动，又可以体会到学习的快乐。最终可以实现巩固基础知识的目的。学习内容可以是操练和抢答的问题。第三，发表。可以使用操作和书写的功能。学生通过放大和书写，可以清晰地突出汇报时的内容重点，可以提升学生的表现力。学生可以呈现自己的作品、观察记录、学习单、照片、录像、墙报，一边书写，一边讲解。第四，说明。可以使用操作、书写和保存的功能。学生可以使用这种模式与大家共享想法，提升思考力。展示在学习中产生的设想、感悟、想法、观点，一边书写，一边说明。第五，讨论。可以使用书写和保存的功能。学生可以使用教科书、资料集、学习

单、讨论记录。清晰把握讨论的要点,可以做到充分的学习交流。面对学习材料,一边书写,一边讨论。电子白板可以作为学生讨论的平台。

(4) 交互式电子白板的应用趋势

交互式电子白板的运用,或者说信息技术的运用,不仅局限于信息化接受学习这种学习方式,目前在使用中正悄然发生着教学理念的变化,这些变化主要体现在:

① 从易于理解的教学向促发学习的教学发展

以往的教学观十分重视实施学生易于理解的教学,这是无可厚非的。但除了让教学易于理解之外,如何促发学生的学习显得更为重要。从现代教学观而言,教师不仅应该关注进行易于学生理解的教学,而且,更应该实施学生自身创设学习的教学活动。有些知识也许是教师告诉给学生的,有些内容是教师让学生明白的。因此,就会产生一种危险性,学生已经习惯于轻松地接受信息,不大费力地掌握教学内容,而缺乏积极进取的精神与勇气。因此,教师需要主动调试自己的教学指导力,力争做到既能实施易于学生理解的教学,又有能力实施有利于学生自主创设学习的教学。一般而言,使用电子白板和数字化教材,能够有效地帮助教师实现这种转变。在教学中,需要为学生设计必须使用大脑进行深度思考才能完成学习任务的研究课题,让学生面对强力挑战,并且能够在踮起脚尖之后,可以完成学习任务。这一点,在任何学科中都是必要的,也是可能的。

在我们看来,世界上只存在两种教学活动。一种是产生了学习的教学,另一种是没有产生学习的教学。教师所追求的应该是前者。

② 作为学生的学习工具加以应用

从以往的信息化教学实践中不难发现,电子白板大多被教师用做展示工具,并且,各种教学媒体一般都掌握在教师手中,学生不能随意使用。但目前,这种状况已经开展发生了改变。教学工具开始转变为学习工具,学习过程中更重视学生的参与,更重视师生之间、学生之间、学生与学习工具之间的互动。但需要引起注意的是,精心设计学生使用学习工具的教学活动是非常有必要的。教师需要转换思路,加强从教具到学具、从教师用到学生用的教学研究。

③ 从演示工具向探究工具转化

从学习方式的维度而言,探究学习的作用不可低估,而在探究过程中的学生则特别需要探究工具的支持,需要探究的把手和探究的环境。实践证明,学生合理有效地利用思维工具进行思维活动,会促进思维水平的提高,可以培养学生问题解决的能力,有利于思维品质的发展。思维品质的五大要素是思维的深刻性、灵活性、独创性、批判性和敏捷性。在小组合作学习探究活动中,小组成员利用信息技术进行观察、分析、互动、发表等学习行为。个别学习时,学生个体可以借助电子白板提供的多种教学资源,以及促进思维的各种工具,进行深入的思维活动。

④ 从集体授课向小组学习发展

目前在教学中,鲜见以学生小组为单位,围绕一个核心主题,几位学生利用电子白板,边说边画、指指点点,融洽研讨的场景。大班集体授课的形式,有时会限制电子白板作用的发挥。以小组的方式使用交互式电子白板,学生与学生之间可以更好的互动,提高信息交流的质量,可以使表达更加直观、明确、清晰和深刻,减少衰减、误解、滞留等消极现象的发生，可以有效地将内隐思维活动外显化。

⑤ 从课内应用向课外应用转化

思维方式的转变，会引起行为方式的变化。换一个视角看问题，也许就会打开另一番新天地。学生在课余时间，按照自己的意愿，按照自己的学习目标，按照自己的实际需要，自由使用电子白板。真正实现放飞自己，解放自己，不受任何外部说教的指使，在单位时间内，自己做自己的主。这种课外的"绽放"所起到的教学作用，并不亚于课内的学习。课外使用学习工具，既可以是小组形式，也可以是个体形式，还可以是两三个伙伴的形式。

5. 信息化接受学习设计策略

(1) 关注学生的持续注意力。信息技术虽然能为教学提供丰富的教学资源，是教师有力的教学工具，却不可能解决所有的教学问题。尤其是在接受学习中，学生的主要学习任务是接受教师所提供的教学内容，并加以消化理解。无论是在课堂教学中还是在远程教学中，学生不可能对所有教学内容都轻易同化，尤其是与自己的认知结构相距甚远的、自己不感兴趣的内容。这就要求教师在教学设计时，对学习者做较为详细的分析，对学习者的认知结构有清晰的认识，在准备教学材料和组织教学内容时要考虑学生的学习兴趣和疲劳程度，在教学过程中要适当调整，使学生能够保持较高的注意力水平，可持续地将教学内容同化和顺化到自己的认知结构中。在远程教学过程中，教师很少能够根据学生的反应做出教学调整，就只有依靠教师丰富的教学经验进行前期设计、学生积极的态度进行学习来弥补了。

(2) 组织高逻辑性和系统性的教学内容。由于接受学习的目的是使学生在较短时间内掌握系统完整的知识，因此教学内容的组织就显得异常重要。除了教学内容本身的逻辑性和系统性，教师对教学内容的组织和讲解的过程也直接影响到学生对知识的接受效果。因此，教师在设计教学内容时，要注重知识的前后联系，注重知识本身内在的逻辑关系条件，在设计组织和讲解方式时要对学生的接受规律有较为深刻的研究。既要考虑知识的完整性，又要考虑课程的容量，还要考虑学生的承受能力，根据学生对原有知识的掌握程度和学生的心理特征来安排教学内容，达成教学目标。

(3) 关注学生差异。在信息化接受学习中，对学生差异的关注是一个十分重要的工作，而且是一项难度很大的工作，尤其是在教师讲、学生听的情况下。当然，在信息技术作为个别辅导工具的情况下，这种问题有所改善。但是，我们也应该清醒地认识到，无论是教师还是信息技术，都不可能对所有学生的所有反应做出准确的判断，也不可能在单位时间内关注到所有学生。因此，在学习过程中，教师应加强对个别学生的关注，而在非实时的教学中，一般可以通过网络技术来加强对学生的关注以及对学生差异的关注，这也是信息技术促进接受学习的一个重要作用。

(4) 加强师生交互。在传统的课堂接受学习中，教师作为强传播源，学生作为知识接受者，存在着一个话语权力不对等的问题，因此，教师和学生深层次的交流和沟通的机会十分有限。在信息化环境中，这种问题依然十分严重。一方面是原有学习方式的形式禁锢了接受学习的进一步发展；另一方面这种学习方式有其先天的特征，即教师作为主要知识的来源，学生只能处于接受知识的地位；即使在信息技术支持下，师生沟通的手段依然很有限,很不方便。然而,学习活动应该是一个双向的过程,教师的"单向传授"容易导致学生的被动或机械式接受,使学生产生厌烦心理,影响教学效果,降低教学效率。因此,在信息化环境下,我们提倡加强师生交互,教师心里一定要"全心全意"地装着学生,让学生真正感觉到自己是学习的主人,而不是被动的接受者。

(5) 运用启发式教学。在教学实践中,很难一以贯之地使用单一学习方式,学习方式的应用总是具有综合性和灵活性。在接受学习中,教师适当运用启发式教学,能够充分发挥学生学习的主动性和创造性,激发学生的智慧潜力,使学生能自觉地、积极主动地使新知识与其认知结构中的有关知识发生相互作用,从而使新旧知识建立牢固的联系。

(二) 信息化合作学习

1. 信息化合作学习的含义

合作学习是指学习者以小组为单位,为了完成共同的任务,有明确的责任分工的互助性学习。合作学习强调合作、强调发挥群体智慧、强调个人责任。它将个人之间的竞争转化为小组之间的竞争,有助于培养学习者竞争意识、激发学习者的创造力;有助于培养学习者合作意识和合作技能;有利于学习者之间的交流沟通、增进他们彼此间的了解与理解;通过合作与交流也必然会促进自我反省与自我意识的发展。

在信息化环境中的合作学习是指学习者在教师的指导和帮助下,以小组为群体单位,为达到共同的学习目标,完成共同的学习任务,利用计算机网络以及多媒体等相关信息技术获取、分析和处理学习资源,得到学习服务支持,进行分工协作,相互交流,以实现教育教学目的的过程。

提起信息化合作学习,人们会联想到"CSCL",它是信息化合作学习的典型实例之一。"CSCL"是 Computer Supported Cooperative Learning(计算机支持的协作学习)的简称,它是指利用计算机网络建立协作学习的环境,使教师与学习者、学习者与学习者在讨论、协作与交流的基础上进行协作学习。它的基本优点可以概括为:开放的时空环境,突破了传统的学校教育的时空界限,使得学习交流、合作在更广阔的空间进行;可以充分发挥计算机网络的优势,全面展现问题情景,获取丰富多样的多媒体教学信息,有利于逼真的协作情境的创设,激发学习者的学习兴趣和学习动机;超媒体的信息组织方式,符合人类联想思维的特点,激发学习者自主探索知识的积极性;友好一致的交互界面、多样化的交互形式、促进协作与会话方便进行的交互工具,使处于不同位置的协作成员可以方便地开展各种形式的会话与协作,使学习者更好地理解知识;可以培养学习者的信息能力、学习策略、社会交往技能;教学模式以学习者为中心,增强了学习的协作性。

2. 信息化合作学习的特点

信息化合作学习既具有一般合作学习的特点又具有与信息技术相结合而表现出的独特性质。网络技术和计算机技术的发展,使得处于班级教学之内的合作学习突破了时间和空间的限制,在时间上得以延续、空间上得以超越,并且可以通过各种信息工具获取更多的学习资源与学习支持,合作学习中的各种交流与合作可以利用信息技术进行。

(1) 学习者参与度大。参与度既包括学习者参与学习的广度,也包括参与的深度。信息化合作学习中学习者在广阔的参与圈内面临各种交互形式,能获得不同程度、不同形式的多种参与体验。而且网络使学习突破了学校的范围，变成了一种大环境下的合作学习。同时，基于信息技术的合作学习在信息技术创造的环境中，采用了电子通信、文件记录保存、信息处理等方式，使原本属于记录员、保管员、材料整理员、报告者等这些角色的任务交由计算机系统来执行，有利于参与合作学习的成员全身心地投入，增加参与的深度。此外，由于网络上信息资源具有丰富性、集成性，学习者能够在较短的时间内完成材料的收集、整理等一些初级活动，有利于学习者把更多的时间和精力用于高级的认知活动。

（2）学习内容和学习资源丰富。在信息化合作学习中，学习者可以利用计算机网络、远程通信讯技术及各种相关的信息技术获取合作学习所需的学习内容和学习服务支持。学习内容不再局限于课本，教师可以将学习内容发布在 BLOG 或者论坛上，方便学习者的获取。学习者也可以将自己找到的学习资源发布到班级论坛中与大家共享。

（3）学习交流方式灵活。在信息化合作学习中，各种交互协作活动可以凭借信息技术来实现。教师与学习者之间可以利用 ICQ、E-mail 进行交互沟通，学习者将学习中遇到的困难、学习的进展情况及时地告诉教师，教师可以将一些学习指导、新的学习指示发送给学习者，师生双方利用计算机网络等工具保持紧密联系。学习者之间也可以利用信息技术实现交互协作，充分拉近了学习者之间的距离，使学习者之间的交互变得更加自然、及时和有效。

（4）评价方式多样。在评价阶段，信息化合作学习的评价形式多种多样。教师可以把评价标准发布在网上，学习者根据各种准则在网上进行评定。由于学习者分别在网上评定，评价结果就更为客观、科学和个性化。另外，教师可以利用计算机搜集、储存评定结果，这种方式也更加便于教学管理。

3. 信息化合作学习设计实例

从总体上看，目前信息化合作学习尚未在学校教育领域得到广泛的应用，其现实原因是多方面的，例如设备资源的缺乏、学习者自身水平的限制、教师的综合素质还没有达到一个成熟指导者的水平、学习内容大多在课堂教学中就可以有效地解决等。但我们也看到信息技术在学习中越来越多地被有效使用，技术的发展对学生的合作学习正产生着深刻影响。

以中学地理为例。地理学科的学习内容十分丰富，包括天文、资源、农业、工业、交通人口、环境等，而且贴近自然、人类和社会。现代地理学更注重人地关系的研究，中学地理教学中也充分体现了这样的要求，强调培养学习者学以致用的能力和习惯。地理学科的特点为实施合作学习提供了广阔的空间，能够培养学习者热爱生命、热爱自然，有利于培养学习者的资源观、环境观、人口观和可持续发展观。而信息化环境，特别是网络资源为中学地理教学提供了有效的学习平台，教师和学生可以从互联网上更多、更详细地了解书本上没有的国内外相关信息，从而使得信息技术有机地与地理学科丰富的学习内容相整合，恰如其分地将信息技术作为收集、处理、分析学习内容的有力手段，实现了有效的使用。下面是几个利用网络技术进行地理合作学习的案例。

（1）问题调研活动。这是以问题解决为中心而组织的合作学习。例如，在讲授太阳、月球与地球关系的教学中，可以设计这样的问题：太阳活动对人类有哪些影响？在气候的形成与变化的课程上可以提出这样的问题：气候与房屋建筑和饮食有哪些关系？常规能源中关于水能的课程可以设计这样的问题：三峡水电站建设的利与弊各有哪些？在教学中教师引导学习者根据这些问题分小组去查找资料，进行网上调查和社会调查，最后以小组为单位写出研究报告。

（2）小型论坛活动。在环境问题的表现与分布的教学中，分小组让学习者阐述自己对全球合作解决环境问题的看法；在陆地资源的教学中为了让学习者理解大部分自然资源具有多种功能和多种用途，可设计这样的论题：假如有一条河流流经某小镇，如果你是镇长，怎样综合利用这条河流？在可持续发展的教学中，让学习者表述自己在日常生活中打算采取哪些有益于可持续发展的行动，通过论坛活动，可使学习者敢于提出自己的观点，乐于参与公共活动，同时可培养其自信心。

（3）知识拓展活动。在人类对宇宙的新探索的教学中，可布置学习者通过报刊、计算机及其相关设备、互联网络等手段的应用，办一张小报以展示来自宇宙的新信息，让学习者了解更多更新的有关宇宙探索的动态知识，以拓宽学习者的知识面，激发学习者探索宇宙奥秘的热情和兴趣。

（4）辩论竞赛活动。例如，在大气环境保护一课的内容中，关于"大气温室气体使全球变暖"这一论题，目前科学家存在两种截然不同的看法，可组织学习者在网络上分组进行辩论；在人口与城市的教学中，可以我国计划生育政策为问题展开辩论，在辩论过程中，通过学习者对资料的搜集与处理，教师对辩论活动情境的设置，从而使得学习者的学习结果更具有深刻性。

（三）信息化个别学习

1. 信息化个别学习概述

信息化个别学习是一种在信息时代学生自学、独立学习、自我指导或自定步调的学习。对学生来说，自我责任感、自我进度和成功地学习是信息化个别学习的关键。这种学习是以丰富的学习资源和适当的学习目标为基础的。

信息化个别学习的主要优点：

（1）通过主动参与，学生能够产生一定的学习责任感。

（2）通过信息化个别学习，学生能养成良好的学习习惯和学习的自觉性。

（3）有明确的学习目标。供信息化个别学习的课程单元通常都附有一套行为目标，学生在学完该单元后，就知道自己能做些什么了。

（4）学生能够根据自己的实际情况和需要选择合适的学习方法。信息化个别学习单元的设计本身就是个性化的，设计者通常会用多种方法来处理相同的教材内容，以适应不同风格的学习者。

（5）信息化个别学习能使更多的学生体会到成功的喜悦。

（6）成功的个别教学程序将更有利于师生间和学生间的交流。

信息化个别学习的局限性：

（1）对于主动性和自觉性不够的学生来说，可能无法完成学习任务。

（2）不是对任何教师和学生都适用。

（3）教学设计较复杂，教师工作量大，费用较高。

实践表明,学习与事实有关的信息,掌握概念和原理,应用信息、概念和原理,培养解决问题的基本技能,发展动作技能等学习目标较适合于通过信息化个别学习的方式来完成。

2. 信息化个别学习的环节

在信息化个别学习中,学生不仅可以从网上获取学习信息,还可以进行网络测试、上传学习要求、通过网络与同学交流以及向教师寻求帮助等学习活动。信息化个别学习可分为以下四个环节:

(1) 在线浏览学习。在线浏览学习主要是在 HTML(超文本标记语言)技术提供的超文本环境下进行。用 HTML 开发的教学网页,可用文字、图形、动画、声音与视频等多种媒体来表现教学内容。使用脚本语言和 Flash 动画增强其交互性。ASP(动态服务器网页)技术可以实现统一管理教学内容、动态生成相关知识点的链接、跟踪用户学习记录等多种功能,还可以利用音频或视频点播技术向学习者提供可在线学习的视频、音频资源。

(2) 课件资源下载学习。学习者若受到 Internet 带宽的限制,不能在线学习,那么就需要将课件和教学资源打包、压缩、下载。这种情况下,学生可以在脱离网络的情况下进行信息化个别学习。

(3) 在线测试。使用 ASP 技术能在 Internet 上实现自动出题、自动批改和题库管理等功能,并能记录学习者的成绩,根据测试情况给出学习者仍需进一步学习的知识列表,从而实现信息化个别学习。

(4) 教师辅导学习。传统的辅导是师生在面对面的情况下进行的,而在网络上则可通过 BBS、聊天室、视频会议等方式进行同步或异步的答疑辅导。同时,还可提供一套汇集了布置作业、完成作业、批改作业、查看作业等多种功能于一身的作业辅导系统。

(四)信息化探究学习

1. 信息化探究学习的含义

20 世纪 90 年代初,信息的激增、知识类型的多样化、信息传播方式的多渠道都表明社会正逐步走向一个信息化时代。在客观上要求人们采用适应社会发展的多种学习方式,信息化探究学习作为其中一种重要的学习方式应运而生。

我们把学校课程中的"信息化探究学习"可以界定为"学生围绕一定的问题、文本或材料,在教师的帮助和支持下,充分利用信息技术,自主寻求或自主建构答案、意义、信息或理解的活动或过程"。从"探究"的最原初的含义上讲,探究就是"寻找":寻找所需的信息,寻找目标物体,寻找对疑问的解释,寻找解决问题的答案等。

信息化探究学习不仅能够弥补单一的接受学习的不足,而且在学习者全面发展方面具有明显的优越性:信息化探究学习的本质强调的是信息化环境下的探究学习的过程,而非现成的知识,它关注主体的全面、均衡的协调发展,旨在强化主体的探索欲望,提高主体探索能力,更符合时代精神的要求和社会发展的需要。

2. 信息化探究学习的特点

信息化探究学习强调学生是学习的主体,学生的学习是信息技术支持下的交互式、协商式、合作式的主动行为,有助于学生对科学概念和方法形成更明晰、更深刻的认识。

它的特点可以概括为多样性、体验性、自主性和技术性。

（1）多样性。信息化探究学习的目的是多样的：它以学生发展为本，把学生的发展作为教育发展的终极目标，不仅让学生学到知识，而且也着眼于基本科学素养和信息能力的提高；信息化探究学习的学习资源是多样的：学生不仅可以通过教材学习，也可以通过网络、电视等传播媒体获得大量的、丰富多彩的资源；信息化探究学习的设计模式是多样的：从获取信息的自主程度出发，可将信息化探究学习分为接受式信息化探究与发现式信息化探究，它们有多样化的模式；信息化探究学习的评价模式是多样的：其评价强调多元价值取向，鼓励问题解决方案的多样性，鼓励学生另辟蹊径，引导学生积极反思。

（2）体验性。信息化探究学习需要学生亲自参与体验，具有明显的体验性特征。学生参与实践，经历探究过程，以获得能力发展和深层次的情感体验，探究知识，掌握解决问题的方法。信息化探究学习给了学生直接参与情境进行体验的机会。活动的设计强调问题的情境脉络，强调学习的情境化，强调在真实的实际问题中接触重要的概念和策略，强调把学生引入真实自然的、具有生活现实性的情境中，像真正的实践者那样开展活动，思考和处理复杂的问题。通过在解决真实问题的情境中获取知识，学生容易理解怎么样、为什么和什么时候这些知识是有用的。这种学习方式所具有的实践性的特点，使学生从做中学，从探究中学，在实践中获取知识、培养技能、提高素质，获得身心的全面发展。

（3）自主性。信息化探究学习强调学生的自主性，注意培养学生的自主能力，保护学生自主参与学习的积极性。要求学生自主独立地发现问题、解决问题，实验、操作、调查、收集与处理信息，每一步都需要学习者主动参与，学生学习的过程不是被动吸收课本上的现成结论，而必须是学生亲自参与，主动思考，经历实践和创新的自主建构过程。

（4）技术性。在信息化探究学习中，学生不但可以从互联网上寻找信息和资料为自己的学习服务，而且可以运用某些计算机软件对数据进行处理。它具备探究学习与多媒体和互联网等先进技术相结合的优点，具备现代技术性。信息时代物质流、精神流、狭义的信息流都在教学中以信息传导，在信息化探究学习过程中信息共享，学生通过各种科技手段进行学习，在信息交互的同时不断建构自己的知识体系。由于信息化探究学习具备现代教育技术性，在学习活动中，除可以获取多方面的大量的资源外，也提高了学生的信息素养和思维能力等。

3. 信息化探究学习的典型应用——WebQuest

WebQuest是由美国圣地亚哥州立大学教育技术系的道奇（Bernie Dodge）和马奇（Tom March）博士于1995年提出的。它是信息化探究学习的一种典型应用。

WebQuest是指在网络环境下，利用互联网资源，由教师引导，以一定的目标任务驱动学习者对某个问题或某类课题自主地进行探究、探索和研究。WebQuest可以分为两种类型：短期型和长期型。短期型的WebQuest学习，学习者完成任务大约使用一到三个课时，它关注的是学习者掌握并理解重要的信息，并能运用相关的学科知识来解决实际生活中碰到的问题，同时还注意培养学习者的信息素养、合作技能以及创造性思维。长期型的WebQuest学习，耗时大约一个星期至一个月，甚至于更长。在长期型的WebQuest学习当中，学习者将深入地分析一些知识，并将其转化为其他形式，最后以产品的形式展现自己的学习结果，并运用网络或非网络的形式进行分享。

WebQuest 具有以下特点：

（1）培养学习者的协作精神。在 WebQuest 的学习中，学习者面对的任务是相当富有挑战性的，需要多人协作才能完成。

（2）多学科交融的视野。WebQuest 所选择的问题，是面向生活实际的，因此，往往是与多个学科知识背景相关的，在这样的学习当中，学习者综合自己在各门课程所学到的，以及在课外所学到的知识来解决问题。这样的学习方式，打破了学科之间的界限，培养了学习者综合思维的能力。

（3）信息素养的培养。WebQuest 要求学习者必须运用信息工具来解决问题，可以保证学习者有机会在问题解决过程中使用信息技术，从而为提高学习者的信息素养创造了条件。

（4）培养问题解决能力。WebQuest 的学习任务往往是复杂的，不是一蹴而就的，因此学习者需要在教师的引导下，化难为易，将大问题分解为子问题，一步一步地进行解决，在这样的解决问题的过程中，学习者处理复杂问题的能力将会得到提高。

（5）与实际生活联系起来。WebQuest 将真实性的任务引入课堂，一方面大大提高了学习者的积极性和学习的兴趣，另一方面将课堂学习与实际社会生活联系起来，让学习者真正感受到了学有所用。

怎样设计 WebQuest 的学习过程？我们可以通过对 WebQuest 模块的描述进一步认识 WebQuest。根据蒋鸣和教授及其团队的研究，WebQuest 可以分为六大模块，每个模块自成一体，又可以组合成为一个十分完整、严密的学习系统。六大模块具体如下：

（1）引言。引言部分提供相关的背景信息和动机因素，如给学习者分配角色："假设你是一位水下研究科学家。"这一部分还要让学习者了解学习目标，明确将要学习的内容。在长期的 WebQuest 学习中，引言可以贯穿全过程。

（2）任务。这部分要阐明学习者在完成 WebQuest 时要达到什么样的结果。应该注意任务要具有丰富的实际意义，并且是紧迫而急需解决的。

（3）过程。这部分描述学习者完成任务所需要经过的步骤。在这一模块中，学习者将了解到完成最终任务所需要完成的子任务，包括各个子步骤以及对学习者提出的建议，例如如何进行角色分配，如何安排时间等。

（4）资源。在这个模块中，学习者将获得有助于完成任务的资源清单。资源包括可以通过网络接触的专家列表、数据库、数据、网站等，也包括非网络性的资源，如录像、书籍、模型、海报、雕塑等。

（5）评价。WebQuest 的最终成果展示可以是作品、口头报告、表演等多种形式。在针对 WebQuest 进行的评价中，评价人员包括教师、家长以及同学，评价的形式则包括对成果的评价、基于过程的评价和总结性评价。

（6）结语。这是学习者进行反思，教师进行总结的阶段。总结学习内容和经验，鼓励学习者进行反思，还可以提出一些值得讨论的问题，鼓励学习者继续深化学习。

（五）信息化体验学习

1. 信息化体验学习的含义

信息化体验学习是一种以学习者为主体的，通过信息技术创设一定的学习环境，使学生主动真实地亲历或虚拟地亲历、反思来获得知识、技能、经验和态度的学习方式。这里强调信息技术创造的学习环境,信息技术在其中可以充当工具、同伴、场所、情境等角色。信息技术的学习环境主要包括丰富的学习资源、各种学习工具等。

信息化体验学习的过程通常有几个核心环节:

(1) 体验。学习者投入一定的情境中,这里包括真实情境和虚拟情境,以观察、表达和行动的形式来获得感性认识、直接经验或可替代经验(如在虚拟情境中)。信息技术的作用主要是为体验提供更多的情境。

(2) 分享与交流。有了具体体验之后,学习者应该与其他同伴分享感受和观察结果,并通过交流把这些分享的内容结合起来,建立对事物的整体认知框架。

(3) 反思。体验和交流之后要从经历中总结出原则或归纳提取出思想精华,通过对整个过程的反思,得出研究结果,并找到过程中的不足,制订修正计划,力图今后进一步内化学习结果。

(4) 应用。策划如何将这些体验应用到实际工作及生活中。而应用本身也成为了学生的一种宝贵体验,有了新的体验,新的循环又会开始,学生就是在这种不断循环的学习过程中得到主动发展的。

2. 信息化体验学习的特点

信息化体验学习的特点概括为主动性、主体性、实践性、反思性和情境的虚实性。

(1) 主动性。主动性是强调学生积极主动的参与,如果没有主动参与就不能产生任何体验,更无法进行学习。它要求学生在个体的体验中,获得身体活动和心理活动的感受。活动是以学习者为主体的,关注学习者自己的感受、价值取向以及学习方式,需要学习者自己的观察、反思和总结,学会在不同的环境中学习、思考和解决问题。

(2) 主体性。主体性是指确立学生的主体地位并发挥其自觉性,是学生去体验而不是教师去体验,但是在确定学生的主体性时,并不意味着否定教师的主导作用,教师的主导作用以学生的主体地位为出发点且有一定的隐蔽性。在学习过程中,教师可以提供给学生学习环境、最简单的内容、方向,至于活动的具体计划、细则及步骤、行动方案的实施基本上由学生自己进行,这样就能充分发展学生的能动性。但是,在体验的过程中,教师需要全程给予指导,特别是在学生遇到困难的时候,教师更要适时地给予最优的帮助。

(3) 实践性。信息化体验学习强调在信息技术环境中的"做中学,学中做"。它强调实践及动手操作,要求学生不仅仅在课堂上、校园里,而且还应该在课后、校外将自己所学的知识、技能、技巧和生活经验在参与集体和社会活动的过程中充分运用,并从中获得新的生活体验。整个过程都需要学生亲身参与、经历和体验,需要他们自己在行动中进行概括总结。它注重的是行动的过程,让学生经历,不但有助于通过多种活动探究和获取知识,更重要的是学生在体验中能够逐步掌握学习的一般规律和方法。

(4) 反思性。所有学习的精髓,归根到底都是我们如何处理和看待自己体验或经历的方式方法。我们无论采取什么方式学习,最终都要通过自己的反思、提炼、升华,才能有质的飞跃。杜威认为体验学习与其他学习方式的差异在于它不仅强调学习者的"做"而形成经验,还强调学习者对经验的反思,他认为"没有反思的经验是没有意义的",因此,与以记忆为主的机械学习不同。反思是体验学习的关键,它要求学习者有意识地关注所学的东西并设法巩固,常常用"为什么"、"如何"、"是什么"来反思学习内容的价值、学习方法的适当性、每个阶段的收获以及与以前知识的联系、生成性、需要调整的环节等。所以,学习者既可以反思内容,也可以反思过程,既可以反思主体,也可以反思客体(学习的对象及其方法),学习者对自己在学习过程中的亲身经历进行反思,最后整理、抽象、概括和提炼以升华成新的知识,而且形成自己的理念和价值观。

(5)情境的虚实性。体验具有情境性,同一个人在不同情境下对同样的事件会产生不同的体验,这使得人们可以对同一对象进行反复的体验和回味而不致感到厌烦。因而促发学习过程中的体验将使个体的学习活动变得更具活力和更为深刻。所以,马斯洛说,处在体验中的人"有他们最大程度的同一性,最接近他们真正的自我,最有特异性"。信息化体验学习是通过信息技术创设一定的学习环境,学生在各种情境之中体验,获得经历和发展性的变化。所以信息化体验学习的活动是发生在体现真实性的场景中,这种场景可以是虚拟技术设置的,但是学习者的感受具有真实性。教师在引导学生体验时要尽量使学生从外在的环境和内在的心境两方面都感到自己正处在生活的空间中,而不是在一种被安排好的系列活动之中,要让学生能真正思考,做出反应,解决问题,从而在一个解决问题的过程中获得深刻的体验。

3. 信息化体验学习的应用

(1)创造学生亲身参与的机会。如语文教学中让学生亲身扮演角色的方式体验经典作品,可以用录像的形式记录下来供学生交流和评论;英语教学中以观看情景剧的方式体验国外的生活习惯和文化风俗,学生以情景对话和情景表演的形式体验口语的运用情境等。

(2)创设逼真的教学情境。如历史课上创设的虚拟的考古环境,逼真的场景,甚至挖土时都能听到铁锹声,使学生完全进入角色。

(3)技能虚拟训练。这种应用情况目前在中小学教学中还很少见。指的是通过虚拟环境,学生身临其境,在其中获得一些技能的虚拟体验,这些体验能够迁移到真实环境中,能对学生的实际技能提高具有辅助作用。如学生进行温室效应、电路设计、建筑设计等方面的体验学习。虚拟现实的沉浸性和交互性,可以使设备与环境更接近于真实,可以有利于学生的技能训练。

(4)虚拟实验室。可以在虚拟实验室观察或进行一些常规实验室无法操作或高难度的实验,如燃烧、爆炸等反应现象,火山的形成、爆发和生物进化的过程等。

4. 信息化体验学习的优势与存在的问题

信息化体验学习方式能够激发学生的学习积极性和主动性,能够引起学生的学习和探索兴趣,促进其学习的主动性。尤其虚拟现实技术和仿真技术的应用可以使学生感觉身临其境,突破传统教学所无法呈现的一些教学情境,给学生提供了可以替代的经验,来弥补现实经验的不足。

在学生亲身参与的学习过程中,教师通常只关注体验的环节,而容易忽视学习体验之后的交流和共享、反思和应用环节。交流和共享主要以避免自身的体验和产生经验的片面性给学生带来的狭隘的认识,通过交流和共享,学生与其他同伴和教师分享感受和体验结果,并通过交流把这些分享的内容结合起来,建立对事物的整体认知框架;反思使体验和经验得以提升和内化;应用使经验得以迁移到真实情境中,并加以固化。

目前虚拟现实技术在教学中的探索还不是很成熟,这方面的课件和教学资源还比较有限,教师在这方面的技术掌握和教学应用知识还比较缺乏,还有很多问题亟待解决,如虚拟教学的基础理论问题、虚拟教学的方式和策略、内容在虚拟环境中的呈现方式、如何避免虚拟环境造成学习者对世界认识的伪经验和伪知识等等,这些问题的研究与解决对虚拟教学的顺利进行起到决定性作用。

(六) 几种新型的学习方式

1. 探险学习

探险学习(Adventure Learning)最初于20世纪90年代在美国被应用于教育领域,主要目的是为了引导学习者参与到对于环境的探险式研究当中。按照基克利(Sonny Kirkley)的理解,探险学习是指将遥远的探险活动引入课堂,从而激发学习者自己的探险活动和积极探索的精神。

具体说来,探险学习就是通过引入课堂之外的探险活动,为学习者创设一个身临其境的第二课堂,并以其强大的情境性和吸引力,激发学习者内在的学习动机和建构知识的探索欲望,并为这种探索提供支持,帮助学习者完成"探险"活动。探险学习的特点在于学习者既可以进行虚拟探险活动,所谓"替代探险",通过别人的探险活动而使自己得到探险活动的体验,而且还可以进行亲身体验,自己面对一个真实的环境进行真实体验。

网络博客、数码相机、移动学习设备以及其他的便携式技术为探险家和研究人员与学生共同分享探索的乐趣创造了广泛的机会,新技术为我们的传统课堂提供了新的学习资源和学习环境,使学习者可以广泛地综合各门各类的学科知识进行创造性的学习活动。在这种背景下,探险学习得到了发展的机会,成为一种将学习活动与课外探险相结合的手段。在探险学习的过程中,研究人员可以实时地将自己的研究数据,包括录像和图片资料与学习者分享,真正的探险家也可以将自己的探险进展、所见所闻与学习者分享,并与学习者进行充分的交流,回答他们的各种提问。总而言之,信息技术将科学、文化以及生活各个领域的探险生活带入了课堂,使学生和探险人员同呼吸、共命运,身临其境地进入到充满刺激和情趣的探险生活当中,并可以提供一切可以提供的帮助,支持学习者完成自己的"探险"活动。

2. 混合学习

混合学习(Blended Learning)的兴起源于人们对现代 E-Learning 的反思,它的原意是多种学习方式的混合,核心目的是将传统的学习方式和 E-Learning 的优势相结合。关于混合学习,目前国内外存在多种界定方法。影响范围较大的一种观点认为,混合学习所关注的重点不在于混合哪些事物,而在于如何混合,其目的在于达到最佳学习效果和经济效益。混合学习所要做的工作是在适当的时间,为适当的人,以适当的传递媒体,通过适当的学习方式,提供适当的学习内容。

寻求怎样才能以较少的精力、财力和物力投入,而又能从全部可供选择的方案中选择最优的解决方案,这种系统思维与方法指引下的目标是混合学习的宗旨。简单而言,混合学习可以看做面对面的课堂学习(Face to Face)和在线学习(Online Learning 或

E-Learning)两种学习方式的有机整合。混合学习也是传统学习方式和 E-Learning 的优势互补,以取得最佳学习效果。混合学习的核心思想是根据不同的学习内容、问题、要求,结合自己选择适当的学习方式采用不同的媒体与信息传递方式进行学习;并且这种解决问题的方式要求付出的代价最小,取得的效益最大。混合学习体现了多元化思想。通过这种"混合",事物会产生预期的质变。混合学习要在适当的时间,为适当的人,以适当的传递媒体,通过适当的学习方式,提供适当的学习内容。

3. 移动学习

移动学习(Mobile Learning)是指利用无线移动通信网络技术以及无线移动通信设备(如移动电话、个人数字助理 PDA、PocketPC 等)获取教育信息、教育资源和教育服务的一种新型学习方式。

对于移动学习,也有学者提出了质疑,认为学习是一种活动或过程,并表现在感知、情感、态度等领域的变化,不可能是电子的或是移动的。这些学者的观点一方面反映出人们利用媒体技术来进行分类的随意性,另一方面也忽视了概念在表述与交流方面的作用,过分强调了概念的表面语义。我们认为,移动学习是计算技术与数字化学习技术嫁接的产物,是一种新型的学习方式,对传统的学习方式有很好的辅助作用。

4. 分布学习

分布学习(Distributed Learning)一词来源于分布式资源的概念。它描述的是学习者分处于不同地理位置,同时指导者和学习内容等学习资源也分布于不同的地域,在此情况下,借助于互联网将各个学习要素形成一个学习支持系统,使得学习与教学能够独立于时空而发生,进而支持学习者进行学习的一种学习方式。通过分布学习,学习者可以进行网上合作学习、探究学习以及接受学习。它突破了时空限制,十分重视如何利用各种技术手段为分布学习提供环境支持,强调即使学习者分布在不同的地域,也可以根据各自的需求,通过信息技术的有效支持,进行各种方式的学习活动。

分布学习可以与远程学习课程相结合,可以用来创建虚拟教室,可以与学校的课堂教学相结合,也可以将其作为课后学习者进行学习的后续活动。分布学习强调学习资源的"去中心化",课堂、教师、学习同伴、图书馆、移动电话、网络等都可作为学习资源分布在不同的地点,不存在一个如同学校一样的学习中心式的物理空间,学习者可以独立于时空地接触到学习内容、教师、专家、同伴等学习资源。学习者自主决定学习的时间、地点、方式,可以随时随地进行学习。教师和教学内容只是作为一种资源而存在,这样就增强了学习者对学习的责任感,使他们不再被动地接受信息和知识,而是主动地利用各种资源以及交互与协作活动来建构新知识。分布学习着重于情境、建构、合作与交流,着重于为学习者提供丰富的学习资源。

三、信息技术支持的教与学的问题、趋势与发展路径

(一)信息化教学中经常出现的问题

1. 对应用目的的认识不清,对应用方法掌握不足

目前,在开展信息化教学的过程中,仍有很多学校和教师没有认识到、没有切身感受到信息技术给教学带来的效果和优势,对教学中应用信息技术的目的认识不足,因而造

成以下的情况。

(1) 使用信息技术像是"做秀"

"做秀"有两个方面的含义,一是信息技术只在"公开课"中使用,"秀"给听课的人看。二是信息技术只用做演示工具,展示文字、图片、视频,"秀"给学生看。而且很多的多媒体课件,也只是印刷教材或教案的电子化,并没有解决教学中的实际问题,没有为实现教学目标服务。事实上,技术是一种辅助教学的手段,而它本身不是目的,推进信息技术的应用并不是为了技术而技术,而是通过信息技术达到更好的教学和学习效果,同时,也不能过高估计信息技术的作用,要克服信息技术能解决一切问题的错误认识。技术用得好坏是看其是否用得恰当,是否有效地发挥了它的作用,是否有效地促进了教学效果的达成。

(2) 不注重设计过程,缺乏有效性挖掘

往往在教学过程中,有些老师认为应用了信息技术,就比没应用要好;认为只要应用了,它的作用就发挥出来了;还有一些简单的教学资源的电子化等浅层次的使用。实际上,要保证信息技术能够有效改善教学效果,更重要的是对于应用过程的设计,即信息化教学设计。最简单的一个图片,一段视频,如果没有掌握好应用的时机,也不能发挥它应有的效果,甚至会产生适得其反的作用。对于探究性学习、协作性学习等教学方式,并不是只要让学生探究了、协作了,目的就达到了,其应用效果关键取决于教师对整个过程的精心设计和思考,避免探究和协作流于形式。

另外,在课堂教学中,信息技术作为一个辅助教学的手段,总是应该在最恰当的时候介入。有些老师认为用课件就不能用黑板,应用信息技术教学就应该做一个大而完整的课件,整个课程都沉浸在其中。其实不然,教师一定要思考,应该保证信息技术的应用环节是最恰当的,此时应用的效果应该发挥其他手段很难替代的作用。这些现象归根结底是因为教师缺乏对信息技术核心理论及方法的了解,往往仅使用了信息技术浅层次的优势。

(3) 在学科教学上缺乏可持续性的应用

绝大部分教师对于利用信息技术开展学科教学活动尚处在摸索阶段,比较混沌。对信息技术为学科教学服务的认识不够深入,多数教师主要集中在一节课或某一专题思考应用问题,缺乏对学科整体的把握,缺乏系统性、科学性,没有形成系统的信息技术与学科教学整合模式、应用方法以及有效的体系化支撑资源及软件,致使信息技术优势发挥不充分,不能形成系统的、可持续性的学科教学应用。

2. 缺乏自建资源与生成性资源

信息化教学过程中,在资源建设和使用方面,欠缺学校和教师的自主建构和自主生成性资源,主要表现为以下几方面。

(1) 教育资源建设渠道单一

很多学校的信息化教学资源都是向公司购买,但很多时候,公司开发的资源与教师使用的资源像是"两条不相交的平行线"。实际上,教育资源建设应该是多渠道的,公司所提供的只占一部分,可以作为通用的素材。由于公司人员没有亲历教学,所以他们所提供的资源并不一定适合实际的教学情境,也不一定适合所有的教师。因此,教师在公司所提供的教学资源的基础上,必须进行二次开发,通过自己收集整理,重新组织、加工,融入自己的教学理念,支持教学。在资源的收集整理过程中可以提高教师的信息加工能力,使他们能够有效地选择、改进所获得的教学资源,形成信息化教学技能,完善自己的教学设计。另外,还可以让学生来帮助教师建设教育资源,这样做的目的并不在于资源收集,而是把它当做一种手段,使学生通过收集整理资料开阔视野、联系生活实际、促进知识建构、激发学习动机。

(2) 忽视过程性资源和反思性资源的作用

在教学中的资源主要有三种:前在性资源、过程性资源以及反思性资源。前在性资源是指在课前已经具备的相关资源;过程性资源指的是在教学进行的过程中形成的或者说生成的资源;反思性资源是指在教学过程结束后,根据原来的资源结合所生成的过程性资源而进行反思性重建后所得到的资源。教学资源的建构应该是一个不断生成和丰富的过程,通常情况下,教师只注重教学前准备的前在性资源,而容易忽视过程性资源和反思性资源。诸如,师生、生生之间的交流对话、学生的探究活动以及过程中产生的疑难问题,还包括学生认识事物的情感模式、审美方式、思维方式、操作程序和方法以及教师对资源的反思性内容等。

(3) 过分依赖网络资源,忽视其他教学资源

网络为人们提供了丰富多彩的资源,给教学带来极大的方便,但是网络并不是唯一的。一些教师想方设法在网上寻找适合自己教学的资源,却忽视了身边现成的资源,而这些资源有的时候更加真实、更有说服力。教师在日常教学中过分依赖网络资源,还会误导学生产生"一切学习资源只来源于网络"的意识,而不去关注生活中接触到的事物,不懂得去观察生活、体验生活。例如,在语文教学中,如果只关注网上资源,大多也就是一些文本、图片,很难有真实的情感体验。但要是教师能够有意识地引导学生观察自然风光、文物古迹、风俗民情、国内外的重大事件、家庭生活,以及日常生活话题,无论是认知还是情感上将会有很大的收获。因此,要摒弃"网络唯一"或"网络最好"的错误观念,多角度、多渠道地获取最适合教与学的资源。

3. 未能真正理解新理念

目前,很多中小学校教师已经获悉了一些关于信息化教学的理念,但却未掌握这些理念的真正内涵和精髓,以至于造成一些片面的、不当的理解。

(1) 对学生主体性的不当理解

在某些学习方式中,如基于探究的学习、基于问题解决的学习、基于网络的协作学习等,有些教师认为发挥学生主体性就是不加任何干涉地让学生完全自由地发挥主体的作用,往往导致学生放任自流,表现散漫,或有学生搭便车现象。教师应该认识到更重要的是培养学生发现问题、提出问题的能力,以及探究问题过程、方法的兴趣。那么,在整个学习过程中,教师的引导作用应该体现为激发兴趣、启迪思维、指导学法和点拨疑难等方面。从问题情境的创设,引导学生确立探究的问题,适当提供信息资源的查找途径,指导学生的信息技术操作,到观察学生的交流情况,提供学生的疑难咨询到评价学生的学习过程等,教师都要考虑发挥适当的作用,保证每一环节的有效性。

(2) 片面理解信息素养

信息素养是一种在信息社会中获得信息、分析信息、利用信息、开发信息方面的修养和能力。它包含了信息意识与情感、信息伦理道德、信息常识以及信息能力多个方面，是一种综合性的、社会共同的评价。有些教师认为只要学生能利用搜索引擎在网上找到某一篇相关的文章、一些素材资源，或者是从网上找出相关的文献来表达或证明自己的观点就可以了。这是片面的，教师没有真正理解信息素养的含义。在实际教学中，对学生信息素养的培养应包括获取、分析、加工、利用信息能力，对信息内容的批判与理解能力，及融入信息社会的态度和能力。

（3）缺乏混合式教学的理念

很多教师在教学中，要么将整个课程局限于传统课堂，要么在应用基于网络的教学模式时就全部沉浸于网络环境，没有意识到将传统课堂的优势和网络的优势相结合，使他们能够取长补短，共同发挥作用。在信息化教学过程中，应该具有混合式教学的理念，就是将各种教学媒体、各种教学方式按照优势互补的原则结合以来，尽量发挥它们的优势，而避免其不足。

（二）信息化学习方式的发展趋势

1. 虚拟化的教学环境将作为现实教学环境的补充

通过虚拟现实技术，创建的虚拟实验室、虚拟学校、虚拟图书馆、虚拟博物馆、虚拟学习社区等虚拟教学环境，可以使学生在任何时间和任何地点进行学习；可以和处于环境中的任何人、事、物产生联系；可以调动视、听、触、嗅等一切感知通道和语言、体态、表情等多种表达因素；可以随时随地选择任何的内容和工具与人进行交互，具有完全的交互主动权。在虚拟化的教学环境中，可以进行多种方式的学习，如问题解决式学习、角色扮演等协作式学习、任务驱动式学习、询问式学习等等。这些都将促使它成为中小学教学过程中现实教学环境的有力补充，使网上丰富的教育资源充分为中小学教育教学服务。

2. 学习共同体的建立将促使学生进行群体互动，共同进步

通过学习共同体的建立，学习者及其助学者（包括教师、专家、辅导者等）共同构成了一个团体，他们彼此之间经常在学习过程中进行沟通、交流，分享各种学习资源，共同完成一定的学习任务，因而在成员之间形成了相互影响、相互促进的人际联系。当前，信息技术特别是网络为学习共同体的建立提供了更方便实现的平台，各种社会化学习软件和社交网站为学习者创设了学习探究、协作交流、资源共享、平等互利的学习环境。在网络环境下的虚拟学习共同体使学习者具有更大的自信来提出问题和解决问题，突破了传统教育中批判性思维的不足。当前，我们应当探索基于校园网环境下的学习共同体的建立，避免 Internet 上繁杂的信息对学习者形成干扰。

在虚拟学习共同体中，个体、群体和共同体之间既存在独立场效应，又存在互动场效应。它们之间相互依赖，相互作用，由此突出了个体在共同体环境中的作用以及群体在共同体中显示出的合力。同时，每个个体都存在着自己的知识结构和经验体系，它们之间的协作学习有利于扩大他个体的知识经验，从而为学习者的群体意义建构实现从"个体学习"走向"共同学习"的目的。在学习共同体的交往过程中，任何个体都是交流的主体，共同的话题使全体之间保持了相对的默契，在整个相互影响过程中，既增强了个体的归属感，又体现了一种平等合作的关系。

3. 个性化学习方式将发掘学生的潜能，促进学生个性发展

个性化学习强调，学习过程既是个性的展现和养成过程，也是自我实现和追求个性化的过程。这种理念最大限度地体现了人的个性、独特性、进取性、发展性、潜在性与原创精神。信息技术的发展，为学生的个性化学习提供了可能，能够针对学生个性特点和发展潜能而采取恰当的方法、手段、内容、起点、进程和评价方式，促使学生各方面获得充分、自由、和谐的发展。学生可以根据自己的特点和需要，在更大程度上自由地选择适合自己的学习资源，按照适合于自己的方式和进度进行学习。个性化学习将使每一个学习者的潜能得到最大限度的发挥，获得成功体验和生存效能感。

（1）"一对一"数字化学习方式将沟通学校家庭，成为个性互动的学习方式

"一对一数字化学习"是在以学生为主体的教学理念的指导下，在每个学生都拥有数字化学习设备的基础上开展的学习方式。利用数字化学习设备作为辅助学习的工具，可以将多元的学与教方式有效融入日常教学，实现个性化学习。通过数字化设备，可以把网络教育跟实际教育连在一起，使得学生的创造性新思维的培养和创造性行为习惯的形成不局限在课堂时间里。学生们能够把网络社区、论坛、学习软件、思路笔记、创新的想法、动画等带在身边，也可以带入教室，把这些知识和教学内容连在一起。同时，可以随时随地与教师、同学进行互动、协作，不仅能够提高学习效率，更能体现个性化的学习、互动和指导。

（2）数字校园将提供多种服务，为个性化学习提供支撑环境

数字校园应该是能够有效支持教与学，丰富学校的校园文化，真正拓宽学校的时空纬度，以面向服务为基本理念，并基于新型通信网络技术，构建业务流畅、资源共享、智能灵活的校园信息化环境。在数字校园环境中，有丰富的、高可用性的教学资源库，学生可以在其中定制自己感兴趣的、没弄懂的、想深入研究的个性化的学习内容；学生能够在平台上个性化地进行自主学习、协作学习、学习咨询和交流，完成教学测评和反馈；同时能够拓展学习空间，巩固学习内容，扩展思维，开阔视野。教师或教学辅导人员要在数字校园环境中准备一些供学生个性化选择的学习内容和扩展性材料；教师在数字校园环境中为学生解决一些个性化的疑难问题，提供个性化的教学指导和个性化的教学评价。家长、教师、学生、管理者能够在数字校园环境中充分交流和互动，实现共同管理、优化教学；同时各类业务系统能够有机集成，以满足数字校园的可持续、生态化发展的需求。

（三）信息化教学发展的基本路径

1. 注重积累，新陈共进

随着教育信息化在基础设施、软件资源、师资培训等方面的发展，经历了"校校通"、教育城域网、教育资源库等方面项目的建设，信息化教学的理论与实践也渐趋丰富。目前，基础教育信息化教学的实施已经形成了多种应用方式，且取得了一定的成效，我们今后的工作应该在前一阶段积累的基础上，将已配备好的信息化设备有效应用于教学过程，逐步将新技术、新方法和原有的应用探索相结合，既不能停滞不前，也不能盲目追求新技术，盲目引进新设备，而摒弃原有的基础，关键是做好有效性研究和开发的工作。

2. 关注设计，注重实效

从目前信息技术教学的应用情况来看，我们仍需积极探索信息技术有效性应用的研

究,有些学校虽然硬件条件已经配备,但其应用的有效性还需要进一步开发。教师应该明确,无论采用何种教学模式、使用何种先进的教学媒体或手段,其教学效果都取决于良好的设计。没有精心的设计,任何新的教学方式只会流于形式,并不会充分发挥它的优势。例如,如何将信息技术的优势与学科特色有机地结合起来;如何促进学生的学习投入,更好地实现有意义学习;如何运用信息技术创设情境将教学内容与学生生活实际以及与学生已有知识联系起来;如何根据教学情境选择适当的信息技术手段;如何掌握和控制信息技术介入的最佳作用点和最佳作用时机;如何建立体现信息技术优势的最佳反馈渠道;如何实现多种媒体、多种教学方式组合教学的优化结构;等等。在目前的应用现状来看,这些问题并没有得到充分地解决,仍然需要研究者和教学一线的教师深入思考、积极探索和实践验证。

3. 优势互补,有机融合

要将各种教学要素进行优化选择和组合,以达到最佳的教学目的和学习效果,即混合式教学。因为每种教学方式、每种信息技术、每种教学媒体都有自身的优势和不足。在教学中可根据相应的教学情境、教学对象、教学内容等因素,恰当发挥它们的优势,尽量避免其不足,使其扬长避短,有机组合于教学中。实际上,在中小学信息化教学中,我们仍需把课堂教学作为主阵地,而把像基于网络的探究学习等教学模式作为补充,优势互补,才是实现教育信息化的正确途径。

4. 探索规律,服务学科

各个不同的学科,具有其不同的规律和特点。信息技术在学科教学中的应用,是要充分发挥其特有的优势体现学科特色,而不能违反学科教学的规律或抑制学科特色。信息技术在中小学教学中的应用,要充分发挥它的有效性,必须深入学科层面,探索学科的规律和特点,充分体现学科特色,为学科教学服务。同时,所制定的教育信息化实施的评价标准和教师信息技术能力标准,也应该在探索学科规律的基础上,体现学科的不同特点,尽量细化到不同学科。这样,也会促使教师信息技术能力培训直接整合于学科,充分体现信息技术在教学应用中的有效性。

5. 开展实验,注重交流

学校可以在信息化教学实验项目的引领下,通过信息化教学专家的指导,开展有效应用信息化教学方式的教学科研和实验活动,积极探索信息技术在教学中有效应用的方法和策略。但需要注意的是,开展实验一定要高度重视实验伦理问题,实验的前提必须是有科学的方法作为支持,且经过了严格的论证,要坚决杜绝"小白鼠"现象,为学生的成长提供保障。在科研和实验过程中,可以帮助参与科研和实验的教师逐渐认识到信息技术应用于教学的优势和效果,掌握在学科教学中有效应用信息技术的技能和方法,并养成善于钻研和探索有效教学的良好习惯。通过交流活动,实验所取得的效果会辐射到整个学校,带动全体教师自觉自愿地将信息技术应用于教学过程。同时,要鼓励各学校间建立良好的交流关系,使取得的实验效果得以推广,并带动其他学校共同探索信息技术的有效应用。

第三节 现代远程教育

一、远程教育概述

(一)远程教育的含义

随着通信技术、计算机技术和网络技术的发展,远程教育已由原来的函授、广播电视发展为借助电信通信系统、卫星广播系统和国际互联网系统的远程教育系统。这种新型的远程教育系统有利于实现和满足信息社会的职后教育、在职培训及终身教育的需要,也有利于构建终身教育体系。

远程教育是指教师和学生在空间和时间相分离的状态下,以学生为中心,运用现代教育传播媒体技术传递和反馈教育信息的教育方式。爱尔兰远程教育学者基更(Desmond Keegan)认为,远程教育是具有以下特征的教育方式:

(1)教师和学生在教与学的全过程处于相对分离状态(以此区别传统面授教育)。

(2)教育组织通过规划和准备学习材料,以及提供学生支持服务对学生产生影响。

(3)应用各类技术媒体——印刷媒体、视听媒体和计算机媒体,将教师和学生联系起来,并以此作为课程内容的载体。

(4)提供双向通信并鼓励学生交流对话和从对话中受益。

(5)学生在学习全过程中与学习集体也处于相对分离状态,学生通常是接受个别化教学而不是集体教学,但并不排除为了教学和社会的目的组织必要的集体面授交流。

我国远程教育学者丁兴富教授给出了远程教育的四项描述性定义:

(1)学生和教师在时间和空间上处于分离状态。

(2)建立在对各种教育技术和媒体资源的开发和应用的基础上。

(3)由各类学校或其他社会机构组织实施。

(4)学生自学为主、教师助学为辅,教师和学生通过双向通信实现教与学行为的联系、交互和整合。

从各种关于远程教育的不同定义中可以看出,远程教育的本质就是教的行为与学的行为的时空分离。在教师和学生时空分离的情况下,学生不能像在传统教室中那样,可以得到教师直接的和持续的指导。为了确保在这种状态下完成教学任务,一方面,教学机构要把教学信息准确地传递给学生;另一方面,要使学生在接受教学信息的同时真正进行学习,并达到预期的教学目标。远程教育的基本特征是:第一,教师不能真正面对面地体会学生细微的反应;第二,教师必须多多关注学生的学习动机和对学习的感受;第三,现代远程教育对信息技术具有高度的依赖性;第四,修读远程教育课程的初期,是学生最脆弱的时候,此时,教师应该尽力鼓励学生,给予他们信心。

(二)远程教学过程的一般模式

由图 8-1 可以看出,远程教学系统由授课过程、学习过程和评价/反思过程这三种活动交织在一起,构成了整个系统。在这个系统中,教学内容、教师、学生、教学媒体、教学环境是主要变量。

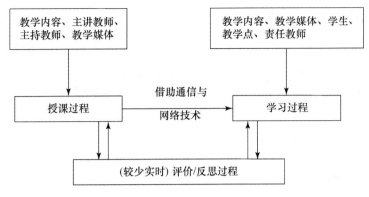

图 8-1 远程教学过程的一般模式

(三) 远程教育的发展阶段

1. 函授式教学阶段

指利用邮政系统传递文字教学材料,印刷资料是主要的沟通媒介,学生与教师相分离,学生以独立学习为主,有条件的地方配以当地教师的不定期辅导。自从 1840 年开始,英国人皮特曼(Isaac Pitman)就利用函授方式开设速记课程,当时有"只花一分钱,就可以将信寄到英国的任何地点"的说法。在欧洲大陆,1856 年,法国人陶圣特(Charles Toussaint)和德国人兰格谢特(Gustav Langenscheidt)开始通过函授教学开设语言课程。这种方式传播手段虽然不先进,但在多数不发达国家或地区依然使用。

2. 视听媒体阶段

这个阶段,人们利用广播、电视等大众传播媒体播放制作好的视听教育节目,学习者在异地实时接收节目。这种方法普及面广,大量的动态画面可以生动地表现教学内容,学习者的费用低,凡普及电视的地方均可以参加学习,缺点是交互性差,学习者不能按自己的需要选择时间,此外教学材料的制作成本较高。同时,也出现了使用录音机学习的情况。

3. 双向实时交互阶段

使用实时交互的视频会议系统进行教学,师生同时在不同地点上课,可以有实时的交谈和问答,学生有亲临现场的感觉,但是设备和通信费用昂贵,需要高带宽,教师和学生必须同步,交互的程度有限。

4. 现代远程教育阶段

指利用卫星电视、电信和计算机三大网络资源开展的远程教育,在数字信号环境下进行。优点是具有交互性、真正实现超越时空、教学资源丰富、开放灵活。但这类远程教育形式需要较高水平的硬件环境。需要网络教学的支持工具,网络教学课程开发的理论和具体的课程开发方法的指导实施。这样划分发展阶段,较明确地把网络教学定位为使用计算机网络、电信网络和卫星网络新技术为基础的最新一代的远程教学形式,但不是新一代远程教育的全部。任何一种新型的远程教学都不能排斥上几代使用的技术手段和形式,而是将各种手段、各种形式结合使用。

二、现代远程教育的基本形式

(一)基于远程会议系统的远程教育

随着信息技术的发展,出现了各种远程会议技术,如音频会议、音频图像会议、视频会议、计算机网络会议等。各种远程会议的共同特点是都具有实时的双向交互性,这一点对克服传统远程教育所存在的不能及时交流的问题,提供了有效的解决途径。

1. 音频会议系统

音频会议也称为电话会议,它是最常用和费用最低的远程会议形式,参加者通过电话建立连接,可以多方多人同时通话。如果一方仅有个别人参加,便可使用一般的普通电话;如果一方有一个小组的若干人参加,则需要配备扬声器和麦克风,以便进行相互交流。为了使与会各方均能进行相互交流,需要一架"桥"将所有与会线路连接起来,这种"桥"通常是由电话公司或远程会议的经营机构所提供。

在国外,音频会议系统常常被用于远程教育。例如,威斯康星麦迪逊大学扩展部(The University Of Wisconsin-Madison Extension)是美国使用音频会议最广泛的机构。其教育电话网(ETN)于1966年创立,并与电视广播结合使用,在高峰期的1980年,为3.2万名学生服务,连接了威斯康星州的100多个城镇的200多个站点。

国外许多学者曾对音频会议的技术与教育问题以及对其优势与有效性做过很多研究。在我国,使用音频会议进行远程教育的范例并不多见,但它确实是一种比较经济可行的信息传播技术。由于音频会议系统仅能实现声音的交流,对图形、图像等视觉信息却无能为力,这在一定程度上限制了它的应用范围。

2. 音频图像会议系统

音频图像会议系统使用计算机或传真技术来传递静止图像,以配合电话线的声音教学。这种系统常常利用公共电话网(PSTN)来实现,基于传真技术的系统相对来说功能有些落后,它将文件的硬拷贝发送到所有各方。但也可使用电子黑板,以便将某一方所写、所画的任何信息发送到其他各方的电视屏幕上。目前,基于计算机技术的音频图像会议系统应用较多,它可传递图像、程序及数据信息。每一站点均可在计算机屏幕上实时地看到图形输入板上写入的信息,并同时听到声音。有些系统还包括数字摄像机,可用于拍摄教学现场图像。

在我国,以高福文教授为首的北京师范大学远程教育团队首次将音频图像会议技术用于远程教育培训。这种技术可以通过标准电话线实现,也可通过 ADSL、ISDN 或 Internet 实现。北京师范大学的实验是通过标准电话线实现的,它的系统构成如图 8-2 所示。

以上系统的两端处于同等地位,具有相同的功能,双方可以进行实时的声音交互,实时传递图形输入板写入的信息,包括手书文字、手绘图形等。同时,双方还可实现静态图像及其他计算机数据文件的相互传递。上课时,双方可同时进行幻灯播放,以呈现教学信息。必要时,可使用摄像机捕捉教学现场图像,或利用视频展示台抓取印刷图片或资料,并发送到远端。

在上述实例中,教学方式是基于群体的点对点的实时远程授课。远程授课中心设在

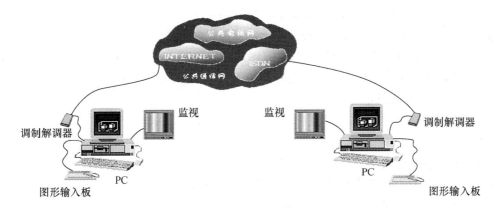

图 8-2 PC 实时交互远程教育技术示意图

北京师范大学,学习者分别处于其他省份的电大系统或中小学。通过这种音频图像会议系统,开展了对电大系统约 30 名学员的教育技术学专业的研究生层次的在职培训,并对分别处于不同地方的 4 所中小学教师进行了远程师资培训。

典型的教学实施过程包括教学呈现材料的制作、课前准备工作、远程实时授课的过程及课后的作业、交互及个别自学等。其中,典型的实时授课过程如下:

(1) 系统连接:双方互相问候,相互传递现场图像。

(2) 教学过程开始:讨论作业或开始课程主题。可根据教学需要,进行讲授、讨论、提问、发言等各种教学活动。根据需要可及时相互传递实时捕获的现场图像或其他静止图像文件。

(3) 课程结束:技术及管理人员可进行预先的联系约定,双方相互道别,并中断通信。

在国外,对音频图像会议系统已经进行了比较广泛的远程教育教学应用,取得了良好的效果。而在我国,其教育应用还刚刚起步,从硬件要求来看,音频图像会议系统所需设备相对来说并不复杂,比较易于实现,对通信线路的要求也不高,只需普通电话线路;从所需费用来看,无论是先期投入费用,还是通信及相应支持费用都不算太高,在我国这样一个发展中国家,具有比较广阔的应用前景。

3. 双向视频会议系统

双向视频会议可通过不同的传输网络实现。它的关键技术是宽带网络技术和数据压缩技术。通过电话系统、卫星或计算机网络等媒体传输,可实现多点之间的慢扫描、准动态或全动态视频交互。慢扫描使用标准电话线,每 20～30 秒传送一幅图像,其成本效益可与音频或音频图像会议相媲美。使用压缩视频技术可实现准动态图像每秒 10～15 帧、全动态图像每秒 30 帧。压缩视频需要昂贵的数字电话线及压缩解码器,因而费用相对较高。双向视频会议可实现师生之间的"面对面"交流,可实现非常接近于传统课堂式的教学,受到教师和学生的普遍欢迎。但设备可靠性、摄像机位置、师生表现等都可能成为影响其成功使用的因素。

(1) 视频会议系统

视频会议系统可以通过电信通信网的公用电话交换网或 ISDN 实现。利用公用电话交换网的视频会议系统,传输速率较低,如 28.8Kbps 或 33.6Kbps。每秒能传输 5～8 帧经过压缩的图像,画面质量较差。而利用 ISDN 则比较经济、合适。

ISDN 是指综合业务数字网,它具有端到端的数字连接,综合的业务,标准化的入网口,并支持电路交换和分组交换等特性。窄带 ISDN(N-ISDN)具有 64Kbps 的传输率,其桌面视频会议系统已经进入实用阶段。

ISDN 视频会议系统的组成包括终端系统、传输系统、网络节点的多点控制单元(MCU)。

ISDN 通过标准化接口与计算机连接,根据用途可分别选用基本速度接口(BRI)和主要速率接口(PRI)。每个 BRI 提供两个 64Kbps 的 B 通道和一个 16Kbps 的 D 通道(2B+D),即 128Kbps 的视频通道和 16Kbps 的音频通道。当要求的图像质量更高时,可增加 128Kbps 的 2B 通道,通常采用 2～3 条 ISDN 线路,其传输率为 256Kbps～384Kbps,图像效果可接近家用电视,已经比较令人满意。如果要求图像质量更高的视频会议系统(如医学上的远程诊断),则采用卫星电视网或有线电视网比较合适,但成本相对较高,频道租用费也高。

基于 ISDN 的视频会议系统是一套比较复杂的双向数字传输和交换系统,一般投资较大,但比通过卫星电视网和有线电视网传输的成本低。当对图像质量要求不是很高时,采用 ISDN 实施视频会议系统是一种明智的选择,适合于经济实力不是很雄厚的教育系统选用。

(2) 计算机网络的视频会议系统

基于计算机网络的视频会议系统对网络的带宽、传输速率要求较高。其技术主要是宽带网络技术与视频压缩技术。局域网(LAN)的带宽比 ISDN 宽得多,视频的质量有较大的提高。适于 LAN 视频会议的网络有高速以太网、ATM 网,可与高带宽广域网(WAN)连接。而宽带广域网,如 B-ISDN,即宽带综合业务数字网,可用于建立视频会议系统。

在高速局域网和宽带广域网上,视频会议可以达到很好的质量。这里以美国依阿华州的双向视频教育网 ICN 为例。ICN 的骨干网为光纤网,它将网络中心与遍布全州的 15 个学区连接起来,是能够传输双向活动图像的宽带干线。以各个学区为中心还可建立地区光纤线路。这样,便形成了一个能够双向传输活动视频的宽带光纤网络。

依阿华普通化学网络(IGCN)教学项目利用上述依阿华远程教育网络 ICN 把参加课程改革的所有教师连接起来,在网上举行视频会议,共享教学方法和技术,并共同开发新的教学模式。该项目中,有 3 所州立大学、15 所私立大学、14 所社区学院分别与 ICN 网连接。每个院校都装备有彩色摄像机、音频切换装置、麦克风及用于选择和控制节目的计算机、监视器以及联系用电话机。利用这些设备和宽带光纤传输,便能够将动态视频图像、音频信息包括音乐及各种声音、计算机动画、计算机模拟、教师手书以及各种计算机数据等实时地传输到各个教学点。于是,各个教学点的化学教师便如同在同一间教室中一样,可以方便地进行学术交流与问题讨论。

该项目利用 ICN 网进行了以下的远程教学试验:主课堂授课,几个远端教室收视;全州范围播出示范教学和进行演示实验;对于新的教学内容和方法在若干选定地点进行试验。参加该项目的教师对于这种方式的远程教学与研究非常满意。首先,与千里之外的同行进行教学内容与方法交流的同时,省去了差旅时间与费用。其次,网络中的教师,无论地处偏僻小镇抑或繁华都市,都可以在视频会议中做主题报告,或成为讨论的组织者。再者,在视频会议进行过程中,每位网上教师都可以随时提出问题,参加讨论。最后,教师们通过一起观摩、共同切磋,可以接触到不同的分析方法和教学方案,开拓教学思路,激发思考。这样,对于大面积地开展教学研究、提高师资水平很有益处。

(3) 视频会议系统的教学组织

在视频会议系统的教学应用中,积极的教学组织是至关重要的。视频会议的组织者包括教师或会议协调者,应充分了解视频会议技术的优势与不足,做好充分的准备与周密的计划。

视频会议系统在远程教学应用中具有许多优势。首先,与会各点之间能够实时传递视频与音频信息,包括教师及教学环境的视频图像、师生之间的言语与表情、体态的交流等。这样,能有效地缩短远程师生之间的心理距离。其次,实时的交互,包括实时的讨论和提问、实时板书、实时的文件传输等,可以调动学生的主动参与性。另外,视频会议还有文件共享功能,不同地区的学习者可以共享教学资源,有利于实现各地学习者之间的合作与交流。

但是,由于技术、资金或网络条件的限制,视频会议的效果往往会出现一些不尽如人意之处。视频图像容易出现不连续或图像清晰度质量降低等现象,声音的干扰时常发生。因此,对视频会议应有一个适当的期望值。同时,通过适当的组织,并采用适当的教学策略,结合讲授、讨论、小组学习、协作学习等各种方法,进行多样化的教学。还要采用多种教学媒体信息,增强教学刺激,维持学习者注意力。另外,充分利用视频会议的实时交互特性,引导、启发与会各方学习者的积极参与性,需要进行即时的反馈与评估。最后,周密的计划和准备是不可忽视的。

(二) 基于教育电视系统的远程教育

在远程教育中,教育电视传播系统是应用较为广泛的信息传播技术。这里,将从单向广播式教育信息传播系统、图文电视数据广播系统、单向广播电视配合双向媒体技术的信息传播系统及双向交互式电视系统等几个方面介绍各种新的信息传播媒体技术的特点与其在远程教育中的应用。

1. 单向广播式教育电视传播系统

单向广播式教育电视传播系统实质上是一种一点对多点的传输系统。它可以有以下几种系统组成形式,即广播电视系统(开路)、卫星电视系统、微波传送系统、闭路电视系统以及有线电视系统等。

(1) 广播电视系统

这里的广播电视系统相当于开路的电视传播,是将图像信号和伴音信号调制成完整的电视频道信号后,通过发射天线将载有电视信号的电磁波发射到空中进行传播。这种开路的广播电视系统,传播方便、易于接收,在电磁波传播的覆盖范围内任何人都可以使用标准的电视接收机和天线接收电视节目。但同时也存在保密性较差,易于受到干扰而影响接收质量等问题。在远程教育中,可以利用开路电视广播,在小范围内播送地方台自行录制的教育电视节目,播送收录或外购的教育、教学录像,或转发卫星教育电视节目。

(2) 卫星电视系统

利用卫星电视系统进行远程教育的优点在于传播距离远,覆盖面广;投资效益好;卫星电视信号质量高。在卫星电视系统中,卫星设备接收从地面站发射的电视信号,并将其发送到更广的范围中去。卫星电视广播系统主要包括上行地面站,通信广播卫星与星载设备,以及下行地面接收站等组成部分(如图 8-3)。

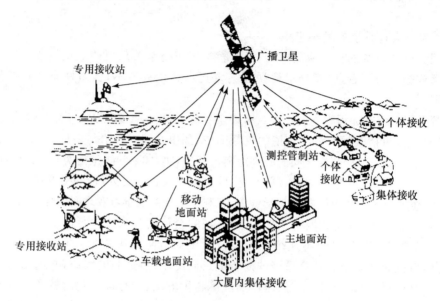

图 8-3 卫星电视广播系统

上行地面站主要包括节目调制发送设备、监测设备、遥测设备以及发送天线,它负责将制作好的卫星电视信号经过处理后,由抛物面定向天线发送到卫星上。同时,上行地面站还必须综合控制卫星上转发器的工作,并监控卫星的信号接收与发射系统。

卫星上的主要设备有电源、遥测指令系统、转发设备和天线。天线与转发器用于接收上行地面站发来的信号,并经过处理后,转发到地球上的卫星电视信号覆盖区域。

地面接收站通过定向抛物面天线,将卫星发送的下行信号接收下来,再通过当地的开路电视传播系统或有线电视系统传送至每个用户或学习者的电视接收机上。随着卫星发射功率的增强与尺寸的增大,所需的地面接收天线也越来越小,接收工作越来越简便。

(3) 微波传送系统

微波传送系统是指利用微波波段(2000 兆赫兹以上)的电磁波传送电视信号的传播系统。微波传送不需馈线连接,但由于该波段的电磁波只能沿直线定向传播,因此,其覆盖区域很有限,只能覆盖发射塔视线以内的区域。若要扩大其覆盖区域,需要微波中继站进行接力转发。这样,信号衰减快、易于受到干扰,信号质量较差。

(4) 闭路电视系统

相对于开路电视广播系统,闭路电视系统通过铺设电缆来完成信号的传输,比如可以使用同轴电缆来传送电视信号。只要经费许可,覆盖区域可以很大。但随着覆盖区的扩大,接收点的增多,所需投入也随之增高。闭路电视系统保密性好,节目选择自由度大,可传送多路电视节目,是一种很有生命力的电视传输系统。

闭路电视系统可以有多种构成方式。例如,最简单的闭路电视可以仅由摄像机、录像机、监视器组成,它们之间使用电缆直接相连。在学校中,一座或几座教学楼的各个教室之间,可以建立闭路电视系统。这样,学生通过各个教室的监视器或电视机均能看到由学校演播控制室播送的教学节目。这种闭路电视系统通常包括信号源、前端设备、信号传输与分配网络、终端设备群等部分。

(5) 有线电视系统

有线电视系统早期称做共用天线电视系统,也称做电缆电视系统。广播电视信号由一个安装在高处的主天线来接收。接收的信号经放大、处理,送入干线,经过馈线、分馈线传送,最终通过引线进入家庭、学校等。利用有线电视系统,可以直接进行卫星电视节目的接收、播送,进行自制教育节目的灵活播放或转播电视节目。在远程教育应用中,有线电视系统具有以下主要特点:所接收的电视信号质量高,图像更加清晰;传送频道多,应用灵活;能与其他网络有效兼容。

目前,我国大多数城市均建立了有线电视网络,有线电视已深入到千家万户。那么,利用现有的有线电视网络,进行适当的改造,实现与国际互联网、综合业务数字网的接通,是推动我国远程教育的发展、实现教育社会化和终身化的一大有利条件。

2. 单向电视广播+双向媒体技术的教育信息传递系统

以上的各类电视广播系统均属于单向的信息传播系统。在远程教育中,仅有信息的单向传播是远远不够的。教与学之间的信息交流对于远程学习的成功具有重要作用。因此,以下简要介绍几种配合单向电视广播传输,利用其他双向交互的媒体技术而进行远程教育的教育信息传播系统。

(1) 以电话实现声音交互的系统

利用电视广播进行教学信息传递的远程教育系统,可采用电话进行教与学的信息交流与联系。如图8-4所示。

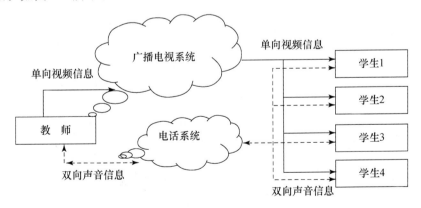

图8-4 以电话实现声音交互的系统

这种系统可以在电视直播的同时,利用电话进行实时的语音交流。如中央电大建立的"卫星电视直播课堂",教师在电视直播中心演播室中,进行电视授课或电视讲座,广大学习者在各地通过电视收看教学直播内容。同时,中心演播室开通直拨电话服务。学习者在收看教学内容的同时,可利用电话与中心演播室的教师进行及时的问题讨论与交流。

这种系统还可以采用另外一种方式,即非实时交互的方式。分散于各地的学习者可随时通过电话,与当地的辅导教师进行联系,请教或讨论学习中遇到的问题,咨询有关教学信息,表达学习困难,请求教师帮助。这种系统具有以下特点:

① 用电话实现声音交互,亲切、自然、简单实用。目前,我国电话普及率较高,对于学习者来说,利用电话进行教学信息交流是一种非常方便而实用的方式。

② 在非实时交互方式中,需要各地配备相应的辅导教师,配备相应的电话线路,承担一定的通信费用。

③ 利用电话只能实现声音的交流,对于文字、图形等信息还需要辅以书信、E-mail 或其他交互技术。

④ 这种系统非常易于实现,且支持费用较低,简单可行。但只能实现点对点的交流,对于多个学习者同时参与的活动,则无能为力。此时,需要音频或视频会议系统来满足此类要求。

(2) 以远程会议技术进行交互的系统

如同前面对于远程会议系统的介绍,远程会议技术克服了利用电话交互时点对点的限制,可以实现多点之间的实时交互。但交互的内容,随着所利用的远程会议技术种类的不同而存在很大差异,比如音频会议只能实现声音的多点实时交互;音频图像会议技术既能实现声音的交互,又能实现静态图像、图形、文本等的实时交互;而视频会议技术则既能实现音频的实时交互,又能实现动态或准动态视频的实时交互(如图 8-5)。但随着所实现功能的增强,对传输技术、媒体以及所需投入的要求也随之提高。随着信息技术的发展,远程会议技术愈加容易实现。

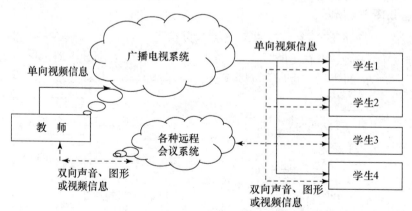

图 8-5 以远程会议技术进行交互的系统

在我国的远程教育中,广播电视大学常常采用开办电大教学班的方式进行教学。学生在教学班中集体收看广播电视节目或接受面授教学和辅导。这样的教学,存在很多严重的教学问题,从根本上不能保证教学质量,培养出来的学生距离普通高等学校的学生质量相距甚远,根本无法相提并论。正规的高等教育必须有特定的学习环境,必须有理想的校园文化的影响。这种教学模式若适当增加远程会议技术进行实时的教学辅导与支持,对于电大教学方式的改革与发展,将具有一定的促进作用。

在普通教育领域,可以充分利用远程会议技术进行当前的教学改革,在改变教师教学方式和学生的学习方式方面可以发挥重要作用,可以利用远程会议技术进行远程合作学习,开展校与校学生之间的相互交流或协作,进行学校之间的相互选课、校际学生之间开展共同课题研究等活动。

3. 交互式电视

交互式电视作为一种新的信息传播方式,近年来成为有关"信息高速公路"的热点问题。交互式电视的功能非常广泛,包括点播电视、视频游戏、重复播放、投票选举、电视购物、广告、电子信息服务、可视电话、交互式电视教学等。交互式电视改变了目前电视广播的单向性和被动性。它更像计算机,可以与互联网相连。人们可以通过交互式电视了解、选择上述各类信息,参与上述各类活动,包括生活、购物、教育、娱乐等各个方面。

典型的交互式电视,使用有线电视、ATM 交换技术(ATM 是异步传输模式的交换技术)及光纤通信技术,并需要具有大容量、快速处理能力的视频服务器,以传递信息,提供交互功能。主干结构采用高速、宽带光纤网络,光纤延伸到进入家庭的节点处,在节点处将激光信号转换成数字信号,最后可通过同轴电缆进入家庭。

交互式电视的应用可涉及我们生活的各个方面,作为远程教育的一种教学方式,在发达国家和地区已日见流行,并成为继续教育的一个重要组成部分。

(1) 交互式电视教室

利用交互式电视系统可建立"远程课堂",即身处异地的教师与学生群体之间,可通过电视进行实时的声音与图像交互,此时不仅仅是单向的电视传送,而类似于实际的课堂。这是交互式电视基于群体的一种远程教育应用方式。

在上述应用方式中,交互式电视教室应该具有如下基本配置。首先,要有传送和接收电视信号的设备。其次,要有按规定放置的摄像机和监视器,以多角度地拍摄教室情景,传送到远端,并播放电视信号。第三,麦克风、音频混合器及扬声器是不可缺少的,用于收录教师与学生的讲授或发言,并传送到远端,同时,扬声器播放远端的声音。最后,交互式电视教室还应该配备视频展示台或文件摄像机,以及时地进行印刷材料的获取与放大。另外,可配备传真机用于随时将新的印刷材料传送到远端。

需要注意的是在这种方式的教学中,设备的可靠性是很重要的。另外,教师与远程学生之间的实时交流存在一定的障碍。它的成功很大程度上要依赖于教师对课堂的适当把握,依赖于学生的积极参与,依赖于良好的组织管理。

(2) 利用交互式电视进行的远程个别化学习

利用交互式电视,远程教育可以提供各种教育信息或课程,这些信息或课程面向所有的教学机构与社会家庭。在家里,人们通过选择自己感兴趣的课程,便可以灵活地进行个别化学习。比如,学习者想学习有关教育课程,那么只需通过点播,便可收看该类课程。而且收看时并非完全被动地接受信息,还可以进行交互式参与。比如,可以做练习,并提交练习结果,获得正误判断以及错误释疑等。利用交互式电视,还可以与学校的管理机构联系,通过网络直接进行学籍注册、学费结算等。

在家庭中,通过交互式电视,还可实现视频会议的功能。此时,需要有一台摄像机与交互式电视相连,通过调制解调器发送和接收大量信息,这样便可召开多方视频会议。学习者通过视频会议,与辅导教师或其他学习者进行实时的交流、讨论,或进行协作学习。在这种方式下,需要参与各方的协调与配合。

交互式电视作为一种新的信息传播媒体技术,在远程教育领域具有极大的应用潜力。随着信息技术的日臻完善与相应教育观念、教学方法的变革,交互式电视在远程教育领域将发挥更为显著的作用。

(三) 基于互联网的双向实时的远程教育

随着互联网的发展和普及,网络远程教育已经成为人们学习、培训的一种重要途径。互联网是一个双向交互式网络,没有时空限制,可以满足学生自主学习的需求,并可以有效地实现课程点播、在线同步或异步讨论、辅导答疑、教学资源管理等应用的有机集成,形成一个完整的远程教学系统。

1. 网络教学平台

网络教学平台是一种网上教学支持系统,是实施基于互联网开展现代远程教育的软件支撑工具,它可以为远程教学中的学员和教师提供网上授课、网上学习、网上答疑与讨论以及网上作业处理等教学辅助工具,也是网上学校开展网络教育必备的教学支撑环境。

一个完整的基于网络的教学支撑平台主要由四个系统组成:网上教学支持系统、网上教学管理系统、网上课程开发系统和网上教学资源管理系统。

(1) 网上教学支持系统。网络教学系统是一整套提供远程教学服务的系统软件,它以网络课程为核心,在教学管理系统的支持下,合理有效地利用学科教学资源,为实施全方位的现代远程教学提供服务,它将网络课程与学校的远程教学服务进行了有机的集成。网上教学支持系统的功能包括课程的网上发布,教学过程中对教师教的支持和对学生学的支持,以及对教学活动的管理。

(2) 网上教学管理系统。在远程教学系统中,教学管理居于一个至关重要的位置,它起着调配教学资源、组织教学活动、总结教学数据等重要作用。网上教学管理系统必须集成数据库工具,实现在线自动课程管理。整个远程教学管理系统可划分为四个相对独立的模块:课程管理、教务管理、学习管理和系统管理,它为学生、教师、管理人员提供全面的服务。学生可以通过管理系统保存自己的个人档案,及时获取教学机构发布的最新信息,得到教师的帮助与辅导等;教师可通过管理系统设置课程与教学计划,查看学生的学习档案,提供有针对性的帮助;管理者可管理教师档案、学生档案、发布最新信息、对远程教学系统进行管理和维护等。

(3) 网上课程开发系统。网上课程开发系统主要完成网上课程内容的呈现,支持基本教学逻辑的设计,同时还要提供一些操作工具,以方便和加速网上课程的开发。

(4) 网上教学资源管理系统。网上教学资源管理系统的主要功能是对各种教学资源进行采集、管理、检索和利用。它需要收集与管理五种类型的教学资源：媒体素材（包括文本、图形、音频、视频、动画）、试题素材、案例素材、课件素材、文档资料素材。

2. 网络多媒体教室

以计算机网络为核心的多媒体网络教室是电子教室的主流，随着校园网的建设，网络教室与学校乃至全球信息资料服务的联网，可以为学生和教师提供一个超越教室乃至国界的学习环境。目前，网络教室一般都支持影视、图形、图像、声音、动画和文字等多媒体信息的传输与控制，并可将它们实时地、动态地引入教学过程，是利用计算机技术、网络技术、多媒体技术进行现代教育教学活动的一个系统。这种教室在教学上可以改变传统的以教师为中心，以书本为中心，以课堂为中心的教学模式，而可以采取以学生为中心、以实践为中心的多种教学模式。

不管是何种网络教室，一般都具备如下基本功能：广播教学功能、教学转播功能、监视监听功能、单独对讲功能、远程复位功能（当学生机出现异常情况时，可将其机器进行远程复位）、鼠标或键盘锁定功能、电子举手功能、遥控辅导功能、分组教学功能。

某些系统还可能具备一些独特功能或增强功能。有时这些功能需要额外的硬件设备支持，需要额外的费用，可以根据自己的需要和条件选购。这一类功能包括电子黑板、消息发送、自动注册、虚拟网络教室、扩展功能插件、黑屏功能、远程教学功能、语音教学功能等。

网络教室运用于教学的时间虽然不长，但由于其功能强大，目前已经被广大教师所接受，并且在应用过程中开发出了多种教学模式。多媒体网络教室一般支持如下教学活动：

（1）多媒体课堂教学。通过利用多媒体进行教学，教师可以将视频、音频、动画等视听信息传递给学生，进行演示教学，增强学生的学习兴趣，提高教学效率。在进行授课讲解时，教师可以锁住学生的键盘，以保证学生专心听讲，需要时还可以全部或分组"解放"学生机。

（2）分组教学。教师将视听信息广播给选定的学生；可以将学生分成特定的小组，各个小组之间的讨论可以互不干扰；实现多个学习者针对同一学习内容彼此交流，以达到对教学内容比较深刻的理解和掌握。

（3）个别辅导。能够通过网络上的自学式多媒体课件以及教师与单个学生之间的密切通信来实现。学习者可以利用课件进行自主学习，并能够通过电子举手的方式与教师取得联机以进行交互式学习和获得帮助。

（4）学生自习。学生随时可以选择脱网，进入单机工作状态，通过与CAI软件或其他教学材料的交互作用进行自主学习。

（5）项目制作。项目制作是通过让学生制作有关教学内容的多媒体项目来完成学习作业，这是多媒体教学中最具挑战性的活动。

（6）语言教学。教师可以在学生单机工作时通过耳机和话筒，向学生发布信息或进行教学指导。比较适用于外语、语文、艺术等相关学科的教学。

三、现代远程教育的需求与形态

在社会发展的新阶段，由于经济的发展、信息技术的引入和社会民主化的发展，使远程教育所面临的环境发生了质的变化。经济的发展使教育资源更加丰富，信息技术的引入使教育信息传递更加快捷、教育资源的流动更加高效,社会民主化的发展使社会结构更加多元化,多元化的社会结构产生了多元化的教育需求。教育与社会之间的界限日益模糊,开放性成为远程教育的显著特征,社会的需求使得开放大学的形态应运而生。通过以开放大学为表现形态的远程教育载体,教育的供求关系开始发生变化,教育开始真正地重视个体的需求,个体也开始有了根据自身需求选择所接受的教育方式的可能,而这正是实现未来终身教育和学习化社会的前提。

开放大学的宗旨是服务全民学习、终身学习和学习型社会建设。首要的是树立学习的共同价值观。学习全民化,人人都是学习者;学习自主化,学习是自我成长和发展的自觉行动和内在需求;学习终身化,学习是社会生活的重要形式和内容,把学习融入生活,愉悦、和谐、幸福一生。其次是"大力发展现代远程教育,建设以卫星、电视和互联网等为载体的远程开放继续教育及公共服务平台,为学习者提供方便、灵活、个性化的学习条件",构建学习者能够随时随地可以便捷进入的学习环境,通过现实与网络技术的有机结合形成由广电网、互联网、物联网、教师网、云服务等构成的学习网络,并支持学习者能够在求知中互相帮助。三是开发与共享内容丰富的学习资源,让学习者可以自主选择、自由组合、自助服务,使学习经常化、普遍化,教学个性化。四是注重宽进严出的学习制度设计,实现不同类型学习成果的互认和衔接,建立互动的学习机制和激励机制,吸引更多的人积极主动参与各类学习活动,推进信息、知识、情感等各种资源的互动共享,实现良性的社会性互动。五是培养学习能力,促使个体的自我完善、自我更新,形成学习的可持续发展。

开放大学是以学习者为中心的新型大学,在开放大学中,学校对学生入学开放、对课程选择开放。任何人,无论背景资质,只要有上大学的愿望,都可以注册学习开放大学的课程,累积学分,达到标准,即可依次获得相关行业职业证书、毕业证书,获得学位。学校可以实施学分银行制度,学习者既有工作、学习经历经过科学认证程序,可折算为开放大学学分,成为获得相关行业证书、开放大学毕业证和学位的基础。开放大学致力于促进全民终身学习,可以为每个学习者建立个人学习档案、工作档案和个人信用档案。通过学分银行的认证、转换、存取等功能实现学历教育与非学历教育之间的沟通和衔接,搭建终身学习"立交桥",促进终身教育体系的形成。

在开放大学中,学校对学习环境开放、对学习媒体开放、对学习方法开放,对教学模式开放,对教学理念开放。学校致力于探索技术和教育的深度融合,把技术作为教学手段创新的核心要素,探索新的教学组织形式、教学内容和呈现方式,从而形成新型"教与学"关系,构建"有支持的自主学习"模式,学习者在这里自主学习、自我设计、自我选择、自我构建,实现发展。学校对教学人员开放、对教学理念开放。鼓励通过共建、引进等形式,与国内外优秀的大学、行业企业合作,以培养学习者职业发展能力为目标。

综上所述,在社会变化、社会管理创新的历史发展时期,大力发展现代远程教育在我国已经成为各个行业培养职业化队伍的一种重要选择。远程教育的发展将使教育在实践中逐步走向自由,这种发展使教育的供求关系从"教育选择"走向"选择教育",将进一步促进终身教育体系的发展,最终将社会引向学习型社会。

第四节 教育技术新领域

一、数字化教育社区

数字化教育社区是利用城域信息网络系统,把一个社区的各类教育作为一个有机的整体,放在社会的大环境中,通过一定的组织机制,全面管理,统筹协调,使学校教育、社会教育、家庭教育相互结合,相互衔接。它不仅是中小学教育,也不仅是校外教育、成人教育、社会教育、幼儿教育、家庭教育等等,而是社区所进行的各种教育因素的整合,是促进社区发展的重要手段和根本途径。

二、绩效技术

(一)绩效技术的历史起源与发展

大多数学者认为,人类绩效技术作为一个术语出现在20世纪70年代。从历史的角度看,人类关注绩效技术的实践问题从20世纪40年代就已经开始了,第二次世界大战时期,美国政府雇佣了一大批教育学家和心理学家培训从军人员,这种培训工作就属于职业培训或提高工作绩效的活动。绩效技术主要起源于程序教学和之后的教学系统设计,随后,认知科学、信息技术、组织开发、改革理论与实践等又将绩效技术的研究推向深入。

20世纪60年代初,斯金纳的学生吉尔伯特(Thomas Gilbert)提出了教育技术的基本理论,即用系统方法指导教学信息的传递和管理,这是影响培训事业发展的重要因素,并奠定了教学设计模式和绩效技术的基础。绩效技术产生的20世纪70年代正是教育技术领域传统的教学开发与教学系统设计逐渐走向成熟的阶段,在这一时期,研究者开始对一些问题与现象进行反思,寻找新的解决问题的办法和出路。20世纪80年代,绩效技术的理论真正形成,并融入管理学、组织开发和人力资源开发之中,发挥越来越重要的作用。

绩效技术是在工程学和商业背景下产生的,并非产生于常规的教育环境中。但20世纪70年代教学设计模式的迅速发展,为绩效技术的建立创造了良好的条件。目前绩效技术中的许多应用模型都是在教学设计模式的基础上发展起来的,可以说追求改善企业绩效、程序教学和教学设计是绩效技术形成和产生的三大因素。程序教学和教学设计是基础,追求改善企业绩效和商业利益是驱动力。

教学系统设计的概念、理论与实践是绩效技术的有力支柱,教学系统设计同样致力于寻求解决教学中效率和效果低下的问题。教学系统设计观已经认识到,即使在教育机构中,教学也不是解决教学中存在问题的唯一手段,应通过系统分析来确定最合适的解决方案。这种思想是绩效技术的基础。

(二)绩效技术的定义

人类绩效技术是近几年在西方发达国家管理界发展很快的一种新兴应用科学。许多学者都希望对人类绩效技术进行定义：

罗森伯格(Marc Rosenberg)等人,强调其过程和方法:"人的绩效技术是解决人的绩效问题或寻求改进人的绩效的机会的一套方法和过程。它可运用于个人、小组或大型组织的不同层面。"

贾哥布斯(Ronald Jacobs)侧重于人类绩效技术的理论依据和实践原则:"人类绩效技术代表着以各种不同形式对系统方法的运用,这些形式取决于问题的性质和活动需求。"

哈莱斯(Joe Harless)认为:"人类绩效技术是一种操作方式,它通过确定绩效差距,设计有效的改进活动措施,获得所期望的人员绩效。是对大部分有效影响人类行为和成就的程序或方案进行选择、分析、设计、发展、执行和评估的过程。"

迪克认为:"绩效技术是一种基本的承诺,以便识别组织绩效问题,并发展出最为适当的解决措施。"

从上述诸多定义可以看出,没有一个定义得到大家一致认同。但可以对其综合归纳为:它是一种系统程序或过程,以此来发现改进绩效的机会,设定绩效标准,确认绩效改进的策略,进行投入和产出分析,选择改进方案,保证对现存系统进行整合,评估绩效改进方案或策略的有效性,以及该方案的执行情况。绩效技术属于人类的行为活动的范畴,其实质是人的行为方式,存在于人的身体之中。

（三）绩效技术的特征

人类绩效技术是一个实践性领域,它在很大程度上是在企业实践者改进绩效过程中所获得的经验和知识的基础上演变而来的。作为一个新兴的领域,人类绩效技术吸收了诸如系统论、行为科学、认知科学、神经科学和人力资源管理等学科的知识。它具有以下的典型特征：

(1) 它是一套结构化的应用性方法和程序,用以识别绩效差距,以可观察和可测量的方式确定其特征,对其进行分析,选择适当的改进活动措施,并以可监控的方式加以应用。

(2) 强调系统性。它将所识别的绩效差距看成是系统的要素,并与其他要素相互影响。

(3) 它是建立在坚实的科学基础和丰富的实践经验之上的。它通过由科学研究或已有记录的成功事例得出的方法实现理想的绩效目标。

(4) 始终努力寻找低成本、高效益和高效率的方法,并将焦点放在人类行为者的收益和系统价值上。它反对牺牲一方换取另一方,它的目标是实现对行为者或员工,以及系统都有价值的成果或绩效。

（四）绩效技术与教育技术的关系

绩效技术和教育技术具有许多相似之处。绩效技术是在教育技术的基础上,在吸收了企业培训、程序教学和教学设计的成果后,在改善企业绩效的过程中逐步形成的。绩效技术是一种关于如何提高组织与个人绩效的理论和系统方法。它通过发现、分析重要的组织或人类绩效差距,制定出改善绩效的计划和方案,并设计、开发和实施合理的干预措施,对干预结果进行评价,以不断缩小绩效差距,实现绩效。

教育技术领域引入绩效技术,是因为学校中的许多教育问题通过教育技术无法解决,必须借助于非教学干预才能实现,比如管理开发、绩效评价和新政策的支持。教育技术乃至教育界都十分关注教育中的绩效问题,一些教育技术人员开始把绩效技术的观点整合到教育技术研究领域,对绩效和组织系统进行分析,并运用一些非教学干预来解决教育绩效问题。绩效技术已成为教育技术的三个主要研究领域(面向学校教育所进行的关于IT整合与学校教育的研究、面向企业培训所进行的绩效技术研究以及远程教育与远程培训研究)之一。

在研究内容和研究目标方面,教育技术由关注教学过程的优化、提高教学效果逐步向提高学习绩效、学习能力和综合素质的转变,这同时也是教育信息化和信息社会对人才培养提出的新要求。绩效技术在关注企业绩效、组织绩效的同时,也在关注个人绩效,特别是更加注重个人的发展潜能、个人的学习绩效问题,以此作为提高绩效的一种有效的途径。在《教学技术:领域的定义与范畴》一书中,作者认为,教育技术领域的重点几经迁移:从强调资源,到强调教学,然后强调学习。很可能下一个定义会指向绩效,而不是学习,新的对绩效而不是对学习的强调,也可能影响教育技术领域功能和角色定位。

绩效技术的目的是用最经济的手段合理地影响和改善人类的行为和绩效,它更强调非教学领域干预的设计、实施。绩效技术领域中的教育技术如同人力资源管理、组织开发一样,是进行绩效改善所必须掌握的技能之一。在研究领域方面,绩效技术有把目光重新投向教育领域的倾向,因为不管是企业绩效还是组织绩效都与个人绩效及人的教育和培训有关,并且绩效技术起源于教育领域,起源于教育技术,这种回归也是自然的。

由此可见,绩效技术和教育技术虽然有许多相似之处,但是二者都有各自的研究目的和侧重点,互相交叉、渗透是自身不断完善的需要,二者之间只有通过不断互相学习,取长补短,才能在各自领域取得更快的发展。

三、知识工程

构造专家系统的过程通常被称为知识工程。1977年美国斯坦福大学计算机系教授费哥巴姆(Edward Feigenbaum)在第五届国际人工智能联合会议上,作了关于"人工智能的艺术"(The Art of Artificial Intelligence)的讲演,提出"知识工程"这一名称,指出"知识工程是应用人工智能的原理与方法,对那些需要专家知识才能解决的应用难题提供求解的手段。恰当地运用专家知识的获取、表达和推理过程的构成与解释,是设计基于知识的系统的重要技术问题"。

人工智能(Artificial Intelligence),英文缩写为AI。它是研究、开发用于模拟、延伸和扩展人的智能的理论、方法、技术及应用系统的一门新的技术科学。人工智能是计算机科学的一个分支,它企图了解智能的实质,并生产出一种新的能以人类智能相似的方式作出反应的智能机器,该领域的研究包括机器人、语言识别、图像识别、自然语言处理和专家系统等。人工智能学科研究的主要内容包括:知识表示、自动推理和搜索方法、机器学习和知识获取、知识处理系统、自然语言理解、计算机视觉、智能机器人、自动程序设计等方面。人工智能研究的一个主要目标是使机器能够胜任一些通常需要人类智能才能完成的复杂工作。

当前,以人工智能为理论和方法基础的知识工程已成为一门新兴的边缘学科,是对人类高度智能化的活动进行的工程性研究,是研究知识信息处理和提供开发智能系统的技术,它是人工智能、数据库技术、数理逻辑、认知科学、心理学等学科交叉发展的结果,是研究如何由计算机表示知识,进行问题的自动求解。其主要研究方向包含知识获取、知识表示和推理方法等。知识工程的研究使人工智能的研究从理论转向了应用,从基于推理的模型转向基于知识的模型,是新一代计算机的重要理论基础。知识工程的根本目的是在研究知识的基础上,开发人工智能系统,补充和扩大大脑的功能,开创人机共同思考的时代。

知识工程领域的基本知识主要包括知识本体论、知识表征和问题表征、知识库与协同计算、语言认知和语言计算、认知建模和知识推理等。目前,教育技术领域中研究知识工程的人员比较关注的主要课题是,如何实现隐性知识与显性知识的相互转化;如何通过知识的可视化途径促进知识的理解和加工;通过机器模拟专家学习过程,创设积极的学习环境,从而引导学习者的学习策略和方式;探究教育传播过程中的话语分析、教学设计自动化、智能测评技术和教育系统仿真技术等。知识工程可以搭建丰富的学习平台,利用概念图和思维导图等知识可视化工具,通过大量形式化的知识学习,扩展学习空间和学习方式。

在此需要特别指出的是,学习知识的活动首先是人的认识活动、交往活动,而不是机器的活动,学习的过程是一个人文过程。如果将教育问题单纯地作为工业中的工程问题对待,用工业工程的逻辑来思考教育教学问题,也许会获得一些出人意料的想法,但有些"工程性"的想法,也许并不适合教育教学领域。人的教育教学活动对信息技术的接受程度不是无限的,利用信息技术完成某种教学任务,首先应该思考的是教育教学是否"适应"信息技术的特点,过度的使用会适得其反。教育不是"技术工程(Technical engineering)",教育的过程也不是一个技术工程过程。教育技术领域也不是制造业(Manufacturing),制造业是指对原材料进行加工或对零部件进行装配的工业部门。如果教育技术是制造业的部门,那它将永远不可能制造出同一规格的产品。学生也不是教育的原材料,不是供教师任意改造的物质性对象,学生是具有生命性的、能动性的精神性对象。学者苏军认为,有不少人做的是教育工作,但未必是教育。目前人们对人工智能的研究水平处于一个高原期,长期以来没有取得实质性或突破性的进展,致使人工智能在人类教学领域中所发挥的作用极其有限,几乎没有产生什么影响。

我们认为,"知识工程"这个概念产生于计算机科学之中的人工智能领域,可以说是计算机科学新的研究问题,考察目前人工智能的主要研究内容,可以看出大部分都是计算机科学之内的研究课题,对知识工程而言属于基础性研究课题。作为教育技术学领域研究知识工程的人员,需要把握住教育技术学科领域内知识工程研究的基本属性或特殊性,认真划分什么是教育技术学应该研究的问题,什么不是教育技术学应该研究的问题,而是计算机科学需要研究的问题,纯物质研究不是教育技术学应该研究的问题,教育技术学科内的知识工程研究必须与教育教学实践产生本质性联系,必须与教师和学生的教学行为产生真正的联系。人工智能本身不是教育技术学应该研究的内容,应用人工智能的理论和方法解决教育教学问题才是教育技术学应该关注的研究课题。这种交叉性的边缘学科，必须审慎把握研究方向，稍不注意就会"种了别人的田，而荒了自己的地"。

四、M-Learning

（一）M-Learning 概述

M-Learning（移动学习）是一种全新的学习方式，它是移动通信、网络技术与教育的有机结合，它具有移动性、高效性、广泛性、交互性、共享性、个性化等学习特征。从某种意义上讲，M-Learning 是 E-Learning 的一个新发展，但与 E-Learning 相比较，M-Learning 不仅具备了数字化、多媒化、网络化、智能化的特征，而且还具备了其独特的优势：学习者不再被局限在计算机面前，而可以"随时、随地、随身"地进行学习。在生活节奏日益加快的现代社会里，M-Learning 更为方便灵活地满足了学习者的学习需求。在 M-Learning 中，教学过程的四个基本要素——教师、学生、教学内容和教学媒体都是"移动"的。M-Learning 是由学习者向提供学习内容的商业公司定购，通过无线 PDA、短消息和电子邮件技术的结合来实现的。可以预见，M-Learning 的发展将大大拓宽教育的范围，对全民教育、终身教育以及个性化学习产生巨大的推动作用，也为远程教育提供了新的学习方式。

（二）M-Learning 的基本构架

移动学习系统主要是由国际互联网、移动教育网和移动通信设备三部分组成。(1) 国际互联网。互联网的出现是人类通信技术的一次革命，它是一个全球性的信息系统，也是教育资源的有效载体。目前互联网技术已经非常成熟，与互联网连接的客户可方便地进行信息交换，并访问互联网上的丰富资源。(2) 移动教育网。移动教育网是一种教育传媒，它是整个移动网络的一部分，由多个基站组成，用来发射或接收来自移动台以及互联网的信息，并通过空中接口将移动台与互联网实现无缝连接。移动教育网在本质上是一个可以使个人和机构通过分享信息——如课程支持服务体系、课程内容，来进行通信的平台。(3) 移动通信设备：如手机、掌上电脑、笔记本电脑等。目前手机一般指第二代手机，即由通信硬件与 SIM 卡组成。通信硬件完成信号的接收以及协议识别，SIM 卡保存用户的标志。对于该类设备来说，其内置的操作系统是封闭的，不具有扩充软件的功能。另外，许多公司正在研究或推出具有 PDA 功能的高档手机，该设备集成了通常手机和 PDA 的功能，其 PDA 部分具有一定的开放性，可在一定程度上扩充软件。由于第二代手机的通信速度较低，不具有连接互联网的通信协议，一般只能用短信息的形式通过移动网与互联网进行通信。从移动教育系统的构成来看，国际互联网是教育资源的主要载体；而移动通信设备和移动教育网则是连接用户和互联网的主要媒介，正是这种媒介使得移动教育系统独具魅力。同时，随着移动通信技术的迅速发展，移动教育系统将给使用者提供更多、更方便的服务。

（三）M-Learning 的发展阶段

(1) 第一代移动学习：知识传递移动学习。这是移动学习兴起的阶段，人们开始想到利用移动设备的便携性、移动性和无处不在的通信，将原来在计算机上运行的课件迁移到手持式设备中,原来通过网络传递内容的方式,现在改为通过无线技术传递,原来需要通过有线的数据网络互动和反馈,现在可以通过无线技术互动和反馈。

在这个阶段,移动学习主要考虑的是内容设计、内容传递和无线交互,以知识为中心,基本上是 E-Learning 早期发展的模仿,从计算机和互联网的内容设计和传递转移到手持式设备和无线网络的移动学习。

移动学习面临的挑战在于,与现在的台式计算机相比,移动设备显示屏幕小、分辨率低、计算性能有限、输入不方便、网络连接速率低。在这些限制条件下,如何精心设计内容,以符合移动学习过程中的认知规律是十分重要的。

为了更好地利用移动技术促进学生认知,需要开发有利于移动设备的新的学习材料。这就需要根据移动学习的特点,将整个学习内容分解成各个部分,并将学习材料设计成为学习对象(Learning Object)。使用学习对象可以很好地支持小规模的学习,而学习对象可以重复使用、自由组合。

(2) 第二代移动学习:认知建构。随着移动学习实践活动的不断深入,人们慢慢认识到仅仅通过无线技术发布学习内容,仅仅将现有书本知识转化为移动学习内容,还远远不能发挥移动技术的优势。移动技术相对于计算机+互联网络的技术路线相比,虽然有移动、便携的特点,但手持式设备的计算能力、存储能力、无线网络传递内容的速率都有相当大的局限性,原有 E-Learning 复制的模式并不能最大限度地发挥移动技术的优势,没有体现出移动学习的本质特点。如何发挥移动技术"便携、廉价、通信、交互"的本质属性,营造学习者体验探究、社会交流和互动的学习环境与学习活动,促进以学习者为中心的知识建构,是研究者关注的热点问题。

现代学习理论认为,学习是学习者积极的自我建构过程,学习者基于已有知识,积极地提出新的想法或概念。移动设备可以为学习者提供真实的环境和支持工具,可以有效激励学习者成为主动的知识构建者。第二代移动学习强调在真实的问题情境中,借助社会交往与周围环境的交互,通过移动设备作为知识处理和加工的认知工具,解决真实问题,习得技能,学生自我控制学习进程,自我建构学习目标。它能够最大限度地发挥学生的积极性、创造力和主动性,是创造能力培养的最佳途径,适合于复杂知识的理解、高级认知技能和社会技能的形成。

第二代移动学习中的移动技术不仅仅是知识内容传递和承载的工具,更多的是作为学习者的信息加工工具、认知工具和社会认知建构与共享的工具,在此基础上构建的移动学习模式,超越了简单的内容传递的思路,更多关注如何利用移动技术所提供的便携性、强大的计算性能、通信功能和情景模拟功能等更高层次的技术特点,结合建构主义的理念,构建体现学习主体性的学习模式,以学习者为主体(而不是以内容为主体)规划学习过程,促进学习者深层次参与、认知内化和社会建构。

(3) 第三代移动学习:情境认知。随着技术的进步,移动设备的情境感知能力将越来越强大,它将集成更多的传感器、探测器、采集器,通过这些电子化的微型感知设备,捕获用户、设备、场所、问题、应对策略方法等真实世界的信息,以及将人们所处生活环境中各种人类感官不能直接感受到的信息,采集到方寸之间的移动设备中,进入到数字化的世界中,经过计算、处理,变成人类学习、决策的参考知识;在一定程度上连通网络世界和现实世界,通过网络世界的知识学习来增强人对现实的理解和驾驭能力。

比如美国 Celestron 公司的 SkyScout(天空探索者),它是一个具有情境感知能力的天文望远镜,将 SkyScout 指向某一颗星体,它会在存储的 6000 多星体天文数据库中对照,识别出这是哪颗星,再向你用文本或声音介绍它的基本情况,还时常会穿插一些背景故事,神话传闻。该产品能够在天文观测过程中,帮助天文爱好者讲解和寻找星体目标,最大化的满足师生的需求,是一种典型的情境学习的移动设备。通过情境感知的移动设备,学习者可以轻松地感知并获取学习对象的详细信息和学习内容,利用头盔式显示器、穿戴式计算机或其他设备,提供一个新的学习空间,并利用位置跟踪器、数据手套、其他手控输入设备以及声音等使得参与者产生一种身临其境、全心投入和沉浸其中的感觉;并通过无所不在的智能网络,利用对话、实践社区、协作学习、社交过程的内化、参与共同活动来实现社会化学习。

普适计算技术的发展,将对学习产生重大影响,人们正朝着一个情境感知泛在学习空间 AULS(Ambient Ubiquitous Learning Space)的生态环境迈进,学校、图书馆、教室、会议室、博物馆,乃至于流通的商品,都能主动发射自身的知识和信息,每一个学习者都沉浸到现实世界和数字世界交织的信息生态环境之中。

以上提及的泛在学习(Ubiquitous learning)是指任何人(Anyone)可以在任何地方(Anywhere)、任何时刻(Anytime)获取所需的任何信息(Anything)的一种学习方式。也就是说,学习者可以在近乎无限的数据库中摄取知识,从超级媒体库中获得教材和教学课程,不论是文字的还是相应的声音或活动(或静止)的图像、图形。他们可以随时与教师或学伴交流。因此,在未来的教育中,学习者拥有的是一个开放化的学习环境,他们可以做到机动、灵活地安排自己的学习时间、学习方式和学习地点,主动地进行学习。可以看出,M-Learning 具备了学习对象多元化、学习地点随意性、学习时间不确定以及学习资源广泛化的这些特征。所以,M-Learning 是泛在学习的一种具体表现形式。

对于移动学习的认识,需要从教育技术学科的高度来思考,不能将移动学习庸俗化,也不能无限夸大它的作用。有学者认为,移动学习使得学生可以在旅途中和床上完成自己的课程。这是明显的误导和不切实际的"乌托邦"式的幻想。目前的移动学习,还无法实现这种想法,恐怕以后也不可能在床上完成"课程"。移动学习主要针对的学习者并不是中小学学生,而是社会性全民教育和终身教育系统,因此,在中小学之中的推广与普及,需要谨慎从事,做认真科学的可行性分析。

五、Web2.0

(一) Web2.0 技术概述

互联网 Web2.0 技术是相对于 Web1.0 技术而言的,它是 Web1.0 技术的提升和革新。Web1.0 技术是指网站制作发布网页,用户被动、单纯浏览网页的模式。Web1.0 技术是以网站为读者提供信息,满足广大用户共同需求为目的的。制作者将需要发布的网页通过超文本链接发布在网上,供大家选择浏览。用户不能和网站的制作者交流互动,用户之间也无法协商沟通。而 Web2.0 将网络转变成一个交流互动的平台,实现了"去中心化",每个用户都是互联网上的信息发布点,都有参与交流和发言的机会,满足了当前人们希望时时交流、处处沟通的愿望。另外,从知识生产的角度看,Web1.0 的任务,是将以前没有放在网上的人类知识,通过商业的力量,放到网上去。Web2.0 的任务是,将这些知识,通过每个用户的浏览求知的力量,协作工作,把知识有机地组织起来,在这个过程中继续将知识深化,并产生新的思想火花。从内容产生者角度看,Web1.0 是商业公司为主体把内容往网上搬移,而 Web2.0 则是以用户为主,以简便随意的方式,通过 Blog、Wiki 等把新内容放到网上。

目前 Web2.0 技术正在以迅猛的速度大量应用于互联网中,人们每天在网上能感受到 Web2.0 技术带来的快捷资讯、实时交流、互动参与和娱乐体验等新内容。从技术上来说,Web2.0 并不是一种全新的互联网规范或标准,而 Web2.0 提高的也不仅仅是技术水平,更多的是网站结构、服务方式的革新。总的来说,Web2.0 对于互联网用户更像一个新的媒体平台,一种相对于 Web1.0 网站的新的互联网应用的统称,一种互联网服务水平的提高和拓展。

(二) Web2.0 产品

当前 Web2.0 应用技术层出不穷,如社会书签、RSS 阅读、Tag 标签、网志 Blog、共创 Wiki、图片分享 Flickr(http://www.flickr.com)、音频分享 Podcast(http://www.podcast.net)、视频分享 Youtube(http://www.youtube.com)、PPT 文件共享 slideshare(http://www.sileshare.net)、微博客 Twitter(http://www.twitter.com)、美味书签(http://del.icio.us)等,Web2.0 已经成为影响网络运行方式的新思潮。下面选择应用广泛的几种产品进行介绍。

1. Blog

Blog 近几年来发展非常迅速,目前全球已经有超过 50 万的 Blog 用户,而且数量还在飞速增加。Blog 被形象地比喻为"信息时代的麦哲伦"、"网络中的信息雷达系统"、"不停息的网上旅程"等,被认为是继 E-mail、BBS、ICQ 之后出现的第四大网络交流方式。

Blogger 或 Weblogger 是指习惯于日常记录并使用 Weblog 工具的人,他们用 Blog 工具轻松自如地把自己的生活体验、灵感想法、得意言论、网络文摘、新闻时评等沿着时间的发展灌入 Blog 中,与网友分享。Blog 和 Blogger 翻译成中文都可称为"博客"。

Blog 应用于教育领域,被教师和学生使用,算得上是 Blog 应用中颇为壮观的场面,人数之多并不亚于 IT 行业。为什么 Blog 会在教育领域受到大家的欢迎呢?一方面,因为 Blog 这种媒体设计包含了知识积累(每日坚持写作)、创新(强调原创精神)和分享(方便写作者相互联系)等概念,加之自身其他的优点,比如低技术、低成本的无壁垒性,方便易用,易于传播等,使得它"天生"就是一个适用于教学的好工具。另一方面,教育领域正在发生一些重要的积极变化,恰好需要 Blog 这种工具提供帮助,这些变化包括强调教师要进行教学科研,并带领学生进行研究型学习;强调教学过程中主体的互动、参与,也强调了学生积极主动地学习;分散的、有针对性的、异质化的教学正在受到大家的重视。当教育领域在寻求多样性、探索可能性的时候,Blog 恰好具有这种多样性和可能性的潜质。教学和知识管理与 Blog 的结合,提供了知识积累、创造和分享的无尽空间。

2. Wiki

Wiki 中文译名"维基"。维基一词出自 Wikipedia 的中文译名维基百科,是维基媒体基金会(Wikimedia Foundation,Inc.)的商标,用于所有由维基媒体基金会运营的维基式计划。"维"字意为系物的大绳,也是网络的意思,可以引申为因特网,"基"是事物的根本,或是建筑物的基础。

Wiki 是一种超文本系统。这种超文本系统支持面向社群的协作式写作,同时也包括一组支持这种写作的辅助工具。也就是说,无需什么培训,通过 Web 人们就可以简单直接地对 Wiki 文档进行即时的浏览、创建和修改。因此,应用 Wiki 的代价远比 Html 文档小;同时,与其他超文本系统相比,由于 Wiki 在信息传播上所具有的公开性、迅即性、直接性、存储性及纠错补遗及时性等特点,在关键的信息准确性和完整性环节上,优于其他的传播方式,非常适合于帮助我们在一个社群内共享某领域的知识。

在维基页面上,每个人都可浏览、创建、更改文本,系统可以对不同版本内容进行有效控制管理,所有的修改记录都会保存下来,不但可以事后查验,也能追踪、恢复至本来面目。同一维基网站的写作者自然构成了一个社群,维基系统为这个社群提供简单的交流工具。用简单的话来解释,维基就是人人都可以参与编写的百科全书。

3. RSS

RSS 是 Really Simple Syndication 的简称,是站点用来和其他站点之间共享内容的一种简易方式(也称聚合内容),是一种用于共享 Web 内容的数据交换规范,通常被用于新闻和其他按顺序排列的网站,如 Blog。用户可以通过支持 RSS 的阅读器来查看 Web 链接,阅读支持 RSS 输出的网站内容,使用 RSS 阅读器阅读,可以不用一个个打开页面,也能够很快地知道网络内容是否获得了更新。而且,用户可以从网站的聚合新闻列表中订阅感兴趣的新闻栏目内容,常见的有时事、财经、科技、文化、娱乐等大众关心的频道,这样我们不用在网络中漫无边际地搜索就能得到很多有价值的分类信息。RSS 加速了信息从源端到接收端的传输,减少了中转的环节,保持了信息的原貌,有利于人们得到更真实、更快捷的新闻信息。现在世界上很多知名新闻网站都提供 RSS 订阅服务。当前较主流的阅读器包括 Google Reader(http://www.google.com/reader)、鲜果(http://www.xianguo.com)、抓虾(http://www.zhuaxia.com/index.php)等。

4. del.icio.us

del.icio.us 简称为 delicious,中文简称为"美味书签",是提供网址共享管理的服务平台。"书签"的英文是"bookmark"。阅读纸介图书时,读者常用"书签"夹在页码之间标识阅读进展定位。网络中信息组织与纸介图书的信息组织结构不同。网络信息内容组织是"超媒体"式的、把多种信息媒体相互链接起来的网状结构组织方式。纸介图书内容信息的编排组织则主要是文本形式线性结构的组织方式。因此,相应于传统纸介图书的书签,网络书签的作用之一就是用来进行网络访问过程中的网址定位。

del.icio.us 的作用和特点主要体现在以下几方面:

(1)收藏网址快捷方式功能。这种功能类似于传统的浏览器收藏夹,可以随时把有用的网址添加进去,并且只要可以登录网络,在任何计算机上都可以访问这个网址收藏夹。

（2）强大的、极其友好的社会性共享功能。用户在应用 del.icio.us 过程中，可以把其他用户的共享书签加入到你的网络（your network）中。随着应用时间的积累，"your network"中的成员会越来越多，只要点击"your network"，就会在一个页面中获取这些成员收藏网址的所有动态信息。

（3）其他社会性功能。这里主要指常见的社会性功能，如提供 RSS 订阅、tag 功能等。

六、未来课堂

（一）未来课堂概述

传统的课堂是学生学习的场所，是教师进行教学的场所。未来课堂是相对于传统和现代课堂而言的，在相关的理论和技术支持下，以充分发挥课堂组成各要素（人、技术、资源、环境和方法等）的作用，以互动为核心，建构一个服务和支持课堂教学主体学习与发展和自由的、各构成要素和谐共存的教与学的活动及环境。

未来课堂的设计是教育技术的一个前瞻性的领域，已经有许多探索性的研究，例如，Szeged 大学由微软资助的未来课堂项目、Middle Tennessee 州立大学的高级课堂技术实验室、斯坦福大学的 iRoom 项目、英国教育部的"未来教室"计划等。总的来讲，这些研究围绕着改革传统课堂的途径、课堂的物理架构、课堂的信息装备、课堂的智能设计等方面展开。

（二）未来课堂的定位与特性

未来课堂应定位于两个方面：一是未来课堂应定位于服务与支持教学主体的自由与发展。许多研究表明，学习空间（包括课堂）的设计应能体现以人为本的核心思想。作为面向未来人才培养，注重培养学习者创造能力和体现新课程改革思想的未来课堂，教与学主体的自由与发展是必不可少的。二是未来课堂应定位于建构课堂各要素之间的和谐关系。课堂各构成要素之间的关系是否和谐将会影响教与学主体的心情、情绪、动机，进而影响教与学的效果，未来课堂的构建应实现各要素之间关系的和谐。

作为融合了先进理念和技术、关注教与学主体自由和发展的未来课堂，首先应是一种集成多种媒体的课堂，具体体现为多屏显示、能提供多种媒体、实现无线上网和分区学习、协作、互动等。其次，未来课堂应是一个能够体现后现代特征的概念课堂，也称简洁的课堂，课堂设计上更多地体现人性化设计，舒适，灵活。未来课堂还可是一个相对传统、灵活排列的课堂，排列基本传统，普通课堂与机房兼容、宽敞、舒适、简洁。课桌拼装组合（多种拼装组合），可适合不同的教学、学习和交流方式的需要。最后，未来课堂还可以是一个能够实现虚拟加现实的课堂，虚拟课堂中每个化身对应着一个实际的学习者，现实与虚拟的教与学主体可以在网络空间中参与在线课程等。

未来课堂的特性主要体现在未来课堂的人性化、混合性、开放性、智能性、交互性和生态性等方面。其中未来课堂的人性化主要体现在未来课堂的设计应更多地体现对于组成课堂主体的教学者与学习者的关注，在相应技术的支持下，在技术设计与应用上更多地体现以人为本的精神。未来课堂的混合性则主要体现在未来课堂可以实现多种教与学活动的混合，正式学习和非正式学习结合，虚拟课堂和现实课堂的混合，不同交互类型的混合等。未来课堂的开放性主要体现在课堂教学组织形式的开放以及教学资源的开放,在课堂桌椅设计上方便根据不同教学活动的要求灵活进行组织,而无需过多地移动桌椅。在资源方面,教学者和学习者可以很方便地获得课堂内外的资源,并与资源进行良好的交互。未来课堂的智能性则体现在未来课堂应是一个智能化的课堂,是嵌入了计算、信息设备和多模态的传感装置的学习空间,具有自然便捷的交互接口,以支持教与学主体方便地获得未来课堂设备的服务,是人与设备(计算机系统)不间断的交互过程。移动设备和无所不在的连接使得人们可以随时随地学习。而未来课堂的生态性则体现在未来课堂应是一种平等、和谐、开放的生态系统。未来课堂教学要遵循教育生态学的限制因子定律、耐度定律、最适度原则、教育生态位原理、教育生态链法则,同时课堂教学也要关注环境,发挥课堂生态系统整体效应。其目标就是建立一个"坚持以人为本,使教育的各因素相互依存、相互促进、协调合作,形成完美的教学生态,从而促进学生自我激励、自我成长、自我完善"的和谐课堂。

(三)未来课堂研究的关键

未来课堂的研究应着眼于以下六个关键方面。

1. 未来课堂的基本理论与相关理论研究。作为一个全新的未来的课堂设计理念,未来课堂应体现出新的理念,未来课堂的设计与建设需要全新的理论支持,需要构建未来课堂的基本理论及进行相关的支撑理论研究。

2. 未来课堂设计的功能模型研究。为体现未来课堂的定位及特性,未来课堂需要实现哪些功能,这些功能的实现需要哪些相关的技术来支撑,各功能模块之间的关系如何,如何体现未来课堂设计的系统化思想,这些均需要进行未来课堂的功能模型研究。

3. 未来课堂的空间设计(物理架构)研究。未来课堂的人性化、开放性、混合性等特点均需要相应的空间来支撑和体现,需要根据未来课堂的特性选择课堂的桌椅、设备的配置与安装,需要根据不同的教学活动的要求设计相应的学习空间。

4. 未来课堂设计的标准与规范研究。未来课堂的绿色、和谐、开放等的理念与传统课堂的设计理念是截然不同的,现代工业技术的发展给未来课堂的建设提供了可能,但未来课堂的设计和推广应用需要有相应的标准和规范的支持,如光、电、声、影音、投影设备、课桌椅等的标准和规范的研究也是必不可少的。

5. 未来课堂的互动研究。互动是未来课堂设计理念的核心,从物理空间设计、设备功能配置以及教与学活动的选择都体现出互动。未来课堂的互动研究包括:教与学主体与课堂设备的互动,设备与设备之间的、主体与主体之间的互动(包括教学者与学习者、学习者与学习者、课堂内的主体与课堂外主体之间),主体与资源之间的交互,等等。

6. 未来课堂的教学实践研究。未来课堂需要满足不同的学科、不同年龄阶段学习者的教与学的需求,究竟什么样的架构和教学策略适合哪些具体的学科及学习者,这些需要有相应的教学实践来检验。通过教学实践研究可以发现现有研究的不足,从而可以不断完善对未来课堂的研究。

学习活动建议

本章主要阐述了教育技术的三个主要实践领域：教育信息化、信息技术支持的教与学、远程教育。并且，介绍了教育技术的新领域。重点在于了解各个领域的发展过程、现状、主要工作及作用，思考未来的发展方向。在这一章中建议教师组织如下活动：

- 活动一：调查所在学校的教育信息化发展状况，并提出存在的问题，写一份报告。
- 活动二：选择任意一种信息化学习方式，在本课程中开展，让学生实际体会其含义、实施原则、优点和不足。
- 活动三：利用各种检索工具，查阅不同时期不同学者提出的有关远程教育的定义，比较这些定义提出的背景、特点。
- 活动四：以小组为单位，讨论远程教育与传统教育主要的区别体现在哪些方面。
- 活动五：登录一个免费的远程教学网站，体会远程学习，并思考远程教育的局限性以及解决的办法。
- 活动六：分小组查找教育技术运用的其他新领域，并汇报。
- 活动七：选择一种Web2.0的产品，鼓励学生尝试使用。

学习评价

学习完本章内容后，请尝试回答下列问题：

1. 简述我国教育信息化的发展历史。
2. 分析我国教育信息化目前存在的问题，并提出自己的建议。
3. 你是如何理解"信息技术与课程整合"的？
4. 信息技术与课程整合的意义是什么？
5. 什么是信息化合作学习？它的主要特点是什么？
6. 在信息化合作学习中，教师应该如何发挥自己的作用？
7. 信息化个别学习的主要优缺点有哪些？
8. 什么是信息化探究学习？它的主要特点是什么？
9. 什么是WebQuest？
10. 远程教育的发展经历了哪几个阶段？每个阶段的特点是什么？
11. 一个基于Web的教学支撑平台由哪四个系统组成？
12. 远程教育与传统教育相比有哪些优点和局限性？
13. 分析绩效技术和教育技术的关系。

第九章 教育技术学研究方法

学习目标

1. 了解教育技术研究的类型和水平；
2. 了解教育技术研究的基本程序；
3. 理解质的研究与量的研究的联系与区别；
4. 掌握教育技术研究中所使用的一般方法。

知识概览

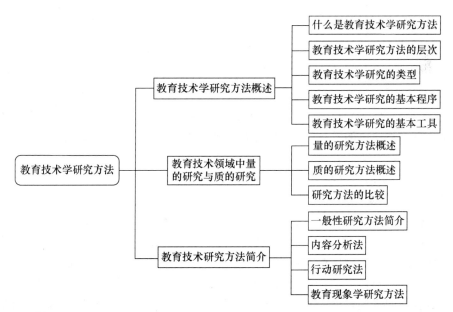

本章导学

本章的目的是让初次步入教育技术学领域的学习者，能够对教育技术学研究的类型、层次和水平有一个基本了解，在此基础上，介绍了教育技术研究中常用的方法。在学习本章时，可抛开对具体概念的考究，先建立自己对基本概念的一般认识，形成一个框架性的印象。待到真正从事教育技术相关研究项目时，能够根据自己的已有框架，选择和使用正确的研究方法。本章的学习是为今后深入进行教育技术研究打下基础，建议学习者可以根据本章的内容框架，收集其他一些相关文献，详细了解各种研究方法的特点和使用。

第一节　教育技术学研究方法概述

一、什么是教育技术学研究方法

所谓方法,语义学的解释是"按照某种途径",它是指为了达到一定的目的而必须遵循的调节原则的说明。可见,方法是作为一般的思维方式和行为方式,是研究问题的一般程序和准则。

那么,什么是科学的研究方法?人们通常将研究方法定义为:以客观事实为依据,遵循人们的认识规律,按照一定的系统程序解决问题的途径和手段。教育技术学研究活动的目的,是要探索应用教育技术进行教育活动过程的发生、变化、发展的普遍规律和因果关系,对被观察到的事实和应用教育技术进行教育活动的现象,做出科学的解释、预测和控制,建立系统的理论,以期对教育技术中复杂的图景做出精确、深刻的描述。

教育技术学研究方法,是指要按照某种途径,有组织、有计划、系统地进行教育技术活动的研究和构建教育技术理论的方式,是以应用教育技术进行教育活动的现象和规律、方法和工具为对象,以获得教育技术科学规律性知识为目标的一整套系统研究过程。由此可见,教育技术学研究方法提供的是方法论性质的知识,为教育技术的理论研究和认识活动提供途径、手段和工具。

值得注意的是,教育技术学研究方法也可以被作为一个认识过程,其结果是解释或预测、发现或发展一定的教育技术原理、原则和理论,它既是一种知识体系(思维方式),又是一种行为规则(行为方式)。教育技术学是教育科学范畴中的二级学科,教育技术学的研究同教育科学的研究具有同质性,教育技术学研究方法也具有一般研究方法和教育研究方法的基本特点:

第一,研究的目的在于探索教育技术应用的基本规律,以解决教育教学中"怎样教"的基本问题为导向。在教育技术研究过程中,无论是开展旨在探索基本规律的探索性研究,还是旨在寻求现实教学中的问题答案的对策性研究,都要求做出理论的说明和进行逻辑的论证,而不是简单的资料收集或言论的罗列。

第二,要有科学的假设和对研究问题的陈述,研究的问题有明确的目标和可供检查的指标。比如,在进行一种新的教学媒体的教学效果研究时,一定要明确陈述该媒体的什么特性对教学哪方面产生了效果,并清楚列举采取怎样的指标来判断这种效果。

第三,具有科学的研究设计,准确系统的观察记录和分析,并收集可靠的资料数据。也就是说,要以充分的科学事实和一定的数据作为依据形成结论,防止胡乱抽取个别的典型例子下结论,作判断,从而导致错误的观点出现。

第四,强调方法的科学性。作为一种科学研究,是运用一定的科学方法,遵循一定的科学研究程序,是有目的有计划的认识活动。因此,方法本身应是可辨认的,运用过程和研究结果应是可检验的,研究结果要经得起实践的检验。

第五,创造性。对原有的教育技术的理论体系、思维方式及研究方法有所突破,这是研究的最重要的特点。没有创造性的研究不能称之为真正意义上的研究。

教育技术研究不同于一般自然科学、思维科学的研究,而具有独特性:(1)带有很强的综合性、复杂性和整体性。(2)研究的周期较长,教育教学不是一件一蹴而就的事情。(3)针对性、实践性强。教育技术研究往往要针对特定的教学问题,通过科学方法,找到解决问题的途径,研究的结论具有现实指导作用。(4)教育技术科研工作者与实践工作者的积极参与,有广泛的群众基础。当前,教育技术已经受到越来越多的关注,涌现出一大批研究工作者和学习者。

二、教育技术研究方法的层次

一般认为,认识客观事物的方法,或者科学研究方法,按其普遍性程度可以划分为三个层次。哲学方法层次、一般研究方法层次和专门研究方法层次。

(一)哲学方法

这是最普遍、最一般的科学研究方法,适用于自然科学、社会科学和思维科学等一切科学研究领域。人们在研究一些领域的问题时,将发现所有的问题都各不相同,但却存在着最一般的共同规律和性质。比如,客观存在性,整体系统性,运动变化性,互相关联性等。这种对事物存在及其变化共同规律的认识方法被认为是哲学研究方法。哲学研究方法是研究方法中的最高层次或称第一层次的方法。它对其他研究方法起着指导性的作用,其他研究方法都要以哲学方法为基础,可以说,它是方法的方法。

哲学研究方法又称为全学科方法。这类方法的适用范围最广,具有最普遍的方法论意义,无论是社会科学整体,还是自然科学整体,包括目前已经存在的一切学科和今后将要出现的所有新的学科在内的科学整体,这类方法都适用。哲学是自然科学和社会科学的总结和高度的概括,因此,用哲学的观点观察和分析问题、研究问题的效果如何,取决于哲学的观点,即宇宙观和历史观是否正确。

(二)一般研究方法

一般研究方法是指在某类学科具体研究过程中所使用的方法。在一般研究方法中,又分为三类:一类是经验方法,即调查、观察、实验等;第二类是理论方法,如科学抽象、数据处理、逻辑推理等;第三类是综合方法。考察一般研究工作的过程,可以找到以下共同特征,一般都要经过:"提出问题→查阅文献→收集资料→分析资料→归纳结论"这样一个流程。另外,系统方法就是一种一般研究方法。

(三)专门研究方法

专门研究方法是指对专门问题所采用的特殊的研究方法,如物理学中的光谱分析法;在教育技术研究中有内容分析法、课堂信息分析法(S-P表分析法)和评价研究法等。

图 9-1 表示三个层次研究方法的相互关系。这里需要指出的是:适用于某学科的专门研究方法并非只局限于在该学科的研究工作,上面提到的许多方法在很多领域里都是通用的研究方法。另外,即使在不同的领域的研究中,同时采用了同一种研究方法,但在方法的具体设计和实施上,其侧重面也是不尽相同的。

图9-1 科学研究方法的层次

三、教育技术学研究的类型

教育技术学研究同其他科学研究一样,遵循科学研究的一般方法和规律,其研究方法的类型也与一般科学研究方法的类型相一致。同时,还必须明确一点,教育技术研究是教育科学研究领域的一个分支,即教育技术研究可以当做是教育科研的一部分。那么,作为研究教育现象所采用的方式、手段或遵循的途径、程序、格式和规则,具有不同的层次水平和分类方法。

(一)教育研究水平的划分

一般而言,教育研究可以分为以下四个不同的水平:

(1)知觉观察水平。这一水平的研究主要是了解发生了什么事情,这些事情是应该发生的还是不应该发生的;存在什么问题,这些问题的性质如何。

【例】小学一、二年级学生一节课能识多少字?男女学生在识字方面有什么不同特点?

【例】三分之一的学生做错了这道题。

这些情况一般是每天都会碰到的,关键在于研究者是否有意识地、自觉地观察和搜集有关的信息,并从中发现存在的问题。

(2)探索原因水平。这一水平需要回答:为什么会发生这种现象?要寻找产生某个教育教学问题的内在原因,并探求解决的办法,应该搞清楚:什么原因导致出现这样的问题?能否有办法解决这个问题,怎样改变现有的状态?

【例】一位教师在上课时,发现学生对他讲的内容不感兴趣,原因是学生不适应他的教学方法,于是教师就改变了教学方法,果然提高了学生的学习兴趣。

【例】在"跨越式试验"中,小学二年级的学生能够掌握2000汉语词汇,这是什么原因造成的,是使用信息技术本身,还是使用信息技术的学习方式发生了变化?

(3)迁移推广水平。这一水平的研究需要回答:在不同的条件下会发生同样的现象吗?如果改变教学方法提高了学生兴趣的教师,是否可以推论出学生兴趣的提高是因为教学方法的改变引起的,或许还不能这么说,可能还存在其他因素影响学生的学习兴趣。这一水平的研究主要是证实某种方法在不同的条件或情况下也会产生同样的效果。这一水平的研究,一般需要专门的设计和适合的测量工具。

【例】"跨越式试验"所采用的模式在城市学校中取得了一定的成果,那么,在农村学校中会取得同样的效果吗?

(4)理论研究水平。这一水平的研究需要回答的问题是:研究中有哪些潜在的基础理论和原则。这是要把上述研究的结果与一些理论联系起来,搞清改革中所用的方法或采取的措施是在哪些理论指导下进行的,概括出以这些研究为依据的理论模型或原理,用这些原理可以指导更广泛的教育教学实践。

【例】"跨越式试验"之所以有效,是由于它有一套完整的、符合教育教学规律的应用模式作指导,在实验过程中,可以不断收集数据,从而进一步改进和完善相关的应用模式。

(二) 教育研究分类

教育研究包括各种各样的类型,对教育研究方法进行比较合理的分类是十分必要的,有利于研究者根据自己的兴趣和专长,进行有针对性的深入研究。当然,根据不同的分类依据和方法,可以将教育研究方法进行分类。目前,在教育研究的实践中,从不同的角度有不同的分类,存在着各种类型的研究:

(1) 从研究目的、功能和作用来看,可分为基础研究、应用研究、发展研究、评价研究和预测研究。

① 基础研究。研究目的在于发展和完善理论,通过研究寻找新的事实,阐明新的理论或重新评价原有理论。这类研究旨在通过研究,寻找新的事实,回答的是"为什么"的问题。比如,研究对学习内容采用不同的表现形式,对学习会产生什么不同的影响。该研究可以加深人们对学习是如何发生的认识。

② 应用研究。为解决目前实际的特定问题,研究的目的在于应用或检验理论,评价理论在解决教育实际问题中的作用。这类研究具有直接的实际应用价值,解决教育教学中面临的实际问题,或提供直接有用的知识,回答"是什么"的问题。在教育技术研究中,应用研究占据了相当大的比重。例如,对我国农村中小学远程教育工程中的教育教学模式进行研究。该研究的研究结果可以为工作的进一步开展和实施提供政策依据。

③ 发展研究。主要目的是开发与创造用于学校教育的有效策略,为某一领域的教育改革提出改进建议,主要解决如何改进现实、展望未来、提高教育水平的问题。回答的问题是"如何改进"。例如,关于"跨越式"模式在农村学校的应用前景的研究,该研究的目的在于进一步提高农村学校的教育教学质量。

④ 评价研究。对某一教育教学现象进行价值判断的过程,评估一个教育教学方案是否科学、是否具有价值和实施的可行性以及实际执行的效果。因为它是评价一项实践活动或方案在一个特定情境中的价值,所以也有将其归纳到应用研究的观点。评价研究回答的是"怎么样"的问题。例如,西部地区农村远程教育工程实施的成本效益研究,该研究旨在通过调查、分析,对"工程"的成本效益做出评估。

⑤ 预测研究。对教育的某一个领域未来发展和趋势的研究,在对历史和现状的考察中,在对现实的各种条件分析的基础上,以一定的理论模型为基础,对教育的发展趋势作出预测。预测研究回答的问题是"将会怎样"。例如,教育技术未来的发展趋势研究,一些预测性研究就曾指出,教育游戏、移动学习等将是未来教育技术发展的新动向。

(2) 从研究方法的性质来看,可分为定量研究和定性研究两大类,但在具体的方法论上,定量研究和定性研究经常是相互结合的,各种方法都可以被置于从定性研究到定量研究的连续体之中。定性研究一般是用文字来描述现象,基于描述性分析,本质上是一个归纳的过程,从一般的特殊情境中归纳出一般性的结论。在研究初期,并不强调对所研究问题有一个理论基础,理论可以在研究的过程中形成,并在研究进行中被改变,或放弃,或进一步凝练。定量研究则是用数字和量度来描述,更接近演绎法,是从一般的原理推广到特殊的情境中,从开始便更倾向于以理论为基础,也许理论并不明晰确定,但理论的基础存在于这样或那样的形式之中。关于定量研究和定性研究,以及质的研究方法,在后面的章节中要作详细叙述,这里就不再赘述。

在此值得指出的是,定量研究和定性研究并不是一种具体的方法,而是对一类方法特性的概括,它们包括一些具体的研究方法,如理论研究法、实验研究法、文献研究法等。

(3) 从教育研究的整体性来看,可以分为历史研究、理论研究和实践研究。这三种研究往往会体现在一个研究过程之中,是一个完整研究过程的不同侧面。也只有从这三个方面认识教育教学现象,才能够整体、全面地把握教育教学的全貌。对一个研究主题的研究,应该对其进行历史研究,了解和分析课题的历史,这是深刻把握课题的重要基础,研究现实首先应该梳理先人的研究成果,从历史中汲取养料,从历史中获得指导,考察历史上研究到什么水平,还有什么问题没有研究,寻求研究的创新点。进行教育研究,应该试图获得一些理论成果,提炼出一些上位的、具有逻辑意义的基本规律、原则、见解或主张,形成一些独到见解。教育教学是人类重要的实践活动,对教育教学的实践活动进行研究是教育研究重要的工作内容,面向实践,解决实践活动中存在的各种问题是教育研究重要的目的,也是全面认识教育教学规律的重要方面。

教育研究的分类从范围和种类上描述了教育研究的一些思想。基础研究和应用研究的概念已出现了很长时间,主要用于区分研究的目的。定性研究和定量研究是对研究进行分类的另一种方法,这种分类的功能并不是把这两种研究相割裂而是强调它们是相互联系的。

四、教育技术学研究的基本程序

教育技术学研究的基本程序可以简单概括为三个阶段——准备阶段、实施阶段和总结阶段。在进行教育技术课题研究之前,应该做大量的准备工作,在充分准备的基础上,才能够使研究项目得到顺利实施,从而保证最后总结阶段所得出的结论的科学价值。

(一) 准备阶段

1. 选定课题

选题对于科学研究来说,至关重要,有人说"好的研究问题的选定,就意味着研究成功了一半"。初次进入教育技术研究领域,一定要准确把握教育技术领域中的研究问题,才能够在自己的学习研究中取得较好的进步。必须努力发问,研究者的研究问题是什么?是真问题,还是假问题?学生需要不需要背诵学习内容是一个典型的假问题,不论在什么时代,学生都应该大量地记住一些需要记住的学习内容。但是,让学生记住什么内容,以及怎样让学生记住知识,却是真问题,需要认真研究。

一般认为,一个好的研究课题应具备以下特点:

(1) 现实性。课题应是教育技术理论和教育教学实践中真实存在的问题,而不是主观臆造的问题。问题研究的结论应该能够为教学实践服务,切实解决教育教学问题,提高教育教学效果。

(2) 价值性。选定的课题应是最有理论价值或实践价值的问题。所谓理论价值是指课题研究可以增加人们的教育教学知识，提高人们的教育教学认识；而所谓实践价值则是指课题研究可以为人们探索一些新的解决教育教学实际问题的途径或办法。提高教育课题价值性的一种有效方法是关注教育教学热点问题，将研究课题与当前基础教育教学实践研究中的热点问题结合起来。

(3) 独创性。课题应有一定的新意或独特之处，应在已有研究课题基础上有所扩展或延伸。即课题的研究结果应该是解决某个问题的新思路、新方法或新途径，而不是简单的总结或归纳。

(4) 具体性。课题中涉及的重要概念应明晰具体，界线分明。题目宜小不宜大，应从小处着手，做大文章。在教育技术研究中，要树立"做小事情，想大问题"的理念，从日常教育教学实践中的一个小问题出发，探索教育教学的新模式、新方法。在很多时候，研究课题是"小即大、少即多"。教育科学研究，一具体就深刻，高明的教育研究可以通过小事件，反映出大理念或大问题。研究成果的深刻性应该表现在研究问题的具体性上。

(5) 可行性。课题研究人员应具备完成课题所需的各种主观条件和客观条件。

主观条件：知识储备、研究经验、兴趣等。

客观条件：资料、经费、设备、领导支持等。

2. 文献检索

在准备阶段做文献检索的主要目的有两个：一是了解国内外此课题的研究现状（包括其他研究者关注的主要问题，已经取得的共识或结论，尚存的研究薄弱点或空白点），为进一步确定研究的切入点和方向提供帮助。二是了解其他研究者所用的研究方法及其优势与局限，以便为自己的研究设计提供借鉴与启示。收集研究资料是教育科学研究的重要的环节，一般而言，研究者如果没有进行有效的资料收集工作，是不可能做出有效的教育科学研究成果的。当研究者掌握了足够多的资料，并深入分析和思考这些资料时，思路就会被打开，丰富的材料刺激会引发研究者很多新的想法，对研究具有举足轻重的作用。

教育技术文献检索的主要方法有两大类：一是常规检索，即在图书馆，借助于检索性文献（如论文索引、书目等）对大量纸质或非纸质教育教学文献进行的文献检索。二是计算机检索，即借助于计算机网络资源而进行的教育技术文献检索。其中，计算机检索相对比较方便、快捷，目前已成为教育技术研究工作者开展教育文献检索的主要途径。

计算机检索有两种基本方法：

(1) 在线检索，是借助于 Baidu、Google 等搜索引擎开展的在线即时检索。其优点是方便、免费、快捷、信息量大。缺点是繁杂、冗余信息多，有价值的学术信息比例小，时间上不经济。因此，建议在使用此类工具时，要掌握一些检索的技巧，以提高检索的命中率，降低信息冗余度。

(2) 光盘检索，是借助于专业光盘系统而开展的教育教学文献检索。其优点是文献的学术价值高，覆盖面广，信息全面系统，检索快捷。缺点是必须在拥有光盘资源的局域网内上网检索，相对不太方便，且需要花费一定费用。目前常用的教育类光盘资源系统主要有：① 人民大学报刊资料全文数据库；② 清华同方中国期刊全文数据库；③ 清华同方博硕士学位论文全文数据库;④ ERIC（Educational Resource Information Center,美国教育资源信息中心,题录和摘要）;⑤ ASE（Academic Search Elite,学术期刊全文库）

关于上述数据库的特点和使用方法,有大量文献进行了介绍,有兴趣的读者可进一步查找相关书籍或网页进行了解。

3. 设计研究内容（分解研究问题）

初步确定一个研究问题之后,还要对研究问题进行进一步的论证和分析,判断研究问题的性质和类别,确定研究问题可能涉及的范围,结合研究实际,分析哪些内容属于应该深入进行研究的部分。一个研究问题往往可以被分解为多个子问题,每个子问题又会包含不同的研究内容。下面使用两个实例加以说明:

例1:促进学生差异发展的课堂教学策略研究。

该研究问题就可以分解为理论探讨和调查研究两个部分。

理论探讨:

（1）差异教学的国际比较研究;

（2）学生差异发展的本质规定性研究;

（3）课堂教学中学生差异发展的内在机制研究;

（4）促进学生差异发展的教学观念与课堂行为的研究;

（5）促进学生差异发展的课堂教学策略研究。

调查研究:

（1）学生个体差异的类型与水平的调查研究;

（2）中小学教师差异教学观念的问卷调查研究;

（3）促进学生差异发展的课堂行为观察和深度访谈研究;

（4）促进学生差异发展的课堂教学策略的个案调查研究。

例2:优质高效、生命化课堂的创建研究。

该研究问题可以分解为以下子问题:

（1）"生命化教育理念"的研究;

（2）多元化校本课程体系的研究;

（3）关注生命的学科课堂创建研究;

（4）激励生命成长的多元发展评价策略研究;

（5）"生命化教师"及其成长的研究;

（6）亲、师合作共同关注生命成长的策略研究。

4. 选定研究方法

教育技术研究的具体方法很多,需要根据课题研究的具体情况选择最有利于达成研究目的的方法。因此,在进行教育技术研究时,需要遵循根据问题找方法的基本原则。

一般来说,确定研究方法时主要应考虑两方面的因素:一是课题的性质,课题的性质往往在很大程度上决定了可供选择方法的范围;二是研究的条件,如经费、设备、个人研究能力和研究经验、领导支持力度等。

5. 选定研究对象（抽样）

由于接受教育的学生人数众多,绝大多数教育技术实证研究都不是对总体的全面研

究,而是进行抽样研究。为了确保抽样研究结论的代表性,抽样方法必须科学合理。抽样的基本方法主要有:

(1) 非概率抽样(Non-probability sampling)

又称非随机抽样,它是指根据一定主观标准抽取样本,令总体中每个个体的被抽取不是依据其本身的机会,而是完全决定于调研者的意愿。其特点为不具有从样本推断总体的功能,但能反映某类群体的特征,是一种快速、简易且节省的数据收集方法。当研究者对总体具有较好的了解时可以采用此方法,或是总体过于庞大、复杂,采用概率方法有困难时,可以采用非概率抽样来避免概率抽样中容易抽到实际无法实施或较"差"的样本,从而避免影响对总体的代表度。

常用的非概率抽样方法有以下四类:

① 方便抽样(Convenience sampling)。指根据调查者的方便程度选取的样本,以无目标、随意的方式进行。例如,街头拦截访问(看到谁就访问谁);个别项目临时遇到相关人员就实施访问。

优点:适用于总体中每个个体都是"同质"的情况,最方便、最省钱;可以在探索性研究中使用,另外,还可用于小组座谈会、预测问卷等方面的样本选取工作。缺点:抽样偏差较大,不适用于要做总体推断的一些研究项目,描述性或因果性研究最好不要采用方便抽样。

② 判断抽样(Judgment sampling)。指由专家判断而有目的地抽取他认为"有代表性的样本"。例如,教育技术专家在研究信息技术教学效果的一般情况时,常以专家判断的方法挑选"城镇学校"进行;在探索性研究中,如抽取深度访问的样本时,可以使用这种方法。

优点:适用于总体的构成单位极不相同而样本数很小,同时设计调查者对总体的有关特征具有相当的了解(明白研究的具体指向)的情况下,适合特殊类型的研究;操作成本低,方便快捷,常用在一些教育调研中。缺点:该类抽样结果受研究人员的倾向性影响大,一旦主观判断偏差,则很易引起抽样偏差;不能直接对研究总体进行推断。

③ 配额抽样(Quota sampling)。指先将总体元素按某些控制的指标或特性分类,然后按方便抽样或判断抽样选取样本元素。相当于包括两个阶段的加限制的判断抽样。在第一阶段需要确定总体中的特性分布(控制特征),通常,样本中具备这些控制特征的元素的比例与总体中有这些特征的元素的比例是相同的,通过第一步的配额,保证了在这些特征上样本的组成与总体的组成是一致的。在第二阶段,按照配额来控制样本的抽取工作,要求所选出的元素要适合所控制的特性。

优点:适用于设计调查者对总体的有关特征具有一定的了解而样本数较多的情况,实际上,配额抽样属于先"分层"(事先确定每层的样本量)再"判断"(在每层中以判断抽样的方法选取抽样个体);费用不高,易于实施,能满足总体比例的要求。缺点:容易掩盖不可忽略的偏差。

④ 滚雪球抽样(Snowball sampling)。指先随机选择一些被访者并对其实施访问,再请他们提供另外一些属于所研究目标总体的调查对象,根据所形成的线索选择此后的调查对象。第一批被访者是采用概率抽样得来的,之后的被访者都属于非概率抽样,此类被访者彼此之间较为相似。

优点:可以根据某些样本特征对样本进行控制,适用寻找一些在总体中十分稀少的人物。缺点：有选择偏差，不能保证代表性。

（2）概率抽样（Probability sampling）

又称随机抽样，指在总体中排除人的主观因素，给予每一个体一定的抽取机会的抽样。其特点为，抽取样本具有一定的代表性，可以从调查结果推断总体；操作比较复杂，需要更多的时间，而且往往需要更多的费用。

常用的概率抽样有以下几种类型：

① 简单抽样（Simple sampling）。即简单随机抽样，指保证大小为 n 的每个可能的样本都有相同的被抽中的概率。例如，按照"抽签法"、"随机表"法抽取访问对象，从单位人名目录中抽取对象。

优点：随机度高，在特质较均一的总体中，具有很高的总体代表度；是最简单的抽样技术，有标准而且简单的统计公式。缺点：未使用可能有用的抽样框辅助信息抽取样本，可能导致统计效率低；有可能抽到一个"差"的样本，使抽出的样本分布不好，不能很好地代表总体。

② 系统抽样（Systematic random sampling）。将总体中的各单元先按一定顺序排列，并编号，然后按照不一定的规则抽样。其中最常采用的是等距离抽样，即根据总体单位数和样本单位计算出抽样距离（即相同的间隔），然后按相同的距离或间隔抽选样本单位。例如，从 1000 个电话号码中抽取 10 个访问号码，间距为 100，确定起点后，每 100 号码抽一个访问号码。

优点：兼具操作的简便性和统计推断功能，是目前最为广泛运用的一种抽样方法。

如果起点是随机确定的，总体中单元排列是随机的，等距抽样的效果近似简单抽样；与简单抽样相比，在一定条件下，样本的分布较好。缺点：抽样间隔可能遇到总体中某种未知的周期性，导致"差"的样本；未使用可能有用的抽样框辅助信息抽取样本，可能导致统计效率低。

③ 分层抽样（Stratified random sampling）。是把调查总体分为同质的、互不交叉的层（或类型），然后在各层（或类型）中独立抽取样本。

优点：适用于层间有较大的异质性，而每层内的个体具有同质性的总体，能提高总体估计的精确度，在样本量相同的情况下，其精度高于简单抽样和系统抽样；能保证"层"的代表性，避免抽到"差"的样本；同时，不同层可以依据情况采用不同的抽样框和抽样方法。缺点：要求有高质量的、能用于分层的辅助信息；由于需要辅助信息，抽样框的创建需要更多的费用，更为复杂；抽样误差估计比简单抽样和系统抽样更复杂。

④ 整群抽样（Cluster sampling）。是先将调查总体分为群，然后从中抽取群，对被抽中群的全部单元进行调查。例如，某地要了解各校学生的学习情况，可在该校随机抽取几个班级，对抽中的班级的全部学生进行调查。

优点：适用于群间差异小、群内各个体差异大、可以依据外观的或地域的差异来划分的群体。缺点：群内单位有趋同性，其精度比简单抽样要低。

⑤ 多级抽样（Multistage sampling）。也称多阶段抽样或阶段抽样，以二级抽样为例，二级抽样就是先将总样本分组，然后在第一级和第二级中分别随机地抽取部分一级单位和部分二级单位。例如，以全国性调查为例，当抽样单元为各级行政单位时，按社会发展水平分

层后(或按经济发展水平,或按地理位置分层),从每层中先抽几个地区,再从抽中的地区抽市、县、村,最后再抽至户或个人。

优点:具有整体抽样的简单易行的优点,同时,在样本量相同的情况下又比整群抽样的精度高。缺点:计算起来相对比较复杂。

此外,在抽样方法划分上,还有多阶段抽样和两相抽样等,有兴趣的学生可参阅其他相关资料。

前面谈到抽样方法的一些基本分类和各自特点,需要注意的是,在实际运用中,一个调查方案常常不是只局限于使用某一种抽样方式,而是为实现不同的研究目的,根据研究时段的不同采用多种抽样方法的组合,有时甚至在同一时段综合运用几种抽样方法,这都需要根据课题的实际需要来决定。

6. 分析并规定研究变量

研究中涉及的重要变量需要在准备阶段加以识别并规定,以确保研究的可操作性和统一性。

例如,实验研究中的三种变量:

(1) 自变量:原因变量。所谓自变量,就是由研究者安排的、人为操纵控制的、作有计划变化的诸因素。它通常具有如下特征:① 它的变化会导致研究对象发生反应;② 它的变化能够被研究者所操纵控制;③ 它的变化是受计划安排,系统性变化的。例如,研究对相同的教学对象和教学内容,应用不同的教学方法将会产生怎样的教学效果时,各类不同的教学方法,就是自变量。通常可以把自变量的一系列的变化值称为自变数。

(2) 因变量:结果变量。又称应变量或依变量,它是随着自变量的变化而变化的,是研究者打算观测的变化因素。它具有如下特征:① 它必须是跟随自变量的变化而变化的因素,或对自变量做出响应的因素;② 它是根据需要,有待观测的因素;③ 它是能够以某种反应参数来表征的可测量因素。对于随着自变量的变化而变化的反应参数,通常称为因变数。在教育技术研究中,各种学习反应信息(如反应速度、正确性、概率、强度)、态度等级、知识积累、能力变化、特征分布状况等均可作为因变量。

(3) 干扰变量:控制变量。除了研究者操纵的自变量外,还存在一些引起对象因变量变化的其他影响因素,它使研究者无法做出正确判断与解释,称为干扰变量。例如,有些被试者的主观态度、习惯、动机、准备状态、目标定势;或对被试者的诱发启示,以及研究者本身的倾向性、指示语,与实验无关的某些动作、表情、语气、环境因素等,都足以影响测试结果,所以应该加以控制或密切注意。这些干扰因素是比较难控制的。即使不易控制,也应加以详细记录,以备资料处理分析时参考。

7. 制定有关研究工具

研究常常需要借助一定的工具来进行,这些工具需要在准备阶段加以考虑和设计。例如,调查问卷、课堂观察记录表格、访谈提纲、测量量表等。

8. 形成研究方案

研究方案是对准备阶段各项工作的总结,是对准备阶段各项内容全面系统的表述。研究方案是下一步具体开展研究的行动纲领,研究的实施要严格遵照研究方案进行。研究方案的形成,标志着研究准备阶段的结束。

（二）实施阶段

这一阶段，主要是利用既定的科学方法完成收集资料，实施观察、调研和记录等工作，以便获得研究的第一手资料。

（1）认真搜集资料。一是围绕研究主题的指导思想，根据课题研究需要收集资料；二是设计科学、明确的搜集资料的工具；三是采用适当的科学方法广泛搜集资料；四是按计划进行收集和采集基础材料和原始数据；五是注重资料、数据的客观性。

（2）制订调查计划。通过调查手段搜集资料，必须搞好调查计划设计。设计调查计划内容包括明确调查题目、阐明调查目的、选定调查单位、规定调查规模、研究调查对象、说明调查方法、编写调查提纲、拟定调查顺序和时间安排等，调查采集数据要制成表格。调查设计分为纵向设计和横向设计两种。

（3）设计调查问卷。问卷是一种书面的个别调查。需要注意的是，问题内容切忌与主题无关，或模棱两可，或难以理解，或具有诱导性；文字表述要通俗、简练、具体；问题顺序，时间顺序由近及远，内容顺序由浅入深、由易到难，类别顺序由静态到动态；问卷长度要适当。问卷可分为开放式和封闭式两种。问卷格式主要有：问答式、划记式、排列式、评判式、是否式和数量式等。各类问卷的具体设计方法请参照其他相关资料。

（三）总结阶段

总结阶段的主要任务是：整理资料，分析结果，撰写研究报告。教育技术研究最终目的是要得出解决问题的结论，总结阶段就是对整个研究过程的归纳和重新审视，分析研究过程是否完整、严密，有什么样的特点，存在什么样的不足，在此基础上作出科学的判断，得出客观的结论。同时，对于不足之处要分析原因，提出改进建议。

1. 整理资料

整理资料是指把收集到的文献资料和采集到的数据资料进行一定的加工整理，使获得的资料整齐、有序，便于下一步的研究工作顺利进行。整理资料一般分为以下几步：(1) 核对资料；(2) 选择论据；(3) 汇总统计；(4) 综合加工。

2. 分析资料

对教育科研结果进行分析处理，既要从质的角度进行定性分析，也要从量的角度进行定量分析。

（1）定性分析。定性分析就是对研究对象进行"质"的分析。

（2）定量分析。定量分析就是对研究对象进行"量"的分析。主要有统计分析方法和测量方法。

（3）综合分析。一般包括：定性分析与定量分析相结合，理论分析与事实分析相结合，纵向比较与横向比较相结合，结果分析与过程分析相结合等。

分析资料常用的处理方法：文献资料，主要用逻辑方法进行分析研究；数据资料，主要用统计方法进行分析研究。

3. 概括结果

概括结果是科研结题的重要基础和重要组成部分，是撰写科研论文的准备。

（1）概括规律的方法：一是从事物发展的各个阶段的特点中去找出它的发展道路，

找出贯穿在事物发展中的内部联系;二是从各个不同的事物、经验中找出共同的因果关系,研究这些事物和经验是怎样变化发展的;三是从许多不同的现象、事例、典型中找出共同的特点、共同的发展道路,又研究特殊事例、现象、典型的差异点,找出其所以不同的真正原因。

(2) 概括规律的途径:一是从事物的变化过程中,从事物变化的联系和影响中,研究事物运动、发展的规律性,研究事物的内部联系和相互关系;二是从每一个事物的全过程中,仔细考察周围环境的变化对事物的影响及作用,以及事物的发展、变化对研究对象产生的影响,从而可以看出事物和外部的关系怎样,联系的程度如何;三是根据事物在各个时期的具体情况,研究它在各个时期的不同规律;四是对事物的某一环节、某一关键过程,研究其中变化的原因和经验,找出该环节、该过程的内在规律;五是对事物的某一侧面、某一问题作深入考察,可以找出与其有关的规律。

(3) 概括规律注意事项:一是注意立论、推论和表述的科学性;二是注意论点、论据和论述的逻辑性;三是注意数据和文字表述的有机统一;四是注意典型分析和一般分析的结合。

4. 撰写报告

将整个研究开展的意义、过程和方法进行客观、科学的总结和报告,概括研究得出的结论,并对研究结论进行讨论。报告的格式要遵循科学研究报告书写规范的要求,具体格式可参照其他相关资料的介绍。

五、教育技术学研究的基本工具

正如每位劳动者都需要工具一样,教育技术研究者也需要使用一定的工具进行研究。但值得一提的是,在这里需要将研究工具和研究方法相区分。研究工具是教育技术研究人员用来收集、处理和解释资料的一种专业性技巧和手段。而研究方法则是研究人员用来开展研究项目的总体途径。在某种程度上,研究方法决定了研究人员对研究工具的选用。

以下是六种一般的研究工具,在教育技术研究中具有重要用途。

(1) 图书馆及其所拥有的资源。图书馆里存储了各种各样的文献作品和史料,而且还在实时地增加。随着现代信息技术的发展,图书馆中也引入了越来越多的新设备,使得信息来源更加广泛,信息检索更加便利。因此,图书馆是教育技术研究者开展研究的重要工具。

(2) 网络、计算机及其软件。作为研究工具,个人计算机已经相当普及。在过去的二三十年里,计算机软件包不仅在快速增长,而且变得越来越通俗易懂,快捷易学,即使初学者也能够很快地掌握。计算机能对资料进行更准确、高效的计算、比较、搜索、复原、分类和整理。

互联网技术更是为研究者提供了前所未有的方便,万维网可以瞬时汇集来自全球各地的资料和信息,为研究者掌握当前某一领域的研究进展提供了可靠的依据。不仅如此,互联网还为研究者之间的交流、共享和合作提供了可能,使得众人的力量和智慧被集中起来,从而使得研究结果更具有开创性和现实意义。

（3）计量技术。在科学研究领域，大多数研究人员都非常重视对客观性的坚持：他们希望研究工作应尽可能地避免（即使难以完全做到）受到他们自己已有的认识、印象和偏见的影响，而要做到这一点就必须对所研究的事物采用系统的有条理的测量方法。例如，在教育研究中会设计一些量表，如成就测试量表、态度测试量表、学习动机测试量表、学习风格测试量表等。

（4）统计。统计学在教育领域的研究中具有重要的作用，在运用统计学进行研究时，必须记住统计价值并不是研究的最终目的，也不是研究问题的最终答案。研究的最终问题是：这些数据究竟说明了什么，根据数字结果能够得出什么结论，数字背后代表的内涵是什么，而不仅仅是统计数字表面的结构形态。

（5）语言技能。语言表达中所使用的各种概念能够大大方便人们的思考，比如可以发挥如下的作用：减少世界的复杂性；简化新情况下的归纳和推论；便于对情况抽象概括；提高思考能力。可见，运用概念表述研究成果是十分重要的。一般而言，新的发明创造，总是伴随着新概念的涌现，创造一支新的研究方向更是离不开新的概念体系的开发。有了概念才能有效揭示事物本质，才能表现事物的特殊性，才能描述和概括事物的基本面貌。在研究之中，优秀的语言技能对于科学研究人员具有重要的意义，有了新的研究成果，而不能有效表达，会将可贵的研究成果淹没在平庸之中。不仅如此，现在国际上通用的语言是英语，许多有价值的研究文献都用英文发表，那么，要开展某项研究，全面调研相关研究文献，英语技能是对研究人员的基本要求。

（6）人类思维。在科学研究中，人们可以按照一定的具体方法，利用一定的工具，设计各种各样的操作程序，收集资料，整理和分析资料。这些工作能够获得各种研究方法和工具的帮助，从而获取一些很有研究价值的研究资料，当这些研究资料摆在研究者面前的时候，最终决定这些研究资料命运的只有一个因素，那就是人类的思维。最终得出研究结论，是无论如何也离不开人类思维的。基于客观资料基础上的演绎、推理、归纳是教育技术研究中最重要的工具。在研究过程中，如果缺乏通过人类思维所进行的提升和总结，没有研究者去粗取精、去伪存真、抽象概括、比较甄别等的思维活动，没有研究者直捣事物本质的挖掘，没有研究者对研究对象高度的敏感力，那些已有的研究资料就只是一堆毫无意义的数字或文字，就不会真正产生有意义的研究成果。研究工具和研究数据是有限的，而人类思维是无限的，研究者切忌使用有限的研究工具或数据束缚了本是具有无限创造力的人类思维，人类思维是战胜各种樊篱的最终工具。

第二节　教育技术领域中量的研究与质的研究

研究方法应该取决于研究内容，服从于研究内容。杜威使用"证据"来形容做出判断和提出论点的过程。实证证据是对研究结果的不同解释进行正确排除的基础，也是得出合理推论从而积累新知识的基础。在教育技术学研究领域，测量和试验结果、观察或访谈数据、数学和逻辑分析，所有这些都能够成为支持理论、假设或判断的证据或案例的一部分。这些科学的证据决定了教育技术研究的严谨性。那么，教育技术研究的质量和严谨的观念就涉及两种教育研究的方式——量的研究和质的研究。这种在历史上长期形成的"两分法"在教育技术研究领域引起了不少误解。实际上,量的研究和质的研究是不可分离的研究方法,它们各有其适用的时机与特色,把二者截然分开会使得教育教学现象被割裂开来。当前,人们对于教育研究存在的偏重定性研究而忽视定量研究的问题已经引起了重视,并且提出了很多批评。提出批评的人并没有抓住问题的本质要害,还是以"非此即彼"、"二元分立"的思维方式进行推理分析的,问题并不在于哪种研究多了或者少了,也不在于"偏重"了哪种研究方法,更不在于哪种方法重要而哪种方法次要,最重要之处在于研究者是用研究问题找方法,还是用研究方法找问题。还在于对这两种方法的认识,将研究方法分为这两种本身也许就存在着问题。我们不可以,也没有必要将二者之间分出高下,分出轻重。美国有学者认为,量的研究和质的研究不是两种截然不同的研究方法,也不是两种建立在不同哲学认识论上的两种研究模式。这两种研究方法都可以进行严格科学的使用,因此,不应该把它们看成是两种不同的研究方法。并认为这种划分方式已经过时了,不能一对一地套用在任何学科领域内。

我们完全同意美国同行的见解,并认为,在教育技术学研究领域,不存在唯一的研究方法,需要根据研究条件、研究目的、研究内容而选择各种有效的研究方法。教育技术研究强调用多种方法研究和探讨教育现象及其规律。在教育技术研究中,可采用的方法是多种多样的,每一种方法都有其优点、不足及局限性。过去,人们在研究教育技术学领域问题时,常常采用单一方法,因而只能获取部分信息,而忽视、遗漏了许多其他有用信息,这样就难以做出全面、准确的结论。而综合地运用量的研究和质的研究方法,可以对不同方法所得出的结果进行相互比较和验证,从而提高研究结果的可靠性。更重要的是只获得了大量数据,还是不够的,需要对数据进行分析和思考,抽象与概括,提炼出精髓性的研究成果,不能"只见树木,不见森林"。同时,也应该特别注意防止过多的主观臆想,胡适先生就特别强调不说没有证据的话,做研究应该"大胆的假设,小心的求证"。再有,并不是质的研究就不需要数据支持了,相反,质的研究离不开各种数据的收集和处理。在此,为了表述方便,依然从量的研究和质的研究两个方面加以论述。

一、量的研究方法概述

(一) 量的研究的含义

教育技术学研究中量的研究方法是一种运用数学工具收集、处理研究资料的方法。它是开展教育科研活动的重要研究方法之一。在实际教育技术研究过程中,选择合理的量的研究方法对研究成果起着举足轻重的作用。合理的、先进的量的研究方法可以全面、客观、准确地描述教育技术现象与规律;可以最大限度地发挥数据、资料的效能;可以深入挖掘隐藏在复杂教育技术现象后面的带有规律性的东西。按一般规律,有些学科发展越完善、越深入,定量研究(数量化)的成分就越多,有些学科由定性研究向定量研究的逐步发展是学科成熟的表现,是其科学化的表现。

教育技术研究与普通教育研究既有一定的差别,又具有许多共同之处。随着教育研究的不断深入,教育研究越来越离不开数理统计。量化方法成为研究教育现象、揭示教育规律的重要工具和表现方式,如教育研究中越来越多地采用多元分析方法;在传统使用定性方法的领域,开始采用"元分析"等定量方法;模糊数学在教育研究中日益得到广泛应用。目前,在国内外公开发表的教育研究和教育技术研究论文中,有相当一部分论文采用量化研究方法,教育技术研究工作者必须掌握量化研究方法,才可能看懂相关文献,才能写出高水平的论文。

计算机的广泛应用,加速了教育研究数量化趋势。过去,由于教育活动复杂,多参数、多变量、多层次的原因,人工计算难以实现,不能用数学方法对很多教育问题进行探讨。然而,今天随着计算机的普及与发展,计算机已成为教育科研最重要的计算工具,扩大了数学方法在教育技术研究领域的使用范围,使量化研究方法成为教育技术研究的发展趋势之一。

量的研究方法主要应用于具体研究方法中的收集数据与分析数据两个阶段。

1. 数据资料的收集

教育技术研究的数据有两大显著特点,即随机性与统计规律性。

(1) 随机性。由于教育技术现象的产生与发展变化的原因是极其复杂的,这种情况决定了研究者在通过各种方法收集数据时必然产生随机误差。例如,在对同一班级同一学科运用同一个多媒体教学软件进行辅助教学时,对学习效果进行多次测验,所得的数据总不会完全相同。这就是教育研究的特点,也就表明教育技术研究数据具有随机性。教育研究的科学性不同于自然科学的"科学性"。

(2) 统计规律性。尽管教育技术研究的数据具有随机性、不确定性,但是,这些数据总是在一定的范围内上下波动。随着测验次数的增加,所得的数据总会表现出一定的规律性。对于一次观测而言,其结果受随机误差的影响,表现出随机的性质。但是,通过大量的观测,可以发现表面上杂乱无章的随机现象,实际上是有其内在统计规律性的。

由于数据具有随机性和统计规律性两个特点,从而要求研究者在纷繁的数据中寻求研究对象的特征和规律性,这也是量的研究的主要内容。

2. 数据资料的分析

数据资料分析包括数据质量的审核和数据的统计分析。

(1) 数据质量的审核。研究者获得数据之后,首先,需要对原始资料、数据进行质量审核:审核数据的可靠性,分析资料的完整性。对于一些有明显错误的资料和数据应予以剔除;资料不完整、数据有遗漏时应及时补充。其次,研究者要对原始资料、数据进行分类和汇总,形成系统化的,有条理的资料和数据。

(2) 数据的统计分析。数据资料的统计分析方法包括统计描述、统计推论和多元分析方法等。目前,统计分析已经成为教育技术研究中的一个重要工具。首先,统计分析可以为教育技术研究提供一种清晰的形式化的描述;其次,统计分析是进行科学解释和预测的重要方法。

(二) 量的研究的基本程序

量的研究主要在于数据的搜集与统计分析,而统计分析一般都使用计算机统计应用软件 SPSS 或 Excel 进行数据处理。量的研究历程通常包括四个步骤:

(1) 选择与定义问题。研究问题必须是可以检验的假设,或是研究者所感兴趣、有价值、具有重要性的问题,问题可以经由数据搜集、分析来加以检验或回答。

(2) 执行研究的程序。完整的实施程序包括样本或受试者的选择,测量工具的发展,数据的搜集。如果有特殊实施程序,在研究设计中也应加以规划。

(3) 数据分析。数据分析通常包括一个以上统计技巧的应用。数据分析的结果可提供研究者检验研究假设或回答研究问题。

(4) 结果探究与结论。结论的呈现主要根据数据分析的结果,结论应该与最初拟定的假设或研究问题有关,研究结论也要指出研究假设是否得到支持。

李克东教授将量的研究的基本程序归纳为下面几个步骤,如图 9-2 所示。

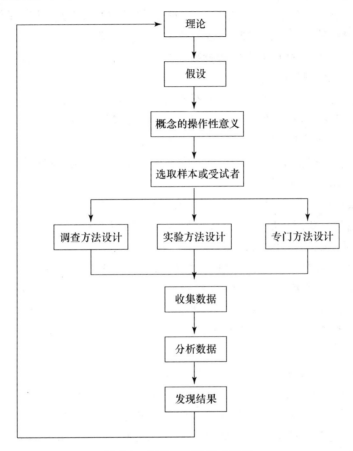

图 9-2 量的研究的基本程序

二、质的研究方法概述

(一) 质的研究的内涵与特点

质的研究所表现出来的是一种关于研究方法的哲学思想。它是指研究者针对自然情境发生的事件或现象进行实地研究,通过参与观察和深度访谈,以归纳叙述事件发生、发展和结果的研究方法。

质的研究也称为实地研究(field study)或参与观察。质的研究是从实际研究中收集所需资料,对自然发生的事件进行观察,描述事件发展的历程,记录现实情境产生的结果。质的研究是基于经验和直觉之上的研究方法,以研究者本人作为研究工具,凭借研究者自身的洞察力在与研究对象的互动中理解和解释其行为和意义建构。质的研究采用归纳法分析资料，利用实地收集的资料形成理论，并对社会现象进行整体性探究。质的研究的理论基础包括建构主义、自然主义、后实证主义、现象学、解释学等。

质的研究最早起源于人类学、社会学、民俗学等学科，近年来逐渐应用于教育教学领域。20世纪80年代以来，有些学者认为教育是以人为主体的活动，人的行为复杂多样，不确定因素很多，因此教育活动的因果关系难以确定，无法以自然科学的研究方式进行探讨。从而引发美国教育界的"质和量的论战"。1989年美国印第安纳大学的库巴（Egon Guba）主持的研究范式国际研讨会使得质的研究在教育研究中占有了一席地位。

质的研究方法有下列几个方面的特征。

1. 研究是在自然情境中进行

质的研究总是在某一自然情境中进行实地研究，它无需控制变量。质的研究注重实地研究，并强调情境性，对结果的解释，也依存于收集资料的情境。质的研究可以在一所学校、一个班级、一个家庭，或其他某一自然环境中进行，研究者观察在自然情境下正在发生的情况。例如，研究中学生在网络环境下进行学习的态度和效果问题，研究者就可以深入学校班级以及学生家庭中收集资料。质的研究者应在研究对象的日常生活情境里，与研究对象作持久的接触，观察他们日常所做的事情、聆听他们所说的话、查看他们产生或使用的文件，要能自然地直接接触研究对象的日常生活，研究者应该获得研究对象社会实际生活中的第一手资料。

质的研究者关注的是情境的前后变化发展，他们认为人的行为在很大程度上受到情境的影响，因此需要直接进入某个情境中观察情境中发生的行动，才能了解人们做出行动的意义。因此，质的研究者在自然情境中的观察是脉络性的、延伸的、广泛的和重复的，他们在情境现场搜集各种资料和访问不同的人，应从情境现场的关系架构中去看事件发生的连续关系和意义。

2. 研究者的角色既是研究的工具，又是研究的主体

在质的研究中，研究者本人既是研究的工具，又是研究的主体。研究者与被研究的对象之间的关系是互动关系。这种关系包含以下几层意思：

（1）要求研究者以参与观察者身份进入情境现场。质的研究不需要量表或其他测量工具，而依靠研究者自己去做观察、访谈、分析和总结。这对研究者主体参与作用的发挥要求更高，要求研究者直接参与研究对象的活动，以参与观察者身份进入情境，并与研究对象发生互动关系，从而理解研究对象，对其行为意义进行解释。

（2）强调研究者与情境现场的研究对象之间的互动关系。质的研究要求研究者在自然的情况中与现场情境的参与者积极互动，在互动中又要尽量不干扰现场情境，通过互动和其他沟通方式搜集现场自然发生的事件资料。尽管研究者不可能完全除去他们对研究对象的影响，但他们应敏感地觉察到这些可能的影响，并试图予以减少或控制这些影响。质的研究关心的是参与者是如何定义他们的活动，例如：人们对于学习者学习活动的愿望和设想是什么？哪些愿望和设想被人们视为当然？质的研究者要尽量正确地掌握学习者自己的观点，持续地去发现，学习者正在经历些什么？人们如何解释他们的经验？他们自己如何组织他们生活中的社会世界？根据现象学的理

论,质的研究者要从现场参与者的观点,了解人们如何看事情和观看这个世界,其他外在原因仅仅是次要的。

(3) 研究者也是一个学习者。质的研究者在情境现场中要以一个学习者的姿态出现,研究者要具有和他人接触及建立关系的能力,研究者在研究过程中要向情境现场的参与者学习,学习他们观察世界的方式,了解世界上各种不同的情境场所和人们的共同经验和加深对不同概念和工作方法的了解。这是研究者在教室里无法学习到的,而必须在真实世界中的情境现场学习。

3. 研究过程注重描述性资料的收集

质的研究的资料多是文字形式的描述性资料,这些资料被称为软性的资料(soft data),其内容包括现场记录、访谈记录、官方文件、私人文件、备忘录、照片、图表、录像带等,这些资料提供有关情境和人群现象的详细描述,研究者在搜集这些描述性资料时,应该注意情境中发生的每个细节,研究者因设想情境中没有一件事情是琐碎的或不重要的,并假定每件事情都可能是一个线索,可以进一步更广泛地了解所研究的现象。

4. 研究的结论和理论的形成方式是归纳法的运用

质的研究是注重归纳的,质的研究者以归纳的方式搜集和分析资料,质的研究者从资料搜集的过程中发展和归纳概念、理论,而不是搜集资料或证据来评估或验证在研究之前预想的模式、假设或理论。在质的研究过程中,研究者跟随着一种弹性的研究方针,即他们在开始研究时并不明确地界定研究的问题。如以拼图作比喻,研究者不是在拼接一个他已经知道其图形的拼图,而是在搜集和检视每件资料的过程中,持续地建构一幅图画。

5. 研究结果是描述性的

质的研究结果具有现象描述的特征。质的研究者关注的是对现象过程的描述,而不是结果或产物。

质的研究是依据现象学的理论,从经历某些现象的角度对现象进行认真细致的描述,而不是想当然地主观臆断地提出观点,得出结论。研究者在观察某一行为现象时,不仅注意这一行为的发生,而且努力去理解这一行为对行为者意味着什么。

例如,当我们研究中学生对利用网络进行学习的态度和效果问题时,研究的重点应该放在从学生的角度出发,描述中学生对在网络环境下是如何进行学习的。质的研究关心的是:中学生在网络环境下进行学习的过程中如何磋商?如何应用某些名词术语?如何使用某些概念和技能?学习活动中发生了哪些事件,这些事件如何自然地发展?质的研究强调的学生学习的经历和这些经历对中学生的意义,这种研究的价值意义在于可以避免研究者对被研究现象形成先入为主的意见,而是要求研究者依据所描述的事实资料,提出有效的看法和理论。

6. 整体性与全局性

质的研究关注研究对象的整体,全局的特征。它与实验法不同,不需要事先提出理论假设,然后设计特殊程序来检验假设。与此相反,质的研究是对所收集的研究对象的资料进行归纳,而不是演绎,注重在收集资料的过程之中产生假设。研究者希望重点关注整个情境,并由此形成整体观念而不是把注意力分散在细枝末节上。质的研究是以整体、全局的观点看问题。

质的研究者以整体的观点进行研究,他们不将研究的场所、人员或团体分解为一个一个的小项来处理,而是将现场所有的人和事看做一个整体。研究者运用这样的整体研究观点,需要在研究现场花费很长的研究时间,并且需要运用多种方法搜集各种资料,用以发现所有的研究角度和资料的脉络性,以描绘一幅社会活动整体的图画。质的研究者希望尽可能完全地描绘研究问题所涉及的一个现象、一个场所、一个社会群体或一种文化,这些描绘可能包括研究对象的历史、宗教、政治、经济和环境等。

(二)质的研究的设计步骤

质的研究是一个不断演化、彼此重叠、互相渗透、循环往复的过程,在操作方法上弹性较大。实施步骤一般包括:

1. 提出研究问题,确定研究对象;
2. 陈述研究目的,了解研究背景;
3. 构建概念框架,抽样;
4. 收集材料,分析材料;
5. 做出结论,建立理论;
6. 检验效度,讨论推广度和道德问题;
7. 撰写质的研究报告。

质的研究往往以特定时间所收集到的资料作为分析的依据,通常以个案研究方式进行,研究设计主要采用参与观察、深度访谈,或者可以对日记、笔记、作品等第一手文件进行分析,了解个人、事件的影响。例如,对学生语言发展的研究,德国儿童心理学家普莱尔(William Preyer)对他的儿子从出生之日起进行为期三年的跟踪观察,每天早、中、晚观察三次,并记录观察日记,最后写出了全世界第一本《儿童心理学》。普莱尔关于儿童语言发展的结论主要是,第一,正常婴儿理解口语,比他自己能模仿声音、音节和听到词而产生的言语要早得多;第二,在开始说话或正确模仿言语声音之前,正常儿童自发地形成在其未来言语中发生并喜欢发出的或近似的全部声音;第三,婴儿产生的言语声音的连续顺序具有不同的年龄特点和个体差异。

在教育研究中,并非所有的问题都适合采用质的研究方法进行研究,需要选择合适的问题类型。对于概括性问题和特殊性问题,质的研究更倾向于选择特殊性问题;对于差异性问题和过程性问题,质的研究更倾向于过程性问题;对于意义性问题和情境性问题,二者似乎都适合用质的研究方法;对于描述性问题、解释性问题、理论性问题、推广性问题和评价性问题,质的研究更适合描述性问题和解释性问题;对于比较性问题和因果性问题,质的研究一般不适合因果性研究。总而言之,质的研究比较适合自然情境的现象、事件和人的社会行为。

三、研究方法的比较

(一)质的研究与量的研究的联系和区别

关于质的研究与量的研究的区别,很多学者都试图进行一对一的比较,我国学者陈向明博士根据有关文献以及她自己的研究经验,总结出这两种方法的一些主要差别(陈向明,2000),如表 9-1 所示。

表 9-1 质的研究与量的研究比较

比较项目	量的研究	质的研究
研究的目的	证实普遍情况,预测,寻求共识	解释性理解,寻求复杂性,提出新问题
对知识的定义	情境无涉	由社会文化所建构
价值与事实	分离	密不可分
研究的内容	事实,原因,影响,凝固的事物,变量	故事,事件,过程,意义,整体探究
研究的层面	宏观	微观
研究的问题	事先确定	在过程中产生
研究的设计	结构性的,事先确定的,比较具体	灵活的,演变的,比较宽泛
研究的手段	数字,计算,统计分析	语言,图像,描述分析
研究工具	量表,统计软件,问卷,计算机	研究者本人(身份,前设),录音机
抽样方法	随机抽样,样本较大	目的性抽样,样本较小
研究的情境	控制性,暂时性,抽象	自然性,整体性,具体
收集资料的方法	封闭式问卷,统计表,实验,结构性观察	开放式访谈,参与观察,实物分析
资料的特点	量化的资料,可操作的变量,统计数据	描述性资料,实地笔记,当事人引言等
分析框架	事先设定,加以验证	逐步形成
分析方式	演绎法,量化分析,归纳法,收集资料之后	归纳法,寻找概念和主题,贯穿全过程
研究结论	概括性,普适性	独特性,地域性
结果的解释	文化客位,主客体对立	文化主位,互为主体
理论假设	在研究之前产生	在研究之后产生
理论来源	自上而下	自下而上
理论类型	大理论,普遍性规范理论	扎根理论,解释性理论,观点,看法
成文方式	抽象,概括,客观	描述为主,研究者的个人反省
作品评价	简洁,明快	杂乱,深描,多重声音
效度	固定的检测方法,证实	相关关系,证伪,可信性,严谨
信度	可以重复	不能重复
推广度	可控制,可推广到抽样总体	认同推广,理论推广,积累推广
伦理问题	不受重视	非常重视
研究者	客观的权威	反思的自我,互动的个体
研究者所受训练	理论的,定量统计的	人文的,人类学的,拼接和多面手的
研究者心态	明确	不确定,含糊,多样性
研究关系	相对分离,研究者,独立于研究对象	密切接触,相互影响,变化,情感共鸣,信任
研究阶段	分明,事先设定	演化,变化,重叠交叉

这里仅就其中一些比较项目作进一步的说明。

量的研究是引用一定的数学方法,通过变换来判断研究对象诸因素的关联,最后用数值来表示分析研究的结果。它是对于研究对象的属性进行数量上的分析研究,是对事物量的关系的研究。

量的研究的资料比较客观可靠,统计分析比较科学精确,但是难以研究教育过程中复杂模糊的现象。

量的研究有一套完备的研究技术,包括抽样方法、资料收集方法、数学统计方法等。

量的研究的基本研究程序是,研究者事先建立假设并确定具有因果关系的各种变量,通过概率抽样的方法选择样本,使用经过检测的标准化工具和程序来采集数据,对数据进行分析,建立不同变量之间的相互关系,有时还要使用实验干预手段对控制组和实验组进行比较,进而检验某种关于研究对象发展变化的理论假设。

量的研究的适用范围主要用于对研究对象各种相关因素的分析,如教师文化水平与学生学业成绩的关系,家庭经济文化背景与学生学业成绩的关系等。

但与量的研究不同的是,质的研究是通过研究者和被研究者之间的互动,对事物进行深入、细致、长期的体验,然后对事物的"质"得出一个比较整体性的解释性的理解。两者相比较,主要区别是:

(1) 与情境的关系,量的研究是与具体情境相分离,而质的研究是把自然情境作为资料的直接源泉。在质的研究中,研究者需要花费相当多的时间深入学校、家庭和社会,了解有关问题,离开具体情境就不能理解教育活动的实际内涵及意义。量的研究不要求研究者直接参与到教育活动中去,而是追求研究资料、研究结论的精确性。

(2) 对象范围,量的研究比较适合于宏观层面的大规模的调查与预测,而质的研究比较适合在微观层面对个别事物进行细致、动态的描述和分析。

(3) 研究问题的角度,量的研究注重研究对象、研究问题的普遍性、代表性及其普遍指导意义;质的研究则注重研究对象、研究问题的个别性、特殊性,以此发现问题或提出发现问题的新角度。

(4) 研究的动态性与静态性,量的研究基本上是一种静态研究,它将研究对象可以量化的部分在某一时间范围内固定起来后,进行数量上的计算;而质的研究具有动态性,它是对研究对象发生、发展的过程进行研究,并且可以随时修订研究计划,变更研究内容。

(5) 研究的假设,量的研究需要具有一定的理论假设,从假设出发,并通过分析数据来验证假设;质的研究不一定需要事先设定假设,而是在研究过程中逐步形成理论假设。

(6) 研究者与研究对象的关系,量的研究基本上排除了研究者本人对研究对象的影响,尽量保持价值中立;质的研究则存在着研究者对研究过程和研究结果的影响,要求研究者对自己的行为以及自己与研究对象之间的关系进行反思。

需要指出的是,质的研究与量的研究,两者又不是截然分开的,而是相互依存、相互渗透、相互补充的。事实上,质的研究也包含实证研究的因素。质的研究与量的研究反映了客观事物质与量的辩证关系,任何事物的质与量总是统一而不可分的。质是一定量的基础上的质,量是一定质的量。对于事物质的研究,必然导致对于事物量的研究。因此质的研究与量的研究是相辅相成的。

(二) 质的研究与定性研究的联系和区别

质的研究是相对于量的研究的一种研究方法,但它与定性研究也存在着一定的关系,它们既有联系又有区别。定性研究,是关于事物性质的研究,是根据研究者的认识和经验确定研究对象是否具有某种性质或某一现象变化的过程和变化的原因。定性研究能够有意义地处理教育过程中那些难以用定量方法描述的因素,从而从总体上掌握研究对象性质的基本情况。

质的研究与定性研究有不少相似之处。例如,它们都注重对教育研究对象性质的研究;都是在自然情境中进行研究,研究者需深入到具体的教育环境中;都不只是关心研究对象的结果或结论,更关心研究对象的意义及其发生、发展的过程;都倾向于对资料进行归纳分析,然后得出结论,是一种自下而上的过程;都是一种描述性的研究。但是,质的研究与定性研究又有诸多的不同之处,主要体现在以下几个方面:

(1) 定性研究的理论基础主要是哲学,其研究传统是一种形而上、思辨的传统;而质的研究的理论基础主要是人种学、现象学、解释学、实证主义理论,具有跨学科、多学科的色彩。

(2) 定性研究的方法包括历史法、个案法、观察法、调查法、文献资料分析法、经验总结法等;而质的研究除了上述定性研究方法外,还包含实证研究方法。定性研究注重哲学思辨、逻辑推理,根据个人主观经验,然后用演绎的方法对自己的思考进行验证。质的研究则注重在互动过程中系统收集、分析原始资料的基础上展开讨论。

(3) 对于研究的结果,定性研究偏向结论性、抽象性和概括性;质的研究则更加强调研究的过程性、情境性和具体性。定性研究更多的是研究者个人观点的阐发和个人的建议,质的研究强调在原始资料基础上建构结论或理论。

第三节 教育技术的研究方法简介

梁启超先生于1911年论述了"学术"的概念:"学术,学也者,观察事物而发明其真理者也,术也者,取所发明之真理而致诸用者也。例如,以石投水则沉,投以木则浮,观察此事实,以证明水之有浮力,此物理也,应用此真理以驾驶船舶,则航海术也;研究人体之组织,辨别各器官之机能,此生理学也。学与术之区分及其相关系,凡百皆准此。学者术之体,术者学之用。"这里所说的"学",即今日之学问,理论知识;这里所谓的"术",即今之技术或方法。研究教育技术问题,不仅需要学,而且也十分需要术,没有具体的研究方法则不可能实现研究目的。

古代的中国和西方,都有总结教育经验的记载,所用方法有的是有关事实的记录,也有初步的经验概括,但都没有形成一套科学的研究方法。随着人们的学术水平不断地提高,教育事业的兴起,社会科学研究的调查法、文献法、历史研究法,以及自然科学研究的归纳法、实验法、统计法等,都先后进入教育科学研究领域。新兴的教育技术学正是在这些研究方法的基础上,不断探索相关教育问题,使得教育技术研究不断深入,教育技术学科不断得到发展。

一、一般性研究方法简介

(一) 观察法

观察法是教育科学研究广泛使用的一种方法。研究者按照一定的目的和计划,在自然条件下,对研究对象进行系统的连续的观察,并做出准确、具体和详尽的记录,以便全面而正确地掌握所要研究的情况。观察法不限于肉眼观察、耳听手记,还可以利用视听工具(如录音机、录音笔、MP3、照相机、录像机等)作为手段。

观察法的基本步骤:第一,事先做好充分的准备,制订观察计划。先对观察的现象作一般性了解,然后根据研究的任务和研究对象的特点,确定观察的目的、内容和重点。如果情况复杂或内容较多,可采取小组分工观察的办法。最后制订整个观察计划,确定进行观察全过程所需的次数、时间、记录用纸、表格,以及所采用的仪器等。并且考虑如何保持被观察对象的常态等。第二,按照计划进行实际观察。在进行过程中,既要严格按照计划进行,必要时也可随机应变。应该选择最适宜的观察位置,集中注意力,记下重点,不为无关现象所干扰,观察时可借助仪器及时记录,尽量避免事后追忆。第三,及时整理材料,对大量的分散材料利用统计技术进行汇总加工,删去一切错误材料,然后对典型材料进行分析。如有遗漏,及时纠正,对反映特殊情况的材料另作处理。

(二) 文献法

通过阅读有关资料,全面地、正确地掌握所要研究的情况。查阅的文件最好是第一手材料。如果是第二手材料,必须鉴别其真伪后才可选用。

文献法的基本步骤:第一,搜集与研究与问题相关的文献,如图书、资料、文件和原始记录等。然后从中选择重要的和确实可用的材料分别按照适当顺序阅读。第二,详细阅读有关文献,边读、边摘录、边立大纲。第三,根据大纲,将所摘录材料分条组织进去。第四,分析研究材料写成报告。使用这一方法须注意:研究者在查阅文献之前,需要具备与研究问题有关的知识,否则,难于从材料的分析中做出正确的结论。

(三) 调查法

调查法是研究者有目的、有计划地通过亲身接触和广泛了解(包括口头或书面的,直接或间接的),比较充分地掌握有关教育实际的历史、现状和发展趋势,并在掌握大量第一手材料的基础上,进行分析综合,找出科学结论,以指导以后的教育实践活动。调查法一般是在自然的过程中进行,通过访问、发问卷、开调查会、测验等方式搜集反映研究现象的材料。在调查过程中,经常利用观察法作为调查和核对材料的手段。调查法必要时可同历史研究法、实验法等配合使用。

调查法的基本步骤:第一,准备。选定调查对象,确定调查范围,了解调查对象的基本情况;研究有关理论和资料,拟订调查计划、表格、问卷、谈话提纲等,规划调查的程序和方法,以及各种必要的安排。第二,按计划进行调查活动,通过各种手段搜集材料。必要时可根据实际情况的变化,对计划作相应的调整,以保证调查工作的正常开展。第三,整理材料。包括分类、统计、分析、综合,写出调查研究报告。

(四) 统计法

统计法是通过观察、测验、调查和实验,把得到的大量数据材料进行统计分类,以求得对研究的教育教学现象做出数量分析。这是数理统计方法在教育方面的应用。统计法可用于对教育技术管理效率的检验,对教育技术经费的合理分配,对课程分量规定的测定,对学生学习成绩的科学比较等。在教育技术实际工作中,经常使用描述统计进行研究,例如,整理实验或调查得到的大量数据,找出这些数据分布的特征,计算集中趋势、离中趋势或相关系数等,将大量数据缩减,找出其中所传递的信息。还可以进一步使用推断统计法,利用描述统计取得的信息,通过局部去推断全局的情况。近几十年来,随着统计学的发展,人们提出了实验设计的思路,要求在较严谨的实验研究中检验设计中所列的自变量和因变量之间的关系。

统计法一般分为两大步骤:第一,统计分类。整理数据,列成系统,分类统计,制统计表或统计图。第二,数量分析。通过数据进行计算,找出集中趋势、离中趋势或相关系数等,从中找出改进工作的措施。

随着计算机技术在教育研究中的应用越来越广泛和深入,在使用统计法研究教育教学问题时,经常借助一些专业软件辅助研究者进行统计分析,如 SPSS、Excel 等统计软件。

(五) 行为研究法

行为研究法是一种综合的研究方法。主要用于观察和访问,了解学生的行为,进行分析研究,探求关于学生行为的规律,从而采取具体措施,帮助学生改变行为,故也称为行为改变法。现代行为改变派的主要代表是美国心理学家斯金纳,他主张控制情境,采用褒奖和强化的方法,来改变学生的行为。

行为研究法的基本步骤:第一,把学生行为的表现作详细的观察和记录。第二,根据观察的结果和记录,对学生行为进行具体分析。第三,确定行为改变的内容和程序。第四,按计划帮助学生改变行为。进行过程中要注意强化是否及时,物质强化是否伴随言语的赞赏,强化方式是否多样化,强化是否恰当,给予强化的人是否为学生所信任等。一般不用惩罚的方法。研究促进学生学习和行为发展的模式和方法也是教育技术研究的重要内容之一。

(六) 历史研究法

历史研究法是通过对人类历史上丰富的教育实践和教育思想的分析研究,认识教育发展的规律性,用以指导今天的教育教学工作。历史研究须广泛地查阅文献,它与文献法有关,但不能等同于文献法。文献法不一定研究某一现象的整个发展过程,历史研究法也不限于只查阅文献。

历史研究法的基本步骤:第一,史料的搜集。要尽可能地搜集与研究问题有关的史料,如政府的教育法令、规章制度、决议、规划、条例等材料;还要大量搜集反映当时教育情况的论著、报告、小说等有关材料。不仅要收集文字的史料,也要收集非文字的史料。第二,对史料的鉴别。要用各种方式鉴别史料的真伪,应该特别关注那些被大家公认为十分可靠的史料中存在的虚伪问题。第三,对史料的运用。史料鉴别后,应该用历史唯物主义的观点进行分析,要对具体事物作具体分析,需要以历史的视角认识问题,需要将历史问题放到历史的环境或条件之中加以分析。

在学术范畴之内,应该倡导大力地继承,先继承、后发展,先继承、后批判。只有先明白、了解和把握了历史内容,才有可能进行批判和取舍,搞明白了再批判。"取其精华,去其糟粕"才有现实意义。所谓"批判地继承",看似十分合理,但是一开始就已经是先入为主了,对事物的判断已先有假设的依据,在不知的情况下就预设了自己已知,还没有知道,就已经预设研究者和学习者具备了批判能力。这句话第一含义就是否定,隐含着对历史上的一切都需首先否定的意思,宣扬的是一种"否定史观",表明了对历史的一种态度。有人认为,"批判地继承"这个词语本就是一种语言污染。在学术范畴内,我们主张在继承中批判,而反对"批判地继承"。对历史,一上来就作批判状,指着老祖宗说三道四,是很危险的。其实,不论你如何地批判,作为一名中国人一定会打上五千年的文化烙印,在中国文化目前,今人的批判会显得多么苍白无力。近期,有关我国电化教育历史发展的相关探讨和研究,通常是采用历史研究法。

(七) 逻辑分析法

这种研究方法是指对所搜集的材料进行分析研究的方法。这种方法本身包括分析、综合、抽象、概括、归纳和演绎等具体方法。分析是把复杂的教育现象分为各个组成要素,抽取出它的各种特点,单独地加以观察,剖析每个组成要素的性质和特征。分析之后,又必须进行综合。综合是根据分析的结果,把事物或现象的各个要素视为一个整体来认识。没有分析就没有综合。抽象是对某一个教育教学现象抽出基本的、本质的东西,撇开表面的、非本质属性,集中注意力去掌握事物的本质。概括则是从某些教育教学现象中抽取出其本质属性,从而形成概念。归纳是由个别到一般的推理方法,即将所研究的同类教育现象概括出该类现象中的一般特征。演绎是由一般到个别的推理方法。冯友兰教授十分重视逻辑分析的作用,他曾经说过,西方哲学对中国哲学的永久性贡献,是逻辑分析方法。逻辑分析法对研究教育技术问题也是十分重要的,分析工作必须慎重地、严格地按照科学化方式进行,特别应该注意运用正确的方法论作为指导。教育技术基本理论研究方向的许多科研论文大都采用了这种研究方法,一般称这种研究为思辨性研究。

(八) 实验法

实验法是指在人工控制教育教学现象的情况下,有目的、有计划地观察教育教学现象的变化和结果。它能使观察、记录更为精密,便于厘清每一个条件所产生的影响,保证研究工作的准确进行。实验法可分为实验室实验法和自然实验法。前者基本上是在人工设置的条件下进行,可采取各种复杂的仪器和现代技术。后者在日常教育工作的正常条件下进行。教育实验法多数采用自然实验法进行,但对某些问题的研究也需要应用实验室实验法。不论采用哪种实验法,都要积极保证受试者处在正常的状态中。实验法一般分为三种:第一,单组法。针对一个组或一个班进行实验,观察施加某一实验因子与不施加实验因子或在不同时期施加另一实验因子,在效果上有何不同。第二,等组法。针对各方面情况相等的两个班或组,分别施以不同的实验因子,再来比较其效果。第三,循环法。把几个不同的实验因子,按照预定的排列次序,分别施加在几个不同的班或组,然后把每个因子的几次效果加在一起,进行比较。

实验法的基本步骤:第一,决定实验方法、组织形式,拟定实验计划。第二,创造实验条件,准备实验用具。实验进行前,根据实验目的,拟定测验题目,准备教具、仪器、记录表格、统一标准,拟定记录方法等,设法控制实验因素,使重要因素不变或少变。第三,实施实验。在实验过程中要作精确而详尽的记录,在各阶段中要作准确的测验。为了排除偶然性,可反复实验多次。第四,处理实验结果。考虑各种因素的作用,慎重核对结论,力求排除偶然因素作用。与实验法有关的还有模拟法,即创设专门类似物(模型)或情境的办法。科学模拟便于进行精确分析,把所得结论用于现实环境。

二、内容分析法

(一) 概述

内容分析法最早产生于传播学领域。第二次世界大战期间,美国学者拉斯韦尔(Harold Lasswell)等人组织了一项名为"战时通信研究"的工作,以德国公开出版的报纸为分析对象,获取了许多军政机密情报,这项工作不仅使内容分析法表现出明显的实际效果,而且在方法上形成了一套研究模式。20世纪50年代美国学者贝雷尔森(Bernard Berelson)出版了《传播研究的内容分析》一书,确立了内容分析法的地位。真正使内容分析方法系统化的是奈斯比特(John Naisbitt),他主持出版的"趋势报告"就是运用内容分析法完成的,享誉全球的《大趋势》一书就是以这些报告为基础写成的。

内容分析法是一种对文献内容做客观系统的定量分析的专门方法,其目的是厘清或测验文献中本质性的事实和趋势,揭示文献所含有的隐性情报内容,对事物发展作情报预测。它实际上是一种半定量研究方法,其基本做法是把媒介上的文字、非量化的有交流价值的信息转化为定量的数据,建立有意义的类目分解交流内容,并以此来分析信息的某些特征。

在教育技术研究中,也经常需要对一些文本、多媒体等信息进行分析处理,从而得出相关结论,比如利用内容分析法,对目前国内所使用的不同版本的中学信息技术教材进行对比研究。在教育教学过程中,对教学内容的研究是教育研究中相当重要的组成部分,因此,内容分析法经常被应用在此类研究中。

(二) 内容分析法的特征

内容分析法的特征表现在明显、客观、系统、量化等四个方面:

(1) 明显的传播内容。被分析的对象应该是以任何形态被记录和保存下来,并具有传播价值的内容。"任何形态"所指的是文字记录形态(如报纸、杂志、书籍、文件)、非文字记录形态(如广播、唱片、演讲录音、音乐)和影像记录形态(如电影、电视、幻灯、图片)等。同时,明显的传播内容是指它所表现的是直接意义,而不是指其包含的潜在动机。内容分析是通过对直接显示的内容的量化处理来判别其间接的、潜在的动机和效果。

(2) 客观性。在内容分析的过程中,按照预先制定的分析类目表格,进行判断和记录内容出现的客观事实,并根据客观事实再做出分析描述。

(3) 系统性。这是指内容的判断、记录、分析过程是以特定的表格形式、按照一定的程序进行的。

(4) 量化。这是指内容分析的结果可以用数字表达,并能用某种数学关系来表示。例如,用次数分配、各种百分率或比例、相关系数等方式来描述。

由此可见,内容分析实际上是以预先设计的类目表格为依据,以系统、客观和量化的方式,对信息内容加以归类统计,并根据类别项目的统计数字,做出叙述性的说明。它不仅是资料的收集方法,也是一种独立、完整的专门性研究方法。

(三) 内容分析法的一般步骤

就具体研究过程而言,内容分析法主要包含以下6个基本步骤:

(1) 提出研究问题。在使用内容分析法对某一特定文献内容进行分析研究时,研究者首先需要明确研究的基本问题是什么。只有确定了具体的研究问题,才能在此基础上,进一步确定研究目的、划定研究范围并提出研究假设。在一般情况下,适合用内容分析法分析的研究问题的类型主要有:趋势分析、现状分析、比较分析和意向分析。

(2) 抽取文献样本。在不可能研究整个文献内容时,就需要采用抽样方法。样本选择的标准要符合研究目的,样本的信息含量要大,应该具有连续性,样本内容体例要基本一致。简言之,样本的选择应该确保能够从样本的性质中推断出与总体性质有关的结论。

(3) 确定分析单元。确定分析单元是指发掘研究所需考察的各项因素,这些因素应该都与分析目的有一种必然的联系,而且便于抽取操作。分析单位可以是单词、符号、主题、人物以及意义独立的词组、句子或段落,也可以是整篇文献。

(4) 制定类目体系。制定类目体系是指确定分析单元的归类标准。有效的类目体系首先应该具有完备性,保证所有分析单元都有所归属;同时,类目之间应该是互斥和独立的,一个分析单元只能放在一个类目中;类目体系还应具有可信度,应该能够得到不同的编码员的一致认同。

(5) 内容编码与统计。编码是将分析单元分配到类目体系中去的过程,可以借助计算机技术完成这项重复性工作,不仅速度快,而且可以保证编码标准的一致性。对数据的统计工作也可以交由相应的统计软件完成,百分比、平均值、相关分析、回归分析等各种统计分析均可实现,而且精确度也比较高。

(6) 解释与检验。研究人员要对量化数据做出合理的解释和分析,并与文献的定性描述和判断结合起来,提出自己的观点和结论。分析结果还应该经过信度和效度的检验,才具有最终说服力。

三、行动研究法

(一) 概述

行动研究方法是德国心理学家勒温(Kurt Lewin)在群体动力学研究中首创的方法。他将个人行为的"场理论"应用于群体行为的研究,提出了"群体动力学"的理论。在他看来，行动研究代表了实验与应用研究之间的关系。行动研究的目的，是为了明确某类教育作用对实际的教育过程产生的效果，并对产生影响的各种因素进行评价，用以改进实践活动。在此，可以看出其着眼点在于改善实践活动。目前，教育心理学、组织管理学等学科的理论与方法也被引入此法，用来探讨改进教育方法和改革评定方法。行动研究法与那种通过控制研究方法，从而使研究对象不受研究者或实验事态影响的传统研究方法的区别，在于共同参与，即由研究者和行动过程的实践者结成一体，共同组成课题组，共同进行调查、分析，通过在实践活动的进程中发现问题，设计实验方案，实施实验方案，评价，有了新的发现，然后，再计划、再实施、再评价。

教育技术工作者，以解决教育教学实践活动中所产生的教学问题为己任，以帮助教师实现教学目标为自己的目标，以满足教师的利益为自己的利益。因此，教育技术工作者深入教学第一线是最一般的工作活动，离开了教学实践，教育技术学科就失去了生命力和促进生长的源泉。因此，行动研究法与教育技术研究具有十分贴切的关系，行动研究法可以为教育技术工作者提供巨大的帮助，教育技术工作者应该高度重视行动研究法，并根据具体情况，有效地使用行动研究法。

（二）行动研究法的特点

行动研究法的特征是十分鲜明的，概括起来就是为行动而研究（research for action）、对行动的研究（research of action）、在行动中研究（research in action）。具体说来，主要表现在以下几个方面：

（1）以解决问题，改进实践为目的。从行动研究的过程中可以了解到，行动研究是研究者与一线教育教学实践者相互配合，诊断教育教学中存在的突出问题，即首先判断出存在的现实问题。而后，行动研究的行动阶段在于解决问题、改进实践。

（2）研究与行动相结合。行动研究的过程是研究进行的过程，同时也是在行动中解决问题的过程。

（3）以"共同合作"的方式进行，扬长避短。行动研究要求教师运用理论，系统地反思自己的实践，要求研究者深入实际，从实际中发现问题，并直接参与从计划到评价实际工作的过程，与教师一起研究他们面临的问题。所以，行动研究以相互参与和共同研究的方式在研究者与教师之间架起了一座桥梁，将两个研究主体紧密地联系在一起，充分发挥二者的优势，完成研究任务。

（4）行动研究是一个不断展开的螺旋过程。从行动研究的框架中可见，第一个循环结束之后，进入第二个循环，从而使行动研究的整个过程构成了一个不断上升的螺旋过程。

行动研究法的优点主要表现为：

（1）适应性和灵活性。行动研究简便易行，比较适合于没有接受过严格教育测量、教育统计和教育实验训练的中小学教师采用。行动研究允许一边行动一边调整方案，不断修改，经过实际诊断，增加或取消子目标。实验条件的控制比较松缓，注重实际的教育环境，比较有利于在具有复杂性的教育教学领域内使用。

（2）评价的持续性和反馈的及时性。行动研究强调评价的持续性，需要将诊断性评价、形成性评价、总结性评价贯穿整个研究过程。反馈的及时性可以从两个方面看：一是及时反馈总结,使教学实践与科学研究处于动态结合与反馈中;二是一旦发现较为肯定的结果,便立即反馈到教育实践中去。

(3) 较强的实践性与参与性。教育研究与教育实践紧密相连。教育研究紧紧围绕着学校的实际问题进行分析、研究和行动。参与性体现在典型的行动研究中,研究人员由专职研究人员、行政领导和第一线教师联合组成,研究人员直接或间接地参与方案的制订和实施。

(4) 多种研究方法的综合使用。在较成功的行动研究中,可汇集多种研究方法的作用。理想的行动研究法应是多种科学研究方法的灵活和合理的并用。

当然,行动研究也存在着一定的局限性。由于其非正规性而缺少科学的严密性,在实际研究中,不可能严密控制相关条件,其结果的准确性、可靠性不够。

(三) 行动研究的类型与适用范围

行动研究的类型大体上分为两种,一是独立进行的行动研究,二是联合性的行动研究。又可以分为三个层次——单个教师的行动研究;协作性的行动研究(理论工作者与教师合作);学校范围内的联合行动研究。

行动研究主要适用于解决教育实际问题而不是对理论问题的研究。单个教师行动研究的特点是规模小,易于实施,可以集中于一个具体问题进行研究。协作性行动研究的特点是可以发挥多个教师的集体智慧和力量。学校范围内的联合行动研究是指专业研究人员、教师、政府部门、学校行政领导等组成的较为成熟的研究队伍所从事的研究;这是较为理想的行动研究,它的特点是有专业人员参与,有较强的理论指导,研究力量大,可以充分发挥管理者、教师、研究人员的作用。

行动研究特别适合于中小规模而不是宏观的实际研究。针对教育的实际情境而进行,从实际中来又回到实际中去。具体表现为:将创新教学方法实施于教学过程,进行课堂教学研究;对课程进行中小规模的改革研究;教师职业技能训练,提供新的技术和方法;学校管理评价;对已确诊的问题所施行的改革措施,如困难学生的教育措施,不良心理行为的矫正,环境因素的变革等。

除了上面介绍的一些研究方法之外,随着质的研究方法和理念的不断发展,在教育领域中,新兴的研究方法还有诸如个案研究法这样的开放性研究方法。个案研究法也称为案例研究法,是对单一的人或事进行深入具体研究的方法。研究的人或事可能是典型的,也可能不是典型的。可以通过若干个个案研究,进行深入比较,找出规律性的东西,以指导教学工作。个案研究一般常与典型调查结合进行,进行的步骤,与调查法相类似。个案研究法的基本步骤:第一,了解、确定个案研究对象。第二,观察、调查,收集资料。第三,进行个案分析研究,写出分析报告。

四、教育现象学研究方法

(一) 概述

现象学的方法发展至今已经有一百多年的历史。教育现象学最早出现在欧洲大陆,在德国被称为人文科学教育学或精神科学教育学,在荷兰被称为现象学教育学。德国的教育学有着悠久的人文主义传统,18世纪末19世纪初以来,德国又出现了一种新人文主义,深深地影响了德国教育学的发展。20世纪,精神科学教育学与生命哲学、存在哲学、现象学以及哲学解释学相结合而得到进一步的发展。所以,教育中的现象学研究又称为解释现象学或人文科学研究。

教育现象学的英文表述有 pedagogy + phenomenology、phenomenological pedagogy、phenomenology in education、educational phenomenology 等。中文对它的翻译是"现象学教育学"、"教育学现象学"、"教育现象学"等,表示的基本意思大都是从现象学的角度来研究和探讨教育问题。现象学作为一种研究方法,其重要性已经被教育研究工作者所认识。自从20世纪40年代现象学被引入人文社会科学研究以来,就一直作为一种研究方法被广泛应用。美国内布拉斯加大学林肯分校(Nebraska-lincoln)的研究方法专家克雷斯韦尔(John Creswell)在研究方法论框架中将现象学与叙事研究、扎根理论、人种学研究、案例研究等概括并列为质的研究设计的五种策略之一。

现象学研究是指一组人员对某一概念或现象生活体验意义的描述,是对现象的探讨和描述。教育现象学是指摆脱理论和预设的概念,将人们的成见和已有看法、观点先搁置起来,直接关注学生的生活世界和生活体验,并对它们做有益的反思,从而形成一种对教育的具体情况的敏感性和果断性。现象学方法的一个基本特征是从事物"自身显现"中认识事物。

(二) 开展教育现象学研究的意义

1. 有助于确立"自下而上"的知识建构方式

在现象学中,"事物本身"(或者称"实事"、"事实")是一个不动点,它们是真实存在的。胡塞尔(Edmund Husserl)把它作为现象学研究的基点,在此基础上建立了严格的科学。教育研究应用现象学的思想和方法就要求"回到教育事物本身",从没有加以反思的"生活世界"中获取知识,这是现象学的基本主张。学者倪梁康曾在《现象学运动的基本意义》中指出,现象学是"贴近地面"的而非"大气磅礴"的,是"大题小做"或"微言大义"的而非"大而化之"或"笼而统之"的;不是虚无缥缈的思辨和构想,而是脚踏实地的分析与描述;不是高高在上的纲领,而是细致入微的分析研究;不是泛泛地进行论证,而是去接近事实本身。具体到教育领域来说,就是教育研究要深入事实、深入基层、深入教学第一线、深入学生。这种知识建构方式对于被批评为充满了思辨、宏观、空洞、教育理论空谈、研究与实践脱节、成果难以在实践中应用的教育研究来说,不失为一条有效的研究出路,对推进教育理论与实践的结合一定会起到巨大作用,对于教育技术学科的研究更是如同雪中送炭。

2. 有助于激发教育者关注教育世界的细节

教育现象学把生活世界作为其探寻的起点和基础,认为教育要植根于生活世界,发现生活世界中的问题。兰格威尔德(Martinus Langeveld)在《儿童生活的秘密世界》中指出,儿童的世界除了学校,还有更丰富的含义。教育者的眼光不应局限于学校范围,而应回归生活世界。教师要理解孩子,看看他们的家庭生活,了解他们的精神世界和内心想法。生活世界为人的相互理解创造了平台,也为教育中的教师理解提供了途径。

3. 有助于教师以新的眼光看待学生

现象学研究强调研究者在"现象"面前要悬置自己的偏见、前认识等，也就是排除积淀在研究者意识中一切的文化、历史、知识等的影响，全身心地投入到现象体验的描述中，认真地审阅现象。这种研究方式将有助于引导教育以一种全新的眼光看待学生，发现各种学生的特征。

4. 有助于突出学生的主体性

胡塞尔认为，实证主义是"一个残缺不全的概念"。它把研究的对象仅仅局限于客观的事实和规律中，而排除了对人的价值和意义的思考。胡塞尔主张，科学研究的范围既应包括客观领域中的内容，也应包括主观领域中的内容，以全部的存有作为自己的研究对象。胡塞尔的现象学主张把人的主体性问题作为哲学研究的中心，把价值和意义问题作为研究的重点。他认为，现象学和实证主义一样要充分发挥欧洲文艺复兴以来所弘扬和崇尚的人的理性，但实证主义所发挥的只是一个狭隘的理性主义，一种局限于自然科学研究的理性主义，而把人生有无意义这个根本问题排斥在外。胡塞尔现象学主张的是用一种完全的理性主义反对实证主义的理性主义，消除欧洲文艺复兴时期以来的二元论、怀疑论等欧洲文化中对欧洲人性产生的信仰危机。教育现象学主张关注儿童"生活世界"、关注学生体验及其环境因素，推动教育研究直接关注学生，这对于教师认识学生的主体性将有重要作用。教育技术学研究，应该挖掘学生内部的东西，而不能只停留在肤浅的层面上，这是教育技术学长期研究所得出来的科学结论。

5. 有助于学校或教师决策和行动

教育现象学研究的现象可以包括人对外界或自我体验方面的内容，如教师对学生的情感，学生所产生的气愤、爱、悲痛，也可以是一些经验层面的内容，如教学质量、学校服务质量、教师的态度等。学校或教师可以从对教师或学生的现象学研究中了解他们对学习、教学、环境、关系的体验，为学校决策（如学校信息化建设、教学改革）、教师决策（如选用教学方法）提供基础，帮助教师进行更细致的教育行动，从而在改进教学、学习、课程设置等方面为学习者、教师提供一个教育教学服务环境和进行良好学习体验的环境。例如，教师通过研究学生的生活体验，就能够针对学生生活体验在后续的教学中作出自己的行为选择。

（三）教育现象学研究的主要步骤

国外现象学研究者对于教育现象学的研究步骤做过多种探索，中国学者徐辉富在综合这些国外研究者关于教育现象学研究步骤的基础上，将教育现象学的研究大致归纳为以下几个步骤：

（1）选择研究问题。现象学研究者在选择研究问题时，特别强调应该满足两个条件，一个是研究者感兴趣，另一个是研究参与者比较熟悉。对于教育研究而言，现象学研究的问题应该满足下列要求：一是教师要感兴趣；二是学生对它熟悉；三是属于教育教学问题。例如，研究如何利用信息技术呈现环境污染的现象。首先，这个问题是教师感兴趣的，希望有效解决的。学生对这个命题也已经耳熟能详了，对环境问题也早有了基本的认识，因为这是他们生活的一部分。当然，这个问题确实是教育教学问题。但本研究的问题，仅限于研究如何使得学生能够对环境污染有所体验或了解，而不是对"环境污染"

这一主题进行探讨。

(2) 体验收集。一般来说,现象学的资料搜集方式有三种:一是问卷调查,二是开放式访谈,三是研究参与者写作体验描述。在研究之中需要根据不同的情况对这三种收集方式进行取舍,可以单独使用,也可以整合使用。

(3) 阅读体验描述。研究者在阅读文本时,需要关注体验文本中的一些"闪光"或者"新颖"的观点,以及一些比较独特的观点或描述。在现象学看来,这些"闪光点"或"新颖点"往往都是参与者一些深刻体验的反映,是参与者内心体验的集中反映,把握了这些"闪光点",就可以把握研究参与者的内心体验。

(4) 提炼基本要素。在这一过程中,研究者需要分解体验文本,从中提炼出"闪光"的内容。这些"闪光"的内容就成为现象学研究的基本要素。

(5) 列出独特要素。在阅读文本的过程中,研究者往往会发现一些体验描述中的内容是其他参与研究者的体验描述中所没有的,这就是独特的体验要素。面对这些独特要素,研究者可以将它们单列出来,作为研究的重点加以处理。

(6) 提炼主题。将上述关键要素列举出来就形成了一份要素汇总表,或者绘出一张要素网络图。在要素汇总表和网络图中,要标明各个要素之间的关系,如遇到意义相同的要素,研究者需要把它们合并或者删除,以保证这些要素的意义都是独特的,也可以保证这些要素之间具有互斥性。研究者需要给予各个要素相同的重视度,再从中摸索和提炼出来主要的内容,最后将这些关键要素连接起来,就形成了一个比较完整全面的主题流,也称为主题系列。

(7) 开展联想变动——得出本质意义。根据胡塞尔现象学的看法,进入提炼主题这一环节,研究者将各个主题的意义进一步概括,就形成了一份参与者对所研究现象体验的深度描述。这是关于该体验本质的描述,但根据胡塞尔现象学的观点,到此为止的现象学研究还仅是现象还原,现象还原给予人们的只是个别的内在意识,研究者需要在现象还原的基础上开展自由联想变动,才能获得本质还原。在自由联想变动中,研究者可以自由创造各种各样的例子,呈现在意识的面前。这些例子可以是经验过的事物,也可以是没有经验过或想象的事物。研究者在比较自由联想变动的例子中形成不变要素,才可以变为现象的本质。

目前,我国学者对教育现象学的研究还只是处于刚刚起步的阶段,大都停留在对外国已有成果的编译和消化层面上。但毋庸置疑的是,教育现象学的基本理念和有效的研究方法,对于教育教学问题的研究具有重要价值,也更加符合目前我国的社会发展需要,以及教育教学改革的需要,在教育教学研究领域中,它具有美好的发展前景。我们相信在不久的将来,它一定会发挥出更大的作用。

教育技术研究者应该具备的基本学术素养和科学研究能力是多方面的,而最为重要的则是学术精神和学术敏感性。关于学术精神,陈寅恪先生作为一名学术大师,学术的独立和思想的自由是其毕生坚持并为之奋斗的目标。他在王国维先生的纪念碑铭上写到:士之读书治学,盖将以脱心志于俗谛之桎梏,真理因得以发扬。思想而不自由,毋宁死耳……先生之著述,或有时而不章。先生之学说,或有时而不彰。唯此独立之精神,自由之思想,历千万祀,与天壤而共久,共三光而永光。在此之后,他也曾经说过,研究学术,最主要的是要具有自由的意志和独立的精神。没有自由思想,没有独立精神,即不能发扬真理,即不能研究学术。独立精神和自由意志是必须争的,且须以生死力争。一切都是小事,唯此是大事。碑文中所持之宗旨,至今并未改易。我要请的人,要带的徒弟都要有自由思想、独立精神。不是这样,即不是我的学生。可见,陈寅恪先生将自己的学术精神视为生命。学术,说到底是学者自己的事情,最后需要学者通过自己的脑力劳动来解决问题。目前,很多人当了教授就当了老板,自己不搞研究了。在此,我们还要强调一点,刻苦学习、忘我研究、念念不忘,也是研究者必须具备的素质。李芒教授认为,真正的学者不是依靠金钱喂养的,而是靠吸食自己的精血生存的。

关于学术敏感性,研究者对理论、教育教学现象与问题、社会发展趋势等方面的学术敏感性是十分重要的。研究者必须主动唤起内心的否定性、批判性和超越性,积极发现眼前的各种问题,积极提出反对意见,不能做马尔库塞(Herbert Marcuse)所言的"单向度"的人。应该善于发现问题,深入思考问题,概括归类以及善于抓住事物的本质和规律。没有学术敏感性的人不可能成为一名优秀的研究者。

学习活动建议

> 本章的内容主要是在介绍教育技术研究的基本特点和研究程序的基础上,区分了质的研究与量的研究特点,介绍了教育技术研究中应用的一些基本方法,并对近年在教育技术研究领域新兴的内容分析法、行动研究法、案例研究法以及现象学的研究方法作了介绍。我们建议,在本章的学习中,教师可组织以下一些学习活动:
>
> ● 活动一:在学习本章内容之前,将学生分组,组织学生针对"教育技术研究的内容有哪些?"展开自由讨论,学生可以根据自己已有的认识提出自己的观点,最后总结归纳学生的观点,教师以此了解学生的学习愿望和需求。
>
> ● 活动二:在学习了质的研究和量的研究的区别与联系之后,组织一次辩论,辩题定为"质的研究与量的研究,哪种方法在教育技术研究中更有用",通过辩论,使同学们进一步明确质的研究和量的研究在教育技术研究中的作用。
>
> ● 活动三:将学生分组,分别通过图书馆、互联网等途径,搜集教育技术领域中比较典型的研究项目及其实施方法,而后由各小组进行汇报,使各组收集的资料得以共享。
>
> ● 活动四:在学完本章内容之后,要求每个学生选择一个自己感兴趣的方向,确定一个小题目,就此设计一个简单的研究方案,应包括研究过程和采用的基本方法等。

学习评价

学习完本章内容后,请思考下列问题:

1. 谈谈教育技术研究的特点、类型和层次;

2. 简要叙述教育技术研究方案的设计步骤和方法;
3. 用自己的话叙述教育技术研究中质的研究与量的研究的区别与联系;
4. 查阅相关文献,简述教育技术研究中常用的方法;
5. 简述内容分析法的基本特征和一般步骤,并查阅相关的应用案例;
6. 简述行动研究法的特点和适用范围,并查阅相关的应用案例;
7. 搜集关于教育现象学研究的案例,体会教育现象学研究的意义、特点和步骤。

参考文献

1. 裴娣娜.基于原创的超越:我国教学研究方法论的现代构建[J].教育研究,2004(10):43—48.
2. 许良.技术哲学[M].上海:复旦大学出版社,2005.
3. 黄顺基.科学技术哲学引论[M].北京:中国人民大学出版社,1994.
4. [德]马克斯·韦伯.经济与社会[M].北京:商务印书馆,1997.
5. [德]哈贝马斯.作为"意识形态"的技术与科学[M].上海:学林出版社,1999.
6. 陈昌曙.技术哲学引论[M].北京:科学出版社,1999.
7. 马克思恩格斯全集(第23卷)[M].北京:人民出版社,1972.
8. [法]让-伊夫·戈菲.技术哲学[M].北京:商务印书馆,2000.
9. 何克抗,李文光.教育技术学[M].北京:北京师范大学出版社,2002.
10. 赵勇.传统与创新:教育与技术关系漫谈[M].北京:北京师范大学出版社,2006.
11. R.A.瑞泽,J.V.邓普西.教学设计和技术的趋势与问题[M].第二版.上海:华东师范大学出版社,2008.
12. 尹俊华.教育技术学导论[M].北京:高等教育出版社,1996.
13. 乌美娜,李芒.现代教育技术基础[M].长春:东北师范大学出版社,1998.
14. 顾明远.教育大辞典(增订合编本)[M].上海:上海教育出版社,1998.
15. 芭芭拉·西尔斯,丽塔·里奇.教学技术:领域的定义与范畴.乌美娜,刘雍潜,等译.北京:广播电视大学出版社,1999.
16. 李克东,谢幼如.多媒体组合教学设计[M].北京:科学出版社,1992.
17. 焦建利,叶力汉.教育技术学专业英语[M].北京:高等教育出版社,2005.
18. 李芒.现代教育技术[M].长春:东北师范大学出版社,2006.
19. 余武.从美国教育技术定义的变迁思考教育技术的发展变化[J].电化教育研究,2001(9):58—63.
20. 彭绍东.解读教育技术领域的新界定[J].电化教育研究,2004(10):8—17.
21. 吴维云.AECT定义对我国教育技术发展的影响[J].软件导刊,2008(5):4—6.
22. 张仙.教育技术领域新界定的再解读——对AECT 2005教育技术定义理解和思考[EB/OL].[2008-07-18]http://www.oioj.net/blog/user1/10202/archives/2005/93927.shtml.
23. 南国农.信息化教育概论[M].北京:高等教育出版社,2004.
24. 何克抗,吴娟.信息技术与课程整合[M].北京:高等教育出版社,2007.
25. 黄河明.现代教育技术[M].北京:高等教育出版社,2003.
26. 余武.教育技术学[M].北京:中国科学技术出版社,2003.
27. 顾明远.教育技术[M].北京:高等教育出版社,1999.
28. 尹俊华,庄容霞,戴正南.教育技术学导论[M].第二版.北京:高等教育出版社,2002.
29. 黄荣怀,沙景荣,彭绍东.教育技术学导论[M].北京:高等教育出版社,2006.
30. 邓杰.教育技术学[M].北京:社会科学文献出版社,2001.
31. 雷体南,李经天.基于信息化教育的教育技术学专业实验室建设之探析[J].中国教育技术装备,2004(5):12—14.
32. 黄艳,陈晓慧,冷波.基于问卷调查的教育技术学专业实验课及实验室建设的构想[J].中国教育技术装备,2005(4):47—50.
33. 董武绍.关于职业教育对教育技术专业人才要求的分析[J].电化教育研究,2004(4):19—21.
34. 李芒,徐晓东,朱京曦.学与教的理论[M].北京:高等教育出版社,2007.
35. 陈琦,刘儒德.当代教育心理学[M].北京:北京师范大学出版社,2007.
36. 莫雷.教育心理学[M].广州:广东高等教育出版社,2005.

37. 施良方.学习论——学习心理学的理论与原理[M].北京:人民教育出版社,1994.
38. 王策三.教学论稿[M].北京:人民教育出版社,1999.
39. 南国农,李运林.教育传播学(第二版)[M].北京:高等教育出版社,2005.
40. 雷体南.现代教育技术教程[M].武汉:华中师范大学出版社,2001.
41. 胡礼和.教育技术学[M].武汉:湖北科学技术出版社,2001.
42. 乌美娜.教学设计[M].北京:高等教育出版社,1999.
43. 李保萍,王迎,鞠慧敏.信息技术教育应用[M].北京:人民邮电出版社,2004.
44. 张旭,许林.现代教育技术[M].北京:科学出版社,1995.
45. 李桂仙.浅议教学活动设计[J].玉溪师范学院学报,2004(3):64—65.
46. 徐英俊.教学设计[M].北京:高等教育科学出版社,2001.
47. 李芒.教育技术与教学设计[J].北京教育,2002(5):38—39.
48. 何克抗,郑永柏,谢幼如.教学系统化设计[M].北京:北京师范大学出版社,2002.
49. [日]佐佐木弘记.基于社会建构主义的教学设计[M].东京:日本教育工学会研究报告集,2003.
50. 瞿保奎.教育学文集·课外校外活动[M].北京:人民教育出版社,1991.
51. 杨开城.网络时代的教学设计理论发展应关注的几个问题[J].现代教育技术,2002(1):20—23.
52. 李芒.资源与教学[M].北京:中国和平出版社,2002.
53. 张卫平等.教学媒体概论[M].昆明:云南大学出版社.2005.
54. 祝智庭.现代教育技术[M].北京:高等教育出版社,2001.
55. 王洪录,李芒,楼广赤.现代教育技术[M].北京:高等教育出版社,2004.
56. 蒋家傅,董武绍.现代教育技术[M].北京:电子工业出版社,2004.
57. 李芒.技术与学习[M].北京:科学出版社,2007.
58. 祝智庭.教育信息化:教育技术的新高地[J].中国电化教育,2001(2):5—8.
59. 祝智庭.世界各国的教育信息化进程[J].外国教育资料,1999(2):79—80.
60. 钟志贤,张琦.我国教育信息化发展历程回眸[J].中国教育信息化,2007(6):8—11.
61. 谢焕忠.教育信息化规划与发展战略[J].维普资讯,2006(3):56—57.
62. 吴启迪.中国高等教育信息化发展与展望[J].维普资讯,2006(5):10—14.
63. 任长松.课程的反思与重构[M].北京:北京大学出版社,2002.
64. 有宝华.综合课程论[M].上海:上海教育出版社,2002.
65. 李克东,谢幼如.信息技术与课程整合的理论与实践[M].北京:北京师范大学出版社,2002.
66. 何克抗.现代教育技术与创新人才培养[DB/OL].[2008-7-7].http:// www.elec.bnu.cn/jxsz/jsjj/hkk.htm.
67. 张际平,高丹丹.信息技术与学科课程整合的内涵与层面实质分析研究[J].电化教育研究,2003(7):8—14.
68. 吴良辉,苗逢春.关于课程整合的6个问题[J].信息技术教育,2003(2):12—14.
69. [美]国际教育技术协会.美国国家教育技术标课程与技术整合[M].祝智庭,刘雍潜,黎加厚译.北京:中央电大出版社,2002.
70. 祝智庭.信息技术在课堂教学中的作用模式:理论框架与案例研究[DB/OL].[2008-7-12].http://www.etc.edu.cn.
71. 郭绍青.论信息技术与课程整合[J].电化教育研究,2002(7):20—23.
72. 郭绍青.信息技术教育与学科课程整合[M].北京:中国人事出版社,2002.
73. 黄甫全.试论信息技术与课程整合的基本策略[J].电化教育研究,2002(7):24—29.
74. 徐晓东.信息技术与课程整合的方法与实践[J].中小学信息技术教育,2003(1):22—27.
75. 黄宇星.信息技术与课程整合策略[J].电化教育研究,2003(1):58—61.
76. 徐万胥.信息技术与课程整合的理念与策略[J].电化教育研究,2003(2):54—57.
77. 李节,等.信息技术教育风雨20年[J].中小学信息技术教育,2003(1—2):1.
78. 王庆跃.新技术革命的中枢——信息技术[M].珠海:珠海出版社,2002
79. 刘冬雪.分布学习理论浅谈[J].现代教育技术,2004(1):32—33.

80. 瞿堃、顾清红.网络时代的远程教育——分布学习[J].中国电化教育,2000(2):48—49.
81. 吴仕云.浅谈教育信息化环境下学习的特点[J].广东职业技术学院学报,2002(4):92—94.
82. 张建伟.灵活开放的分布学习环境[J].现代教育技术,2003(4):11—17.
83. Keegan,Desmond.移动学习:下一代的学习——在亚洲开放大学协会第 18 届年会上的主题报告[J].徐辉富译.开放教育研究,2004(6):24—27.
84. 余胜泉、吴娟.信息技术与课程整合[M].上海:上海教育出版社,2005.
85. [英]伊恩·麦吉尔,利兹·贝蒂.行动学习法[M].中国高级人事管理官员培训中心译.北京:华夏出版社,2002.
86. Bonk,C. J. The perfect e-storm:Emerging technologies,enormous learner demand,enhanced pedagogy,and erased budgets. London UK:The Observatory on Borderless Higher Education (Printed as a two-part report),2004.
87. Siegel, M. A. & Kirkley,S. E.. Adventure learning as a vision of the digital learning environment. In C. J. Bonk,& K. S. King (Eds.). Electronic collaborators:Learner-centered technologies for literacy,apprenticeship,and discourse. Mahwah,NJ:Erlbaum,1998.
88. 陆劲梅.合作学习方式在地理教学中的应用[J].徐州教育学院学报,2005(3):137—138.
89. 秦安兰.基于网络的合作学习与传统合作学习的比较研究[J].电化教育研究,2004(6):27—30.
90. [日]水越敏行.メディアリテラシーを育てる[M].东京:明治图书出版株式会社,2000.
    Josh Bersin. Blended learning:what works?[DB/OL].[2008-7-10]http://www.bersin.com.
91. Purnima Valiathan. Blended Learning Models. [DB/OL]. http://www.learningcircuits.org,2008-7-05.
92. Barnum C&Paarmann W Bringing. introduction to the teacher:A blended learning model. T. H. E Journal,2002.
93. Harvey Singh. Building Effective Blended Learning Programs. Educational Tecnology,2003.
94. 陈丽.远程教育学基础[M].北京:高等教育出版社,2004.
95. 德斯蒙德·基更著.远距离教育基础[M].丁新,等译.北京:中央广播电视大学出版社,1997.
96. 丁兴富.远程教育学[M].北京:北京师范大学出版社,2001.
97. 余胜泉,何克抗.网络教学平台的体系结构与功能[J].中国电化教育,2001(8):60—63.
98. 李克东,谢幼如.构筑数字化教育社区的理论与实践研究——教育技术研究的新领域[J].电化教育研究,2003(3):3—6.
99. 罗志刚.绩效技术——教育技术发展的新领域[J].甘肃联合大学学报(自然科学版),2005,19(4):35—37.
100. 申晓勤,霍文军.教育技术与知识工程——试论教育技术一个新的研究领域[J].继续教育,2006(11):27—28.
101. 白娟,禹淑芳.M-Learning:21 世纪教育技术的新发展[J].现代远程教育研究,2003(4):45—48.
102. 庄秀丽.del.icio.us 应用与书签管理变革[DB/OL].[2008-8-7].http://www.kmcenter.org/ArticleShow.asp?ArticleID=4249.
103. 裴娣娜.教育研究方法导论[M].合肥:安徽教育出版社,2004.
104. 李克东.教育技术学研究方法[M].北京:北京师范大学出版社,2003.
105. 胡隆.教育技术研究方法导论[M].上海:上海外语教育出版社,2005.
106. 科学研究方法的层次[EB/OL].[2008-6-5].http://www.cnzx.info/oldweb/bykj/yjff/sub-cont/chapter_1/classses/1-1.htm.
107. 教育研究的基本程序[EB/OL].[2008-6-12].http://www.teacherclub.com.cn/tresearch/a/2123600548cid00049.
108. 研究变量的类型[EB/OL].[2008-6-17].http://www.cnzx.info/oldweb/bykj/yjff/sub-cont/chapter_3/classses/2-1.htm.
109. (美)保罗·D.利迪,珍妮·埃利斯·奥姆罗德.实用研究方法论:计划与设计[M].顾宝炎,牛东梅,陈国沪,等译.北京:清华大学出版社,2005.

110. 质的研究方法系统介绍[EB/OL].[2008-7.4].http://www.dabuluo.com/htys/ShowArticle.asp?ArticleID=4279.
111. 百度百科.教育科学研究方法[DB/OL].[2008-7-4].http://baike.baidu.com/view/437135.htm.
112. 内容分析法的步骤及其意义[EB/OL].[2008-7-23].http://www.cnzx.info/oldweb/bykj/yjff/sub-cont/chapter_9/classses/1-1.htm#.
113. MBA智库百科.内容分析法[DB/OL].[2008-7-22].http://wiki.mbalib.com/wiki/.
114. 行动研究法[EB/OL].[2008-7-26].http://bbs.xunlei.com/thread-269438-1-1.html.
115. 徐辉富.教育现象学及其研究步骤[J].开放教育研究,2008.14(2):32—39.
116. 朱光明,陈向明.理解教育现象学的研究方法[J].外国教育研究,2006.33(11):1—2.
117. 高伟.关于教育现象学的几个根本问题[J].当代教育科学,2007(9):4—9.
118. 沙沃森,汤.教育的科学研究[M].曹晓南,等译.教育科学出版社,2006.
119. 冯友兰.中国哲学简史[M].北京大学出版社,1996.
120. 教育部.国家中长期教育改革和发展规划纲要(2010—2020年)[R].2010,7.
121. 教育部.教育信息化十年发展规划(2011—2020年)[R].2011,6.
122. 张少刚.感知现代远程教育与国家开放大学[J].电化教育研究,2012(7):38—41.
123. 朱肖川.论远程教育发展的内在逻辑[J].远程教育杂志,2012(4):52—59.
124. 张铁道,张虹波,李继先.基础教育信息化发展面临的六大趋势及挑战[N].中国教育报,2012—07—06.
125. 叶海龙.逆向教学设计简论[J].当代教育科学,2011(4).
126. 李芒.教育技术的学科自觉:学格论[J].电化教育研究,2012(11):17—23.
127. 李芒等.可视化教学设计方法与应用[J].电化教育研究,2013(3):16—22.
128. 俞晓菊.和谐课堂——学生有效学习的主阵地[J].教育前沿·综合版,2008,(9):37—38.
129. 马秀麟,赵国庆,邬彤.大学信息技术公共课翻转课堂教学的实证研究[J].远程教育杂志,2013(1):79.
130. 金陵."翻转课堂",翻转了什么?[J].中国信息技术教育,2012,(9):18.
131. 张金磊.翻转课堂教学模式研究[J].远程教育杂志,2012,(4):46.
132. 陈卫东,张际平.未来课堂设计与应用研究——教育技术研究的一个新领域[J].远程教育杂志,2008(8).
133. 陈卫东,张际平.未来课堂的定位与特性研究[J].电化教育研究,2010(7).
134. Tyler, Ralph W. Basic Principles of Curriculum and Instruction. Chicago: University of Chicago Press, 1949:145.

北京大学出版社
教育出版中心 精品图书

21世纪特殊教育创新教材·理论与基础系列

特殊教育的哲学基础	方俊明 主编	29元
特殊教育的医学基础	张 婷 主编	32元
融合教育导论	雷江华 主编	28元
特殊教育学	雷江华 方俊明 主编	33元
特殊儿童心理学	方俊明 雷江华 主编	31元
特殊教育史	朱宗顺 主编	36元
特殊教育研究方法（第二版）	杜晓新 宋永宁等 主编	39元
特殊教育发展模式	任颂羔 主编	33元
特殊儿童心理与教育	张巧明 杨广学 主编	36元

21世纪特殊教育创新教材·发展与教育系列

书名	作者	价格
视觉障碍儿童的发展与教育	邓 猛 编著	33元
听觉障碍儿童的发展与教育	贺荟中 编著	29元
智力障碍儿童的发展与教育	刘春玲 马红英 编著	32元
学习困难儿童的发展与教育	赵 微 编著	32元
自闭症谱系障碍儿童的发展与教育	周念丽 编著	32元
情绪与行为障碍儿童的发展与教育	李闻戈 编著	32元
超常儿童的发展与教育	苏雪云 张 旭 编著	31元

21世纪特殊教育创新教材·康复与训练系列

特殊儿童应用行为分析	李 芳 李 丹 编著	29元
特殊儿童的游戏治疗	周念丽 编著	30元
特殊儿童的美术治疗	孙 霞 编著	38元
特殊儿童的音乐治疗	胡世红 编著	32元
特殊儿童的心理治疗	杨广学 编著	32元
特殊教育的辅具与康复	蒋建荣 编著	29元
特殊儿童的感觉统合训练	王和平 编著	45元
孤独症儿童课程与教学设计	王 梅 著	37元

自闭谱系障碍儿童早期干预丛书

书名	作者	价格
如何发展自闭谱系障碍儿童的沟通能力	朱晓晨 苏雪云	29.00元
如何理解自闭谱系障碍和早期干预	苏雪云	32.00元
如何发展自闭谱系障碍儿童的社会交往能力	吕 梦 杨广学	33.00元
如何发展自闭谱系障碍儿童的自我照料能力	倪萍萍 周 波	32.00元
如何在游戏中干预自闭谱系障碍儿童	朱 瑞 周念丽	32.00元
如何发展自闭谱系障碍儿童的感知和运动能力	韩文娟 徐芳 王和平	32.00元
如何发展自闭谱系障碍儿童的认知能力	潘前前 杨福义	39.00元
自闭症谱系障碍儿童的发展与教育	周念丽	32.00元
如何通过音乐干预自闭谱系障碍儿童	张正琴	36.00元
如何通过画画干预自闭谱系障碍儿童	张正琴	36.00元
如何运用ACC促进自闭谱系障碍儿童的发展	苏雪云	36.00元
孤独症儿童的关键性技能训练法	李 丹	45.00元
自闭症儿童家长辅导手册	雷江华	35.00元
孤独症儿童课程与教学设计	王 梅	37.00元
融合教育理论反思与本土化探索	邓 猛	58.00元
自闭症谱系障碍儿童家庭支持系统	孙玉梅	36.00元

特殊学样教育·康复·职业训练丛书（黄建行 雷江华 主编）

信息技术在特殊教育中的应用	55.00元
智障学生职业教育模式	36.00元
特殊教育学校学生康复与训练	59.00元
特殊教育学校校本课程开发	45.00元
特殊教育学校特奥运动项目建设	49.00元

21世纪学前教育规划教材

学前教育管理学	王 雯	45元
幼儿园歌曲钢琴伴奏教程	果旭伟	39元
幼儿园舞蹈教学活动设计与指导	董 丽	36元
实用乐理与视唱	代 苗	35元
学前儿童美术教育	冯婉贞	45元
学前儿童科学教育	洪秀敏	36元
学前儿童游戏	范明丽	36元

书名	作者	价格
学前教育研究方法	郑福明	39元
外国学前教育史	郭法奇	36元
学前教育政策与法规	魏 真	36元
学前心理学	涂艳国、蔡 艳	36元
学前现代教育技术	吴忠良	36元
学前教育理论与实践教程	王 维 王维娅 孙 岩	39.00元
学前儿童数学教育	赵振国	39.00元

大学之道丛书

书名	作者	价格
哈佛：谁说了算	[美]理查德·布瑞德利 著	48元
麻省理工学院如何追求卓越	[美]查尔斯·维斯特 著	35元
大学与市场的悖论	[美]罗杰·盖格 著	48元
现代大学及其图新	[美]谢尔顿·罗斯布莱特 著	60元
美国文理学院的兴衰——凯尼恩学院纪实	[美] P.F.克鲁格 著	42元
教育的终结：大学何以放弃了对人生意义的追求	[美]安东尼·T.克龙曼 著	35元
大学的逻辑（第三版）	张维迎 著	38元
我的科大十年（续集）	孔宪铎 著	35元
高等教育理念	[英]罗纳德·巴尼特 著	45元
美国现代大学的崛起	[美]劳伦斯·维赛 著	66元
美国大学时代的学术自由	[美]沃特·梅兹格 著	39元
美国高等教育通史	[美]亚瑟·科恩 著	59元
美国高等教育史	[美]约翰·塞林 著	69元
哈佛通识教育红皮书	哈佛委员会撰	38元
高等教育何以为"高"——牛津导师制教学反思	[英]大卫·帕尔菲曼 著	39元
印度理工学院的精英们	[印度]桑迪潘·德布 著	39元
知识社会中的大学	[英]杰勒德·德兰迪 著	32元
高等教育的未来：浮言、现实与市场风险	[美]弗兰克·纽曼等 著	39元
后现代大学来临？	[英]安东尼·史密斯等 主编	32元
美国大学之魂	[美]乔治·M.马斯登 著	58元
大学理念重审：与纽曼对话	[美]雅罗斯拉夫·帕利坎 著	35元
学术部落及其领地——知识探索与学科文化	[英]托尼·比彻 保罗·特罗勒尔 著	33元
德国古典大学观及其对中国大学的影响	陈洪捷 著	22元
大学校长遴选：理念与实务	黄俊杰 主编	28元
转变中的大学：传统、议题与前景	郭为藩 著	23元
学术资本主义：政治、政策和创业型大学	[美]希拉·斯劳特 拉里·莱斯利 著	36元
什么是世界一流大学	丁学良 著	23元
21世纪的大学	[美]詹姆斯·杜德斯达 著	38元
公司文化中的大学	[美]埃里克·古尔德 著	23元
美国公立大学的未来	[美]詹姆斯·杜德斯达 弗瑞斯·沃马克 著	30元
高等教育公司：营利性大学的崛起	[美]理查德·鲁克 著	24元
东西象牙塔	孔宪铎 著	32元

学术规范与研究方法系列

书名	作者	价格
社会科学研究方法100问	[美]萨子金德 著	38元
如何利用互联网做研究	[爱尔兰]杜恰泰 著	38元
如何为学术刊物撰稿：写作技能与规范（英文影印版）	[英]罗薇娜·莫 编著	26元
如何撰写和发表科技论文（英文影印版）	[美]罗伯特·戴 等著	39元
如何撰写与发表社会科学论文：国际刊物指南	蔡今忠 著	35元
如何查找文献	[英]萨莉拉·姆齐 著	35元
给研究生的学术建议	[英]戈登·鲁格 等著	26元
科技论文写作快速入门	[瑞典]比约·古斯塔维 著	19元
社会科学研究的基本规则（第四版）	[英]朱迪斯·贝尔 著	32元
做好社会研究的10个关键	[英]马丁·丹斯考姆 著	20元
如何写好科研项目申请书		

教育研究方法：实用指南	[美]安德鲁·弗里德兰德 等著 28元	教育经济学	刘志民 著 39元
高等教育研究：进展与方法	[美]乔伊斯·高尔 等著 98元	现代教学论基础	徐继存 赵昌木 主编 35元
如何成为论文写作高手	[英]马尔科姆·泰特 著 25元	现代教育评价教程	吴钢 著 32元
参加国际学术会议必须要做的那些事	华莱士 著 32元	心理与教育测量	顾海根 主编 28元
如何成为卓越的博士生	华莱士 著 32元	高等教育的社会经济学	金子元久 著 32元
	布卢姆 著 32元	信息技术在学科教学中的应用	陈勇 等编著 33元
		网络调查研究方法概论（第二版）	赵国栋 45元

21世纪高校职业发展读本

如何成为卓越的大学教师	肯·贝恩 著 32元
给大学新教员的建议	罗伯特·博伊斯 著 35元
如何提高学生学习质量	[英]迈克尔·普洛瑟 等著 35元
学术界的生存智慧	[美]约翰·达利 等主编 35元
给研究生导师的建议（第2版）	[英]萨拉·德拉蒙特 等著 30元

教师资格认定及师范类毕业生上岗考试辅导教材

教育学	余文森 王晞 主编 26元
教育心理学概论	连榕 罗丽芳 主编 42元

21世纪教师教育系列教材·学科教学论系列

新理念化学教学论（第二版）	王后雄 主编 45元
新理念科学教学论（第二版）	崔鸿 张海珠 主编 36元
新理念生物教学论	崔鸿 郑晓慧 主编 36元
新理念地理教学论（第二版）	李家清 主编 45元
新理念历史教学论（第二版）	杜芳 主编 33元
新理念思想政治（品德）教学论（第二版）	胡田庚 主编 36元
新理念信息技术教学论（第二版）	吴军其 主编 32元
新理念数学教学论	冯虹 主编 36元

21世纪教师教育系列教材·物理教育系列

中学物理微格教学教程（第二版）	张军朋 詹伟琴 王恬 编著 32元
中学物理科学探究学习评价与案例	张军朋 许桂清 编著 32元

21世纪教育科学系列教材·学科学习心理学系列

数学学习心理学	孔凡哲 曾峥 编著 29元
语文学习心理学	李广 主编 29元
化学学习心理学	王后雄 主编 29元

21教师教育系列教材·学科教学技能训练系列

新理念生物教学技能训练（第二版）	崔鸿 33元
新理念思想政治（品德）教学技能训练（第二版）	胡田庚 赵海山 29元
新理念地理教学技能训练	李家清 32元
新理念化学教学技能训练	王后雄 28元
新理念数学教学技能训练	王光明 36元

21世纪教育科学系列教材

现代教育技术——信息技术走进新课堂	冯玲玉 主编 39元
教育学学程——模块化理念的教师行动与体验	闫祯 主编 45元
教师教育技术——从理论到实践	王以宁 主编 36元
教师教育概论	李进 主编 75元
基础教育哲学	陈建华 著 35元
当代教育行政原理	龚怡祖 编著 37元
教育心理学	李晓东 主编 34元
教育计量学	岳昌君 著 26元

王后雄教师教育系列教材

教育考试的理论与方法	王后雄 主编 35元
化学教育测量与评价	王后雄 主编 45元

西方心理学名著译丛

拓扑心理学原理	[德] 库尔德·勒温	32元
系统心理学：绪论	[美] 爱德华·铁钦纳	30元
社会心理学导论	[美] 威廉·麦独孤	36元
思维与语言	[俄] 列夫·维果茨基	30元
人类的学习	[美] 爱德华·桑代克	30元
基础与应用心理学	[德] 雨果·闵斯特伯格	36元
格式塔心理学原理	[美] 库尔特·考夫卡	75元
动物和人的目的性行为	[美] 爱德华·托尔曼	44元
西方心理学史大纲	唐钺	42元

心理学视野中的文学丛书

围城内外——西方经典爱情小说的进化心理学透视	熊哲宏	32元
我爱故我在——西方文学大师的爱情与爱情心理学	熊哲宏	32元

21世纪教学活动设计案例精选丛书（禹明 主编）

初中语文教学活动设计案例精选	23元
初中数学教学活动设计案例精选	30元
初中科学教学活动设计案例精选	27元
初中历史与社会教学活动设计案例精选	30元
初中英语教学活动设计案例精选	26元
初中思想品德教学活动设计案例精选	20元
中小学音乐教学活动设计案例精选	27元
中小学体育（体育与健康）教学活动设计案例精选	25元
中小学美术教学活动设计案例精选	34元
中小学综合实践活动教学活动设计案例精选	27元
小学语文教学活动设计案例精选	29元
小学数学教学活动设计案例精选	33元
小学科学教学活动设计案例精选	32元
小学英语教学活动设计案例精选	25元
小学品德与生活（社会）教学活动设计案例精选	24元
幼儿教育教学活动设计案例精选	39元

全国高校网络与新媒体专业规划教材

文化产业概论	尹章池	38元
网络文化教程	李文明	39元
网络与新媒体评论	杨娟	38元
数字媒体导论	尹章池	39元
网络新媒体实务	张合斌	39元
网页设计与制作	惠悲荷	39元
突发新闻报道	李军	39元
视听新媒体节目制作	周建青	45元

21世纪教育技术学精品教材（张景中 主编）

教育技术学导论（第二版）	李芒 金林 编著	33元
远程教育原理与技术	王继新 张屹 编著	41元
教学系统设计理论与实践	杨九民 梁林梅 编著	29元
信息技术教学论	雷体南 叶良明 主编	29元
网络教育资源设计与开发	刘清堂 主编	30元
学与教的理论与方式	刘雍潜	32元
信息技术与课程整合（第二版）	赵呈领 杨琳 刘清堂	39元
教育技术研究方法	张屹 黄磊	38元
教育技术项目实践	潘克明	32元

21世纪信息传播实验系列教材（徐福荫 黄慕雄 主编）

多媒体软件设计与开发	32元
电视照明·电视音乐音响	26元
播音主持	26元
广告策划与创意	26元

21世纪教师教育系列教材·专业养成系列（赵国栋主编）

微课与慕课设计初级教程	40元
微课与慕课设计高级教程	48元
微课、翻转课堂与慕课实操教程	188元
网络调查研究方法概论（第二版）	49元